KB045435

리버

로런스 C. 스미스 지음

추선영 옮김

시공사

일러두기

- '옮긴이'로 표시되지 않은 모든 부연 설명은 지은이가 직접 쓴 것이다.
- 본문 중 성서를 인용한 구절은 <공동번역성서>에서 발췌하였다.

놀라운 셀마 아스트리드Selma Astrid와
그 힘찬 흐름에 이 책을 바친다.

차례

서문 8

1장 팔레르모 석 17

2장 국경에서 59

3장 전쟁 비화: 치욕의 시대 97

4장 소멸과 재생 149

5장 물의 흐름을 잡아라 195

6장 돼지고기 육수 239

7장 흘러가는 대로 273

8장 데이터가 필요해 329

9장 강의 재발견 367

감사의 말 415

참고문헌 및 더 읽을거리 418

서문

첫 비가 내렸고 세상은 변했다. 다시는 예전으로 돌아갈 수 없게 되었다.

지구가 다른 행성과 충돌하지 않았다면, 첫 비는 아마 1억 년 정도 더 빨리 내렸을 것이다. 그러나 갓 태어난 지구는 대략 화성만 한 크기의 행성과 충돌했다. 그 충격으로 지구는 불길에 휩싸였고 대부분이 녹아내렸다. 이때 지구에서 거대한 파편이 떨어져 나갔다. 그 파편이 지금의 달이 된 것으로 추정된다. 성난 마그마 바다가 충돌로 인해 만신창이가 된 지구 표면을 마구 휘젓고 다녔다.

그리고 원시 지구의 표면이 차츰 식기 시작했다. 마그마 바다 속 철분이 굳어지면서 지각을 형성했다. 더 가벼운 지각이 더 무거운 지각 위를 둥둥 떠다녔다. 마치 제련소에서 나온 찌꺼기 같은 형상이었다. 이 무렵 지르콘이 결정화되기 시작했는데, 그 흔적은 오늘날 호주, 캐나다, 그린란드에서 발견되는 아주 오래된 암석에서 찾아볼 수 있다. 오늘날 지르콘은 저렴한 보석 가운데 하나로 잘 알려져 있다.

호주에서 발견된 지르콘 중에는 연대가 44억 년 전으로 거슬러 올라가는 것도 있다. 지구는 약 46억 년 전 소용돌이치는 우주먼지와 가스 원반 사이에서 처음으로 뭉쳐지기 시작했다. 44억 년 된 지르콘의 존재는 지구가 생성되고 나서 2억 년도 채 지나지 않아 대륙지각이 형성되었다는 사실을 알려준다. 즉, 지금까지 생각해온 것보다 훨씬 더 이른 시기에 지구의 대륙지각이 생성되었다는 의미다. 그 무렵 지구는 또 다른 젊은 행성과 충돌했다. 덕분에 극심한 화산활동이 일어나 온 지구가 불길에 휩싸였다. 그러나 지르콘 결정의 화학적 구성을 통해 지독하게 피어오르는 화염 속에서도 액체 상태의 물이 미량 존재했음을 확인할 수 있다. 지르콘은 타임머신의 축소판이나 다름없다. 지르콘을 통해 지구에서 가장 오래된 누대累代(지질시대를 나누는 가장 큰 단위-옮긴이)의 모습을 엿볼 수 있기 때문이다. 바로 명왕누대Hadean(그리스신화 속 지하 세계의 신 하데스Hades의 이름에서 파생)와 시생누대Archean(그리스어로 시작이라는 뜻인 arkhē에서 파생)이다. 지르콘 결정의 화학조성을 통해 파악한 사실은 크게 두 가지다. 하나는 원시 지구에 존재했던 마그마 바다가 빠른 속도로 냉각되었다는 것이다. 그리고 다른 하나는 그로부터 얼마 지나지 않아 물과 대륙이 나타났다는 것이다.

40억 년 전쯤, 갓 생겨난 하늘에서 비가 내리기 시작했다. 내린 빗물은 호수에 고이거나 땅으로 스며들었다. 땅으로 스며들지 못한 물은 시내, 개울, 강을 거쳐 새로 형성된 바다로 흘러들었다. 물은 유독한 공기 중으로 증발된 뒤 구름이 되었다. 그리고 비가 되어 다시 땅으로 내려왔다. 물은 이와 같은 순환과정을 반복하면서 대륙지각을 침식하기 시작했다. 당시 대륙지각은 지구에 갓 등장해 점차 두꺼워지고 있었다. 물과 대륙의 끝나지 않는 전쟁이 시작되었다.

고지대를 야금야금 무너뜨린 빗물은 저지대를 채웠다. 빗물은 바위를 녹이고 광물의 결합을 느슨하게 만들었다. 산을 깎아 내렸고 그 잔해를 내리막으로 밀어냈다. 수백만 개의 빗방울이 모여 강을 이루면서 물의 힘도 강해졌다.

강의 임무는 단 하나였다. 모든 것을 아래로, 더 아래로, 결국 바다까지 내려보내는 것.

지각 충돌로 산이 생겨났다. 물과 중력은 힘을 합쳐 산을 깎아 내렸다. 판 구조가 뒤틀려 바다가 생겨났다. 강은 새로 형성된 바다로 흘러들었다. 식물 뿌리 여럿이 모여 줄기 하나를 뻗어 올리듯, 토사가 뒤섞인 강의 물줄기 여럿이 모여 더 큰 강 하나를 이루었다. 자갈들은 서로 부딪혔고 강물을 떠다니는 나뭇가지는 바닥으로 가라앉았다. 강은 그렇게 최종 목적지를 향해 흘러갔다.

강의 최종 목적지는 호수와 바다였다. 호수와 바다에 도달한 강은 퇴적물을 쏟아놓은 뒤 소멸했다. 소멸한 강은 마치 영혼처럼 증발해 높은 곳으로 올라갔고 비가 되어 다시 지상으로 내려왔다. 그런 뒤 침식, 평탄화, 운반, 퇴적 작용을 반복했다. 첨탑 같은 산은 강인했다. 그러나 아무리 강한 산이라도 지칠 줄 모르고 순환을 거듭하는 적에게는 굴복할 수밖에 없었다. 산보다 물의 순환이 더 오래 지속되기 때문이었다.

적어도 37억 년 전부터 강은 전 세계 바다로 퇴적물을 꾸준히 실어 날랐다. 그로부터 2억 년 후, 세계 최초의 남조류藍藻類인 남세균藍細菌이 나타났다. 남세균은 광합성을 통해 산소를 함유한 공기를 생성하기 시작했다. 약 21억 년 전 산소 생산량이 급증했다. 황철석같이 쉽게 산화되는 광물들이 강바닥에서 사라졌다. 철분이 풍부한 토양은 마치 녹처럼 더욱 붉어졌다.

다시 수십억 년이 흘렀다. 그러다가 지금으로부터 8억 년 전에서 5억 5,000만 년 전 사이, 바닷속에 낯선 생물이 나타났다. 전에는 본적 없던 형태의 생물이었다. 새로 등장한 해양 생물들은 막대한 양의 산소를 방출하기 시작했다. 그 뒤를 따르는 여러 누대에는 해면동물, 편형동물을 비롯한 초기 유기체들이 더 많이 발생하고 더욱 진화해 세계를 놀랍고도 낯선 방식으로 채우게 된다.

한편 대륙은 더욱 두꺼워지면서 충돌을 거듭했다. 새로운 산맥이 불쑥 솟아오르는가 하면 다른 산맥은 힘없이 무너져 내렸다. 그러나 산의 암석 성분은 사라지지 않고 모습만 바뀔 뿐이었다. 강은 가차없이 흐르며 산의 잔해를 저지대에 퍼뜨렸다. 덕분에 골짜기 안의 평평한 땅인 곡저평야가 형성되었다. 지층이 켜켜이 쌓여 강 유역과 바다를 서서히 채웠다. 연안에는 길쭉한 땅이 새로 생겨났고 새로 생겨난 땅에는 삼각주가 형성되었다. 시간이 지남에 따라 삼각주는 차츰 영역을 넓혔고 새로운 퇴적지들을 대양 쪽으로 점점 더 밀어냈다.

강은 심지어 우주에도 있다. 궤도 우주선을 통해 다른 행성에도 강이 있다는 사실을 확인할 수 있다. 화성 표면에는 말라버린 물길과 삼각주의 흔적이 남아 있다. 화성에서는 아주 오래전에 존재했을 것으로 추정되는 강의 퇴적광상堆積鑛床층도 확인할 수 있다. 이를 토대로 한때 화성에 액체 상태의 물이 풍부했다는 사실을 유추할 수 있다. 토성에서 멀리 떨어져 있는 위성 타이탄에는 지금 이 순간에도 강이 힘차게 흐르고 있다. 차가운 별 타이탄의 강에 흐르는 물질은 액체 상태의 메탄이다. 타이탄의 강이 깎아 내리는 기반암은 얼음으로 추정된다. 그러나 타이탄의 강이 분주하게 생성하고 있는 계곡, 삼각주, 바다의 형태와 모양은 지구의 것과 소름 끼칠 만큼 유사하다.

바다가 열리고 다시 닫혔다. 대륙이 충돌하면서 융기했다. 강의 퇴적물은 깊은 곳에 가라앉았다. 그 가운데 일부는 판 구조 아래에 자리 잡은 맨틀까지 끌려 들어가 격렬하게 가열되고 압착되었다. 나머지 퇴적물은 대륙을 더 두껍게 만들었다. 라바 램프 속 왁스가 가열되어 튀어 오르는 것처럼 솟아오른 퇴적물도 있었다. 솟아오른 뒤에는 다시 냉각되어 새로운 산맥의 지반에 편입되었다. 퇴적물은 파헤쳐지고 분쇄되어 강으로 돌아갔다. 그리고 거기에서 다시 바다로 돌아가는 여정을 시작했다.

현재 전 세계 곳곳에서 진행되고 있는 파괴적인 건설 사업은 결코 멈추지 않을 것이다. 솟아오른 산맥은 언젠가 모래가 될 것이다. 그리고 그 잔해는 하곡, 삼각주, 앞바다의 대륙붕에 흩어질 것이다. 아주 오래전부터 존재해온 두 세력(판 구조와 물) 사이에 벌어진 전쟁은 아직 끝나지 않았다. 지진, 산사태, 맹렬한 홍수 같은 자연현상은 전쟁이 아직 끝나지 않았음을 알리는 증거다. 두 세력이 펼치는 전투가 세계 표면의 모습을 결정한다. 이 전쟁은 앞으로도 최소한 28억 년 동안 지속될 것이다. 그 이후에는 죽어가는 태양이 팽창하면서 지구의 물을 하나도 남김없이 증발시켜버리고 말 것이다.

오늘날 강은 퇴적물을 바다로 실어 나르는 데 어려움을 겪고 있다. 대부분의 강에 댐이 설치되어 있기 때문이고 대부분의 강이 인위적으로 유속을 낮춘 도시를 지나기 때문이다. 대부분의 사람들은 이런 사실을 간과한다. 그래도 강이 이긴다. 강이 인간보다 더 오래오래 지구에 남아 있을 것이기 때문이다.

게다가 인간은 강이 없으면 생존할 수 없는 존재다.

* ⌛ *

사람들은 강을 다양하게 활용해왔다. 활용 방법은 지역과 시대에 따라 달랐다. 그러나 예나 지금이나 강이 지니는 중요성은 달라지지 않았다. 강이 제공하는 근본적인 이점은 같기 때문이다. 강이 제공하는 근본적인 이점은 다섯 가지다. 자연 자본, 접근성, 영토, 복리, 권력 과시 수단.

이 다섯 가지 이점이 구현되는 방식은 달라졌을지 모르지만, 그 다섯 가지 모두가 인간에게 꼭 필요하다는 사실에는 변함이 없다.

예를 들어 과거 나일Nile강은 홍수를 일으켜 풍부한 토사를 제공했다. 오늘날 나일강은 수력발전, 도시 상수도, 카이로 시내를 관통하는 강변의 값비싼 부동산을 제공한다. 형태는 다르지만 모두 나일강이 이집트에 제공하는 자연 자본이다. 미국 동북부를 흐르는 허드슨Hudson강은 과거 델라웨어족에게 물고기를 제공했고, 유럽 이민자들이 아메리카 대륙으로 향하는 교통 관문 역할을 했다. 오늘날 허드슨강은 녹지는 거의 없고 사람만 바글거리는 대도시 뉴욕에 귀중한 수변 공원을 제공한다. 세부적인 모습은 다를지 모르지만 중요한 다섯 가지 이점을 제공한다는 점에는 변함이 없다. 인류 최초의 위대한 사회는 모두 강 유역에서 탄생했다. 바로 티그리스-유프라테스Tigris-Euphrates강(오늘날 이라크), 인더스Indus강(오늘날 인도-파키스탄), 나일강(오늘날 이집트), 황허Huanghe강(오늘날 중국) 유역이다. 그 이후 강은 인간에게 중요한 다섯 가지 이점을 제공하면서 인류 문명에 꾸준히 기여해왔다.

오래전부터 인간은 종교, 문화, 문학, 예술을 활용해 강의 매력을 표현해왔다. 굽이쳐 흐르는 강의 매력은 빈센트 반 고흐Vincent Van Gogh와 피에르 르누아르Pierre Renoir의 그림, 존 뮤어John Muir와 헨리 데이비드 소로Henry David Thoreau의 글, 요한 슈트라우스 2세Johann Strauss II와 브루스 스프링스틴Bruce Springsteen의 음악에서 찾아볼 수 있다. 꾸준한 사랑을 받는 마크 트웨인Mark Twain의 소설 ≪허클베리 핀Huckleberry Finn≫, 프랜시스 포드 코폴라Francis Ford Coppola 감독의 영화 <지옥의 묵시록Apocalypse Now> 같은 작품은 짙은 어둠이 드리운 물에서 얻은 영감을 바탕으로 탄생했다. 전 세계 사람들은 시냇물, 분수, 수면요법 기계에서 흘러나오는 물소리를 들으면서 마음의 안정을 찾는다. 수백만

힌두교인은 갠지스Ganges강에 몸을 담그면서, 수백만 복음주의 기독교인은 침례 의식을 치르면서 종교적 감동을 경험한다. 대도시는 전 세계의 지식, 문화, 권력이 탄생하는 장소다. 그리고 사실상 거의 모든 대도시에는 그 중심을 관통하는 강이 존재한다.

이 책을 통해 인류 문명에서 강이 지니는 중요성이 얼마나 과소평가되고 있는지 인식하기를 바란다. 강을 실용적인 측면에서 바라보면 강의 중요성을 대번에 알아볼 수 있다. 예를 들어 강은 식수, 발전용 냉각수, 하수 제거 수단을 제공한다. 그러나 강은 눈에 잘 띄지 않는 방식으로도 인간에게 영향을 미친다. 인간은 강을 따라 대륙을 여러 차례 탐험했고 탐험한 땅에 정착했다. 홍수가 일어나 인간이 큰 피해를 입을 때마다 전쟁이 일어나고 정치가 혼란에 빠졌으며 인구가 요동쳤다. 강은 국경을 규정하고, 국경을 넘나들면서 국가 간 협력의 중요성을 부각한다. 인간이 에너지와 식량을 생산하려면 강이 필요하다. 강, 하곡, 강이 깎은 지형분수계地形分水界는 각국이 주장하는 영토의 기준이 될 뿐 아니라 국가 간 문화적 유대와 경제적 유대, 민족의 이주와 그들의 역사를 규정한다.

강은 아름답다. 그러나 인간을 사로잡은 강의 힘은 미학을 넘어선다. 자연 지형으로서 강의 매력은 선사시대부터 인간이 강과 맺어온 친밀한 관계에서 비롯되었다. 무려 수천 년 동안 강은 인간에게 자연자본, 접근성, 영토, 복리, 권력을 제공해왔다. 그리고 인간에게는 지금도 여전히 강이 필요하다.

1장

분주한 카이로 시내를 조금 벗어난 곳에 섬 하나가 있다. 섬의 끝자락에 수수한 모양의 사각형 구조물이 세워져 있다. 구조물을 이루는 두꺼운 석벽 위에는 원뿔 모양의 첨탑 지붕이 솟아 있다. 구조물 주변에는 작은 궁전, 아랍의 유명 가수 움 쿨숨Umm Kulthum 박물관, 나일강이 있다.

이 사각형 구조물 안으로 들어가면 돌로 지어진 수갱垂坑(수직 갱도)을 볼 수 있다. 면적이 3.7제곱미터 정도 되는 수갱은 땅속 깊은 곳으로 이어진다. 수갱의 석벽에는 돌계단이 설치되어 있다. 수갱 중앙에 거대한 팔각형 대리석 기둥이 어슴푸레하게 보이는데, 대리석 기둥에는 눈금이 일정한 간격으로 새겨져 있다. 수갱 하부에는 세 개의 지하 터널이 있다. 이 지하 터널들은 나일강으로 이어진다.

카이로는 중동에서 가장 붐비는 도시다. 그러나 이 사각형 구조물 안에 들어오면 시내에서 나는 소음이 하나도 들리지 않는다. 수갱이 단단히 은폐되어 있고 터널이 봉인되어 있기 때문이다. 그러나 터널이 다시 열리면 나일강의 물이 이 사각형 구조물 안으로 흘러들어 높이 차오를 것이다. 그리고 이 구조물 안 수위가 외부에 있는 강 수위와 같아질 것이다. 그러면 기둥에 새겨놓은 눈금을 이용해 강의 수위를 측정할 수 있다. 지난 5,000년 동안 이집트는 이 사각형 구조물 안에 설치한 장치뿐 아니라 이것과 유사한 수십 개의 장치를 활용해 문명을 관리하면서 생존해왔다.

이와 같은 장치의 이름은 나일로미터(아랍어로는 miqyas)다. 나일강은 변화의 양상을 예측하기 쉬운 강 가운데 하나다. 나일로미터는 매년 찾아오는 나일강의 홍수 진행 상황을 지속적으로 추적할 목적으로 설계되었다. 덕분에 이집트 통치자들은 자신의 권력을 강화할 수 있었다. 매년 여름이면 하늘에서는 비가 내리지 않고 지상은 타는 것 같은 열기에 덮여버리는 시기가 찾아온다. 신기하게도 그 무렵이면 어김없이 나일강의 수위가 올라갔다. 몇 주에 걸쳐 수위가 올라간 나일강은 강기슭을 넘어 범람한 다음 천천히 물러났다. 오늘날 사하라사막이라고 부르는 지역에 살았던 고대인들로서는 도저히 이해할 수 없는 축복이 매년 찾아왔다. 고대인들에게는 이와 같은 축복이 신이 내리는 기적이나 다름없었다. 고대인들은 매년 홍수가 찾아오는 물리적인 이유를 알지 못했다. 그러나 홍수가 지닌 힘에 대해서는 모르는 것이 없었다.

초기 이집트인들에게 나일강의 홍수는 매우 요긴했다. 홍수 덕분에 사막인데도 작물을 재배하고 가축을 사육할 수 있었기 때문이다. 이집트문명은 홍수 덕분에 존재할 수 있었다고 해도 과언이 아니다. 따라서 이집트 통치자들에게는 홍수가 찾아오는 날짜와 최고조 수위에 대한 정확한 지식이 무엇보다 중요했다. 나일강 물은 나일로미터를 따라 올라갔다가 멈춘 뒤 차츰 하강했다. 매년 나일로미터에는 그해의 최대 수위가 기록되었다(컬러사진 참조). 이집트 통치자들은 그 과정을 낱낱이 지켜보았다. 그리고 나일로미터에 기록된 수위를 선포하고 사방으로 전파했다. 그러면 노예들이 바쁘게 움직여 임시로 설치했던 흙댐을 무너뜨렸다. 흙댐이 무너지면서 나일강 물이 마른 들판으로 쏟아져 들어갔다. 눈부신 태양 아래 범람한 강물은 몇 주 동안 계곡을 적시다가 물러났다. 농부들은 나일강이 물러난 진흙땅에 씨를 심었다. 그러면 어두운 색으로 사막을 가로지르며 띠 모양을 형성하는 나일강 계곡 저지대와 지중해로 불쑥 튀어나온 이파리 모양의 삼각주가 푸른색으로 변했다. 이와 같은 방법으로 관개에 성공하면 이집트인들은 다음 1년의 생존을 보장받을 수 있었다.

나일로미터를 통해 이집트의 통치자들은 첫 번째 씨앗을 심기 전에 이미 그해의 수확량을 예측할 수 있었다. 그래서 이듬해에 축제를 벌이게 될지, 기근을 견뎌야 할지 미리 알 수 있었다. 나일로미터에 기록된 최고 수위는 침수 면적, 즉 작물 재배 면적과 직결되어 있었다. 따라서 이집트의 통치자들은 농부들이 생산할 곡물량을 미리 파악해 그것을 바탕으로 세금을 부과했다.

* ⌛ *

카이로 인근 로다Roda섬에 남아 있는 나일로미터는 861년에 만들어진 것이다. 나일로미터는 수천 년 전부터 만들어졌으므로 로다섬의 나일로미터는 이집트에 남아 있는 나일로미터 가운데 비교적 최근에 만들어진 것이라고 할 수 있다. 대부분의 나일로미터는 지금은 사라지고 없는 고대 나일강의 수로를 따라 지어졌다. 지금까지 발견된 나일로미터는 네 가지 유형으로 나뉜다. 단순한 돌기둥, 물속에 잠기는 벽이나 통로 또는 둘 다에 딸린 계단, 강으로 통하는 구멍이 있는 원형 우물과 우물 벽에 딸린 나선형 계단, 마지막으로 카이로에 있는 나일로미터처럼 기둥과 우물이 결합된 유형이다. 눈금의 단위는 큐빗cubit(길이 단위, 사람의 팔뚝 길이 정도)이다. 지금은 폐허가 된 멤피스(나일강 삼각주에 자리 잡았던 도시)에도 나일로미터가 설치되어 있었다. 대大 플리니우스Pliny the Elder는 멤피스에 설치된 나일로미터에서 얻은 수위 자료를 사용해 평범한 이집트인들의 식량 안보 상황을 예측했다. 그의 연구는 과학적, 정량적 측정 결과를 공중 보건에 연계하여 해석한 최초의 사례일 것이다. 그는 다음과 같이 기록했다. "12큐빗: 기근으로 인한 사망, 13큐빗: 굶주림, 14큐빗: 만족, 15큐빗: 대만족, 16큐빗: 만사형통."

수천 년 동안 이집트인들(과 그 뒤를 이은 침략자들)은 나일로미터를 사용해 매년 찾아오는 나일강의 홍수 진행 상황을 추적했다.

나일강 수위 측정은 이듬해의 생존과 직결된 매우 중요한 일이었으므로, 이집트인들은 측정된 수위를 석판(석비)에 기록했다. "왕실 연대기Royal Annals"라고 알려진 이 중요한 석판에는 농업 생산량과 세입도 기록되었다. 현재 왕실 연대기 조각 일곱 개가 카이로, 런던, 팔레르모에 있는 박물관에 소장되어 있다. 수십 년 동안 아무도 왕실 연대기 조각의 중요성을 알아보지 못했다. 여러 골동품상으로부터 무작위로 입수된 데다가 번역이 되지 않은 탓이었다. 심지어 문지방으로 사용되던 상태에서 발견된 석판 조각도 있었다. 1895년 팔레르모에 온 어느 프랑스 방문객은 박물관의 허름한 안뜰 구석에서 석판 조각을 발견했다. 이것이 가장 크고 가장 보존이 잘된 왕실 연대기 조각이다.

그 조각에는 이제 "팔레르모 석Palermo Stone"이라는 이름이 붙었다. 팔레르모 석과 나머지 석판 조각 여섯 개는 고대 이집트 역사를 이해하는 데 있어 그 어떤 고고학적 발견보다도 많이 기여했다. 팔레르모 석은 기원전 25세기 이집트 제5왕조 시대에 새겨졌다. 그리고 제1왕조 시대부터 매년의 나일강 최고 홍수위가 기록되어 있다. 이집트 제1왕조 시대는 기원전 약 3100년으로 거슬러 올라가므로, 나일강 홍수에 대한 기록은 인류 역사상 가장 장기간에 걸친 과학적 기록이라고 할 수 있다. 팔레르모 석은 자연적인 기후변화에서부터 이따금 발생한 사회적 격변에 이르는 고대 이집트의 모든 것을 조명하는 데 활용되었다.

1970년대 초, 하버드대학교 소속 천문학자 바버라 벨Barbara Bell은 나일강 홍수위와 이집트 역사의 연관성을 처음으로 알아차렸다. 나일강의 홍수위가 낮아졌을 때 이른바 초기 이집트 최초의 암흑기가 찾아온 것이다. 이 시기는 이집트 역사상 가장 암울한 시기 가운데 하나였다. 장기간 안정을 유지해온 이집트문명은 무정부 상태에 빠졌고 이집트 고왕국 제6왕조가 막을 내렸다. 반란, 살인, 약탈, 무덤 도굴, 작물 재배 회피 같은 사회현상이 나타났고 전반적인 사회질서가 무너졌다.

그러나 이와 같은 사회적 혼란이 일어나는 일은 드물었다. 사회가 혼란에 빠지는 사태를 방지하기 위해 이집트의 통치자들이 나일로미터에서 얻은 정보를 엄격하게 통제했기 때문이다. 이집트의 통치자들은 사원 내부나 주변에 나일로미터를 세우고 사원을 철저하게 통제했다. 수위 조사 권한은 성직자나 고위 관리에게만 부여되었다. 이집트에 통일 왕국(제1왕조)이 출현한 것이 기원전 3100년경이고, 이집트가 알렉산드로스대왕에게 정복당한 뒤 마케도니아왕조의 지배를 받다가 마침내 로마제국으로 흡수된 것이 기원전 30년이니 파라오가 통치하는 제국은 무려 3,000여 년이라는 기나긴 세월 동안 이어졌다. 그 사이 이집트에 찾아든 암흑기는 고작 세 번에 불과했다. 모두 나일로미터를 중심으로 수립한 농업 계획 덕분이었다.

이집트의 마지막 통치자인 클레오파트라 7세는 독극물을 마시고 사망했다. 죽음의 문턱에서 클레오파트라 7세가 나일로미터의 중요성에 대해 되새겨보았는지는 알 수 없다. 그러나 나일로미터는 파라오의 유산으로서 끈질긴 생명력을 이어갔다. 이집트가 로마제국의 속주로 전락한 뒤 나일강 계곡에서 생산한 곡물은 로마로 흘러들었다. 나일강 계곡에서 생산된 곡물이 로마에 공급되는 전체 곡물의 약 3분의 1을 차지했다. 카이로 인근에 있는 나일로미터는 1887년까지 1,000여 년 동안 운영되었다. 홍수를 이용한 관개농업은 1970년까지 이어졌다. 1971년 아스완하이Aswan High댐이 완공되면서 나일강 하류 계곡에 매년 찾아오는 홍수가 종식되었다. 나일강 홍수를 이용한 관개농업도 홍수와 함께 자취를 감추었다. 이집트는 홍수를 이용한 관개농업이라는 자연 자본(관개에 필요한 물, 작물을 심을 수 있는 비옥한 범람원)을, 안정적으로 통제할 수 있는 관개농업과 수력발전이라는 다른 자연 자본으로 교체했다.

나일강은 무려 수천 년 동안 매년 빠짐없이 홍수를 일으켰다.

이집트 사람들은 나일강 홍수 덕분에 먹고살았고 이집트 통치자들은 나일강 홍수를 이용해 권력을 공고하게 다졌다. 이집트문명은 세계에서 가장 안정적이고 찬란하게 빛나는 문명 가운데 하나다. 그러나 나일강이 없었다면 이집트문명은 태어날 수 없었을 것이다.

강 사이에 자리 잡은 땅

이집트의 파라오 왕조는 이례적으로 장기간 유지되었다. 그렇지만 이집트가 강을 중심으로 발전한 최초의 사회는 아니었다. 기원전 4000년 수메르 고대 문명은 메소포타미아 저지대에 세계에서 가장 오래된 도시 가운데 몇 개를 건설했다. 최초의 이집트 피라미드가 건설되기 무려 1,000여 년 전의 일이었다. 메소포타미아는 티그리스강과 유프라테스강 사이에 펼쳐진, 건조하지만 비옥한 평야다. 오늘날 이라크 바그다드 남쪽에 있다. 메소포타미아문명의 기원은 수메르문명이 도시를 건설한 시기보다 훨씬 전인 기원전 7000~6000년으로 거슬러 올라간다. 이 무렵 오늘날 이라크 북부에 해당하는 지역에서 소규모 농민들이 개울 관개를 실험하기 시작했다. 이 시기에 자연적인 수로의 물길을 인위적으로 전환하는 기술이 고안되었다. 그리고 그 기술 덕분에 영원히 남을 인류의 발명품인 도시가 탄생했다.

"강 사이에 자리 잡은 땅"을 의미하는 메소포타미아의 환경은 이집트와 완전히 달랐다. 나일강의 홍수는 천천히 흐르면서 땅을 서서히 뒤덮었다. 그리고 농업용수 수요가 최고조에 달하는 8월에 찾아왔다. 그러나 티그리스강과 유프라테스강의 홍수는 3월부터 5월에 찾아왔다. 작물을 심기에는 너무 이른 시기였다. 작물을 심어야 하는 시기에는 수위가 낮아졌다. 물을 미리 저장해두지 않으면 관개에 사용할 물이 부족할 수밖에 없었다. 따라서 메소포타미아는 홍수가 유발한 물을 사방砂防댐에 저장해두었다가 작물을 심어야 하는 시기가 도래했을 때 관개에 활용해야 했다. 이와 같은 까닭에 메소포타미아의 농지는 이집트의 농지보다 규모 면에서 더 작고 보잘것없었다. 한편 메소포타미아 지역에서 일어나는 홍수는 예측할 수 없고 파괴적이어서 피해가 막심했다. 나일강은 안정적인 수로 하나를 통해 유유히 흐르는 반면, 특히 유프라테스강은 지류가 마구잡이로 갈라지곤 했다. 새로운 수로가 만들어지면 기존 수로는 갑자기 말라버리기 일쑤였다. 이와 같이 강이 갑작스럽게 진로를 변경(전위轉位)하면 애써 쌓은 제방과 애써 파놓은 관개 도랑은 무용지물이 되었다. 그동안의 모든 노력이 헛수고가 되고 마는 것이었다.

메소포타미아 농부들은 선회하는 강의 경로를 따라 수로를 새로 파야 했다. 토사가 수로를 막으면 토사를 제거해야 했다. 메소포타미아는 강 사이에 있는 땅이었다. 따라서 전위가 일어나지 않더라도 홍수가 주기적으로 일어나 피해를 입혔다. 홍수가 날 때마다 들판은 쓸모없는 모래밭으로 전락했고 농부들의 노력은 수포로 돌아갔다. 홍수, 전위, 일상적으로 발생하는 퇴적물이 만성적인 피해를 유발했다. 결국 경작지의 모양이 수시로 바뀌게 되어 경작지를 유지하고 보수하는 일에 많은 노력이 투입되어야 했다. 간간이 관개 인프라가 건설되기도 했지만 이내 폐기되어버리기 일쑤였다.

이와 같은 어려움이 있었음에도 불구하고 평야는 비옥했다. 따라서 일단 관개에 성공하면 생산성을 높일 수 있었다. 농부들은 소비할 수 있는 양보다 더 많은 식량을 재배했다. 남은 잉여생산물은 거래했다. 이에 따라 인구가 증가했다. 기원전 5200년에는 끊임없이 모습을 바꾸는 강 유역을 따라 에리두, 우루크 같은 이름의 신생 마을이 나타나기 시작했다. 도시를 탄생시킨 경제 세력 및 정치 세력이 누구인지에 대한 논쟁은 여전히 진행 중이다. 그러나 관개농업을 통해 얻은 잉여 식량이 없었다면 이와 같은 정착지는 결코 발전하지 못했을 것임에 틀림없다.

신생 마을이 확장됨에 따라 농업 생산이 강화되고 관개수로가 더 복잡해졌다. 물 계획의 중앙집중화도 더욱 심화되었다. 도시의 성직자와 관료가 의사결정권을 손에 쥐고 농작물에 세금을 부과했다. 걷은 세금은 지배계급을 지원하는 데 사용되었다. 소가 끄는 쟁기, 길고 폭이 좁은 경작지(정사각형 형태보다 쟁기의 방향을 바꾸는 횟수가 더 적음) 같은 농업기술이 발전해 밀과 보리의 생산 속도가 빨라졌다. 티그리스-유프라테스강 수로를 따라 세워진 우루크와 에리두를 비롯한 정착지로 지역 권력이 집중되면서 강력한 도시국가가 등장했다. 무역이 꽃을 피웠다. 하천 수로를 이용한 수상 운송이 성행했다. 기원전 4000년 무렵에는 수메르인의 약 80퍼센트가 메소포타미아 남부 전역의 도시들에 거주할 정도였다. 당시 우루크는 인구가 10만 명에 달했던 것으로 추정되며 세계에서 가장 큰 도시였다.

기원전 2000년 이후 어느 순간에 우루크 하천 수로의 경로가 바뀌었다. 우루크는 버려진 도시가 되었다. 물이 사라지자 사람들이 우루크를 버리고 떠났기 때문이다. 위성사진을 통해 버려진 수메르 도시 수십 개와 유적 수백 개를 확인할 수 있다. 모두 강 사이에 있는 땅인 메소포타미아를 가로지르는, 길고 메마른 고대 하천 수로의 희미한 흔적을 따라 자리 잡고 있다. 우루크는 흩날리는 모래에 반쯤 묻혀 으스스한 폐허로 변해버렸다. 우루크는 메소포타미아 지역에서 번성한 첫 번째 제국의 흔적이다. 이후 수천 년 동안 이 유서 깊은 지역에서는 아카디아제국, 바빌로니아제국, 아시리아제국, 오스만제국, 대영제국, 이라크 같은 여러 제국이 등장해 흥망성쇠를 거듭할 터였다.

티그리스-유프라테스강에도 방주가?

티그리스-유프라테스강 수로는 복잡하게 얽혀 있다. 이와 같은 수로는 식량, 물, 무역로를 제공해 수메르 도시국가의 번영을 이끌었다. 그리고 이곳에서 정부 조직, 상업, 종교, 세계에서 가장 오래된 문학작품이 탄생했다.

그중에서 주목할 만한 작품은 열두 개의 점토판으로 이루어진 것이다. 설형문자로 쓰인 사무적인 느낌의 이 작품은 오늘날 이라크 모술 인근의 니네베Nineveh 유적에서 발굴되었다. 열두 개의 점토판 가운데 하나에는 신의 지시를 받고 거대한 배를 건조한 고대 예언자의 이야기가 기록되어 있다. 예언자는 살아 있는 모든 동물을 한 쌍씩 태울 만큼 큰 배를 지었다. 그 후 수평선에서 먹구름이 피어오르더니 대재앙이나 다름없는 홍수가 6일 낮, 7일 밤 동안 세상을 덮쳤다. 모든 것이 파괴되었지만 예언자와 동물들을 태운 배는 살아남았다. 홍수가 가라앉으면서 배가 산꼭대기에 걸렸다. 그렇게 살아남은 존재들이 세상을 다시 채웠다.

이 홍수 이야기를 들으면 구약성서 창세기에 등장하는 노아의 방주가 떠오른다. 그러나 이 홍수 이야기는 구약성서보다 1,000년 이상 앞선 것이다. 이 열두 개의 점토판은 기원전 1200년의 것이며 우루크의 전설적인 왕 길가메시Gilgamesh에 대한 서사시가 기록되어 있다. 이 열두 개의 점토판에 기록된 이야기 가운데 가장 오래된 것은 기원전 2100년으로 거슬러 올라간다. 게다가 이 이야기조차 그것보다 더 오래된 이야기를 각색했을 가능성이 높다.

다른 고고학적 증거를 통해 기원전 2800년에서 2500년 사이 길가메시라는 이름의 왕이 우루크를 통치했다는 사실이 밝혀졌다. 길가메시가 통치한 도시는 구약성서에도 언급된다. 바로 창세기 10장 10절에 등장하는 에레크Erech다. 길가메시 서사시의 홍수 이야기와 구약성서의 노아의 방주 이야기는 여러 면에서 유사하다. 이를 통해 두 문서가 고대 이라크라는 기원을 공유한다고 추정할 수 있다. 수메르 점토판(과 그 이야기가 차용한 더 오래된 작품)의 연대를 토대로 미루어 볼 때

대홍수 전설이 수천 년 전으로 거슬러 올라간다는 점도 확인할 수 있다. 어쩌면 메소포타미아의 신석기시대(기원전 8000년에서 1만 2000년)로 거슬러 올라갈지도 모를 일이다.

그 시기(또는 다른 시대)에 전 세계를 휩쓴 홍수가 일어났다는 지질학적 증거는 전혀 없다. 그러나 신뢰할 수 있는 수많은 연구에 따르면 특정 지역에 발생한 홍수가 전설의 바탕이 되었을 가능성을 배제할 수는 없다. 전 세계 해수면이 상승해 보스포루스해협을 통해 흑해로 흘러드는 바닷물이 급증했을 것이다. 그리고 그 사건이 홍수 전설의 바탕이 되었다는 가설이 가장 유력하다. 그러나 고대 티그리스-유프라테스강 계곡 말단(오늘날 페르시아만 해저의 일부)에서 발생한 사건이 홍수 전설의 바탕이 되었다는 주장도 있다.

2만 1,000여 년 전 마지막 빙하기(이른바 마지막 최대 빙하기)의 평균 해수면은 오늘날보다 125미터가량 더 낮았다. 오늘날 두바이에서 쿠웨이트에 이르는 페르시아만은 여러 개의 민물 호수가 자리 잡은 넓은 하곡이었다. 오늘날 세계에서 가장 전략적인 해협이자 가장 강도 높게 중무장한 해협 가운데 하나인 호르무즈해협은 넓고 평평하며 비옥한 하곡이었다.

기원전 1만 년에서 4000년 사이 대륙빙하大陸氷河가 녹았다. 바닷물이 따뜻해지면서 열팽창이 나타나 지구 해수면이 급격히 상승했다. 지형이 완만했던 이 고대 계곡은 침수를 면치 못했다. 해수면이 높아지면서 바다가 내륙으로 1,000킬로미터 이상 확장되었다. 침수된 하곡은 오늘날 페르시아만이 되었다. 계곡의 지형은 매우 평평했다. 따라서 바다는 연평균 100미터 이상 내륙으로 밀려들어 왔다. 심지어 1킬로미터 이상 내륙으로 밀려들어 오는 경우도 있었다.

당시 이 지역의 주민들은 지금 페르시아만 바다 밑 진흙 바닥에 잠들어 있을 것이고, 사람들에게는 여러 세대에 걸쳐 꾸준히 진행되는 침수가 눈에 띄는 충격적인 사건이었을 것이다. 그 사람들의 조상들은 삶의 터전을 잃고 어쩔 수 없이 다른 지역으로 떠나가야 했을 것이다. 그리고 조상들의 이야기는 구전을 통해 (그리고 결국에는 기록으로) 후손에게 전해졌을 것이다. 그리고 그것이 길가메시 서사시, 구약성서 속 노아의 방주 이야기, 그 밖의 고대 대홍수 전설의 원천이 되었을 것이다.

사라스바티강의 비밀

이집트문명과 수메르문명에 대한 연구는 차고 넘친다. 그러나 남아시아에서 발전한 하라파문명의 어마어마한 규모에 견주어보면 이 두 문명의 규모는 보잘것없는 수준이라고 할 수 있다. 높은 수준으로 발전한 하라파문명은 기원전 2500년에서 1900년 사이 인더스강 계곡과 가가르-하크라Ghaggar-Hakra강 계곡 및 그 지류를 따라 번성했다. 오늘날 파키스탄과 인도 북서부 지역에 걸쳐 있는 지역이다. 인도 비라나Bhirrana에서 이루어진 고고학 연구에 따르면 가가르-하크라 정착지의 건립 연대는 기원전 7000년에서 5000년 사이로 거슬러 올라가는 것으로 추정된다. 이것이 사실이라면, 하라파문명은 초기 수메르 도시국가가 출현한 시기보다 거의 2,000년 이른 시기에 출현했다고 할 수 있다.

하라파문명의 부락, 마을, 도시는 결국 히말라야 산기슭에서 아라비아해 연안에 이르는 넓은 지역으로 퍼져나갔다. 100만 제곱킬로미터가 넘는 하라파문명의 규모는 이집트문명과 메소포타미아문명을 합친 것보다 더 컸다. 하라파문명은 문자, 곡물 창고, 벽돌 우물, 도시계획을 탄생시켰고 목욕탕, 화장실, 송수로, 밀폐된 하수도를 갖춘 정교한 도시 배관 체계를 구축했다. 이와 같은 도시 배관 체계는 고대 로마의 근대적인 측면을 규정하는 특징인데, 하라파문명은 그것보다 무려 2,000년이나 앞서 있었던 것이다.

이집트인과 수메르인처럼 하라파인들도 강을 중심으로 정착했다. 하라파인들은 비옥한 범람원氾濫原에 퇴적된 토사에 물을 대고 밀, 보리, 기장, 대추를 심었다. 하라파인들은 구운 벽돌을 이용해 계획도시를 건설했고 잉여 식량을 소비했다. 오늘날 파키스탄에 자리 잡은 모헨조다로Mohenjo-daro와 하라파는 가장 많은 연구가 이루어진 대도시로, 아직도 발굴 중이다. 19세기 중반 인도를 식민 지배하던 영국의 철도 기술자들은 하라파 유적에서 고대 벽돌을 가져다가 철도 궤도용 도상道床으로 사용했다. 하라파 유적에 대한 고고학 연구는 1924년에 처음 시작되었는데, 그때까지 하라파 유적은 고대 유적으로서의 중요성을 인정받지 못했다.

놀라울 정도로 발전했던 하라파문명과 그들이 사용한 고도의 기술이 사라진 이유는 아직 밝혀지지 않았다. 기원전 1900년 무렵 가가르-하카라강 계곡 인근의 하라파인들이 가장 먼저 그리고 가장 급격하게 사라졌다. 지금까지 알려진 하라파문명 관련 유적은 거의 1,500개에 달하는데, 그 가운데 3분의 2에 가까운 유적이 지금은 말라버린 가가르강과 그 지류를 따라 자리 잡고 있다. 하라파문명이 사라진 이유에 대한 가장 유력한 가설은 인도의 계절성 강우가 장기간에 걸쳐 약화되면서 강이 말라버려 작물을 재배하지 못하게 되었다는 것이다. 오늘날 위성 영상을 통해 이 지역에서 오래전 사라진 수많은 수로의 흔적을 찾아볼 수 있다. 지금은 건조해진 가가르강 유역에 남아 있는 수로의 흔적은 불규칙하고 간헐적인 띠 모양으로 이어지다가 타르사막에서 자취를 감춘다. 가가르강이 종적을 감춘 일은 신화와 오늘날 인도의 중요한 전설에도 영향을 주었을 것이다. 일례로 가장 오래된 산스크리트교 문서인 <리그베다Rigveda>(기원전 1500년 경)에 처음 등장하는 사라스바티Sarasvati강이 홀연히 사라진 것도 가가르강이 사라진 사건과 관련이 있을 것이다.

성군 우의 귀환

인도보다도 더 동쪽에 자리 잡은 양쯔Yangzi강과 황허강의 비옥하지만 위험한 범람원에는 중국 문명이 뿌리를 내렸다. 오늘날 상하이와 창샤 인근을 지나는 양쯔강변의 적어도 두 지점에서 기원전 6000년에 이미 초보적인 형태의 벼 재배가 등장했다. 오늘날 항저우 인근 콰후차오Kuahuqiao 유적에서 발견된 중국 최초의 논은 기원전 5700년에 나타났다. 초기 마자방Majiabang 문화와 허무두Hemudu 문화는 야생 벼, 연밥, 부들, 물고기 등 민물에서 나는 음식을 먹고 살았다.

북쪽에 자리 잡은 황허강 계곡에는 기장을 재배하는 농민 집단이 나타나 기원전 5000년에서 3000년까지 양사오Yangshao 문화를 꽃피웠다. 이 지역에서 중국 최초의 문자가 나타났다. 처음에는 뼈에 문자를 새겼는데 시간이 흐름에 따라 청동, 나무, 대나무, 마지막에는 종이에 문자를 기록했다. 이 기록에 따르면 삼황三皇, 오제伍帝, 최초의 왕조(하夏, 은殷, 주周)가 황허강변에서 중국 문명을 열었다. 중국 구전에 따르면 최초의 왕조인 하는 기원전 2200년에서 2070년 사이 성군 우禹가 창시했다.

성군 우는 중국 역사에서 중요한 인물이다. 사마천의 ≪사기史記≫에 따르면, 황허강에서 큰 홍수가 여러 차례 일어났다. 그래서 황허강 계곡에서 기장을 재배하는 농부들은 계속해서 큰 피해를 입었다. 우의 아버지는 홍수를 막기 위해 9년 동안 댐과 제방을 쌓았지만 홍수를 막지 못했다. 우는 댐과 제방을 쌓는 대신 물을 흘려보낼 운하를 조성해 홍수를 막는 데 성공했다. 우는 무려 13년을 일꾼들과 함께 도랑을 파는 데 매진했다. 그 결과 황허강에서 일어나는 자연현상에 통달하게 되었다. 백성들은 황허강의 물을 다스리는 데 성공한 우에게 충성을 바쳤다. 정치권력을 공고히 다진 우는 중국 최초의 왕조 하를 세우고 제위에 올랐다. 이때부터 세습 왕조가 시작되었다.

중국에서는 누구나 하 왕조를 역사 속 실재하는 왕조로 받아들이지만 이를 뒷받침하는 고고학적 증거는 부족했다. 1920년대에는 의고파擬古派가 나타나 성군 우와 최초의 왕조인 하 왕조의 실재에 의문을 제기했다. 특히 의고파는 하 왕조가 시작된 시기(기원전 2200~2070년)가 황허강 계곡에서 발굴된 고고학적 유물이 크게 확대된 시기나 혁신된 시기와 일치하지 않는다고 지적했다. 도자기, 청동, 옥과 관련된 혁신을 이룬 얼리터우Erlitou 문화는 기원전 1900년 무렵에 나타났다. 즉, 전설의 하 왕조가 시작된 시점보다 적어도 2세기 뒤에 나타난 것이다.

의고파가 성군 우와 최초의 왕조인 하 왕조의 실재에 의문을 제기한 이후 100여 년이 지났다. 그사이 고대 홍수 퇴적물 지도가 작성되었고 연대를 측정하는 작업에도 발전이 있었다. 그 과학적 발전이 연대 불일치 문제를 해결하는 데 도움이 될 수 있을 것이다. 2016년 베이징대학교 소속 칭룽 우Qinglong Wu가 이끄는 연구 팀이 <사이언스Science>에 게재한 논문이 논란을 일으켰다. 황허강 상류를 강타해 대격변을 일으킨 대규모 홍수를 입증하는 지질학적 증거를 제시하는 논문이었다. 칭룽 우가 주도한 연구에 따르면 지진이 일어나 지스Jishi 협곡(티베트고원 인근에서 발원한 깊은 협곡) 상류에 산사태를 일으켰다. 산사태의 잔해가 약 240미터 높이로 협곡을 메우면서 강을 막는 천연댐이 형성되었다. 댐 뒤로 물이 가득 차면서 거대한 호수가 형성되었다. 결국 댐이 무너지고 호수의 물이 쏟아지면서 황허강 계곡 주변에 치명적인 홍수가 발생했다. 홍수 퇴적물에 방사성탄소 연대 측정을 실시한 결과 대홍수가 일어난 시기는 기원전 1922년 전후 28년 사이로 추정된다.

칭룽 우가 이끄는 연구 팀이 밝혀낸 연대는 지스 협곡에서 하류로 약 2,400킬로미터 떨어진 곳에 자리 잡은 얼리터우 문화가 태동한 시기와 완벽하게 일치한다. 이곳은 황허강이 갈라져 나와 화베이평야를 가로지르는 새로운 물길을 개척하기 시작하는 지점이다. 새로 형성된 강바닥을 통과하는 물의 흐름이 안정되어 통제할 수 있게 되기까지 수년의 시간이 필요했을 것이다. 아마도 성군 우와 그의 아버지에 대한 전설은 강의 흐름을 통제하기 위해 수년간 기울인 노력의 기록일 것이다. 이와 같은 전위가 나타난 시기에 인근 지역에서는 도자기, 청동, 옥과 관련된 기술혁신이 우후죽순처럼 나타났다. 이런 증거는 중국 문명이 황허강 계곡에 대격변을 일으킨 대규모 홍수의 여파로 생겨났다는 가설을 뒷받침한다. 이것이 사실이라면 얼리터우 문화가 바로 "사라진" 하 왕조인 것이다.

성군 우가 실존 인물인지 신화 속 존재인지 영원히 알 수 없을지도 모른다. 분명한 것은 칭룽 우가 이끄는 연구 팀이 수행한 연구 결과를 인정하든, 이의를 제기하든 관계없이 추가 연구가 필요하다는 것이다. 그러나 고대로부터 내려오는 성군 우의 전설은 황허강의 물을 다스리는 데 성공해 홍수를 방지한 일과 대규모 노동력 동원, 하향식 정치권력, 왕조의 기원 사이에 명확한 관계가 있다는 사실을 알려준다. 다시 말해, 거의 4,000년 동안 이어졌던 중국의 왕조 통치 체제는 강이 불러오는 극심한 홍수를 극복한 사회로부터 시작되었을 것이다.

비트포겔의 물의 왕국

지금까지 소개한 위대한 네 문명 이야기를 관통하는 주제가 있다. 이 네 문명은 모두 강우량이 적고 비옥한 토양을 품은 넓고 평평한 하곡에서 발생했다. 이 지역에서는 빗물을 이용한 농업을 유지하기가 어렵거나 불가능했다. 따라서 이 사회의 성장과 생존을 위해서는 무엇보다도 하천 관개가 절실하게 필요했다.

인간은 강이 제공하는 자연 자본을 관리하고 활용해왔다. 그러기 위해 나일로미터, 운하, 제방, 댐, 아르키메데스의 나사 같은 양수기

등 독창적인 발명품이 동원되었다. 홍수, 전위, 가뭄의 위험성이 도처에 도사리고 있었음에도 불구하고 농업은 너무나 성공적이었다. 덕분에 특히 저장성이 좋은 곡물 위주로 잉여 식량이 발생했다. 잉여 식량에 세금을 부과하고 잉여 식량을 거래하게 되면서 새로운 직업, 사회계급, 도시가 등장했다.

식량 생산이라는 일상의 굴레에서 벗어나자 필경사, 회계사, 사제, 상인, 정치인, 군인 같은 새로운 직업이 생겨났다. 사람들은 서로 쉽게 소통할 수 있는 조밀한 정착지로 모여들었다. 정착지는 약탈자로부터 생명과 재산을 보호할 요새가 되어줄 터였다. 정착지가 성장함에 따라 발명가들은 도시 상수도 공급, 하수도 설치, 다른 정착지와의 무역 등 강을 이용할 새로운 방법을 찾았다.

정착지의 수가 늘어나고 구조도 더욱 복잡해짐에 따라 농업 생산성을 높일 필요성이 대두되었다. 실제로 위대한 네 문명의 생존과 안정적인 정치는 관개수로의 유지 수준에 달려 있었다. 독일계 미국인 역사가 카를 비트포겔Karl Wittfogel은 이 네 문명을 "수력水力 사회"라고 지칭한 바 있다. 여기에서도 이 네 문명에 관개수로 유지가 얼마나 절실한 일이었는지 확인할 수 있다.

히틀러 시대의 강제수용소에서 살아남은 비트포겔은 국제사회의 압력을 이기지 못한 게슈타포의 손아귀에서 놓여나자마자 미국으로 건너갔다. 그리고 귀화해서 컬럼비아대학교와 워싱턴대학교에 재직했다. 비트포겔은 전체주의 권력의 기원과 본질을 이해하는 데 연구 역량을 집중했다. 그렇게 된 데는 "절대 공포가 지배하는 지옥"(이라고 설명한 나치 수용소)에서 겪은 혹독한 경험도 하나의 원인으로 작용했을 것이다. 오늘날 사람들은 비트포겔을 크게 두 가지 사건으로 기억한다. 하나는 매카시 시대(미국 상원의원 조지프 매카시Joseph McCarthy의 극단적 반공주의 운동이 벌어지던 시기-옮긴이)에 두 차례나 조사

위원회에 출석해 무정한 태도로 동료 학자들이 공산주의자일 가능성이 있다고 증언한 일이고, 다른 하나는 ≪동양의 전제주의: 전체 권력 비교 연구Oriental Despotism: A Comparative Study of Total Power≫(1957년)라는 책을 저술해 깊은 영향력을 남긴 일이다.

비트포겔은 일련의 학술 논문 및 ≪동양의 전제주의≫에서 다음과 같은 주장을 폈다. 강 관개 인프라(와 그것에 따라오는 잉여 식량, 세금, 지배계급)를 유지하기 위해서는 대량 노동과 그것을 관리할 조직이 필요하다. 대량 노동을 동원하고 관리할 조직을 운영해야 하는 상황에서 도출될 가능성이 가장 높은 정치적 결과물은 권위주의적이고 관료적인 사회다. 비트포겔은 사제나 왕을 필두로 한 지배계급에게는 하향식 통제가 불가피했을 것이라고 주장했다. 국가가 물, 토지, 노동자 같은 자원을 관리하고, 홍수 방지용 치수治水 사업이나 복잡한 대규모 수로를 원활하게 운영하고 관리하기 위한 유지 보수 사업 같은 인프라를 통제하면 일반 시민의 저항이 따르기 마련이었다. 따라서 억압적이고 관료적인 정부가 등장할 수밖에 없었다.

수력 사회는 안정적이었지만 그 생존 여부는 수로의 지속적인 관리에 달려 있었다. 따라서 강력한 권위주의 통치와 국가 통제가 장려되었다. 수로 관리 부실 및 방치, 전쟁, 전위 또는 기후변화로 인한 치명적인 수로 관리 실패는 식량 부족과 정치적 격변, 나아가 문명의 쇠퇴 또는 붕괴로 이어지기 쉬웠다. 이와 같은 혼란은 고대 메소포타미아, 인더스강 계곡, 중국의 역사에 만연했고, 비교적 안정적이었던 나일강 계곡에서도 이따금 발생했다.

비트포겔이 ≪동양의 전제주의≫를 통해 제시한 획기적인 발상은 이후 수십 년간 연구와 논쟁의 대상이 되었다. 예를 들어 복잡한 수로를 사용한 문명이 모두 권위주의 국가로 발전한 것은 아니었다. 권위주의 국가가 먼저 등장하고 나서 수로를 개발한 사례도 있었다. 그리고 물과 식량 체계같이 인간이 의존하는 환경이 아무리 중요하다고 해도 그 자체로 정치적 결과를 결정하지는 못한다. 그러나 비트포겔을 비판하는 사람들조차 나일강, 티그리스-유프라테스강, 인더스강, 황허강 부근에 건설된 위대한 초기 문명의 핵심 요건에 대해서는 의견의 일치를 보인다. 즉, 이 네 문명은 모두 강들이 제공하는 자연 자본을 성공적으로 이용하는 능력과 파괴적인 홍수 및 전위에 적응하고 피해를 복구할 수 있는 능력을 갖추고 있었다. 이와 같은 요건이 충족되면 뒤이어 잉여 식량, 과세, 사회계층이 나타났다. 치수를 통해 강을 인간의 목적에 맞게 이용하는 과정에서 인구밀도가 높고 (권위주의적이든 아니든) 복잡한 계층 사회가 탄생했다. 엘리트들의 지배 아래 다양한 직업과 다양한 계급이 존재하는 도시가 막을 올렸다.

하피 신의 가슴에서 얻은 지식

세금이 부과되고 다양한 직업이 공존하는 도시 사회의 여러 강점 가운데 하나는 몇 안 되는 "사상가"라는 사람들을 지원할 수 있다는 것이다. 인류 최초의 지식인들은 어떤 질문을 던지고 어떤 문제를 해결했을까? 과학, 공학, 법을 통해 인류가 누리는 이점을 부인하거나 이와 같은 문제 해결식 접근이 오늘날 세계를 광범위하게 뒷받침한다는 사실을 부인하는 사람은 거의 없다. 그렇다면 과학, 공학, 법은 어디에서 시작되었을까?

르네상스 시대 이전의 과학, 공학, 법을 현대적 형태라고 부를 수는 없다. 그러나 과학, 공학, 법의 기원은 초기 문명으로 거슬러 올라간다. 그리고 대부분 개울, 강, 그 외 형태의 흐르는 물이 제공하는 자연 자본과 인간 복리를 누리는 일과 관련되었다. 기원전 3000년 무렵 무명의 예술가는 스콜피온 킹(왕조 이전 시대에 하下이집트를 통치한 신비한 인물)의 석조 곤봉머리에 관개 운하를 새겼다. 시행착오를 거친 끝에 수메르인, 하라파인, 이집트인, 중국인은 정착지로 향하는 강의 물길을 전환해 운하와 제방이 있는 경작지로 흘러들어가게 만드는 데 성공했다. 고대 그리스 헬레니즘문명은 테라코타 관로와 하수도를 광범위하게 사용했고 이것을 고대 로마가 계승했다. 로마인들은 납이나 구운 점토로 만든 관을 이용해 공중목욕탕, 분수, 빌라에 관로를 설치했고 광범위한 송수 시설을 구축해 도시에 물을 공급했다. 기원전 1세기 로마의 비트루비우스Vitruvius는 흐르는 물의 전환 및 관리를 둘러싼 문제를 다룬 유명한 책 ≪건축에 대하여De architectura≫를 남겼다.

실용적이지만 충분한 정보는 갖추지 못한 이 초기 건축학 저술은 오늘날 토목공학이라고 부르는 학문의 길을 열었다. 오늘날 공학의 원형이 된 초기 공학이 남긴 업적 중 일부는 놀랍도록 인상적이었다. 예를 들어 로마인이 남긴 유명한 아치형 송수로같이 중력을 이용해 물을 공급하는 시설 대부분은 오늘날에도 여전히 건재하다.

그러나 어떤 면에서 볼 때 오늘날 공학자의 원형이 된 고대의 공학자들은 놀라울 정도로 무지했다. 예를 들어, 하천 측정의 기본 중에 기본이 되는 것은 배수량(하천 유량)이다. 배수량은 단위시간 동안 정해진 위치를 통과하는 물의 양(예: 갤런/분, 세제곱미터/초, 세제곱킬로미터/연 등)을 나타낸다. 댐 및 저수지 관리에서 개인 화장실 수도꼭지의 최대 법적 유량에 이르는 모든 것이 배수량을 이용해 관리된다. 강, 운하 또는 송수로의 배수량은 특정 평면을 가로지르는 물의 평균유속을 해당 평면에 흐르는 유량의 단면적에 곱한 것과 같다. 단순한 개념이지만 고대 그리스인과 로마인은 수로의 확장 또는 축소가 유량을 제어할 수 있는 유일한 방법이라고 생각했다. 그러나 고대 그리스인과 로마인은 유속의 중요성을 이상하리만큼 간과하거나 무시했다. 유속은 송수로의 경사를 조정하여 얼마든지 조절할 수 있는데 말이다.

그러나 1세기 이집트 알렉산드리아에 살았던 수학자 겸 최초의 공학자 헤론Heron은 예외였다. 오늘날 헤론은 참신한 책을 두 권 저술한 것으로 유명하다. 하나는 유압의 몇 가지 기본 원리를 설명한 ≪기체학Pneumatica≫이고 다른 하나는 토지측량 도구라고 볼 수 있는 ≪디옵트라Dioptra≫다. 두 책의 내용이 너무 획기적이어서 그 뒤로 헤론은 최초의 공학자로 불리게 되었다. 헤론은 ≪기체학≫에서 수많은 물 관련 개념(예: 사이펀, 관개, 배수)을 제시했다. 그리고 송수로, 강 또는 샘을 통과하는 유량을 올바르게 계산하려면 단면적뿐 아니라 유속까지 필요하다고 설명했다. 그러나 같은 시대 사람들은 헤론의 명쾌한 설명을 철저하게 무시했다. 그 뒤 1,600여 년이 흘렀지만 여전히 배수량 개념은 정립되지 못했다. 결국 배수량 개념은 1628년 베네딕트회 수도사이자 갈릴레오 갈릴레이의 제자 베네데토 카스텔리Benedetto Castelli의 저술 ≪유수량 측정에 대하여Della Misura dell'Acque Correnti≫를 통해 정립되었다.

고대인의 지혜를 지나치게 미화해서는 안 된다. 사실 고대 그리스인은 자연 세계를 모호하게, 심지어 감동적으로 설명하기를 선호했다. 따라서 고대 그리스인은 자연 세계를 정량적으로 측정하는 일에는 대체로 무관심했다. 1970년 아싯 비스와스Asit Biswas는 ≪수문학사History of Hydrology≫에서 역대 최고의 지성 가운데 하나인 아리스토텔레스조차 낭설을 퍼뜨렸다고 언급했다. 비스와스에 따르면 아리스토텔레스는 여성의 치아 개수보다 남성의 치아 개수가 더 많다고 주장했다. 그러나 정작 아내나 정부의 치아 개수를 확인해 검증할 생각은 하지 않았다고 한다.

고대 그리스인은 자연계에 대해 아는 것이 거의 없었다. 이 점을 감안하면 고대 그리스인이 자연에 관련된 질문에 질적 답변을 제시하는 경향을 보였다는 점을 이해할 수 있다. 사실 설명이 필요한 수많은 신비한 자연현상 가운데 초기 철학자들의 마음을 사로잡은 것이라고는 밤하늘에 떠 있는 별의 움직임과 나일강에서 일어나는 홍수의 원인 정도에 불과했다.

밀레투스(고대 그리스의 주요 도시. 오늘날 튀르키예 서부 지역에 유적이 남아 있다)의 탈레스Thales는 나일강에서 일어나는 홍수의 원인을 자연과학적으로 설명하려고 애쓴 최초의 인물이다. 초자연적이지 않은 설명은 당시로서는 상상조차 할 수 없는 일이었다. 3,000년 동안 나일강 유역에서 편안한 생활을 영위한 고대 이집트인은 하피 신의 가슴이 흔들리면 매년 생명을 주는 홍수가 쏟아진다고 생각했다[고대 조각을 보면 하피 신은 수염을 기르고 로인클로스(고대 이집트의 복식-옮긴이)를 입었으며 (임신했음을 추정하게 하는) 불룩한 배를 가진 중성적인 모습으로 묘사된다]. 탈레스는 신화를 동원한 설명을 거부하고 여름마다 북쪽에서 불어오는 바람이 북쪽으로 흐르는 강물의 흐름을 억제해 홍수가 일어나므로 바람이 사라지면 홍수가 풀린다고 제안했다.

헤로도토스Herodotus는 탈레스의 가설을 기각했다. 헤로도토스는 바람이 불지 않았는데도 홍수가 일어났고, 강의 흐름과 반대 방향으로 부는 바람을 맞는 다른 강에는 홍수가 일어나지 않았다고 주장했다. 그런 다음 헤로도토스는 다소 당혹스러운 물리적 설명을 제시했다. 계절에 따른 태양의 움직임과 이집트의 가뭄이 홍수를 일으킨다는 것이었다. 이후 6세기 동안 디오게네스Diogenes, 데모크리토스Democritos, 에포로스Ephoros, 스트라본Strabon, 루크레티우스Lucretius, 플리니우스를 비롯한 여러 그리스 철학자와 로마 철학자들이 나일강 홍수의 원인에 대한 물리적 설명을 제시했다. 실제 현장 연구나 측정이 시도된 적은 없었지만 나일강 홍수의 원인에 대한 담론에서 오늘날 과학적 논쟁이라고 부르는 것의 기원을 살짝 엿볼 수 있다.

단 한 사람도 나일강 상류, 즉 에티오피아 고지대의 계절에 따른 강수 주기가 나일강 하류의 홍수를 좌우한다는 사실을 이해하지 못했다. 그러나 나일강 홍수의 원인에 대한 지식인들의 논쟁과 천문학, 우주론, 수학 등에 관한 논쟁을 통해 새로운 경향이 탄생했다. 바로 물리를 기반으로 합리적인 가설을 제안하고 토론해 주변 세계를 설명하는 경향이다. 신비주의를 거부하고 지식 자체를 추구하는 시대가 열린 것이다. 과학적 사고와 합리적 사고의 기원은 탈레스와 매년 일어나는 나일강 홍수의 기원에 대한 초기 철학 논쟁으로 거슬러 올라갈 수 있다.

함무라비 법전

사회는 형성 초기부터 시민의 질서를 유지하고 천연자원의 분배를 규제하는 규칙을 활용했다. 규칙을 위반하면 가해자 처벌 및(또는) 피해자 보상을 통해 정의를 실현했다. 사실, 인류가 모종의 사법제도를 열망하기 시작한 시기는 최초의 법률이 성문화된 4,000년 전으로 거슬러 올라간다. 오늘날 법률가의 원형이 된 초기 법률가들은 무엇에 관심을 가졌고 그들이 기울인 노력이 현대 법률 시스템에 미친 영향은 무엇인가?

지금까지 알려진 최초의 성문법은 유프라테스강 유역을 따라 자리 잡은 고대 수메르 도시 세 곳, 즉 니푸르Nippur, 우르Ur, 시파르Sippar 유적에서 발견되었다. 설형문자가 새겨진 작은 판 네 개 가운데 하나는 1954년에 해독되었는데, 나머지와의 상호 참조를 거쳐 번역되기까지 근 30년이 더 소요되었다. 고된 언어 연구가 거의 완료되면서, 기원전 2100년경 새겨진 것으로 추정되는 이 판들은 지금까지 발견된 가장 오래된 법률문서로 판명되었다. 이 판에 기록되어 있는 최소 39개의 명확한 법 조항 가운데 32개가 해독되었다. 이 네 개의 판에는 "우르-남무 법전Ur-Nammu Law Code"이라는 이름이 붙었다.

그로부터 3세기쯤 뒤 높이 2미터가 넘는 거대한 검은 석비에 새겨진 법 조항 282개가 발효되었다. 이 석비가 발견된 장소는 현재 이란 지역의 티그리스강에서 동쪽으로 약 250킬로미터 떨어진 곳에 자리 잡은 수사Susa 유적이다. 원래 메소포타미아 사원에 세워져 있었던 이 석비는 "함무라비 법전"이라고 불린다. 기원전 1792년부터 1750년까지 메소포타미아를 통치한 바빌로니아 왕 함무라비Hammurabi가 이 석비를 세웠기 때문이다. 우르-남무 법전과 마찬가지로 함무라비 법전에는 인류 최초의 문명 가운데 하나가 시민의 질서를 유지하고 자원을 관리하는 데 활용한 규칙과 처벌 방법이 명시되어 있다. 오늘날 루브르박물관에 보관되어 있는 함무라비 법전과 우르-남무 법전을 통해 티그리스강과 유프라테스강 사이 비옥한 범람원에서 4,000년 전에 성장한 문명의 가치를 엿볼 수 있다.

우르-남무 법전과 함무라비 법전을 살펴보면 당시 사람들이 성, 폭력, 이혼, 노예, 거짓말, 관개용수에 관심을 가졌다는 사실을 알 수 있다. 우르-남무 시대에는 대부분의 처벌이 벌금형으로 처리되었다. 예를 들어, 미혼 여성 노예를 '성폭행'하면 가해자는 은화 5세겔을 벌금으로 내야 했다. 살인, 강도 또는 기혼 여성(자유민)과의 성관계에는 사형이 적용되었다.

훨씬 더 길어진 함무라비 법전에는 더 많은 범죄와 처벌 방법이 자세히 기록되어 있다. 처벌 수준은 사회 계급(귀족, 자유민, 노예)에 따라 달라졌다. 함무라비 법전은 동해보복법同害報復法 개념이 적용된 가장 오래된 성문법이다.

☞ 다른 사람의 눈을 뽑으면 그 사람의 눈을 뽑아야 한다. 다른 사람의 뼈를 부러뜨리면 그 사람의 뼈를 부러뜨려야 한다. 다른 사람의 이를 뽑으면 그 사람의 이를 뽑아야 한다.

피해에 상응하는 조치("눈에는 눈, 이에는 이")를 취함으로써 정의를 실현한다는 생각은 히브리 성서와 기독교 구약성서에 스며들었다. 그리고 아직까지도 세계 어딘가에 살아남아 그 명맥을 이어가고 있다. 동일한 범죄에 대해 (가해자의 사회 계급에 따라) 처벌 수준이 달라진다는 개념은 미국이 식민지였던 시대와 미국에 노예제도가 살아 있었던 시대에 다시 등장했다. 그리고 눈에 잘 띄지는 않지만 오늘날에도 여전히 존속되고 있다.

또한 최초의 법전에는 사회 취약 계층 보호를 의무화하는 법 조항이 놀라울 정도로 많다. 예를 들어 함무라비 법전은 강간범을 처형한다. 강간을 당한 미혼 여성은 비난하지 않는다. 남성 노예가 자유민 여성과 결혼하면 그 자녀는 노예가 되지 않는다. 강도 피해자에게는 정부가 배상한다. 이와 같은 법 조항이 고대의 법 조항이라는 점을 감안하면 매우 진보적인 성격에 놀라지 않을 수 없다. 심지어 오늘날에도 세계의 일부 지역에서는 그와 같은 법 조항이 여전히 진보적인 것으로 취급되기 때문이다.

천연자원은 어떻게 관리했을까? 두 법전에서 언급되는 주요 천연자원은 강물(또는 강물을 관개용수로 사용하는 식물)이다. 관련 범죄에는 도랑과 댐을 적절하게 관리하지 못하거나 의도하지 않게 물이 넘쳐 이웃한 밭을 잠기게 하거나 관개 장비를 훔치는 행위가 포함되었다. 가장 오래된 법전에는 부정不貞, 성범죄, 폭행, 절도, 개인 채무 불이행, 부당이득, 기타 신기할 정도로 익숙한 각종 부도덕한 사회 범죄와 더불어 물, 개인 채무, 재산권에 대한 관리 책임에 대한 법적 전례가 남아 있다.

물론, 두 법전에 기록되어 있는 법적 개념 가운데 일부는 오늘날에는 완전히 낯설다. 예를 들어, 자연에게 판결을 떠넘기는 경우도 많았다. 마법을 부렸다고 의심받는 남성이나 부정을 저질렀다고 의심

받는 여성에 대한 판결과 처벌은 유프라테스강이 떠맡았다. 피고인을 강물에 던진 뒤 생존하면 무죄, 익사하면 유죄로 결정했던 것이다.

강은 모두의 소유물

오늘날에는 강을 아무도 소유할 수 없다는 법적 원칙에 전 세계가 동의한다. 미국, 영국과 같이 자본주의적 전통이 강한 국가에서도 강은 공익을 위한 것으로 분류되어 별도로 취급된다. 즉, 대부분의 다른 천연자원과는 다른 범주로 분류되는 것이다. 일반적으로 토지, 나무, 광물, 다른 천연자원(예: 샘, 연못, 대수층)에서 비롯된 물은 사유재산으로 간주된다. 그러나 강, 공기, 바다는 매우 다르게 취급된다. 법에서 강을 공공재로 취급한 전례는 어디에서 찾을 수 있고, 그것이 오늘날 법 체계 형성에 미친 영향은 무엇일까?

강이 공공재라는 생각은 고대 로마로 거슬러 올라간다. 530년 유스티니아누스Justinianus 황제의 지시로 로마 법률문서의 주요 내용을 편찬한 ≪요약Digest≫이 발간되었다. ≪요약≫에 따르면 초기 로마의 법률가들은 강의 소비, 강에 대한 대중의 접근, 강 주변에 사유지를 소유한 사람의 권리를 둘러싼 많은 법적 원칙을 정립했다. 이와 같은 법률문서에서 로마 사회가 영구적으로 "흐르는 강"은 다른 담수원과 다르게 "대중에게 속한 것"이라고 생각했다는 사실을 확인할 수 있다. 또한 로마인은 항행의 자유, 특히 선박의 자유로운 통행을 유지하는 데 관심을 가졌다. 샘, 간헐적으로 흐르는 개울, 지하수 우물, 그 밖의 작은 수원은 개인이 소유할 수 있지만, 1년 내내 흐르는 모든 자연 하천은 심지어 항행 불가능한 강이라도 모두의 이익을 위해 대중의 소유로 간주되었다. 이따금 지켜지지 않을 때도 있었지만 이 원칙은 대체로 존속되어 오늘날에도 대중은 대규모 하천에 접근할 수 있고 자유롭게 항행할 수 있다.

또한 로마 법률가들은 강 주변에 사유지를 소유한 사람의 권리를 성문화했다. 모든 시민이 강에서 항행, 수영 또는 낚시를 할 수 있지만 강 주변에 자리 잡은 사유지에 접근하는 것은 다른 문제였다. 강 주변에 자리 잡은 사유지를 횡단하려면 해당 사유지 소유자와 협상해 소유자의 요구에 부합하는 일종의 공공 지역권 또는 통행권(역권役權)을 발행해야 했다. 역권은 측량사와 판사가 처리했는데, 오늘날에도 미국을 비롯한 여러 국가에서는 법원이 공공 지역권을 판단한다.

수로 변경, 댐 조성, 그 밖에 강과 관련된 주요 사업에 대한 승인 권한은 로마 정부가 가지고 있었다. 목적 달성을 위해 필요한 경우 로마 정부는 사유지를 전유專有할 수 있었다. 즉, 고대에 이미 수용권收用權의 전례가 있었던 것이다. 그러나 강의 '자연적 흐름' 보존은 소중한 법적 권리였다. 따라서 강 주변에 사유지를 소유한 사람은 다른 주체가 해당 사유지에 맞닿은 강물을 오염시키거나 해당 사유지가 자리 잡은 강의 상류에서 물길을 전환하려는 경우 보호받을 수 있었다.

이 세 가지 핵심 개념, 즉 항행의 자유, 공공재, 사유재산은 광대한 로마제국 전역으로 전파되었다. 이 중 처음 두 가지인 항행의 자유와 공공재 개념은 오늘날 이탈리아, 독일, 프랑스, 스위스, 네덜란드, 루마니아, 헝가리, 세르비아, 불가리아, 슬로바키아, 우크라이나, 몰도바, 스페인, 포르투갈, 레바논, 시리아, 튀르키예에서 흐르는 티베르Tiber강, 포Po강, 라인Rhine강, 다뉴브Danube강, 론Rhône강, 손Saône강, 과디아나Guadiana강, 과달키비르Guadalquivir강, 에브로Ebro강, 오론테스Orontes강, 미안데르Maeander강을 이용한 무역, 통신, 여행의 자유를 확립하는 데 기여했다.

사유재산 개념은 (중세 시대부터는 영국 관습법의 영향과 함께) 궁극적으로 수리권水利權 개념으로 발전된다. 즉, 강 주변에 사유지를 소유한 사람에게 물을 사용할 권리가 보장된 것이다. 수 세기가 지난 뒤 미국 법원은 '자연적 흐름' 보존이라는 로마의 요건을 '합리적인 사용' 가운데 하나로 완화한다. 그와 같은 조치는 방앗간이 강을 오염시켜도 용인되는 근거가 된다. 덕분에 사유재산 원칙에 따라 강을 기반으로 하는 산업이 폭증하고 서유럽과 북아메리카 동부의 수차水車용 용수로 주변으로 수천 개의 새로운 정착지가 생겨나게 된다. 로마인이 강 관리와 관련해 정립한 개념이 위와 같지 않았다면, 즉 "대중에게 속한 것"이 아니라 "개인에게 속한 것"이라고 생각했다면, 오늘날 세상은 지금과는 매우 다른 모습이었을 것이다.

바퀴의 힘

모두가 그렇듯, 나 역시 살면서 상당히 많은 거리를 이동해야 한다. 목적지가 네 시간 이상 떨어진 곳이면 비행기를 이용해 이동하고 그것보다 가까운 곳이면 자동차를 이용해 이동한다. 배를 이동수단으로 사용하는 곳은 나의 주요 일터인 원격지(알래스카주, 캐나다 북부, 시베리아)뿐이다. 그러나 공항이나 도로가 없는 곳에서는 카누가 곧 오토바이고 선외 모터가 달린 알루미늄 배가 곧 SUV다. 강이 야생을 가로지르는 도로가 되는 것이다. 강기슭은 강을 따라 이동하는 동물의 이동로다. 원시시대나 지금이나 북부에서 생활하는 사람과 동물은 깊은 겨울에도 매끄럽게 얼어붙은 강을 운송로로 활발하게 이용한다. 오늘날에는 이렇게 원격지에서 강을 따라 이동하는 일이 진기하고 흥미로운 경험이지만, 아주 최근까지도 대륙을 여행하고 탐험하는 사람들에게는 강이 주요 이동 경로였다.

배를 이용한 이동은 비교적 쉬워서 수천 년 전부터 활용되었다. 최초의 배가 등장한 시기는 아무도 모르고 앞으로도 알 수 없을 것이다. 사실 인류 역사상 배는 발명되고 재발명되기를 거듭했다. 전 세계의 유적에서 초기 형태의 배(통나무 속을 파내어 만든 카누, 갈대를 엮어 만든 뗏목, 나무틀에 나무껍질을 덧대거나 가죽을 씌운 형태)가 발굴되었다. 중국 최초의 논이 발견된 항저우 인근 콰후차오 유적에서는 8,000년 전에 만든 통나무배가 발굴되었다. 이집트, 메소포타미아, 서아프리카, 동남아시아, 인도, 아메리카, 유럽의 유적에서도 고대에 사용했던 배가 발굴되었다.

알래스카주 유콘Yukon강 유역에 찍힌 늑대 발자국. 북아메리카에 가장 먼저 나타났다고 알려진 인간을 비롯한 야생동물은 태곳적부터 줄곧 강과 하곡을 자연적인 이동로로 사용했다.

그러다가 획기적인 기술을 도입해 내항성을 높인 널빤지 배가 발명되었다. 1996년 영국에서 발견된 널빤지 배는 적어도 기원전 1670년(어쩌면 그 이전)으로 거슬러 올라간다. 캘리포니아주에서는 (연안에 자리 잡았던 추마시족Chumash이) 이미 500년 무렵에 널빤지 배를 사용했던 것으로 보인다. 9세기와 10세기에 널빤지로 만든 날렵한 전함을 타고 나타난 바이킹족은 전 유럽을 공포로 몰아넣었다. 바이킹족은 강을 따라 이동하면서 오늘날의 발트해와 러시아를 습격하고 오늘날의 노르망디, 스완지, 더블린 같은 지역들에 새로운 정착지를 건설했다. 바이킹족은 그린란드와 당시에는 사람이 살지 않았던 아이슬란드섬을 차지했고, 1492년 크리스토퍼 콜럼버스가 도착하기 500여 년 전에 이미 북아메리카 북동부의 바위 연안을 탐험했다.

11세기와 12세기 서유럽에서는 해운업과 상업이 발달했다. 덕분에 라인-뫼즈Meuse-스켈트Scheldt강 삼각주에서 항행이 가능한 수로에 자리 잡은 안트베르펜, 헨트, 로테르담 같은 도시가 부상했다. 강을 끼고 발전한 다른 주요 마을로는 오늘날 암스테르담, 피렌체, 파리, 런던을 꼽을 수 있다. 이 도시들이 구축한 무역망이 유럽의 도시 상업 경제를 일으키면서 장원과 농노로 대변되는 농업 기반의 낡은 봉건제도는 몰락의 길을 걸었다.

수차를 사용해 기계에 동력을 공급하는 일에 대한 관심이 높아지면서 유럽의 도시화는 더 빠르게 진행되었다. 이미 로마 시대부터 소규모 방앗간에서는 수차의 힘으로 곡물을 분쇄해 가루로 만들었다. 유럽 전역의 부락과 장원에서 수차를 이용하는 소규모 방앗간을 쉽게 찾아볼 수 있었다. 가장 단순한 형태의 수차는 흐르는 개울의 방향을 수평 외차外車 방향으로 전환한 뒤, 그 힘으로 수직 크랭크축을 돌려 위에 매달린 맷돌을 돌리는 형태였다. 보통 개울 위에 작은 나무 헛간을 지은 뒤 그 안에 축을 배치했다. 작은 나무 헛간은 땅에 고정된 맷돌 위에 얹힌 맷돌이 천천히 회전하는 동안 방앗간 일꾼과 곡물을 보호하는 역할도 수행했다. 기어 전동장치나 관성바퀴도 없는 소박한 장치였지만, 적당량의 밀을 분쇄해 밀가루를 얻는 데 없어서는 안 되었다. 덕분에 물이 안정적으로 흐르는 곳이면 어디서나 쉽게 찾아볼 수 있었다. 무엇보다 중요한 것은 맥아를 갈아 맥주를 만들 때도 수차가 사용되었다는 점이다.

관련 기술이 발전하면서 11세기에는 더 강력한 수차가 등장했다. 바로 기어 전동장치와 더 큰 수직 바퀴를 사용하는 하사식下射式 수차다. 하사식 수차는 바퀴의 일부가 물속에 잠기는 방식이었다. 강이 너무 넓어서 댐을 지을 수 없는 경우에는 거대한 하사식 수차를 배에 장착해 활용했다. 하사식 수차를 장착한 배는 선박형 방앗간이나 다름없었다. 라인강, 엘베Elbe강, 다뉴브강에는 선박형 방앗간 수백 척이 닻을 내리고 있었다. 빈, 부다페스트, 스트라스부르, 마인츠, 리옹 같은 중세 도시는 모두 여러 시기에 이와 같은 선박형 방앗간을 활용했다. 12세기 툴루즈의 가론Garonne강에는 최소 60척 이상의 선박형 방앗간이 정박해 있었고 파리 센Seine강에는 거의 100척에 가까운 선박형 방앗간이 우글거렸다.

상사식上射式 수차도 수직 바퀴를 사용했다. 보통은 댐을 지어서 수차용 연못을 조성한 뒤 거기에 모인 물을 바퀴에 떨어뜨렸다. 자연 폭포에서 떨어지는 물을 이용하는 경우도 있었다. 상사식 수차를 사용하면 바퀴를 돌리는 데 사용되는 물의 무게를 더 무겁게 만들 수 있어 물을 더 적게 쓰면서도 힘을 두 배 정도 더 얻을 수 있었다.

수차 기술이 발전함에 따라 인간은 곡물을 갈아서 가루로 만드는 것을 크게 넘어서는 수준으로 강의 힘을 사용하게 되었다. 수차가 제재소, 제지 공장, 제철소에 동력을 공급하기 시작한 것이다. 수차는 광산에서 물을 퍼내고, 목재 선반을 회전시키며, 펠트를 두드리는 데 사용되었다. 기어 전동장치, 도르래, 관성바퀴, 캠축, 피스톤, 컨베이어 벨트를 사용해 흐르는 물을 기계적 동력으로 변환하는 방법이 발견되었다. 이와 같은 기계공학의 혁신이 확산되면서 유럽의 강변에는 물과 에너지를 함께 사용하는 새로운 산업이 발전했다. 특히 목재 펄프, 천, 염료를 처리하고 찌꺼기를 씻어내는 용도의 물이 다량 필요했던 제지 공장과 섬유 공장이 강 주위로 모여들었다. 18세기 중반 기계를 사용할 수 있게 된 세계의 앞에는 산업혁명이 기다리고 있었다.

신세계의 계곡

한편 대서양 건너 아메리카 대륙에도 사람이 모습을 드러냈다. 북아메리카 대륙에 최초로 발을 들인 사람들 역시 강 주변을 탐험했고 강 주변에서 생활했다.

아이다호주 새먼Salmon강은 스네이크Snake강과 만나 컬럼비아Columbia강으로 흘러간다. 2019년 새먼강 하류 강기슭에서 획기적인 유적이 발견되었다. 돌로 만든 창날과 칼날 수십 개와 화로가 출토되었고 돌로 만든 유물과 동물 뼈가 들어 있는 구덩이가 발견되었다. 오늘날 이 유적지는 쿠퍼스페리Cooper's Ferry로 알려져 있다. 연구자들은 이 유적지에서 발견된 숯과 뼈에 방사성탄소 연대 측정을 실시했다. 그 결과 이곳에서는 이미 약 1만 6,000년 전부터 이와 같은 물건들을 일상적으로 사용하기 시작한 것으로 확인되었다. 이 측정 결과는 북아메리카 대륙에 사람이 살았던 시기를 입증하는 측정 결과 가운데 가장 오래된 것이다.

주목해야 할 것은 이 시기가 코딜레란Cordilleran 대륙빙하(1만 4,800년 전까지 존재)에 얼음이 얼지 않는 땅이 모습을 드러낸 것으로 알려진 시기보다 1,000년 이상 앞선다는 점이다. 지금까지는 베링해협 사이로 드러난 육지를 통해 인류가 처음 북아메리카로 건너갔다고 알려져 있었다. 그러나 처음 북아메리카로 건너간 사람들은 마지막 빙하기가 끝나기 전에 이미 바다를 통해 태평양 연안을 따라 내려간 것으로 보인다. 그런 다음 다시 동쪽으로 방향을 틀어 컬럼비아강을 이용해 내륙으로 이동한 것으로 보인다. 그 당시의 캐나다 서부와 태평양 연안 북서부 지역은 거대한 코딜레란 대륙빙하가 뒤덮고 있었다. 컬럼비아강은 그 대륙빙하 남쪽에 자리 잡은 첫 번째 주요 하곡이다.

8세기에서 15세기 사이, 미시시피Mississippi강 계곡에 발전된 문명이 출현했다. 이 문명은 가장 크게 세력을 떨친 시기에 '커호키아'라는 이름의 수도를 건설했다. 미시시피강 계곡을 따라 사람들이 모여들면서 커호키아보다 더 작은 규모의 도시들이 여럿 생겨났다. 오늘날 세인트루이스 인근, 미시시피강과 미주리Missouri강 합수머리 근처의 버려진 강굽이에 자리 잡은 커호키아는 이 지역 전체에 영향력을 행사했다.

이 지역에 정착한 사람들은 농사를 짓고, 섬세한 장식품을 만들며, 흙과 나무로 거대한 피라미드를 세웠다. 그리고 새로운 관습, 사상, 정치 체계를 발전시켰다. 이 지역 사람들의 영향력이 절정에 달했던 시기인 약 1,000년 전, 커호키아는 행정 및 종교의 중심지로 기능했으며, 이 지역의 정치 문화는 북아메리카 대륙 곳곳으로 퍼져나갔다. 그로부터 6세기 후, 커호키아의 후손들은 스페인 탐험가 에르난도 데 소토Hernando de Soto와 조우하게 된다. 그리고 이후에는 북아메리카 대륙으로 이주한 뒤 서쪽으로 영토를 확장했던 백인 정착민 세력과 싸워야 했다. 세인트루이스 시내에서 차로 단 몇 분 거리에 있는 커호키아 마운드 주립 사적지에 가면 아직 남아 있는 피라미드를 확인할 수 있다.

남쪽 중앙아메리카로 눈을 돌려보자. 최근의 고고학적 발견에 따르면 신비한 마야문명도 수력 사회의 한 유형이었음을 알 수 있다. 툴레인대학교가 주도하는 연구 팀은 레이저 스캐닝 기술을 사용해 과테말라 북부 두터운 숲 속에 감춰져 있는 집, 왕궁, 종교 시설, 피라미드를 비롯한 6만 개 이상의 고대 구조물을 발견했다. 이 거대한 문명은 700만 명에서 1,100만 명에 이르는 인구를 거느렸을 것으로 추정된다. 이 문명은 도랑, 계단식 논, 운하, 저수지를 이용해 오늘날 산페드로San Pedro강이라고 부르는 강의 발원지에서 물을 끌어와 관개했고 1,000제곱킬로미터가 넘는 농지에서 집약 농업을 시행했다.

북아메리카 북동부에 도착한 유럽 탐험가와 모피 상인이 만난 원주민 공동체는 가볍고 튼튼한 카누를 사용해 번영을 누리고 있었다. 나무를 구부려 뼈대를 만들고 자작나무 껍질을 덧대어 만든 카누였다. 모피 상인들은 원주민들이 설계한 카누가 매우 독창적이라는 사실을 깨달았다. 1690년대부터 1850년대 사이 프랑스계 캐나다 뱃사공들은 더 큰 형태의 카누를 만들어 캐나다 내륙 깊은 곳까지 이동했다. 당시 가장 크게 만들어진 배는 "선주의 카누canots du maitre"라고 불렸다. 기본적으로 선주의 카누는 길이 약 11미터, 폭 1.8미터의 화물선이었다. 힘찬 노래를 부르며 페미컨pemmican(보존식품의 일종-옮긴이)을 씹던 활기 넘치는 뱃사공들은 강을 고속도로처럼 사용했다. 그들은 하루에 무려 18시간씩 노를 저어 이동하면서 대륙에서 생산한 가죽을 대륙 밖으로 실어 날랐다.

1800년대 초 모피 무역이 절정에 이르렀을 당시 활동하던 뱃사공만 약 3,000명에 달했다. 당시에나 지금이나 그들의 삶은 낭만적으로 묘사되지만, 현실은 강에 기대어 생활하는 저임금 계약직 노동자에 불과했다. 대부분은 문맹이었고 수영도 할 줄 몰랐다. 고된 노동으로 척추는 구부러지고 발 모양은 변형되었다. 사망의 주요 원인은 익사, 굶주림, 사고였다. 그들은 덫을 놓는 사냥꾼이 아니라 원주민에게 상품을 배달하는 짐꾼이었다. 그들은 토착 원주민이 입는 옷을 입고 원주민의 생활 방식에 따라 생활했다. 당시 모피 무역에 종사하던 뱃사공은 장거리 운송업자나 다름없었다.

또한 그들은 죽음도 퍼뜨렸다. 캐나다 중서부 지역에서 결핵으로 사망한 사람의 조직 샘플에 대해 DNA 분석을 시행한 결과 병원균이 단일 계통 결핵균에서 비롯되었다는 사실이 밝혀졌다. 1710년경 두세 명의 뱃사공이 강을 따라 캐나다 내륙 깊은 곳까지 이어지는 모피 무역로를 따라 결핵균을 퍼뜨렸다. 그로부터 한 세기가량 결핵은 퇴치되지 않은 채 적지만 꾸준히 발병했다. 그러다가 19세기 말에서 20세기 초, 결핵균 확산에 유리한 조건이 조성되면서 치명적인 전염병으로 발전했다. 따라서 강의 수계水系 형태는 초기 식민지 개척자들의 탐험, 거래, 정착 형태에 영향을 미쳤을 뿐 아니라 캐나다에 결핵 역학疫學이 일찌감치 자리 잡는 계기가 되었다.

뱃사공 덕분에 오대호와 캐나다 서부에서 북극에 이르는 북아메리카 북부 지역에서 대외무역이 성행하게 되었다. 뱃사공들은 몬트리올이나 퀘벡에서 출발해 세인트로런스St. Lawrence강과 오타와Ottawa강을 거슬러 내륙 깊은 곳에 자리 잡은 발원지까지 카누로 이동했다. 허드슨베이컴퍼니Hudson's Bay Company, 노스웨스트컴퍼니North West Company 같은 모피 회사들은 뱃사공들이 힘들게 오가면서 개척한 무역로를 이용해 영토, 이익, 지역 권력을 자신의 것으로 만들었다. 이 무역로를 따라 건설된 교역소와 수비대는 북아메리카 내륙 최초의 영구적인 외국 정착지로 자리 잡았다.

* ⌛ *

프랑스와 영국은 캐나다 이남 북아메리카 지역에서 군사적으로 중요한 수로 가운데 하나를 장악하기 위해 오래전부터 다툼을 벌여왔다. 프랑스가 미시시피강을 차지하려고 마음먹은 시기는 적어도 1682년으로 거슬러 올라간다. 그해에 르네-로베르 카벨리에Rene-Robert Cavelier,

일명 시외르 드 라 살Sieur de La Salle이라는 사람이 유럽인으로서는 처음으로 멕시코만에 이르는 미시시피강 전체를 항행 및 탐험하는 데 성공했다. 라 살은 미시시피강 강어귀에 이곳이 프랑스령임을 기록한 판을 묻고 미시시피강 분수계分水界 전체를 프랑스령이라고 선포했다. 그러고는 루이 14세를 기리는 의미로 그 지역에 루이지애나라는 이름을 붙였다.

당시의 라 살은 알지 못했지만, 그가 프랑스령이라고 주장한 땅은 약 320만 제곱킬로미터에 달하는 방대한 규모였다. 오늘날에는 현재 미국 31개 주와 캐나다 2개 주가 그 강을 이용해 물을 흘려보내고 있다. 프랑스는 원격지 영토에서 별다른 활동을 하지 않았지만, 1749년 무렵부터는 영국 식민지 개척자들과 영토를 둘러싸고 극심한 경쟁을 벌이게 되었다. 미시시피강 분수계에서 큰 부분을 차지하는 오하이오Ohio강 계곡 일대(미시시피강 동쪽의 거대한 합수머리)에서도 영토 다툼이 벌어졌다. 영국, 버지니아 식민지, 이로쿼이 연합(원주민)이 서로 자신의 영토라고 주장하면서 다툼을 벌인 것이다. 버지니아 토지에 투자한 사람들은 오하이오컴퍼니Ohio Company라는 민간기업을 설립했다. 오하이오컴퍼니는 영국 왕에게 오하이오강 계곡 상류(오늘날 펜실베이니아주 서부)에 해당하는 50만 에이커(약 2,000제곱킬로미터) 규모의 토지에 대한 소유권을 요구했다. 토지를 조사한 다음 정착민에게 판매할 요량이었다. 오하이오컴퍼니의 주장에 동의한 영국 왕은 먼저 20만 에이커(약 800제곱킬로미터)를 오하이오컴퍼니에 제공했다. 추가 제공을 약속한 30만 에이커(약 1,200제곱킬로미터)에는 오하이오컴퍼니가 7년 이내에 최소 100가구를 정착시키고 요새를 지어 프랑스의 침략을 저지한다는 조건이 붙었다. 오하이오컴퍼니의 주주에는 로버트 딘위디Robert Dinwiddie 버지니아 식민지 부총독과, 젊은 버지니아인인 조지 워싱턴의 이복형 로런스 워싱턴Lawrence Washington도 포함되어 있었다.

조지 워싱턴의 꿈, 거대한 아메리카

오늘날 미국 기업 문화를 대표하는 기풍이 인내심 강한 어떤 인물로부터 시작되었다는 점은 다소 놀랍다. 젊은 조지 워싱턴은 대담하게 미국 독립 전쟁을 이끈 지도자이자 초대 미국 대통령이 될 사람이었지만, 정치인으로서 명성을 쌓거나 전쟁에 뛰어들어 영웅이 되기를 바란 적이 없던 인물이었다. 사실 조지 워싱턴이 마음 깊이 사랑했던 것은 부동산이었다.

조지 워싱턴은 되도록 많은 토지를 소유하고 싶었다. 토지에 관심이 많았던 그는 이미 10대의 나이에 토지측량사로 일하기 시작했는데, 버는 돈을 저축했다가 측량하면서 눈여겨보아 둔 양질의 토지를 사들이기 시작했다. 조지 워싱턴은 주로 강 저지대에 자리 잡은 너른 땅을 선호했다. 평평하고 비옥한 지형을 갖추었고 배로 쉽게 접근할 수 있는 특성을 지녔다는 점을 높이 평가했다.

버지니아의 엘리트 농장주 계급 출신인 조지 워싱턴이 토지 축적을 통해 큰 부를 얻을 수 있을 것이라고 생각한 것은 자연스러운 일이었다. 그러나 그를 특별하게 만든 일은 북아메리카 대륙 동부 타이드워터Tidewater 해안 지대에 세워진 영국 식민지 13곳과 동떨어진, 애팔래치아산맥 서쪽 땅에 정착한 것이었다.

특히 조지 워싱턴은 1749년 이복형 로런스 워싱턴이 오하이오 컴퍼니를 통해 개발하려는 오하이오강 계곡에 관심을 가졌다. 버지니아 식민지만 오하이오강 계곡을 자신의 영토라고 주장한 것은 아니었다. 프랑스 역시 라 살 시대부터 줄곧 오하이오강 계곡을 자신의 영토로 간주해왔다. 프랑스는 블랑빌의 피에르-조제프 셀로롱Pierre-Joseph Céloron de Blainville 대령이 이끄는 200명 이상의 병력을 몬트리올에서 파병했다. 셀로롱 대령은 앨러게니Allegheny강과 오하이오강을 여행한 경험이 있는 인물이었다. 셀로롱 대령은 강기슭을 따라 자라는 나무에 프랑스 왕의 문장紋章을 걸고 나무 아래에 프랑스 영토임을 주장하는 문구를 새긴 납판을 묻어 오하이오강 계곡이 프랑스 영토라는 사실을 재천명했다. 1753년 영국과 버지니아는 21세의 토지측량사 조지 워싱턴이 포함된 자체 원정대를 조직해 프랑스의 영토 점유에 대응하기 시작했다.

오하이오강을 직접 본 조지 워싱턴은 이 강이 북아메리카 대륙의 다른 지역으로 이동하는 관문으로 기능하는 전략적인 요충지라는 사실을 금세 파악했다. 버지니아로 돌아온 조지 워싱턴은 딘위디 부총독에게 앨러게니Allegheny강과 머농거힐러Monongahela강이 합류해 오하이오강을 이루는 '오하이오 합수머리'에 요새를 건설할 것을 촉구했다. 딘위디 부총독은 조지 워싱턴의 의견에 동의해 오하이오 합수머리에 프린스 조지Fort Prince George라는 이름의 작은 요새를 세웠다.

1년도 채 지나지 않아 프린스 조지 요새를 점령한 프랑스군은 같은 장소에 더 큰 요새를 지었다. 두켄 요새Fort Duquesne였다. 딘위디 부총독은 조지 워싱턴을 통해 프랑스군에 편지를 전달했다. 프랑스군은 두켄 요새를 떠나라는 딘위디 부총독의 요구를 거절했다. 그러자 영국은 상황을 확대했다. 서훈을 받은 에드워드 브래독Edward Braddock 소장이 이끄는 보병 연대 두 개를 파병해 두켄 요새 탈환 작전에 돌입한 것이다. 젊은 조지 워싱턴도 다시 참전했다.

나무 뒤에 숨어 있던 프랑스군의 장총이 불을 뿜었다. 밝은 붉은색 군복을 입고 4열로 행진하던 영국군은 큰 피해를 입었다. 브래독 소장은 목숨을 잃었고 프랑스군과 교전한 영국군 1,400여 명 가운데 1,000명에 달하는 사상자가 발생했다. 젊은 조지 워싱턴은 살아남아 영국군의 퇴각을 이끌었다. 1758년 조지 워싱턴은 더 큰 규모의 영국군 및 버지니아 민병대와 함께 오하이오 합수머리를 다시 공격했다. 이번에는 프랑스군이 퇴각했다. 프랑스군은 떠나면서 두켄 요새를 불태워 못쓰게 만들었다. 그 뒤로 프랑스는 북아메리카 중부에 대한 지배력을 되찾지 못했다.

승리한 영국군은 즉시 두켄 요새 대신 피트 요새Fort Pitt를 세웠다. 오각형 모양의 피트 요새는 영국군 연대 병력을 모두 수용할 수 있는 규모였다. 상인, 덫 사냥꾼, 탐광에 나선 사람들도 마치 서쪽을 가리키는 화살표의 끝처럼 보이는 이 땅에 정착했다. 멕시코만으로 향하는 오하이오강이 출발하는 지점에 자리 잡은 피트 요새를 둘러싸고 발전한 이 정착지는 이내 불멸의 이름을 얻을 터였다. 그곳이 바로 오늘날의 피츠버그다.

몇 년도 지나지 않아 피트 요새와 이 요새를 이끈 지휘관들은 미국 독립 전쟁에서 중요한 역할을 하게 된다. 조지 워싱턴은 과거 동포였던 영국군에 대항하는 반란군을 이끌고 가망 없어 보였던 전쟁에서 승리했다. 그리고 새로 탄생한 국가의 첫 대통령이 되었다. 미국 독립 전쟁이 끝나자 조지 워싱턴은 오하이오강 계곡에 자리 잡은 땅 수천 에이커를 사들였다. 그리고 평생 그 땅을 개발하고 치안을 유지하는 일에 혼신의 힘을 기울였다.

타이드워터 해안 지대에 자리 잡은 주에는 더 이상 차지할 땅이 없어 토지값만 계속 오르는 형국이었다. 이민자들은 애팔래치아산맥 인근 지역의 치솟는 땅값을 감당할 수 없었다. 따라서 멀리 떨어진 서부에서 기회를 잡으려고 했다. 피츠버그는 이와 같은 이민자들의 발판이 되었다. 유럽 출신 정착민들은 오하이오강을 따라 하류로 내려갔다. 그리고 당시에는 원격지였던 노스웨스트 테리토리Northwest Territory에 정착했다. 훗날 이곳은 오하이오주, 미시간주, 인디애나주, 일리노이주, 위스콘신주, 미네소타주 북동부가 된다.

*　　　　⌛　　　　*

조지 워싱턴은 오하이오강이 전략적 요충지라는 사실을 일찌감치 파악했다. 조지 워싱턴 덕분에 소규모 영국 식민지들이 품고 있던 영토 확장에 대한 열망에도 불이 붙었다. 이들의 열망은 벤저민 프랭클린Benjamin Franklin, 존 애덤스John Adams, 존 제이John Jay(1783년 미국 독립전쟁을 종결한 파리조약에 미국 측 수석 협상가로 참석한 인물)에게 영향을 미쳤다. 이 세 사람은 새롭게 독립한 미국이 미시시피강 서쪽으로 영토를 확장해야 한다고 주장했다. 20년 뒤 제3대 미국 대통령이 된 토머스 제퍼슨Thomas Jefferson은 신세계에 대한 프랑스의 지배력이 날로 약화되어가는 상황을 이용해 미시시피강 서쪽으로의 영토 확장 전략을 실행에 옮겼다.

제퍼슨은 현대 역사상 가장 큰 토지 거래인 루이지애나 매입 협상을 감독했다. 루이지애나 매입은 1803년 나폴레옹 보나파르트가 처음 제안한 것이었다. 새롭게 탄생한 국가인 미국은 단돈 1,500만 달러에 프랑스가 마지막까지 가지고 있던 루이지애나 영토에 대한 권리와 뉴올리언스를 한꺼번에 사들였다. 이로써 미국은 미시시피강 유역 전체를 장악하게 되었다. 당시 나폴레옹과 제퍼슨은 알지 못했지만 이로써 신생 미국의 영토는 두 배 넘게 커졌다. 게다가 거기에는 세상에서 가장 생산적인 농지가 포함되어 있었다. 신생국가였던 시절의 미국이 루이지애나를 매입한 일은, 당시 미국의 영토 규모를 감안할 때, 오늘날의 미국이 5억 달러도 안 되는 금액으로 캐나다 전체를 사들인 것과 같은 일이다.

미국이 아메리카 원주민을 몰아내고, 정치를 안정시키며, 영토를 확립하기까지 거의 한 세기가 걸렸다. 그러나 펜 하나만으로 북아메리카에서 가장 큰 분수계와 거기에 딸린 수많은 거대한 강을 공식적으로 장악하게 되었다. 이제 이 강들은 미국의 동맥이 되어줄 터였다. 대륙을 관통하는 이 강들 덕분에 미국은 선박을 이용해 자원이 풍부한 내륙과 외부 세계 사이를 자유롭게 오갈 수 있게 되었다.

프랑스와의 협상을 진행하는 와중에도 제퍼슨은 원정대를 조직해 강을 탐험했다. 제퍼슨의 바람은 미국의 힘을 태평양에까지 떨치는 것이었다. 널리 알려진 원정대 중 하나는 제퍼슨의 의뢰를 받고 미주리주를 탐험한 루이스 앤드 클라크 원정대Lewis and Clark Expedition다. 제퍼슨은 미주리주 원정을 통해 "북아메리카 대륙에서 가장 곧게 뻗어 있고 실용적인 수로"를 찾으려 했다. 제퍼슨의 의뢰를 받은 메리웨더 루이스Meriwether Lewis는 1803년 7월, 목조 평저선平底船을 타고 피츠버그를 출발해 오하이오강을 따라 내려갔다. 몇 달 뒤 켄터키주 루이빌에서 윌리엄 클라크William Clark가 원정대에 합류했다. 이후 3년 넘는 시간 동안 원정대는 미시시피강, 미주리강, 오세이지Osage강, 플랫Platte강, 나이프Knife강, 옐로스톤Yellowstone강, 새먼강, 클리어워터Clearwater강, 스네이크강, 마지막으로 (태평양과 만나는) 컬럼비아강을 따라가면서 수많은 강을 지도에 표시했다.

조지 워싱턴과 제퍼슨이 내륙의 대규모 강에 대한 소유권을 차지하기 위해 적극적으로 노력하지 않았다면 유럽의 식민지였던 북아메리카는 영국령 캐나다, 프랑스령 아메리카 중부, 스페인령 아메리카 서부, 소규모 독립국가인 아메리카 동부로 나뉘고 말았을 것이다. 그리고 그랬다면 오늘날 세상은 매우 달라졌을 것이다. 대부분의 식민지가 1950년대와 1960년대가 되어서야 겨우 독립했고 일부 식민지는 1980년대가 되어서야 독립을 쟁취했기 때문이다. 그러나 북아메리카 대륙의 주요 분수계를 장악한 워싱턴과 북아메리카 대륙의 주요 분수계를 탐험한 제퍼슨 덕분에 대서양에서 태평양에 이르는 거대한 영토에 자리 잡은 단일국가 미국이 탄생할 수 있게 되었다.

2장

국경에서

내가 서 있는 자리에서 45미터쯤 떨어진 곳에 콘크리트 벽이 서 있었다. 비스듬히 서 있는 콘크리트 벽은 군데군데 갈라져 있다. 어두컴컴한 틈을 빤히 바라보았다. 내가 서 있는 자리에도 경사진 콘크리트 벽이 서 있었다. 그 위로 여기저기 엉성하게 보수한 울타리 철망이 얹혀 있었다. 낡은 청바지를 기워놓은 모양새다. 경사진 두 개의 콘크리트 벽은 바닥에서 만났다. 두 벽이 만난 자리에 얕은 강물이 흐른다. 이 콘크리트 수로의 평평한 바닥에는 흙, 덤불, 넝마가 뒤엉켜 있다.

무언가 움직임이 느껴졌다. 이내 그늘진 빗물 배수구에 난 구멍에서 한 남자가 모습을 드러냈다. 아니, 두 사람이었다. 한 사람은 검은색 셔츠를, 다른 한 사람은 파란색 티셔츠와 반바지를 입고 있었다. 검은색 셔츠를 입은 남자는 분간하기가 쉽지 않았다. 두 사람은 사다리꼴 모양의 콘크리트 수로 중간쯤에 서서 나와 나의 동행 두 명을 주시하고 있었다. 두 사람의 뒤로 둥그런 하수관과 옷 뭉치가 보였다. 내가 리오그란데Rio Grande강의 말라버린 하천 수로를 카메라에 담느라 집중하고 있지 않았다면 두 사람의 존재를 알아차리지 못했을 터였다.

나의 신변을 보호하기 위해 동행한 두 사람 중 로레나 아포다카Lorena Apodaca에게 통역을 요청했다. 미국 국경순찰대원인 아포다카는 강 건너편 하수관에 몸을 숨기고 있는 두 남자를 향해 미소를 지으며 손을 흔들었다. 아포다카가 스페인어로 물었다. "안녕하세요. 사진을 찍어도 될까요?" 한 사람이 고개를 저었다. 명백한 거절의 표시였다. 다른 사람은 씁쓸한 미소를 지으면서 손을 크게 저었다. 하는 수 없이 카메라를 치웠다. 우리 일행과 강 건너 남자들은 한동안 서로에게서 눈을 떼지 못했다. 결국 지쳤는지, 강 건너 남자들이 하수관의 어둠 속으로 물러났다. 그러나 아주 가버린 것은 아니었다. 두 남자는 어둠 속에서 우리 일행이 떠나기만을 기다리고 있었다.

두 남자는 멕시코 국경을 무단으로 건너 미국으로 넘어갈 기회를 노리고 있었다. 국경을 넘는 일은 단 몇 초면 충분할 터였다. 기회가 오면 두 남자는 리오그란데강의 얕은 개울을 가로질러 내가 서 있는 쪽의 경사진 콘크리트 제방을 기어오를 것이다. 제방 위에 올라서면 철망(하루가 멀다 하고 잘리고 수리되기를 반복하는 탓에 "누더기 울타리"라는 별명이 붙었다)을 잘라내거나 근처의 울타리 사이 좁은 진입로를 빠져나와 전속력으로 달릴 것이다. 물론 내 뒤에서 시동이 켜진 흰색 SUV 두 대에 올라앉아 국경을 면밀히 주시하는 미국 국경순찰대원의 눈에도 걸리지 말아야 할 터였다.

누더기 울타리를 무사히 건너고, 그곳에서 대기하고 있는 미국 국경순찰대원의 눈도 무사히 피한다면, 그다음에는 리오그란데강에서 80미터쯤 떨어진 곳에 있는 훨씬 더 높은 강철 바리케이드를 향해 달려갈 것이다. 높이가 5.5미터에 달하는 바리케이드에 설치된 철망은 구멍이 너무 작아서 손으로는 붙들 수 없다. 아마도 두 남자는 각자 미리 준비한 스크루 드라이버 2개를 철망 사이로 집어넣어 사람이 지나갈 만한 공간을 만들 것이다. 그런 다음 반대편으로 넘어가 텍사스주 엘파소 시내로 들어갈 것이다.

무엇보다 때를 잘 맞추어야 한다. 수로를 따라 일정한 간격으로 늘어선 높은 감시탑에는 비디오카메라와 적외선센서가 설치되어 있다. 어떤 움직임이든 포착할 태세다. 그러나 두 남자가 강을 건너는 데 성공하고, 설치된 장벽 두 개를 넘는 데 성공하기만 하면, 겉옷을 벗고 군중 속으로 스며들어 불과 몇 초 만에 자취를 감추는 일은 식은 죽 먹기일 터였다. 엘파소 시내에는 멕시코와 중앙아메리카 출신 사람들이 북적였다. 강을 사이에 두고 맞닿은 자매도시 시우다드 후아레스Ciudad Juárez와 똑같은 모습이다.

엘파소는 텍사스주 최서단에 자리 잡은 아름다운 도시다. 알록달록한 낮은 건물들이 엘파소의 스카이라인을 형성한다. 시우다드 후아레스는 멕시코 치와와 주에서 가장 큰 도시다. 햇살이 쨍쨍 내리쬐는 붉은 산이 엘파소와 시우다드 후아레스의 스카이라인을 굽어보고 있다. 엘파소 대도시 권역에는 인근 도시 라스 크루서스Las Cruces(뉴멕시코주)도 포함된다. 엘파소 대도시권에만 무려 100만 명이 거주하고 있다. 시우다드 후아레스까지 포함하면 인구는 무려 230만 명에 달한다. 230만 명에 달하는 인구가 북적이는 이 도시들은 리오그란데강을 사이에 두고 맞닿은 두 개의 주권국가(미국과 멕시코)에 속한 세 개 주에 걸쳐 옹기종기 모여 있다.

미국과 멕시코를 가르는 국경선 가운데 육지 국경선은 1,100킬로미터에 달한다. 육지 국경선이 끝나고 시작되는 강 국경선은 2,000킬로미터에 달한다. 강 국경선이 시작되는 교차점에 엘파소와 시우다드 후아레스가 있다. 리오그란데강은 이 교차점의 북쪽에 자리 잡은 로키산맥 남부에서 굽이쳐 흐르기 시작한다. 이 교차점에 도달하기 전 리오그란데강은 텍사스주와 뉴멕시코주 사이에 자리 잡은 너른 들판에 물을 공급하면서 쾌적한 녹지를 조성한다. 그 들판을 지나는 동안 리오그란데강을 반기는 존재는 새와 농부, 이따금 카약을 타러 오는 사람들뿐이다. 그러나 텍사스주, 뉴멕시코주, 멕시코가 서로 만나는 지점에 도착하는 순간 리오그란데강은 콘크리트와 강철 안에 갇힌 가느다란 띠로 전락한다(컬러사진 참조). 리오그란데강은 이곳에서부터 동쪽으로 방향을 전환한다. 그리고 이곳에서부터 미국과 멕시코 사이에 중무장한 국경선이 되어 멕시코만에 이르는 2,000킬로미터의 거리를 유유히 흐른다.

엘파소 시내에서 차로 몇 분만 달리면 텍사스주, 뉴멕시코주, 멕시코가 서로 만나는 지점에 도착한다. 이곳에는 낮은 댐이 조성되어 있다. 이 댐을 이용해 상류에서 국경을 향해 내려오는 리오그란데강의 흐름을 막은 뒤 "아메리칸 운하"라고 불리는 콘크리트 수문 쪽으로 물길을 전환한다. 리오그란데강의 왼쪽 유역, 즉 텍사스주(하류 방향을 기준으로 왼쪽 강기슭) 쪽에서는 반대편에 자리 잡은 멕시코와 뉴멕시코주의 모습이 훤히 보인다. 물가에서 멀지 않은 곳, 멕시코와 뉴멕시코주가 만나는 자리에는 흰색 기념비가 우뚝 서 있다.

이 기념비는 1855년 건립되어 국제국경위원회 기념비 1호로 지정되었다. 여기에서부터 시작되어 서쪽으로 이어지는 미국과 멕시코 사이의 국경은 태평양에서 끝난다. 해당 구간의 국경을 표시하기 위해 무려 276개에 달하는 경계표가 늘어서 있다. 첫 번째 기념비 옆에 서서 주변의 산을 둘러보면 몇 킬로미터 떨어져 있는 바위 위에 우뚝 솟아 있는 다음 경계표가 눈에 들어온다. 미국과 멕시코를 가르는 국경을 표시하는 이 경계표들은 다음 지점에서 잘 보이는 곳에 전략적으로 배치되어 있다. 마치 J. R. R. 톨킨J. R. R. Tolkien의 작품에 등장하는 '가운데땅'에 자리 잡은 도시, 로한과 곤도르를 연결하는 봉화를 연상시킨다.

데이비드 테일러David Taylor는 애리조나대학교 소속 교수 겸 예술가다. 테일러는 이 경계표를 찾아다니면서 사진으로 남기는 작업을 하고 있다. 무려 7년에 걸친 고된 작업이다. 이제 미국 측에서는 대부분의 경계표에 손을 댈 수 없는 상황이기 때문이다. 미국은 국경에서 몇 미터 떨어진 곳에 강철 울타리를 두른 장벽을 설치했다. 덕분에 이제는 역사의 뒤안길로 사라지다시피 한 이 경계표들은 사실상 멕시코에 이양된 것이나 다름없게 되었다.

기념비 1호에서 10미터쯤 남동쪽에는 멕시코 측 리오그란데강 유역이 자리 잡고 있다. 소풍을 나왔던 사람들이 남기고 간 음식들이 어지럽게 널려 있다. 그 한복판을 외로워 보이는 백로 한 마리가 유유히 돌아다닌다. 하류 어디쯤에선가 아이들이 헤엄을 치면서 노는 모양인지, 물 튀기는 소리와 함께 아이들의 행복한 비명이 들려온다. 근처에는 벽돌을 쌓아올려 회반죽을 바른 어도비 양식의 오래된 건축물이 있다. 멕시코혁명 초기인 1911년 혁명군 본부로 사용된 건물이다. 이곳을 거점으로 삼은 프란시스코 마데로Francisco Madero와 판초 비야Pancho Villa는 시우다드 후아레스를 상대로 전쟁을 선포했다. 두 사람은 짧은 시간에 시우다드 후아레스를 점령하고 멕시코 연방 정부를 전복시켜 세간을 놀라게 했다. 미국인들은 리오그란데강의 엘파소 쪽에 자리 잡은 호텔 옥상에서 멕시코혁명을 지켜보았다. 혁명을 지원하겠다면서 오렌지와 현금을 들고 국경을 넘은 미국인들도 있었다. 한 세기 전, 이웃한 두 국가는 리오그란데강이라는 자연 하천을 기준으로 관할구역을 손쉽게 규정할 수 있었다. 당시에는 강에 경비가 배치되어 있지 않았으므로 누구나 쉽게 국경을 넘을 수 있었다. 그러나 오늘날 리오그란데강은 세상에서 가장 삼엄한 경계가 펼쳐질 만큼 중요한 강 국경선 가운데 하나가 되었다.

매일 수천 명의 사람들이 삼엄한 경계가 펼쳐지는 이 국경선을 합법적으로 건넌다. 엘파소와 시우다드 후아레스를 가르는 리오그란데강변에는 콘크리트 벽이 세워져 있다. 그 옆에는 마치 해자처럼 아메리칸운하가 버티고 있다. 리오그란데강에는 인도교가 설치되어 있어 차와 사람이 오갈 수 있다. 수천 명의 사람들이 양쪽 도시를 오가며 일하고 생활한다. 한 가족이 강 양쪽에 흩어져 사는 경우도 있다. 매년 400만 명이 넘는 사람들이 인도교를 이용해 합법적으로 국경을 넘나든다.

이 활기 넘치는 북새통의 그늘에는 죽음이 숨어 있다. 죽음은 인도교 아래와 마을 서쪽의 불타는 듯한 사막에 도사리고 앉아 누군가를 기다린다. 지상에서는 촘촘히 설치된 센서와 강철 울타리로 만든 바리케이드가 밤낮 없이 주변을 감시한다. 미국 국경순찰대 소속 흰색 SUV도 십자형으로 교차하는 비포장도로를 꾸준히 순찰한다. 따라서 은밀하게 이동하려면 지하로 다녀야 한다. 불법 이민자와 마약 밀매업자는 리오그란데강으로 빗물을 흘려보내기 위해 두 도시에 설치된 우수거雨水渠를 이용한다. 아포다카는 2016년 프란치스코 교황이 시우다드 후아레스를 방문했을 때와 버락 오바마Barack Obama가 미국 대통령이었던 시절 엘파소를 방문했을 때 두 사람의 안전을 확보하기 위해 미국 국경순찰대원이 권총만 소지한 상태에서 하수관을 수색했던 경험담을 들려주었다.

우리 일행과 시선을 교환했던 두 남자가 국경을 넘기 위해 선택한 장소는 엘파소에서 위험이 가장 적은 장소 가운데 하나로, 리오그란데강에서 흘러나오는 물 대부분이 발밑에 설치된 터널을 통해 지하로 빠르게 흘러나가는 약 2.4킬로미터 길이의 구간 어디쯤이었다. 그렇게 180미터가량을 하류로 내려간 물은 아메리칸 운하에서 다시 모습을 드러냈다. 아메리칸 운하의 폭은 12미터에도 못 미친다. 따라서 사람들은 울타리를 넘어 헤엄쳐 건너려는 유혹에 쉽게 넘어간다. 그러나 최대 5.5미터 깊이의 운하에서 시속 40킬로미터로 이동하는 강한 물살에 휩쓸려 많은 사람들이 익사하고 만다.

아메리칸 운하 양쪽에 설치된 튼튼한 철망 울타리에는 스페인어로 쓴 경고문이 내걸려 있다. 그러나 운하를 건너려는 시도는 끊이지 않는다. 아메리칸 운하를 따라 수백 미터마다 밧줄과 구명조끼를 보관하는 구급상자가 배치되어 있다. 엘파소에서 근무하는 미국 국경순찰대원은 수중에서 인명을 신속하게 구조하는 훈련을 받을 뿐 아니라 실제로도 많이 활용한다. 나의 신변을 보호하기 위해 동행한 사람들의 말에 따르면 그해에만 이미 적어도 여덟 명이 익사했고 구조된 사람은 셀 수도 없다고 한다.

*   ⌛   *

국제이주기구는 실종난민 프로젝트Missing Migrants Project를 운영하는 정부 간 조직이다. 실종난민 프로젝트를 통해 전 세계에서 발생하는 난민의 사망 데이터베이스를 수집한다. 이렇게 수집된 정보에 따르면 난민 사망의 가장 흔한 원인은 익사다. 익사의 대부분은 지중해에서 일어난다. 허접한 배에 몸을 실은 사람들이 북아프리카에서 유럽으로 향하다가 배가 전복되어 익사하는 것이다. 지중해에서 익사한 사람들의 시신은 주로 리비아의 아름다운 모래 해변으로 떠밀려온다. 육지에서는 난민들이 강을 건너다가 익사한다. 리오그란데강(국제이주기구 데이터베이스에서는 멕시코식 이름인 리오브라보Río Bravo강으로도 표기)은 세상에서 가장 치명적인 국경 가운데 하나다. 이 글을 쓰는 시점에 확인한 결과 2015년 이후 리오그란데강에서 확인된 익사 사고는 무려 200건이 넘는다.

세상에서 가장 치명적인 또 하나의 강은 미얀마와 방글라데시를 가르는 나프Naf강이다. 이곳에서 희생되는 사람들은 로힝야족Rohingya 난민이다. 벵골 이슬람 소수 집단인 로힝야족은 독실한 불교 국가인 미얀마의 라카인주 북부에 모여 산다. 로힝야족 조상들이 영국 식민 통치기에 이곳으로 이주했기 때문에, 미얀마 정부는 로힝야족을 불법 이민자로 취급한다. 1960년대 이후 미얀마 중앙정부와 라카인주에 거주하는 불교도가 나서서 로힝야족의 시민권을 박탈하고 강제로 추방하는 일이 간간이 이어졌다. 그러다가 2017년 이례적으로 매서운 탄압이 자행되면서 로힝야족 수천 명이 목숨을 잃었다. 거의 70만 명에 달하는 로힝야족은 나프강을 건너 방글라데시로 건너가야 했다(컬러 사진 참조). 그 과정에서 그해에만 최소 173명이 익사했다.

그밖에도 튀르키예와 그리스를 가르는 에브로스Evros강, 세르비아와 헝가리 국경에 있는 티서Tisza강, 불가리아와 루마니아를 가르는 다뉴브강에서도 많은 사람들이 목숨을 잃는다. 짐바브웨와 남아프리카공화국이 맞닿은 국경인 림포포Limpopo강에서는 하마와 악어가 난민들의 목숨을 앗아간다.

미국 국경순찰대원들은 "코요테"라고 부르는 불법 이민업자에 대해서는 혐오감을, 불법 이민자에 대해서는 동정심을 드러냈다. 제대로 된 장비도 갖추지 못한 이민자들에게 불법 이민업자들이 내미는 요구는 지나치다고 했다. 예를 들면, 치명적일 정도로 거센 물살을 헤엄쳐 건너라고 강요하거나 타는 것같이 뜨거운 사막의 산지를 걸어서 건너라고 강요한다는 것이다. 어느 대원이 분노에 찬 목소리로 말했다. "불법 이민업자들은 사람들이 죽든 말든 상관하지 않습니다." 그는 진심으로 이민자들의 처지를 안타까워했다. 그러나 절박한 상황에 놓인 수천 명의 사람들은 오늘도 여전히 미국 국경순찰대원의 눈을 피해 목숨을 걸고 국경을 넘는다. 국경은 한없이 까다로운 곳이다.

파란색 국경

나는 텍사스주를 방문한 후 강이 각국의 정치적 경계를 가르는 기준으로 이용된다는 사실에 깊은 흥미를 느꼈다. 텍사스주에서 확인한 현실은 고대 수력 사회와는 달랐다. 고대 수력 사회는 강을 이용해 사람들을 단결시키고 힘을 한데 모았다. 그러나 오늘날에는 강을 이용해 사람들을 분리하고 힘을 나눈다. 세계지도를 자세히 들여다보면 오늘날 많은 국가가 강과 지형분수계를 기준으로 삼아 영토의 범위를 규정하고 있다는 사실을 확인할 수 있다.

미국은 멕시코와 맞닿은 국경선으로 이용되는 리오그란데강과 콜로라도강의 경계 태세를 강화한 데 이어 캐나다와 맞닿은 국경도 강화했다. 캐나다와 맞닿은 국경 강화에는 레이니Rainy강, 피존Pigeon강, 세인트메리St. Mary's강, 세인트클레어St. Clair강, 디트로이트Detroit강, 나이아가라Niagara강, 세인트로런스강, 세인트존Saint John강, 세인트크로이St. Croix강이 이용되었다. 2001년 9월 11일, 세계무역센터와 미국 국방부가 테러를 받기 전에는 이 강들 대부분에 경비가 없었다. 따라서 여름에는 배를 타고, 겨울에는 얼어붙은 강 위를 걸어서 또는 차를 타고 쉽게 건널 수 있었다. 그러나 지금은 미국이 감시탑을 세우고 적외선 비디오카메라를 설치해 캐나다 온타리오 주와 미시간주 및 뉴욕주를 가르는 세인트클레어강과 나이아가라강을 감시한다. 겨울이면 미국 국경순찰대원과 밀매업자가 얼어붙은 세인트로런스강에서 스노모빌을 타고 고속도로 추격전을 방불케 하는 활극을 벌인다.

중국 북동부와 러시아 극동을 가르는 아무르Amur강(헤이룽Heilong강)과 그 지류인 아르군Argun강 및 우수리Ussuri강은 길이가 약 2,400킬로미터에 달한다. 중국과 북한을 가르는 압록강은 양쪽 유역의 개발 수준에 큰 격차가 있다. 독일은 라인강, 다뉴브강, 인Inn강, 나이세Neisse강, 오데르Oder강을 국경으로 사용한다. 브라질, 파라과이, 아르헨티나는 파라나Paraná강을 경계로 삼는다. 포르투갈과 스페인은 도우로Douro강을, 잉글랜드와 스코틀랜드는 트위드Tweed강을 국경으로 이용한다. 그리고 조금 더 확대해 들여다보면 전 세계의 주, 도, 자치주, 군구郡區 구분에도 강과 지형분수계가 사용되는 것을 확인할 수 있다.

강이 각국의 정치적 경계를 나타내는 주된 지표로 사용되고 있음에도 불구하고 이와 관련된 정량적 연구는 놀랍게도 거의 없었다. 여기에 착안해 지리정보시스템 소프트웨어를 활용한 연구에 착수했다. 캘리포니아대학교 로스앤젤레스캠퍼스 학부에서 지리학을 전공하는 재능 있는 학생인 세라 포펠카Sarah Popelka가 연구를 주도했다(8장에서 보게 되겠지만, 새롭게 등장한 위성 및 지리 데이터 세트가 급증한 덕분에 전 지구를 대상으로 하는 "빅데이터" 분석이 훨씬 수월해졌다). 우선 위성 원격탐사를 통해 전 세계의 강을 촬영한 고해상도 지도를 확보했다. 그런 뒤 그 지도에 정치적 경계 데이터와 인구밀도 데이터를 통합했다. 이를 토대로 세계지역하천-경계GSRB, Global Subnational River-Borders라는 이름의 데이터베이스가 탄생했다. 이 새로운 데이터베이스에는 강을 지표로 삼아 국경 및 정치적 경계를 나타낸 사례가 수록되어 있다.

북한(왼쪽)과 중국(오른쪽)을 가르는 압록강. 양국의 개발 수준이 달라 강 양쪽의 모습이 사뭇 다른 것이 인상적이다. ©Michal Huniewicz

GSRB 데이터베이스를 활용하면 대규모 하천을 지표로 삼아 정치적 경계를 규정한 지역을 국가 수준과 지역 수준 모두에서 명시적으로 식별해 지도에 표시할 수 있다. 이 새로운 데이터베이스를 활용하면 대규모 하천을 지표로 삼아 규정된 정치적 경계의 면적과 비율도 파악할 수 있다. 구체적으로는 전 세계 내륙(연안에 있지 않은) 국경 중 5만 8,000킬로미터(23퍼센트), 전 세계 내륙 주·도 경계 중 18만 8,000킬로미터(17퍼센트), 전 세계 내륙 군구 경계 중 44만 2,000킬로미터(12퍼센트)에 해당한다. 실제로 대규모 하천이 존재하는 관할구역만을 대상으로 삼을 경우, 각 면적이 차지하는 비중은 각각 25퍼센트, 20퍼센트, 22퍼센트로 증가한다. 남아메리카의 경우에는 국경의 약 절반이 하천을 기준으로 규정된다. 전 세계적으로 하천을 경계로 맞닿아 있는 정치 단위 쌍은 국가 쌍 219개 이상, 주·도 쌍 2,267개 이상, 군구 쌍 1만 3,674개 이상이다. 이것도 분명 적은 수가 아니다. 그러나 이번 연구에는 더 소규모 하천이나 지형분수계가 포함되지 않았다. 이 점을 고려할 때 하천을 지표로 삼아 정치적 경계를 표시하는 정치 단위 쌍은 이것보다 훨씬 더 많을 것으로 추정된다.

정리하면 GSRB 데이터베이스 분석은 인간이 정착해 살고 있는 정치적 관할구역과 이웃 국가의 형성에 하천이 얼마나 중요하게 작용하는지를 정량화한 것이다. GSRB 연구는 전 세계 인구와 도시의 미래를 다루는 9장에서 다시 한번 다루게 될 것이다.

편의에 따른 활용

인간은 오래전부터 이미 강과 지형분수계를 기준으로 삼아 정치적 차원의 영토를 규정해왔다. 과거 정복자와 제국이 영토의 범위를 규정하고 협상할 때도 강과 같은 자연적 특징을 기준으로 삼곤 했다. 눈으로 똑똑히 확인할 수 있는 편리한 방법이었기 때문이다. 중세 시대에 프랑스 왕국은 손강, 론강, 뫼즈Meuse강, 스켈트Scheldt강을 기준으로 삼아 왕국의 영토를 규정했다. 1장에서 살펴본 것처럼 프랑스 탐험가 라 살은 미시시피강의 지형분수계를 기준으로 삼아 탐험되지 않은 광대한 영토를 프랑스령이라고 주장했다. 지도도 작성하지 않았고 측량도 하지 않았다. 따라서 라 살은 자기가 프랑스령이라고 주장한 영토가 약 311만 제곱킬로미터에 달한다는 사실을 전혀 알지 못했다. 이는 오늘날 미국 영토의 약 40퍼센트에 해당하는 방대한 규모다. 그 이후 수십 년 또는 수백 년이 지나면서 해당 토지는 주인이 바뀌고 세분화되었다. 그러나 라 살이 영토 주장의 기준으로 삼은 지리적 특징, 즉 미시시피강은 해당 토지를 규정하는 변함없는 기준으로 계속 사용되었다.

훗날 미국 독립 전쟁이 끝난 뒤 영국과 협상하는 과정에서도 미시시피강이 영토를 규정하는 기준이 되었다. 미국 측 협상가들에게 미시시피강은 명확하게 규정하기 쉬울 뿐 아니라 이해하기 수월한 기준이었다. 그로부터 20년 뒤, 제퍼슨과 나폴레옹은 미시시피강을 지표로 삼고 라 살이 처음 정한 분수계 경계의 서쪽 부분을 추가해 당시로서는 전인미답의 영역이었던 루이지애나 매입 협상에 나섰다. 이로써 신생 미국은 피 한 방울 흘리지 않고 영토를 획득하게 되었다. 당시에는 알지 못했지만 루이지애나 매입 협정은 역사상 가장 큰 규모의 영토 거래 가운데 하나였다.

과거에는 제대로 된 지도가 없었다. 그 시절의 외국 정복자에게는 지리에 대한 정보가 부족했다. 이때 강과 지형분수계 같은 자연적 특징을 지표로 활용하면 영토를 쉽게 규정하고 교환할 수 있었다. 어쨌든 강은 길고 연속적이며 명확한 존재임에 틀림없었다. 토지를 측량하려면 시간과 비용이 모두 소요될 터였다. 그러나 그 자리에 엄연히 존재하고 있는 강은 측량할 필요가 없었다. 군대를 동원한 정복 및 조약 협상에서도 강은 명확하고 객관적인 목표가 되었다. 강에는 토지 기록과 관련된 편의성만 있는 것이 아니었다. 강은 그 자체로 탐험 및 무역에 필요한 통로로 활용되었다. 또한 강은 강 저지대에서 자라는 목재, 비옥한 토양, 물고기, 때로 금 같은 자연 자본도 제공했다. 군사적인 측면에서 볼 때 강은 원격지에 위치한 전쟁터로 인력과 보급품을 수송하는 수단이자 적군의 진격을 방해하는 요소였다. 제대로 된 지도가 없었던 시절에 원격지에 자리 잡은 식민 권력은 강이라는 자연적 특징을 기준으로 삼아 대륙을 탐사하고 군사전략을 수립하며 영토를 규정했다. 그 근원에는 자연 자본, 접근성, 영토, 군사력이라는 이해관계가 자리 잡고 있었다.

신뢰할 수 있는 지도가 없었던 시절에는 대체로 강과 지형분수계를 지표로 삼아 정치적 경계를 규정했다. 신생 미국이 영토를 확장한 사례에서도 이와 같은 사실을 확인할 수 있다. 영국은 '1763년 선언 Royal Proclamation of 1763'에서 미시시피강 유역과 애팔래치아산맥에서 발원해 동쪽으로 흐르는 강 사이에 자리 잡은 지형분수계를 이용하여 북아메리카 대륙 동부 타이드워터 해안 지대의 식민지 영토를 규정한 바 있다. 그리고 1763년 선언을 기점으로 이어진 파리조약(미국 독립전쟁 종결), 루이지애나 매입 협정, 오리건조약 등의 영토 협상에서도 영국은 줄곧 미시시피강 자체 또는 미시시피강 분수계를 협상의 기준으로 내세웠다. 텍사스 합병, 미국 여러 주의 탄생, 상당한 규모를 자랑하는 태평양 연안 북서부 지역의 탄생에도 여러 강이 두드러진 역할을 수행했다. 18세기와 19세기에 강과 분수계는 미국이 국경을 확장하고 정치권력을 확장하는 데 중요한 역할을 했다(지도 참조).

예를 들어, 오늘날 미국-멕시코 국경은 리오그란데강이 되고 그 관문 도시는 엘파소다. 그러나 1845년 제임스 포크 James Polk 대통령이 텍사스를 합병하면서 이를 미국-멕시코 전쟁으로 비화시킨 뒤 일방적인 승리를 거머쥐지 않았다면, 오늘날 미국-멕시코 국경은 텍사스주의 뉴에세스Nueces강이 되고 그 관문 도시는 코퍼스크리스티Corpus Christi가 되었을지도 모를 일이다. 포크 대통령은 텍사스주를 확보한 뒤 뉴에세스강 남쪽에 미군을 배치했다. 멕시코는 뉴에세스강을 텍사스주와 접한 북쪽 국경으로 간주하고 있었으므로, 이를 빌미로 미국-멕시코 전쟁이 일어났다. 미국-멕시코 전쟁의 결과 신생국가인 멕시코는 130만 제곱킬로미터 이상의 영토를 잃고 말았다. 전체 면적의 약 절반에 달하는 규모였다. 1848년 과달루페 이달고 조약Treaty of Guadalupe Hidalgo이 체결되면서 전쟁이 끝났다. 그 결과 멕시코는 리오그란데강 상류 서쪽의 영토를 모두 잃었다. 오늘날 미국 뉴멕시코주, 애리조나주, 콜로라도주, 유타주, 와이오밍주, 네바다주, 캘리포니아주의 전체 또는 일부에 해당하는 지역이다. 텍사스의 남쪽 국경은 뉴에세스강보다 더 남쪽에 있는 리오그란데강이 되었다. 또한 개즈던 매입Gadsden Purchase(1853년에서 1854년 미국이 멕시코로부터 2만 9,670제곱마일을 추가 매입한 것. 약 7만 7,000제곱킬로미터에 해당하는 면적이다)이 없었다면 오늘날 애리조나주의 남쪽 국경은 피닉스 남쪽을 굽이쳐 흐르는 길라Gila강이 되었을 것이다.

캘리포니아대학교 로스앤젤레스캠퍼스 대학원에서 지리학을 전공한 웨슬리 레이서Wesley Reisser 박사에게는 미국 국무부에서 근무한 경력이 있다. 레이서 박사는 박사학위 논문에서 제1차 세계대전 시기에 구성된 비밀 모임을 다루며 기존의 물리적, 사회적 조건이 정치적 경계를 규정하는 협상에 미친 영향을 파헤쳤다. 이 논문은 훗날 책으로 출판되었다(≪블랙 북: 우드로 윌슨 대통령의 세계 평화를 위한 비밀 계획The Black Book: Woodrow Wilson's Secret Plan for Peace≫). 세간에 알려지지 않은 이 비밀 모임은 우드로 윌슨 대통령이 구성한 것으로, 미국 지리학자, 역사가, 정치학자, 경제학자가 참여했다. 이 비밀 모임에서는 "블

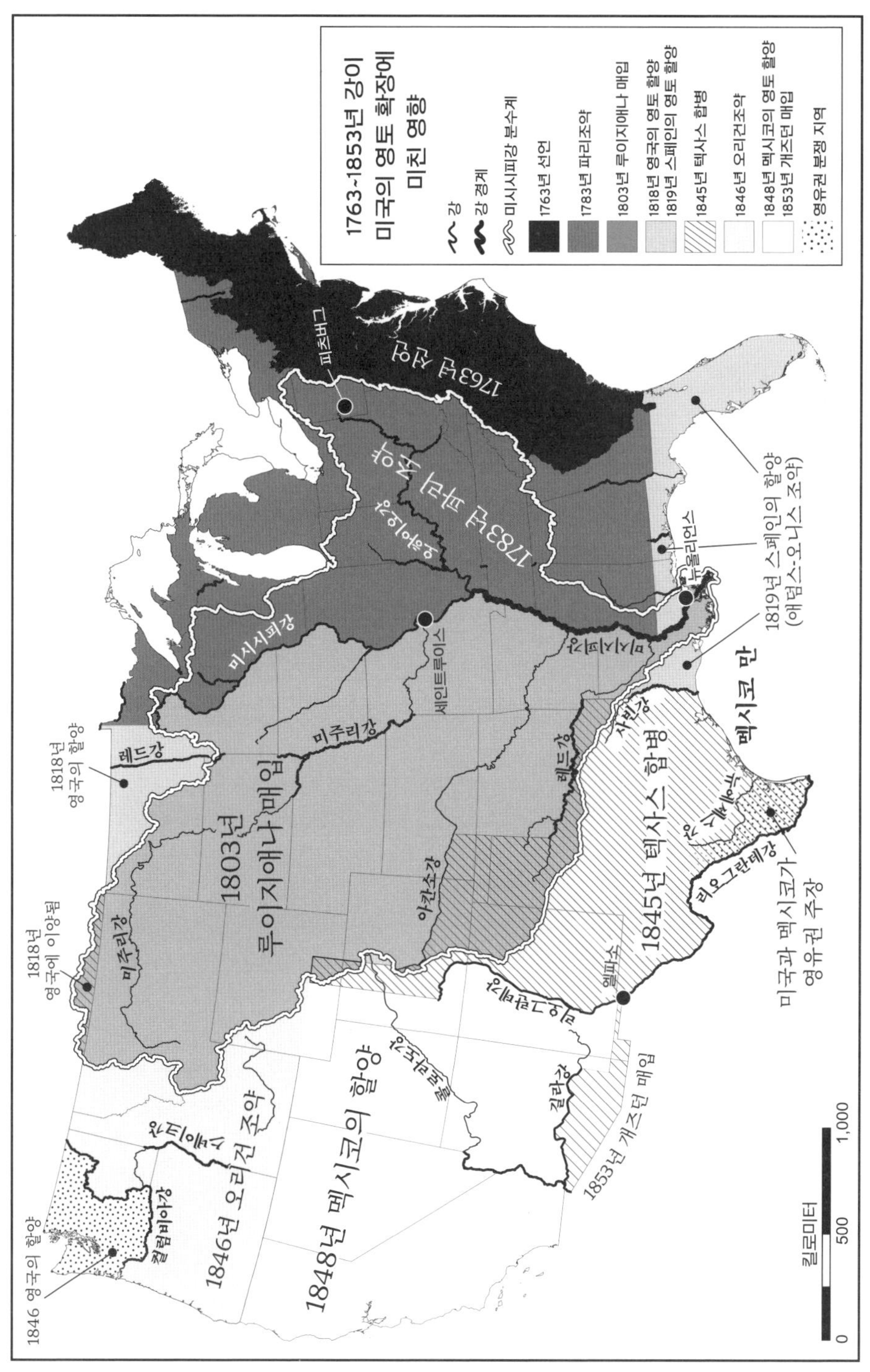

지도에서 확인할 수 있는 것처럼, 일반적으로 식민지와 국가권력은 강과 지형분수계를 기준으로 영토를 규정하고 교환한다. 이 지도에는 1763년에서 1853년 사이 미국 영토 확장에 관련된 주요 조약과 미국의 주요 강 및 분수계가 표시되어 있다.

랙 북"이라는 극비 문서가 작성되었다. "블랙 북"에는 전 세계 각국의 정치적 경계를 재정비하기 위한 기본 계획이 수록되어 있었다. 윌슨 대통령은 "블랙 북"에 수록된 지도와 계획을 들고 파리강화회의에 참여했다. 그 계획에는 언어, 민족, 정치 요인뿐만 아니라 강과 분수계 같은 "자연적 특징"도 고려되어 있었다.

베르사유조약을 협상하는 동안 윌슨 대통령의 최우선 과제 중 하나는 주요 하천의 통제였다. "블랙 북"에 수록된 내용 가운데 메소포타미아 단일국가(오늘날 이라크)에 티그리스강과 유프라테스강 발원지에 대한 접근권을 주자는 제안은 기각되었고, 나머지 제안은 수용되었다. 윌슨 대통령이 제안한 대부분의 국경에는 강에 대한 접근 요인이 고려되었다. 심지어 우호국에게 유리한 방식으로 강 접근권을 넘겨준 경우도 있었다. 예를 들어 체코슬로바키아(오늘날 체코와 슬로바키아)는 브라티슬라바를 관통하는 다뉴브강에 접근할 수 있는 권한을 얻었다. 폴란드에는 비스와Vistula강 유역 일대를 지칭하는 "폴란드 회랑" 할양이 추진되었다. 비스와강 하류에는 독일의 항구도시 단치히(오늘날의 폴란드 그단스크)가 있었다. 폴란드 회랑이 폴란드로 할양되면 독일 사람이 인구의 90퍼센트를 차지하는 단치히가 폴란드로 편입되고, 독일 영토가 둘로 쪼개지는 결과가 발생할 터였지만 결국 승인되었다. 몇 년 후, 제2차 세계대전이 끝나자 소련은 폴란드 서쪽 국경을 오데르강과 나이세강까지 확장했다.

요컨대, 특정 강 또는 지형분수계는 제1차 세계대전과 제2차 세계대전 이후 유럽과 중동의 정치 지리 형성에 기여했다. 강은 두 차례의 세계대전을 비롯해 과거 이루어진 여러 정복 활동과 과거 체결된 다양한 조약에 영향을 미쳤다. 그 유산은 오늘날에도 이어지고 있다. 오늘날 강의 영향을 받아 형성된 정치적 경계는 전 세계 내륙의 약 4분의 1에 달한다.

국가의 규모와 형태를 결정하는 요인

물론 정치적 경계는 순전히 인간의 발명품이다. 국경 및 정치적 경계는 물리적 지리 요소에 의해 규정되는 것이 아니라 사람들의 협상을 통해 규정되기 때문이다.

해안선, 강, 산맥은 편리한 자연 기능을 제공한다. 그러나 비자연적인 고려 사항이나 열망도 개입하기 마련이다. 하와이를 연방에 통합할 당시 미국은 6,400킬로미터에 달하는 바다를 건너는 수고도 마다하지 않았다. 그렇다면 국가의 규모와 국가의 수를 결정하는 순수한 인적人的 요인은 무엇일까?

정치경제학자 알베르토 알레시나Alberto Alesina와 엔리코 스폴라오어Enrico Spolaore는 ≪국가의 규모The Size of Nations≫라는 중요한 책에서 국가의 규모를 제한하는 요소로 경제, 인구, 정치적 자유를 꼽았다. 일반적으로 이상적인 국가 규모는 인구 규모가 제공하는 장단점 사이의 균형에 달려 있다. 인구가 많을 경우의 장점으로는 더 큰 경제 규모, 더 큰 지정학적 영향력 행사, 1인당 인프라 및 공공 서비스 비용 절감 같은 것을 꼽을 수 있다. 국가가 더 크면 더 큰 규모의 군대를 유지할 수 있다. 또한 부를 재분배할 사람들이 분산되어 있어 지역적으로 나타나는 경제 침체와 자연재해 극복이 비교적 수월하다.

그러나 인구가 많고 규모가 큰 국가는 대체로 이질성이 더 크다. 사람들의 선호, 우선순위, 문화가 더 다양하다. 이와 같은 다양성을 관리하는 일은 시민의 만족도와 국가의 통치 능력에 영향을 미친다. 열린 민주주의의 경우 다양성 관리가 특히 더 어렵다. 만일 통치에 실패할 경우 시민의 질서와 국가의 안정성이 무너질 위험이 있다.

오늘날 규모가 큰 대부분의 국가는 다양한 선호를 가진 이질적인 인구로 구성되어 있다. 따라서 관리에 어려움이 따른다. 이라크가 지금의 국가 규모를 유지하려면 선호가 서로 다른 이슬람 수니파, 이슬람 시아파, 쿠르드족을 관리해야 한다. 독일은 이민자 유입에 반대하는 민족주의자와 이에 맞서는 자유주의 세계화론자를 관리해야 한다. 미국은 서로 반목하는 도시 자유주의자와 농촌 보수주의자의 의견을 조정해야 한다. 또한 사회경제적 지위가 천차만별이고 성별 및 인종에 따라 서로 다른 불만을 제기하는 다양한 분파의 의견도 조정해야 한다. 이라크, 독일, 미국 같은 거대한 국가가 생존하려면 정치의 정체와 국내의 집단 간 증오를 대가로 치러야 한다.

이와 같은 압력을 견디지 못해 분열된 국가도 있다. 소련, 체코슬로바키아, 아랍공화국연방, 유고슬라비아가 그 대표적인 사례다. 사실 20세기 후반은 정치적인 차원에서 엄청난 분열을 겪은 시기였다. 이 시기에 전 세계 주권국가의 수가 두 배 이상 늘어났기 때문이다. 정치적 분열이 나타난 원인 가운데 하나는 민주화의 확대다. 민주화가 확대된 결과 분리 독립이 가속화되었다. 간단히 말해, 많은 국가가 시민들이 원하는 것을 제공하기 위해 더 작은 규모를 선택한 것이다. 그 대신 국가의 규모가 더 클 경우 누릴 수 있는 경제적 이점 및 지정학적 이점은 사라지게 되었다.

알레시나와 스폴라오어는 ≪국가의 규모≫를 통해 국가의 확대 또는 분리를 유발하는 사회적 힘과 경제적 힘을 설명했다. 그러나 물리적 세계가 없으면 사회적 힘과 경제적 힘도 아무런 영향력을 발휘하지 못할 것이다. 따라서 해안선, 지형분수계, 강을 정치적 경계의 지표로 삼는 현상은 예나 지금이나 다름이 없다. 오래전 세상을 떠난 제국의 건설자는 이 사실을 명백하게 인지하고 있었던 반면 오늘날 학자들은 이상하리만큼 이 사실을 무시한다. 예를 들어, ≪국가의 규모≫에서 알레시나와 스폴라오어는 이와 같은 물리적 현실을 한 번도 언급하지 않는다. 정치학자에게 전 세계 각국의 정치적 경계가 지금과 같은 모습이 된 이유에 대해 물어보자. 그러면 인종, 언어, 식민지 역사, 종교,

민주주의, 권위주의가 수행한 역할에 대한 매력적인 설명을 들을 수 있을 것이다. 그러나 해안선, 강 또는 지형분수계에 대해 이야기하는 사람은 아무도 없는 것이 현실이다.

하지만 포펠카와 함께 진행한 연구의 결과에 따르면, 물리적 세계 역시 한 국가가 정치적인 차원에서 자신을 규정하는 방식을 결정하는 데 영향을 미친다. 앞서 살펴본 미국 영토 확장에 관한 지도(73쪽)도 괜찮고, 일반 세계지도도 괜찮다. 무슨 지도가 되었든 아무 지도나 한번 펼쳐서 살펴보자. 한 국가의 정치적 방향을 결정하는 것은 사람이지만, 그렇더라도 물리적 세계에서 결코 자유로울 수 없다는 사실을 확인할 수 있다. 따라서 국가의 규모와 형태에는 사회적 힘만 영향을 미치는 것이 아니다. 해안선과 강 같은 물리적 힘도 영향을 미친다. 강, 더 나아가 일반적인 물리적 지리는 국가의 규모와 형태에 영향을 미친다. 따라서 물리적 지리가 전 세계 정치권력의 지리공간적 형태를 형성하는 데 기여한다고 해도 과언이 아니다.

물 전쟁에 대한 우려

오늘날 국제분쟁에서는 강이 수행하는 주된 역할이 바뀌고 있다. 강은 더 이상 국경을 정의하는 기준으로 기능하지 않는다. 오늘날의 국제분쟁에서 더 시급한 문제는 물 자체다.

각국의 출산율이 하락하는 추세다. 그럼에도 불구하고 전 세계 인구와 개발도상국의 소득은 계속 증가하고 있다. 이 추세대로라면 2050년 전 세계 인구는 100억 명에 육박할 것으로 전망된다. 지금보다 더 부유해진 약 100억 명의 인구가 육식을 지속하려면 전 세계는 지금보다 두 배 가까이 많은 식량을 생산해야 할 것으로 전망된다. 수자원 보호에 도움이 되는 조치를 취하고 작물유전자를 조작해 해충과 질병에 대한 저항력을 높이는 등의 관련 기술을 발전시키면 인구 증가로

인한 식량 부족 문제를 해결하는 데 도움이 될 것이다. 그렇더라도 점점 더 많아지는 사람과 가축을 먹이려면 물이 꼭 필요하다. 따라서 이미 지나치게 많은 인구가 의존하고 있는 강, 개울, 대수층은 앞으로 더 많은 부담을 떠안게 될 것임에 틀림없다.

이와 같은 추세가 지속되면 무슨 일이 벌어지게 될 것인지 누구라도 쉽게 떠올릴 수 있다. 실제로, 물을 둘러싼 무력 분쟁이 벌어질 위협이 도사리고 있다는 사실을 지적하는 문헌들이 우후죽순 생겨나고 있는 형편이다. 이 글을 쓰는 시점에 구글에서 "물 전쟁water wars"이라는 용어를 검색해보았더니 검색 결과는 100만 건이 넘었고 학술 문헌도 1,300여 건에 달했다. 오리건주립대학교 소속 지리학자 에런 울프Aaron Wolf는 오랫동안 이 주제를 연구해왔다. 울프는 물이 "꼭 필요한 자원"이자 "대체재가 없는 유일한 희소 자원"임에도 불구하고 이와 관련된 "국제법이 제대로 정비되지 않았다"고 지적한다. 국제연합 사무총장을 지낸 코피 아난Kofi Annan, 반기문, 안토니오 구테흐스António Guterres는 물 활용이 어려워지면 소요 사태, 대량 이주, 전 세계적인 무력 분쟁이 나타날 수 있다는 우려를 공개적으로 표명했다.

특히 더 우려되는 지역은 인구가 적고 물과 관련 없는 이유로 인해 국제적 긴장이 이미 높아져 있는 지역이다. 이 문제에는 주요 월경越境 하천 네 개가 관련되어 있다. 우선 나일강은 현재 11개국에 거주하는 약 5억 명이 공유하고 있다. 요르단강은 이스라엘, 요르단, 레바논, 시리아, 팔레스타인 영토를 지난다. 티그리스강과 유프라테스강은 튀르키예, 시리아, 이라크, 이란이 공유하고 있다. 영토 분쟁으로 뜨겁게 달궈진 카슈미르 산악 지역에서 발원하는 인더스강은 아프가니스탄, 중국, 인도, 파키스탄이 공유하고 있다.

강은 인간의 생존에 필수적인 존재다. 그러나 이 네 개의 강에는 이미 지나치게 많은 인구가 의존하고 있다. 게다가 불구대천의 원수들이 공유하고 있다. 이 네 개의 강에 의존하고 있는 인구는 계속해서 증가하고 있고 주변 지역의 산업화도 지속되고 있다. 따라서 물 수요도 증가하고 있다. 이 네 개의 요충지를 장악하기 위해 경쟁하는 각국의 활동은 결국 폭력으로 치닫고 말 것인가? 21세기에는 각국이 물을 둘러싼 전쟁을 벌이게 될 것인가?

폭격기 만델라

내가 그렇게 될 가능성이 높다고 주장하는 데에는 그럴 만한 근거가 있다. 오죽하면 세계적으로 존경받는 인물이자 평화와 사회정의의 수호자인 넬슨 만델라Nelson Mandela 같은 인물조차 인명을 빼앗아서라도 물을 확보해야 한다고 생각했을까.

만델라는 진보적인 사회운동을 이끄는 지도자였다. 정치범으로 투옥되어 무려 27년 동안 감옥에서 생활했다. 이것이 토대가 되어 훗날 노벨평화상을 수상했다. 만델라는 남아프리카공화국의 인종차별을 부추기는 아파르트헤이트apartheid를 폐지하기 위해 끊임없이 노력했다. 마침내 1994년 남아프리카공화국 대통령이 되었다.

만델라 대통령 취임 4년 차에 남아프리카공화국 국방군이 레소토Kingdom of Lesotho를 습격했다. 레소토는 아프리카 남부 고지대에 있는 왕국으로, 영토가 남아프리카공화국에 둘러싸여 있다. 남아프리카공화국 국방군은 공격용 헬리콥터와 특수부대를 동원해 카트세Katse 댐을 지키고 있던 레소토 수비대를 소탕했다. 카트세댐은 말리바마초Malibamat'so강을 가로막고 건설된 콘크리트 아치댐이자 저수지였다. 남아프리카공화국과 레소토는 80억 달러 규모의 물 관련 사업인 "레소토 고원 수자원 프로젝트"를 공동으로 추진했다. 이 프로젝트를 통해 총 다섯 개의 댐을 건설할 계획이다. 댐을 건설하는 목적은 오렌지Orange강과 센쿠Senqu강 발원지에서 내려오는 강물을 가두는 것이다. 카트세

댐은 건설이 계획되어 있는 다섯 개의 댐 가운데 첫 번째 댐이다. 매년 약 22억 세제곱미터의 물이 물 운반 터널을 통해 카트세 댐에서 남아프리카공화국의 산업 중심지인 프리토리아, 요하네스버그, 베레니깅으로 이동한다.

남아프리카공화국 국방군이 댐을 점령할 당시 16명의 레소토 군인이 목숨을 잃었다. 남아프리카공화국 국방군은 카트세댐을 확보한 뒤에야 레소토의 수도인 마세루로 이동했다. 공격의 공식적인 명분은 부정선거 논란이 촉발한 소요 사태 진압이었다. 아마도 만델라 대통령은 중재자라는 자신의 이미지를 고려했을 것이다. 그렇지 않았다면 만델라 대통령 부재 시 대통령 권한대행을 맡은 망고수투 부텔레지Mangosuthu Buthelezi가 공격 명령을 내리는 일은 없었을 것이다. 공격 명령이 내려질 당시 만델라 대통령은 워싱턴 D. C.에 며칠 머물렀다. 그리고 그곳에서 미국의 빌 클린턴Bill Clinton 대통령이 수여하는 의회 명예훈장을 받았다.

남아프리카공화국은 레소토 침공을 정당화하기 위해 다양한 주장과 조약을 내세웠다. 그러나 학계와 법학자들이 검토한 결과 남아프리카공화국의 레소토 침공 명분은 빈약하기 짝이 없었다. 예를 들어, 타국의 선거 관련 시위 진압은 남아프리카개발공동체SADC 조약과 국제연합 헌장을 위반할 명분이 되기에 부족했다. 사실 남아프리카공화국이 레소토를 침공한 진짜 이유는 레소토고원 수자원 프로젝트를 보호하는 것이었다. 당시 아프리카 아亞대륙에서 가장 큰 하천 전환 계획 가운데 하나였던 레소토고원 수자원 프로젝트는 남아프리카공화국의 장기적인 수자원 안보 전략의 초석이었던 것이다.

이 문제를 조금 더 자세히 들여다보자. 만델라는 노벨평화상 수상에 빛나는 인물이다. 만델라는 아파르트헤이트 종식 활동을 평화로운 방법으로 이어나가지 못할 바에는 차라리 투옥되겠다는 이상을 품었다. 그런 만델라가 국제법을 위반하더라도 주권국가 침략을 단행해 수자원을 지켜야겠다고 생각했던 것이다. 어쩌면 레소토 침공은 만델라의 평판을 깎아내린 사안이라기보다는 강이 얼마나 중요한 존재인가를 부각하는 사안으로 이해할 수 있을 것이다. 만델라뿐 아니라 다른 어떤 나라의 대통령도 자국의 복리와 자국의 이익을 평가할 때 수자원 안보의 중요성이 지극하다는 사실을 무시할 수 없다.

물 저장고와 물 권력

레소토고원의 수자원은 남아프리카공화국 사람들의 복리에 매우 중요한 존재다. 그 이유는 레소토가 자리 잡은 말로티-드라켄스버그산맥이 "물 저장고"의 역할을 수행하기 때문이다. 일반적으로 "물 저장고"란 건조한 저지대로 둘러싸인 산맥을 의미한다. 이곳에 매우 많은 양의 물이 모여 있다가 주요 강을 통해 하류로 흘러나간다.

레소토 물 저장고의 경우 수혜를 받는 하류의 강은 오렌지강/센쿠강이다. 오렌지강/센쿠강은 아프리카 대륙의 남부를 가로지르는 거대한 동맥으로 남아프리카공화국의 주요 물 공급원이다. 그 밖에 중요한 물 저장고는 다음과 같다. 에티오피아고원(청나일Blue Nile강과 나일강에 물을 공급), 유럽 알프스산맥(다뉴브강, 포강, 라인강, 론강에 물을 공급), 아프리카의 비헤고원(오카방고Okavango강과 잠베지Zambezi강에 물을 공급), 중앙아시아의 파미르고원, 알타이산맥, 힌두쿠시산맥, 톈산산맥(아무다리야Amu Darya강, 시르다리야Syr Darya강에 물을 공급), 중동의 타우루스산맥, 자그로스산맥(티그리스강, 유프라테스강에 물을 공급), 미국의 로키산맥(콜로라도강과 리오그란데강에 물을 공급). 그 가운데 규모가 가장 큰 물 저장고는 티베트고원과 히말라야산맥이다. 티베트고원과 히말라야산맥에서 발원하는 장대한 인더스강, 갠지스강, 브라마푸트라Brahmaputra강, 이라와디Irrawaddy강, 살윈

Salween강, 메콩강, 양쯔강 및 황허강에 지구상에 살아 있는 인구의 거의 절반이 의존하고 있는 형편이다.

전 세계에 자리 잡은 물 저장고와 거기에 의존하는 강의 위치를 살펴보면 많은 국가가 다른 국가에서 발원하는 물에 의존하고 있다는 사실을 확인할 수 있다. 레소토는 남아프리카공화국에 중요한 물 저장고를 관리한다. 에티오피아는 수단과 이집트에 중요한 물 저장고를 통제한다. 앙골라는 나미비아, 보츠와나, 잠비아, 짐바브웨, 모잠비크에 중요한 물 저장고를 관리한다. 네팔은 인도에 중요한 물 저장고의 일부를 통제하고 인도는 파키스탄과 방글라데시에 중요한 물 저장고의 일부를 통제한다. 튀르키예는 시리아와 이라크에 중요한 물 저장고를 통제한다. 티베트, 네팔, 부탄, 카슈미르는 하류에 자리 잡은 아홉 개의 국가와 지구상 인구의 거의 절반이 살아가는 데 반드시 필요한 거대한 물 저장고를 에워싸고 있다. 1950년, 중국은 티베트를 점령하여 자국뿐 아니라 방글라데시, 미얀마, 라오스, 캄보디아, 태국, 베트남에 중요한 물 저장고를 장악했다.

강이 발원하는 지역과 강물을 소비하는 지역은 대칭적이지 않다. 심지어 이 두 지역은 종속 관계를 이룬다. 이와 같은 현실 덕분에 물 저장고를 확보한 국가에는 막대한 정치권력이 발생한다. 물 저장고 또는 물 저장고에서 발원하는 강을 통제하는 국가는 하류에 자리 잡은 이웃 국가에 실존적 위협을 가할 수 있는 잠재력을 지니고 있다. 강 하류에 자리 잡은 "하류국"은 강 상류에 자리 잡은 "상류국"이 강물을 막거나 강물을 오염시킬지 모른다는 우려를 안고 살아갈 수밖에 없는 형편이다.

강 하류 지역이 상류 지역에 비해 취약할 수밖에 없다는 사실은 충분히 어림짐작할 수 있다. 강 상류에 자리 잡은 국가가 하천의 물길을 자국 방향으로 전환하기 쉬운 지형 조건을 갖추었거나, 강 상류에 자리 잡은 국가가 강물을 자국 영토 내에 가둬둘 수 있는 지형 조건을 갖춘 경우 그 취약성은 극대화된다. 예를 들어, 리오그란데강과 콜로라도강은 미국을 관통해 멕시코에 도착한다. 미국을 지나는 기나긴 여정 동안 두 하천은 미국에 막대한 양의 물을 공급한다. 한편 두 하천에서는 물길을 전환하기 좋은 지점과 댐을 짓기 좋은 지점을 많이 찾을 수 있다. 따라서 강 상류에 자리 잡은 국가인 미국은 물을 무기로 멕시코에 엄청난 권력을 휘두르고 있다. 한편, 중국과 라오스도 메콩Mekong강에 의존하는 이웃 국가인 미얀마, 캄보디아, 태국, 베트남에 대해 이와 유사한 권력을 휘두르고 있다. 중국과 라오스가 메콩강 상류의 물길을 자국 방향으로 전환하거나 메콩강의 물을 가둬둘 수 있는 위치에 있기 때문이다.

저드슨 하몬: 하나만 알고 둘은 모르는

사실상 강 상류에 있는 국가는 하류에 있는 국가의 사정을 고려하지 않고 강물을 모두 써버리거나 오염시킬 수 있다. 1895년 워싱턴 주재 멕시코 대사는 미국 국무장관에게 긴급 보고서를 보냈다. 보고서에서 멕시코 대사는 미국-멕시코 국경을 따라 흐르는 리오그란데강 약 800킬로미터 가량의 구간에서 여름마다 강물이 완전히 마르고 있다는 우려를 표시했다. 지난 300년 동안 멕시코 농부들은 리오그란데강을 이용해 밭에 물을 대왔다. 리오그란데강의 물이 마르자 농부들이 밭을 버리고 떠나면서 시우다드 후아레스의 인구는 절반으로 줄었다. 리오그란데강 물이 마른 이유는 미국이 국경에서 한참 떨어진 상류의 물길을 전환했기 때문이었다. 미국은 새로 만들어진 물길을 통해 콜로라도주와 뉴멕시코주에 새로 생긴 경작지에 물을 공급했다. 시우다드 후아레스와 엘파소 주변 리오그란데강 유역에서는 지난 수 세기 동안 리오그란데강의 물을 이용해왔다. 미국 국무장관에서 보낸 보고서에서 멕시코 대사는 미국이 물길을 전환한 탓에 이 지역에서는 리오그란데강 물을 더 이상 이용할 수 없게 되었다고 기록했다.

미국 법무장관 저드슨 하몬Judson Harmon은 매우 가혹한 법적 의견을 내놓았다. 하몬은 사실상 미국이 리오그란데강 물을 마음대로 사용하지 않을 의무가 없다고 주장했다. 미국은 자국 영토에 대한 절대적 주권을 가지고 있으므로 국경 안에서 흐르는 모든 강에 대해서도 절대적인 주권을 가진다는 논리였다. 하몬에 따르면 미국-멕시코 국경에 도달하지 않은 리오그란데강 구간의 수자원은 무엇이든 미국이 자유롭게 사용할 수 있었다.

하몬의 주장은 "하몬주의Harmon Doctrine"라는 이름으로 알려지게 되었다. 하몬주의는 강 하류에 자리 잡은 탓에 취약한 국가들이 느끼는 실존적 공포가 무엇인지 잘 보여주는 사례다. 즉, 강 상류에 자리 잡은 국가가 언제든 물 공급을 차단할 가능성이 있다. 그러나 사실 강 하류에 있는 국가는 강 상류에 있는 국가를 포함해 또 다른 어떤 국가와의 관계에서 상류에 있는 경우가 대부분이다.

배가 다닐 수 있는 강인 경우에는 강 하류에 있는 국가도 또 다른 유형의 권력을 행사할 수 있다. 강 상류에 있는 이웃 국가가 내륙국인 경우 특히 더 그렇다. 독일은 강 하류에 있는 국가다. 독일을 통과하지 않고는 엘베강을 운항하는 배가 북해로 나갈 방법이 없다. 따라서 독일은 여전히 체코에 영향력을 행사하고 있다. 헝가리는 강 상류에 있는 국가다. 그러나 크로아티아, 세르비아, 루마니아, 불가리아가 묵인해주지 않으면 다뉴브강을 통해 흑해에 도달할 방법이 없다. 한편 내륙국 파라과이에서 출발한 선박은 아르헨티나의 동의가 없으면 대서양으로 빠져나갈 수 없다.

멕시코도 하몬주의 논리를 적용해 미국의 조치에 대응했다. 리오그란데강 하류의 주요 지류인 콘초스Conchos강의 흐름을 변경한 것이다. 덕분에 텍사스주 국경을 따라 흘러가는 리오그란데강의 유량이 크게 줄어들게 되었다. 한편 캐나다는 브리티시컬럼비아주를 관통하는 컬럼비아강을 가둬둘 수 있는 위치에 있었다. 그러면 컬럼비아강의 강물이 워싱턴주와 오리건주에 도달하지 못할 터였다. 가장 강경한 미국 민족주의자조차 하몬주의가 미국우선주의라는 목표를 훼손한다는 사실을 어렵지 않게 파악해낼 수 있었다.

이에 따라 차기 미국 법무장관은 하몬주의를 무시했다. 미국 국무부는 법적 조치를 취해 뉴멕시코주에서 착공될 예정인 민간 댐 건설 사업을 중단시켰다. 리오그란데강 물을 미국 방향으로 전환하는 일이 더 이상 일어나지 않도록 방지하기 위한 조치였다. 일련의 판결을 통해 미국 대법원은 미국 국무부의 결정을 확인했다. 이에 따라 하몬주의는 효력을 상실했다. 미국의 결정에 따라 앞으로는 리오그란데강이 멕시코에 도달하기 전에 말라버리는 일은 없을 터였다.

대신 미국과 멕시코는 구속력 있는 국제조약을 체결하고 강물을 공정하게 분배하기로 약속했다. 이 조약은 1907년 발효되었으며, 월경하천을 대상으로 미국이 체결한 조약 가운데 최초다. 이 조약의 바탕이 된 양국 간 협력 모델은 오늘날 전 세계에서 수백 개의 월경하천을 관리하는 방법의 토대가 되었다.

1907년 체결된 미국-멕시코 협약과 마찬가지로 대부분의 조약은 양자 간 조약이다. 그중에는 접점을 찾을 수 없는 불구대천의 원수 사이에 체결된 조약도 있다. 1960년, 인도와 파키스탄은 인더스강 수자원 조약에 서명했다. 그 뒤로도 두 나라는 서로 핵미사일을 겨냥하고 세 번의 전쟁을 치렀지만 인더스강을 공평하게 공유하겠다는 합의 조건을 위반한 적은 없었다. 팔레스타인과 이스라엘이 분쟁을 겪은 1979년부터 1994년 사이 이스라엘과 요르단은 공식적인 외교 관계가 단절되어 있었다. 이 시기에 두 나라 대표들은 비밀리에 만나 요르단

계곡에 물을 공급하는 요충 수원지인 야르묵강 공유를 위한 협력 계획 수립에 나섰다.

이와 같은 숙적 사이의 협력 사례는 고대 메소포타미아에서도 찾아볼 수 있다. 수메르 시대의 석판에 새겨진 비문에는 메소포타미아의 두 도시국가 라가시와 움마가 체결한 조약 내용이 포함되어 있다. 피비린내 나는 전쟁을 치른 두 도시국가는 티그리스강을 동등하게 공유한다는 내용의 조약을 체결했다. 이 석판에는 전쟁터에서 목숨을 잃은 수천 명의 시체를 청소동물이 쪼아 먹는 모습이 묘사되어 있어 <독수리의 석비Stele of the Vultures>라는 이름이 붙었다. 1804년 숙적 독일과 프랑스 제국은 라인강을 영원히 공유하기로 합의했다. 독일과 프랑스의 협력 사례는 1815년 빈회의에서 벨기에, 스위스, 네덜란드로 확장되었다. 빈회의는 나폴레옹전쟁의 잔해를 딛고 새로운 유럽 질서를 정착시켰다.

* ⌛ *

오늘날 전 세계적으로 거의 500개에 달하는 월경하천 공유 협정이 시행되고 있다. 그 수는 계속 증가하는 추세다. 지나치게 많은 인구가 의존하는 탓에 전 세계에서 가장 경쟁이 극심한 몇몇 강 유역의 경우에는 다국적 조약이 체결되고 위원회가 구성되었다. 특히 나일강, 요르단강, 티그리스-유프라테스강, 인더스강 유역은 수자원을 둘러싼 무력 분쟁이 촉발될 가능성이 높은 지역으로 심심치 않게 부각된다.

2014년, 수십 년간 이어져온 이 추세에 또 다른 이정표가 세워졌다. 베트남이 국제연합 수로 협약UN Watercourses Convention에 가입한 35번째 회원국이 되었기 때문이다. 국제연합 수로 협약은 적어도 35개국이 서명해야만 발효될 수 있는 조약이었다. 베트남이 35번째 회원국이 되면서 이 중요한 국제법은 무려 44년 만에 그 결실을 맺게 되었다. 정식 명칭은 "국제 수로의 비항행적 사용 관련 법률에 관한 협약Convention on the Law of the Non-Navigational Uses of International Watercourses"이다.

국제연합 수로 협약의 기원은 1970년으로 거슬러 올라간다. 1970년 열린 국제연합 총회는 국가 간 공평한 하천 공유를 위한 전 세계적 토대를 마련하기로 결정하고 국제연합 국제법위원회International Law Commission에 초안 작성을 지시했다. 이에 국제연합 국제법위원회는 훨씬 오래전인 1950년대 후반과 1960년대 초 국제법협회International Law Association라는 학술 단체가 발전시킨 작업을 토대로 초안 작성에 나섰다. 국제법협회의 작업은 1966년 헬싱키에서 열린 국제법협회 콘퍼런스에서 정점을 찍었다. 헬싱키 콘퍼런스에서 "국제 하천의 물 사용에 관한 헬싱키 규칙Helsinki Rules on the Uses of the Waters of International Rivers"이 발표되었기 때문이다. 줄여서 "헬싱키 규칙"이라고 부르는 이것은 월경하천 공유 관리를 위한 상급 규칙 집합이었다. 헬싱키 규칙에 따르면 국제 하천 유역에 자리 잡은 국가들은 해당 하천 유역에 자리 잡은 모든 국가가 해당 하천을 "합리적이고 공평하게" 사용할 수 있도록 허용해야 한다. 헬싱키 규칙에 내포되어 있는 이와 같은 핵심 개념은 오늘날 국제연합 수로 협약과 전 세계의 수많은 월경하천 공유 조약에 구현되어 있다.

현재 월경하천 공유 협정을 체결하지 못한 국가들이나 하천 유역에 관련된 모든 국가를 포괄하지 못한 협정의 경우 국제연합 수로 협약을 출발점으로 삼으면 유용할 것이다. 또한 오염 같은 문제처럼 기존 조약에서 다루지 않은 문제가 있을 경우에도 국제연합 수로 협약을 지침으로 삼을 수 있다. 2014년 국제연합 수로 협약이 공식 발효되었다. 이 글을 쓰는 시점에 확인한 결과 국제연합 수로 협약 회원국은 36개국이었다. 영국, 독일, 프랑스, 이탈리아, 핀란드를 비롯해 남아메리카, 중동, 아프리카의 수많은 국가가 국제연합 수로 협약에 참여하고 있다.

메콩강에 쏠린 시선

이야기는 여기서 끝나지 않는다. 수자원 수요는 계속 증가하고 있고 지정학적 권력도 이동하고 있다. 따라서 여러 국가가 하천을 공유하는 협력 사례는 증가할 것이고 그 본질에도 변화가 있을 것이다.

메콩강은 길이가 약 4,500킬로미터에 달하고 분수계의 면적이 80만 제곱킬로미터에 달한다. 티베트고원에서 발원해 중국, 미얀마, 라오스, 태국, 캄보디아, 베트남을 거쳐 남중국해로 흘러들어간다. "메콩강 상류 유역Upper Mekong Basin"이라고 불리는 메콩강 상류 분수계에는 중국과 미얀마가, "메콩강 하류 유역Lower Mekong Basin"이라고 불리는 메콩강 하류 분수계에는 라오스, 태국, 캄보디아, 베트남이 자리 잡고 있다. 중국에서는 메콩강을 "란창Lancang강"이라고 부르기 때문에 란창-메콩강으로도 알려져 있다. 실체는 하나의 연속적인 강이다. 그러나 국가에 따라 여러 개의 이름으로 불리고 상류와 하류로 유역을 나누어 정의할 만큼 거대한 강이다. 이와 같은 사실을 통해 이 지역의 동맥과도 같은 메콩강 분수계의 미래를 둘러싼 지정학이 얼마나 복잡하고 분열을 초래할 소지가 많은지 익히 짐작할 수 있다. 메콩강 하류 유역에는 댐이 거의 설치되지 않았기 때문에 지정학적 갈등의 소지가 특히 더 높다.

메콩강은 동남아시아 음식 문화의 중추다. 동남아시아 전역의 벼농사 및 어업을 지원하기 때문이다. 태국, 베트남, 라오스, 캄보디아는 농업·어업을 통한 단백질 공급·운송 부문에서 메콩강과 그 지류에 크게 의존한다. 베트남의 메콩강 삼각주와 태국의 코랏Khorat고원은 동남아시아 지역에서 가장 중요한 벼농사 지역이다. 두 국가에서 생산되는 쌀의 절반이 이 두 지역에서 나오기 때문이다. 태국, 베트남, 라오스, 캄보디아 4개국의 연간 쌀 생산량은 약 6,000만 톤에 달한다. 이 지역에 거주하는 약 200만 명이 그중 3분의 2를 소비하고 나머지는 전 세계로 수출된다. 전 세계 쌀 수출 시장의 약 40퍼센트가 이 지역에서 나온다.

한편 메콩강과 그 지류는 물고기 공급원으로서도 중요성이 높다. 예를 들어, 캄보디아 똔레삽Tonlé Sap 호수는 역류하면서 세계에서 가장 큰 민물고기 서식지 중 하나를 형성한다. 최근 동남아시아를 찾았을 때 캄보디아 식탁에는 민물고기가 빠짐없이 오른다는 사실을 보고 놀라지 않을 수 없었다. 똔레삽 호수, 메콩강, 바삭Bassac강 합수머리에 자리 잡은 프놈펜의 번화한 시장과 식당뿐 아니라 똔레삽 호수 주변의 시골 부락에서도 민물고기는 사랑받는 음식이었다. 그중 가장 유명한 것은 광대한 내륙 호수인 똔레삽 호수에 있는 '수상 부락'이다. 똔레삽 호수 수위가 계절에 따라 높아졌다 낮아지기를 반복하기 때문에 수상 부락도 후퇴와 전진을 반복한다.

메콩강과 그 지류의 물길을 전환해 수력발전용 댐을 건설하자는 제안이 나왔다. 이와 관련된 논쟁이 격화되자 1995년 태국, 베트남, 라오스, 캄보디아는 메콩강 위원회Mekong River Commission를 구성했다. 메콩강 위원회는 조약이라기보다는 회원국이 공동으로 운영하는 관리 기구다. 메콩강 위원회는 산하에 각국 장관으로 구성된 고위급 기구, 각국 기관장으로 구성된 실무협의회, 실무를 담당하는 사무국을 두고 있다. 각국이 돌아가면서 사무국 사무실을 제공한다. 지금까지 태국, 캄보디아, 라오스의 각 수도인 방콕, 프놈펜, 비엔티안에서 사무국 사무실이 운영되었다.

메콩강이 받는 개발 압력은 실로 막대하다. 메콩강 위원회는 개발을 주요 목표로 하는 최초의 위원회로, 메콩강 개발 방법을 확정할 권한을 가진 강력한 결정권자로 자리매김해왔다. 그러나 4개국 모두의 상호 이익과 각국 국민의 안녕을 위해 강을 "현명하게 사용"할 의무도 지고 있다. 따라서 메콩강 위원회는 월경하천을 개발함으로써 농업, 어업, 지역사회가 입을 수 있는 잠재적인 피해를 식별하고 완화할 방법을 찾기 위해 노력한다.

메콩강 위원회의 핵심 업무는 4개국 모두와 협의해 개발 사업을 식별하고 우선순위를 정하는 것이다. 개발 사업에는 수력발전용 댐 건설 및 관개를 위한 물길 전환이 포함된다. 메콩강 위원회는 통지, 협의, 합의 구축이라는 세부 절차를 활용해 주요 개발 사업을 추천한다. 이와 같은 절차는 대체로 잘 지켜지지만, 항상 그렇지는 않다. 예를 들어 극심한 가뭄이 들었을 때 태국은 잠깐이지만 메콩강 위원회를 무시하고 메콩강의 물길을 화이루앙Huai Luang강으로 전환한 바 있다. 또한 메콩강 위원회는 수질 관찰, 과학 연구, 전문 콘퍼런스, 교육 프로그램을 지원해 강 유역을 투명하고 포괄적인 방식으로 관찰하고 관리한다.

2006년부터 라오스는 메콩강에 사야부리Xayaburi댐과 돈사홍Don Sahong댐 건설을 계획했다. 메콩강 위원회에 정면으로 도전하는 행위였다. 라오스 최북단과 최남단에 계획된 두 댐이 완공되면 메콩강 하류 유역에 건설되는 첫 번째 댐이 될 터였다. 라오스의 목표는 이 지역의 주요 수력발전 전력 공급 주체로 거듭나는 것이었다. "동남아시아의 배터리"가 되어 태국과 캄보디아로 전력을 수출하게 되면, 세계 최빈국 가운데 하나인 라오스는 절실하게 필요한 수입을 얻을 수 있고 빠른 속도로 산업화가 진행되고 있는 이웃 국가도 안정적인 에너지원을 확보하게 될 터였다.

라오스의 제안으로 메콩강을 공유하는 나머지 국가, 환경 단체, 국제 비정부기구의 불안이 고조되었다. 이들은 벼농사, 어업, 자연 생태계, 지역사회에 댐이 미치는 영향이 제대로 연구되지 않았고 재앙으로 변모할 가능성이 높다는 근거를 들어 거세게 항의했다. 2010년, 라오스는 주변의 반대를 무릅쓰고 38억 달러 규모의 사야부리댐 건설 계획을 메콩강 위원회에 제출했다. 메콩강 위원회는 사야부리댐 건설이 미치는 영향이 제대로 파악되지 않았다고 판단하고 댐 건설을 진행하기 전에 추가 데이터를 수집해 과학 연구를 수행할 것을 요구했다. 더불어 앞으로 10년 동안 메콩강 하류 유역에 댐을 건설하지 않은 상태에서 댐 건설이 미칠 광범위한 영향에 대한 이해를 높이자고 제안했다.

댐을 건설할 수 없게 되자 라오스는 일방주의로 선회했다. 라오스는 민간 전력 회사인 사야부리전력, 태국의 주요 국영 전력 회사인 태국 전력발전당국과 장기 에너지 계약을 체결했다. 메콩강 위원회가 최종 결정을 내리기 전인 2012년 라오스는 한 발 앞서 사야부리댐 건설을 시작했다. 그리고 1년 뒤 메콩강 위원회에 돈사홍댐 건설 계획과 환경영향평가서를 제출했다. 이번에는 신청이 아닌 '통보'였다.

무력해진 메콩강 위원회는 회원국 정부의 최고위급에 신속하게 문제를 제기했다. 그러나 고위급 수준의 위협과 외교에도 라오스는 꿋꿋하게 댐 건설에 들어갔다. 그 뒤로 각국의 설전이 이어지면서 잠시나마 댐 건설 중단 명령이 내려지기도 했다. 그러나 이 글을 쓰는 시점에서 두 댐은 거의 완공된 상태이고 팍벵Pak Beng이라는 이름의 세 번째 댐이 착공을 앞두고 있다. 2018년 세피안 세남노이Xe-Pian Xe-Nam-noy 수력발전 프로젝트에 속한 보조 댐이 붕괴해 40명이 사망하고 수천 명이 이재민으로 전락했다. 그러나 팍레이Pak Lay라는 이름의 네 번째 댐 건설 계획도 계속해서 추진되고 있다.

메콩강 하류 유역에 댐 건설을 추진한 라오스의 일방적인 결정은 메콩강 위원회가 안고 있는 약점을 드러냈다. 메콩강 위원회는 권한이 제한되어 있었다. 집행권도 없고 개발 사업을 막을 거부권도 없었다. 즉, 메콩강 위원회는 쓸 만한 무기가 없었다. 그러니 메콩강 위원회가 선의의 연구가 필요하다는 모호한 주장을 내세우면서 라오스가 제안한 건설 계획의 보류를 요구하자 라오스는 메콩강 위원회를 무시하고 단독 행동에 나선 것이다.

메콩강 위원회 운영자금 대부분을 지원하는 약 20개국(대표적으로 핀란드, 호주, 스웨덴, 벨기에, 덴마크, 유럽연합)은 라오스의 단독 행동에 놀라움과 실망감을 감추지 못했다. 2015년 2,500만 달러이던 지원 자금은 2016년과 2017년 400만 달러로 삭감되었다. 메콩강 위원회 회원국이 규칙을 준수하지 않는 상황에서는 자금을 지원할 이유가 없었기 때문이다. 20년 넘게 협력 관리를 유지해왔던 메콩강 위원회는 메콩강 하류 유역에 대규모 댐 건설이라는 민족주의적 개발 압력에 직면하게 되었다.

* ⌛ *

그러나 메콩강 위원회에 최종 사형선고를 내리고 메콩강 하류 개발을 감독할 국가는 라오스가 아니라 중국이 될 가능성이 높다.

중국은 메콩강 위원회나 동남아시아국가연합ASEAN, Association of Southeast Asian Nations의 공식 회원국이 아니다. 1995년 중국은 "대화 상대"가 될 요량으로 메콩강 위원회 공식 회원 자격을 거부했다. 따라서 중국이 자체적으로 추진하는 하천 개발 사업은 메콩강 위원회의 검토 대상이 아니다. 2018년 이미 중국은 메콩강 상류 유역에 댐 여덟 개를 건설했다. 현재 건설 중이거나 계획 중인 댐도 20개가 넘는다. 예로부터 메콩강 상류에 있는 국가와 메콩강 하류에 있는 국가 간 권력 차이는 하류로 흘러가는 물과 퇴적물이 결정했다. 그리고 중국의 댐 건설로 인해 하류로 흘러가는 물과 퇴적물의 양상이 크게 달라졌다. 2016년 메콩강 수위가 낮아지자 베트남은 메콩강 삼각주에서 재배하는 농작물의 피해를 최소화하기 위해 중국에 댐 방류를 요청해야 했다.

2014년 중국은 미얀마에서 제17차 ASEAN-중국 정상회담을 가졌다. 그 자리에서 중국은 메콩강 유역 관리 모델을 새로 제안했다. 불과 16개월도 채 지나지 않아 해당 하천 유역에 있는 6개국(중국, 미얀마, 라오스, 태국, 캄보디아, 베트남)의 지도자들이 란창-메콩강 협력 구조에 서명했다. 상임 의장은 중국이 맡았다.

란창-메콩강 협력 구조는 중국이 동남아시아에서 주도한 최초의 지역 정부 간 조직이었다. 란창-메콩강 협력 구조가 출범하자 메콩강 위원회의 미래가 불투명해졌고 동남아시아에서 힘을 모으려고 했던 최소 세 개의 지역 협력 구조가 유명무실해졌다. 2009년 미국이 처음 제안하고 미국과 해당 하천 유역에 있는 5개국(중국 제외)으로 구성된 메콩강 하류 유역 사업Lower Mekong Initiative과 2009년 일본이 제안한 메콩-일본 정상회담도 거기에 포함된다.

메콩강 위원회와 마찬가지로 란창-메콩강 협력 구조도 조약이라기보다는 회원국 간 관리 기구에 가깝다. 여러 수준의 정부 기구가 정기 회의를 개최하며, 2년에 한 번씩 국가원수가 만나고 매년 외무장관 회의가 열린다. 명목적으로는 "하천 공유, 미래 공유"가 주요 업무지만 실제 권한은 훨씬 더 광범위하다. 란창-메콩강 협력 구조의 명시적인 목표는 법 집행, 테러, 관광, 빈곤, 농업, 기후변화, 재난 대응, 제방 공사 분야에서 국경을 넘나드는 협력 구축이다. 중국은 동남아시아 인프라 구축을 위해 15억 달러가 넘는 자금을 빌려주고 100억 달러의 신용 한도를 제공할 예정이다. 이 자금은 동남아시아와 중국을 연결하는 수로, 철도, 고속도로 건설에 투입될 예정이다. 따라서 이 새로운 구조의 목표는 하천 관리 수준을 훌쩍 뛰어넘는다.

이와 같은 일련의 사건을 통해 국경을 넘나드는 메콩강 관리가 동남아시아의 패권 장악의 목표이자 수단이라는 사실을 확인할 수 있다. 메콩강을 둘러싸고 있는 각국은 서로 다른 미래를 꿈꾸고 있었다. 1995년 그 차이를 관리하기 위한 국제 협력 절차의 필요성이 증가하면서 메콩강 위원회가 출범했다. 이후 20년 동안 메콩강 위원회는 이 지역에서 비교적 바람직한 협력 관계를 조성했다. 하지만 라오스가 수력 발전을 추진하면서 메콩강 위원회의 약점이 드러났다. 이에 따라 훨씬 더 광범위한 권한을 가진 새로운 하천 관리 모델이 떠오르고 있다. 따라서 메콩강의 공평한 공유라는 절박한 요구는 더 큰 목표를 위한 전략적 수단으로 전락했다. 그 목표는 이 지역의 개발을 선도하는 중국과 동남아시아의 광범위한 통합이다.

강은 정치적 경계를 나타내는 지표로 기능할 때, 필사적으로 국경을 넘으려는 사람들의 생명을 앗아가고 국가의 크기와 형태도 바꾼다. 또한 강은 물이 흐르는 통로로 기능할 때, 이웃한 국가 간 권력 불균형과 불안을 야기한다. 마지막으로 물 공유 협약에서 협력 관리 및 지역 경제 통합이라는 원대한 계획에 이르는 전 지구적 사안을 통해, 하천은 분열보다는 통합에 기여한다는 사실을 확인할 수 있다.

물론 예외는 존재한다. 바로 전쟁이다.

3장

전쟁 비화: 치욕의 시대

2014년에서 2019년까지, 고대 문명의 요람 티그리스강과 유프라테스강 변에 신생국가가 모습을 드러냈다 사라졌다. 이 신생 이슬람국가IS, Islamic State는 ISIS, ISIL 또는 다에시Daesh 같은 다양한 이름으로 알려졌다. 이슬람 원리주의를 기반으로 하는 잔인한 무장 폭력 단체 IS는 "아랍의 봄" 혁명이 불러온 혼란을 틈타 등장했다. IS는 시리아와 이라크를 장악하고 초정통 이슬람 칼리프가 다스리는 국가를 탄생시킨다는 꿈에 부풀어 있었다.

종교를 토대로 탄생한 이 새로운 문명은 티그리스강과 유프라테스강변에 진주 목걸이처럼 연결된 강 유역 마을과 도시 들을 점령했고 그곳을 근거지로 삼았다. 티그리스강과 유프라테스강 유역의 댐, 수력발전, 주변 유정, 농지도 모두 IS가 차지했다. IS는 지하드주의자들의 기준으로도 급진적인 단체였다. 이들은 이라크 주요 도시 모술, 카임, 팔루자, 티크리트를 순식간에 점령하여 국제 무대에서 맹위를 떨쳤다. 잠시나마 이라크 수도 바그다드를 위협하기도 했다. 또한 IS는 시리아 내전이 한창인 점을 이용했다. 시리아 내전이 유발한 혼란을 틈타 유프라테스강 계곡 대부분과 시리아 주요 도시 데이르에조르, 알부카말, 라카를 점령한 것이다. IS는 라카를 수도로 선포하면서 북서부 지역에 대한 권력을 강화했다. 거의 2만 명에 육박하는 강인한 IS 전투원은 시리아인과 이라크인 외에도 가깝게는 사우디아라비아, 요르단, 튀니지, 멀게는 호주, 프랑스, 독일, 영국, 미국 출신의 외국인으로 채워졌다. IS는 사로잡은 군인과 서양인을 참수했다. 여봐란 듯이 처형 동영상을 온라인에 게시했다. IS의 빗나간 열정에 전 세계는 공포를 느꼈고 비난을 퍼부었다.

2014년 말 IS의 권력이 절정에 달했다. 당시 IS는 시리아와 이라크에서 1,000만 명가량의 사람들과 10만 제곱킬로미터 이상의 영토를 지배했다. IS는 현금을 열심히 끌어모았다. 수입원은 석유, 외국인 기부, 납치의 대가로 받은 몸값, 약탈, 점령한 마을과 도시에 부과한 세금 등이었다. 심지어 IS는 유프라테스강 요충지에 자리 잡은 댐을 파괴하겠다고 위협해 점령한 지역의 시민들을 통제했다. 석유에서 나오는 수입만으로 어림해볼 때, IS의 자산은 기본 자산 20억 달러에 매일 120만 달러씩 늘어나는 것으로 추정되었다. IS는 그 자산을 활용해 무기와 차량을 사들였고 전투원을 보충했으며 소셜 미디어를 동원한 선전 활동을 벌였다. 소셜 미디어를 활용한 선전은 전 세계적으로 수십 건에 달하는 해외 테러 활동을 부추긴 것으로 추정된다.

플로리다주 올랜도에서 IS에 충성을 맹세한 어느 남성이 돌격소총과 글록 반자동 권총으로 무장하고 동성애자 전용 나이트클럽을 찾아가 침착한 태도로 100명이 넘는 사람들에게 총을 쏘았다. 이 총격 사건은 미국 역사상 최악의 총격 사건이 되었다. 프랑스 니스에서는 IS에 동조하는 또 다른 남성이 트럭을 몰고 해변에서 열린 프랑스혁명 기념 축제장에 난입했다. 이 사건으로 400명 이상이 죽거나 부상을 입었다. 대서특필되지는 않았지만 아프가니스탄, 알제리, 호주, 방글라데시, 벨기에, 보스니아헤르체고비나, 캐나다, 덴마크, 이집트, 프랑스, 독일, 인도네시아, 이스라엘, 쿠웨이트, 레바논, 리비아, 말레이시아, 나이지리아, 파키스탄, 팔레스타인 영토, 러시아, 사우디아라비아, 튀니지, 튀르키예, 영국, 미국, 예멘에서도 총기 난사, 폭탄 테러, 참수, 고의적 교통사고, 그 밖의 잔혹 행위가 꾸준히 이어져 많은 사상자가 발생했다. 2016년 중반까지 이라크와 시리아 이외의 지역에서 1,200명이 넘는 사람들이 IS가 계획하거나 부추긴 테러 공격으로 목숨을 잃었다.

전 세계는 즉시 반응했다. 미국을 중심으로 형성된 연합은 야심으로 가득한 칼리프 국가에 미사일을 쏟아부었다. 2018년 초까지 이라크와 시리아에서 IS를 표적으로 삼은 공습이 거의 3만 건에 육박했다. 지상에서도 IS를 공격했다. 러시아가 지원하는 시리아 정부군이 서쪽에서, 미국이 지원하는 이라크 및 시리아 반군이 동쪽에서 진격하면서 IS를 점차 몰아냈다. 오바마 행정부 시절 시작된 전쟁은 트럼프 행정부로 이어졌다. 2019년 3월, 미국이 지원하는 쿠르드군이 유프라테스강 유역에 자리 잡은 시리아 국경 부락 바구즈에서 마지막 IS 전투원을 몰아냈다. 그리고 트럼프 대통령은 승리를 선포했다.

이 5년 사이, IS는 지속적이고 심층적인 언론 보도를 통해 전 세계에 자신들의 흉포함을 알리고 영향력을 행사했다. <이코노미스트The Economist>와 <BBC 뉴스> 소속 지도 작성 전문가들의 지속적인 관심도 IS가 영향력을 떨치는 데 한몫 거들었다. 지도 작성 전문가들은 IS가 유발한 전쟁 초기부터 IS의 영토 변천사를 지도에 기록했다. 공중 및 지상에서 IS에 대한 공격이 이루어지면서 IS가 지배하는 영토가 조금씩 줄어들었다. 지도 작성 전문가들이 제작한 여러 지도를 통해 전쟁이 진행됨에 따라 변화하는 IS의 영토를 확인할 수 있었다. 그리고 이 지역을 지나는 두 개의 주요 수로(이라크의 티그리스강과 시리아의 유프라테스강)가 IS의 야망 달성에 얼마나 긴요한 지역이었는지 분명하게 확인할 수 있었다.

애초부터 IS는 티그리스강과 유프라테스강 장악을 핵심 목표로 삼았다. 지리적으로 이 두 개의 강 주변에는 인구 중심지와 관개가 잘된 농지가 자리 잡고 있다. 전력의 대부분은 수력발전용 댐이 공급한다. 전력망이 중앙집중화된 이라크보다 전력망이 더 분산된 시리아가 수력발전용 댐이 공급하는 전력에 특히 더 많이 의존하는 형편이다. 문화적으로 이 저지대 계곡은 대체로 보수적인 수니파가 지배하는 지역이다. 그리고 수니파는 이슬람 근본주의를 표방하는 IS에 더 관대한 태도를 보여주었다. IS는 국민들의 협조를 이끌어내기 위해 티그리스강과 유프라테스강에 설치된 댐을 무기로 이용했다. 물 공급을 제한하고 댐을 폭파하겠다고 위협한 것이다.

어느 지도를 보아도 IS 권력의 중심부는 티그리스강과 유프라테스강 계곡에서 찾을 수 있었다. 특히 IS는 영토가 최대 영토의 2퍼센트 수준으로 줄어든 후에도 유프라테스강만큼은 장악하고 통제했다. 수도 라카가 함락되고 군사작전이 마무리될 무렵 마지막으로 작성된 지도에서는 IS가 유프라테스강을 따라 길고 굽이치는 회랑과 같은 형태로 축소된 것을 확인할 수 있다.

강을 건넌다는 것

IS에게 이 두 개의 강이 중요했다는 사실은 명백하다. 그러나 강이라는 자연적 특징 때문에 유발된 전쟁은 IS가 벌인 것이 처음은 아니었다. 고대에도 강을 둘러싼 군사 분쟁이 심심치 않게 벌어졌다. 앞선 두 개의 장에서 사회가 강을 자연 자본, 접근성, 영토, 권력이라는 측면에서 평가하는 방식에 대해 설명했다. 이번 장에서는 전쟁 시에도 강이 자연 자본, 접근성, 영토, 권력이라는 측면에서 전략적인 존재가 될 수 있다는 사실을 확인하게 될 것이다.

전시戰時 권력을 잔인한 방식으로 직접 휘두른 사례를 통해 강이 대량 처형의 도구로 이용되었다는 사실을 확인할 수 있다. 프랑스혁명이 일어나고 공포정치가 한창이던 1793년, 루아르Loire강 계곡 서부에 자리 잡은 도시 방데에서 학살이 자행되었다. 이유는 방데의 가톨릭 성직자들이 새로 들어선 프랑스 공화국 정부를 지지하지 않았다는 것이었다. 새 정부는 신속한 처벌로 대응했다. 루아르강 유역의 주요 도시 낭트에서 장 바티스트 카리에Jean-Baptiste Carrier 사령관이 학살 명령을 내렸다. 방데 사람이라면 남성, 여성, 아동을 가리지 말고 최대한 많이 학살하라는 명령이었다. 루아르강이 끔찍한 학살에 동원되었다. 군인들은 어른과 아동을 가리지 않고 시민을 붙잡았다. 붙잡힌 시민을 발가벗겨 묶은 상태에서 작고 납작한 배에 태운 뒤 강으로 나갔다. 군인들은 그 배를 침몰시키거나 시민들을 물에 빠뜨린 후 총검으로 찔러 익사시켰다. 훗날 "낭트의 익사 사건"이라는 이름을 얻은 이 사건으로 루아르강에서 목숨을 잃은 시민은 5,000명에 달했다.

강을 정치적 경계의 지표로 활용하는 곳에서는 강을 건너는 일 자체가 대담한 지도력의 상징이 될 수 있다. 기원전 49년 로마의 어느 장군은 남쪽에 자리 잡은 수도 로마를 향해 진군하기로 결정했다. 갈리아를 정복하고 갈리아 총독에 오른 이 장군이 로마로 향하려면 루비콘Rubicon이라는 작은 강을 건너야 했다. 오늘날 이탈리아 북부에 있는

프랑스에 새로 들어선 공화국은 공포정치(1793~1794년)를 자행했다. 이 시기 루아르강 계곡에 있는 방데에서 반란이 일어났고 진압되었다. 당시 낭트에서는 수천 명의 왕당파를 처형하기 위해 루아르강을 동원했다. 군인들은 익사의 효율성을 높이도록 개조된 배를 이용해 사로잡은 왕당파를 처형했다.

루비콘강은 당시 정치적 경계를 나타내는 지표였다. 로마공화국 법은 병사를 대동하고 루비콘강을 건너지 못하도록 금지하고 있었다. 병사를 대동하고 루비콘강을 건너는 행위는 전쟁도 불사하겠다는 각오 없이는 불가능한, 말 그대로 돌이킬 수 없는 반역 행위였다.

율리우스 카이사르Julius Caesar는 루비콘강을 건너기로 결정했다. 카이사르의 결정으로 로마공화국은 내전에 휩싸였다. 승리를 거머쥔 카이사르는 5년 후 암살된다. 그러나 그 5년 동안 카이사르는 광범위한 정치 개혁을 단행해 로마공화국을 광대한 로마제국으로 변모시킬 초석을 놓았다. 전해지는 이야기에 따르면 카이사르는 루비콘강으로 발을 내딛으면서 "주사위는 던져졌다Alea iacta est"라는 말을 남겼다고 한다. 요즘에도 사람들은 돌이킬 수 없는 중요한 결정을 내렸을 때 "루비콘강을 건넜다"고 한다.

미국 독립 전쟁과 관련하여 널리 회자되는 일화에서 또 다른 예를 찾아볼 수 있다. 사실, 조지 워싱턴이 얼어붙은 델라웨어Delaware강(오늘날 뉴저지주 트렌튼 인근)을 건너 기습을 감행하지 않았다면 오늘날 미국이라는 존재는 없었을지도 모를 일이다.

1776년 크리스마스 날 밤이었다. 조지 워싱턴이 이끄는 독립군은 반란군 진압에 나선 영국군과의 수많은 전투에서 연이어 패배했다. 뉴욕은 점령당했고 독립군은 영연방 펜실베이니아 끝까지 밀려났다. 무참히 패배한 독립군의 사기는 땅에 떨어졌다. 대륙 의회 구성원들은 체포될까 두려워하면서 수도 필라델피아를 버렸다. 뉴저지주를 장악한 영국군은 델라웨어강 건너에 있는 도시 트렌튼에 헤센 용병으로 구성된 수비대를 배치했다.

조지 워싱턴은 군대와 보급품 대부분을 잃은 상태였다. 독립군에서 탈영병이 속출하는 상황이었으므로 영국군의 승리는 불 보듯 뻔한 일이었다. 더 이상 물러설 곳이 없었던 워싱턴은 남은 군인을 모아 트렌튼 기습을 감행했다. 늦은 밤, 약 2,400명의 독립군이 배를 타고 델라웨어강을 건넜다. 진눈깨비와 우박을 동반한 눈 폭풍 때문에 새벽이 되어서야 공격할 수 있었다. 결과적으로 눈 폭풍은 워싱턴의 편이었다. 습격이 시작된 새벽 무렵에는 대부분의 용병이 잠들어 있었기 때문이다.

트렌튼에서 수비대를 점령한 워싱턴은 프린스턴에서 벌어진 또 다른 결정적인 전투에서 승리했다. 워싱턴의 깜짝 승리에 전세가 뒤집혔다. 독립군에 입대하는 지원병도 늘어났다. 심야에 펼친 델라웨어강 도하작전은 위험했다. 작전이 실패했다면 영국군은 반란 진압에 성공했을 것이고 "미국"이라는 이름은 역사책 속 짧은 각주에서나 만나볼 수 있었을 것이다.

용감하게 반격에 나선 조지 워싱턴의 이야기는 입에서 입으로 전해졌다. 그러다가 1850년, 독일 화가 에마누엘 로이체Emanuel Leutze의 손에서 영구적인 기록으로 거듭났다. 로이체의 대형 역사화, <델라웨어 강을 건너는 워싱턴Washington Crossing the Delaware>은 오늘날 뉴욕 메트로폴리탄미술관에 걸려 있다. 로이체는 독일연방에서 일어난 통일 운동에 불을 지필 수 있을 것이라는 바람을 품고 이 그림을 그렸다. 로이체의 바람과 달리 유럽은 이 그림을 무시했지만, 미국에서는 이 그림이 큰 호응을 얻었다. 전국을 순회하는 전시회가 열렸고 뉴욕 메트로폴리탄미술관에 영구 전시되었다. 영구 전시가 시작된 지 불과 4개월 만에 유료 관람객이 5만 명을 돌파했다. 1년이 채 지나지 않아 이 그림의 사본이 대부분의 미국 교과서에 수록되었고 온 미국 가정의 벽을 장식했다. 로이체는 약간의 과장을 더해 적진을 뚫어지게 쳐다보는 조지 워싱턴, 얼어붙은 강을 건너기 위해 고군분투하는 다양한 인종의 군인을 화폭에 담았다. 이 그림은 발표 즉시 미국인의 애국심을 표현하는 영원한 상징으로 자리매김했다.

미국의 분열

한번은 미국 대통령 선거가 엄청난 수의 미국인을 소외시키며 미국 분열을 부추기는 화근이 된 적이 있었다. 당시 미국 사회는 새로 선출된 대통령을 지지하는 측과 새로 선출된 대통령을 거부하는 측으로 분열되었다. 양측은 지리적으로 선명하게 구분되었다. 불화는 인종 문제와 경제적 차이 같은 뿌리 깊은 문제에서 비롯되었다. 보수파는 전통적인 경제와 삶의 방식을 고수했고 자유파는 진보와 평등을 추구했다. 낡은 지향점과 새로운 지향점 가운데 하나를 선택해야 하는 시점이 다가왔다. 어느 지향점을 선택하는 것이 최선인지를 두고 미국은 둘로 갈라졌다.

심지어 한 정당 안에서도 입장이 둘로 나뉘었다. 민주당에서는 두 명의 대통령 후보가 경합을 벌였다. 두 사람은 미국의 미래에 대해 서로 다른 입장을 지니고 있었다. 둘로 나뉜 민주당 1차 경선에서 치열한 경쟁이 벌어졌고 두 후보 모두 큰 타격을 받았다. 덕분에 별 볼 일 없던 공화당이 일반 투표 결과 과반에도 못 미치는 표를 얻고도 11월 선거에서 승리를 거머쥐었다. 온 미국에 불안이 짙게 드리웠다. 심지어 새로 선출된 대통령이 취임하기도 전인 1861년 3월 4일에 이미 최소 일곱 개 주가 반대 의사를 표명하면서 세력을 결집하는 형편이었다.

그로부터 5주 뒤 미국은 전쟁터가 되었다. 분쟁의 중심에는 노예제도가 있었다. 새로 자리 잡은 여러 준주에 노예제도를 허용할 것인지 여부를 두고 노예주(남부)와 자유주(북부)의 의견이 갈라졌다. 양측은 의견 차이를 좁히지 못했다. 자유주는 연방 정부가 새로 자리 잡은 준주에서 노예제도를 금지해야 하고, 금지할 수 있다고 생각했다. 노예주는 자유주의 입장에 동의하지 않았다. 노예주는 준주의 노예제도 도입 문제는 연방 정부가 간섭할 사안이 아니라 각 준주가 스스로 결정해야 하는 사안이라고 주장했다.

1776년 크리스마스 무렵 영국은 미국 독립 혁명 진압을 눈앞에 두고 있었다. 패배를 직감한 조지 워싱턴은 배수의 진을 치고 펜실베이니아주와 뉴저지주의 경계를 이루는 얼어붙은 델라웨어강을 건너 기습 공격을 감행했다. 독립군이 트렌튼과 프린스턴을 탈환하면서 반란의 불씨가 되살아났고 전세가 역전되었다. 수십 년 뒤 독일 화가 로이체는 델라웨어강 도하 장면을 화폭에 담았다. 로이체가 그린 <델라웨어 강을 건너는 워싱턴>은 미국인의 애국심을 표현하는 대표적인 상징으로 남게 되었다.

공화당은 노예제도 폐지에 찬성하는 입장이었다. 따라서 대통령 선거운동 기간 동안 공화당과 공화당 대통령 후보 에이브러햄 링컨Abraham Lincoln은 새로 정착한 준주에서 노예제도를 금지하는 공약을 내걸었다. 링컨이 대통령에 당선되자 노예주인 사우스캐롤라이나주, 미시시피주, 플로리다주, 앨라배마주, 조지아주, 루이지애나주, 텍사스주는 연방을 탈퇴해 아메리카연합국Confederate States of America을 세웠다. 버지니아주 리치몬드를 수도로 삼은 아메리카연합국은 얼마 전 미시시피주 상원의원직을 내려놓은 제퍼슨 데이비스Jefferson Davis를 초대 대통령으로 선출했다.

대통령에 취임한 링컨은 전쟁을 피하기 위해 무진 애를 썼다. 국회의사당 계단에 선 링컨은 대통령 취임 연설에서 노예주의 노예제도는 변함없이 유지될 것이라고 약속하면서 노예주를 달랬다. 이미 노예 제도를 운영하는 주에서는 노예제도를 폐지하지 않겠다는 약속이었다. 링컨 대통령은 연방 연합의 형식을 취하고 있는 미합중국을 유지하는 일이 무엇보다 중요하다고 호소했다.

노예주는 링컨 대통령의 호소를 묵살했다. 연방에서 분리 독립한 신생 아메리카연합국은 링컨 대통령에게 군사기지를 포함한 국경 내 모든 연방 자산에 대한 통제권을 요구했다. 링컨 대통령은 연합국의 요구를 수용하지 않았다. 1861년 4월 12일, 전쟁의 막이 올랐다. 아메리카연합군이 섬터 요새를 향해 발포했다. 섬터 요새는 사우스캐롤라이나주 찰스턴 항구에 자리 잡은 연방 군사기지였다. 연합군 화력이 우세하다는 사실이 명확해지자 섬터 요새의 사령관은 안전을 도모하기 위해 즉시 항복하고 퇴각했다. 그로부터 며칠도 채 지나지 않아 버지니아주가 연방을 탈퇴해 아메리카연합국에 가입했고 아칸소주, 노스캐롤라이나주, 테네시주가 그 뒤를 이었다.

미국 역사상 가장 피비린내 나는 전쟁이 시작되었다. 7월 21일, 연방군과 연합군이 불런Bull Run강 유역에서 크게 맞붙었다. 불런강은 버지니아주를 흐르는 작은 강이다. 연방과 연합이 사용한 전투의 명칭은 서로 달랐다. 연방은 전투가 발생한 강과 개울의 이름을 붙여 "불런 전투"라고 불렀고 연합은 인근 마을의 이름을 붙여 "매너서스Manassas 전투"라고 불렀다. 이곳에서 전투가 두 차례 벌어졌다. 제1차 불런 전투 또는 제1차 매너서스 전투는 연방군과 연합군이 처음 본격적으로 맞붙은 전투였다.

이후 4년에 걸친 전쟁이 벌어졌다. 320만 명이 넘는 군인이 미국 전역에서 약 1만 번의 크고 작은 전투를 벌였다. 연방과 연합은 오늘날 미국 23개 주와 컬럼비아특별구의 육지와 수로를 두고 싸웠다. 북쪽으로는 노스다코타주에서 버몬트주, 남쪽으로는 플로리다주에서 뉴멕시코주에 이르는 지역이다.

전쟁이 끝나고 연방은 보존되었다. 350만 명의 노예가 자유를 얻었고 링컨 대통령은 암살되었다. 미국 남북전쟁에서 목숨을 잃은 군인은 약 62만 명에 달했다. 이 수치는 미국이 지금까지 겪은 모든 전쟁(미국 독립 전쟁, 미국-스페인 전쟁, 미국-멕시코 전쟁, 1812년 전쟁, 제1차 세계대전, 제2차 세계대전, 한국전쟁, 베트남전쟁, 그리고 이라크·아프가니스탄·시리아에서 벌어진 소규모 전쟁 등)의 전사자 수를 합친 것과 비슷하다. 당시 미국 인구가 지금 인구의 10퍼센트에도 못 미치는 3,150만 명에 불과했다는 사실을 감안하면 미국 남북전쟁의 전사자 수가 어느 정도 규모인지 쉽게 이해할 수 있을 것이다. 적어도 거의 모든 마을에서 사망자가 나왔고 거의 모든 가족이 가족 중 누군가를 잃었다.

그리고 만약 미시시피강이 아니었다면 상황은 더욱 악화되었을 것이다.

* ⌛ *

북부의 연방은 전쟁이 단기간에 끝나리라 기대했다. 북부의 연방이 남부의 연합군에 비해 두 배에 가까운 수적 우위를 점하고 있었기 때문이다. 그러나 그 기대가 무색하게 남부의 연합군은 수적 열세를 극복하고 조직적이고 효과적으로 연방군에 맞섰다. 로버트 E. 리Robert E. Lee와 토머스 "스톤월" 잭슨Thomas "Stonewall" Jackson 같은 뛰어난 장군들이 남부의 연합군을 이끌었기 때문이다. 북부의 연방군에게는 불행이었다. 남부의 연합군은 뛰어난 장군의 지휘를 받으면서 연방군을 차근차근 격파했다. 몇 차례의 전투에서 연거푸 처참한 패배를 겪은 후,

연방군 사상자는 전쟁을 시작할 때 생각하지 못했던 수준으로 늘어났다. 이른바 "링컨 전쟁"에 대한 북부의 지지가 약화되면서 아메리카연합국을 인정하라는 링컨 반대파의 정치적 목소리가 높아지기 시작했다. 1862년 중간선거에서 공화당은 당시 야당이었던 민주당에 크게 패했다. 그러는 사이 버지니아주, 미시시피주, 테네시주 전선에서는 사망자가 계속 늘어갔다. 정치적 입지가 줄어든 링컨 대통령은 연방군 장군들에게 전세를 역전시킬 방법을 강구하라고 채근했다. 연방군 장군 가운데 한 명인 율리시스 S. 그랜트Ulysses S. Grant 장군은 미시시피강을 장악해 통제하는 것이 전세를 역전시킬 방법이라고 생각했다.

과거 프랑스인 라 살, 워싱턴 대통령, 제퍼슨 대통령과 마찬가지로 양측 모두 광대한 동맥이나 다름없는 미시시피강의 전략적 중요성을 명확하게 이해하고 있었다. 1861년 강과 철도는 미국의 고속도로였다. 그리고 미시시피강과 그 지류는 미국 전역을 연결하는 주간州間 고속도로이자 미국과 북아메리카의 다른 국가를 연결하는 국가 간 고속도로였다. 북부의 연방은 미시시피강을 이용해 중서부 북부에서 생산한 농산물과 산업 제품을 거래하고 수출했다. 남부의 연합은 미시시피강을 이용해 북부 주에서 생산한 농산물과 산업 제품을 들여오고 플랜테이션에서 생산한 값싼 면화를 내다 팔아 현금으로 바꾸었다. 배를 이용하면 인구가 많은 대서양 연안 지역과 미국 외부 세계로 이동할 수 있었다. 미시시피강은 오늘날 미국이 대체로 소홀하게 여기는 접근성과 복리를 제공하는 전략적 요충지였다.

미시시피강은 신생 아메리카연합국의 심장부를 관통하는 강이었다. 미시시피강을 경계로 서쪽에는 텍사스주, 루이지애나주, 아칸소주가, 동쪽에는 나머지 여덟 개 주가 자리 잡고 있었다. 전쟁이 임박하자 노예주 주지사와 신생 아메리카연합국 대통령은 미시시피강 유역에 요새와 포대를 부지런히 설치했다. 그 가운데 가장 강력한 요새는 미시시피주 빅스버그에 있었다. 강이 굽어보이는 높은 절벽 위에 자리 잡은 성채 도시 빅스버그에는 강력하고 정밀한 대포가 배치되어 있었다. "아메리카연합국의 지브롤터"로 알려진 빅스버그가 하류로 약 240킬로미터 떨어진 곳에 있는 또 다른 요새 마을 포트허드슨과 함께 미시시피강의 가장 강력한 방어선을 지키고 있었다.

빅스버그는 진정한 의미의 요새였다. 빅스버그 요새는 전략적 요충지로서 북부에서 접근하는 연방군 선박을 차단하는 동시에 전투원, 무기, 보급품의 자유로운 통과를 보장했다. 따라서 제퍼슨 데이비스 대통령은 빅스버그 요새에 주둔한 수비대 사령관 존 C. 펨버턴John C. Pemberton 장군에게 준엄한 명령을 내렸다. "빅스버그는 둘로 나뉜 연합을 이어주는 요충지다! 무슨 수를 써서라도 사수하라!"

한편 양측 대통령은 해전에 사용되는 기술의 돌파구를 시험하고 있었다. 1862년 3월, 세계 최초의 철갑함이 버지니아주 연안의 제임스James강, 낸스몬드Nansemond강, 엘리자베스Elizabeth강 합수머리에 모습을 드러냈다. 철판을 두른 중무장 함선 두 척의 모습은 낯설기 그지없었다. 연방군의 모니터 함USS Monitor과 연합군의 버지니아 함CSS Virginia(기존 명칭은 메리맥 함USS Merrimack)이 맞붙어 서로에게 불을 뿜었다. 연합군의 버지니아 함이 연방군의 목조함 두 척(컴벌랜드 함USS Cumberland과 콩그레스 함USS Congress)을 침몰시킨 다음 날이었다. 성능이 엇비슷했으므로 서로 사소한 피해만 입힌 채 물러났다. 이 사건으로 전 세계 해군에 파문이 일었다. 목조함 시대가 막을 내리고 금속함 시대가 시작되었다.

신기술의 중요성을 확인한 미합중국 해군은 미시시피강에서 활약할 특수 철갑함대를 구축하기로 마음먹고 세인트루이스에서 토목기사 겸 사업가로 활동하는 제임스 B. 이즈James B. Eads와 계약을 체결했다. 이즈가 강에서 운항하는 소형 선박을 제조해본 적이 있기 때문이었다. 이즈가 설계한 철갑함은 길이에 비해 다소 넓게 제작되었다. 가급적 물에 잠기는 면적을 줄이기 위한 조치였다. 경사진 철갑함 윗면에는 총격과 포격을 견디도록 금속판을 씌웠다. 측면에 배치된 해치를 열면 물 위에서도 마음대로 대포를 발사할 수 있었다.

1862년 초, 연방군 철갑함이 미시시피강과 그 지류에서 맹위를 떨치기 시작했다. 낯선 모습의 철갑함은 테네시Tennessee강과 컴벌랜드Cumberland강에 자리 잡은 연합군 요새 두 곳(포트헨리Fort Henry와 포트도넬슨Fort Donelson)을 점령하고 멤피스의 항복을 받아내는 데 기여했다. 유명한 실로Shiloh 전투에서 지상군을 지원한 연방군 철갑함은 빅스버그로 향했다. 미시시피강을 봉쇄한 연합군을 격파하고 멕시코만에 이르는 미시시피강을 장악해 통제할 목적이었다.

미시시피강에 배치된 철갑 포함은 연방이 미시시피강을 장악해 미국 남북전쟁을 승리로 이끄는 데 크게 기여했다. 사진에 보이는 배는 카롱드르 함USS Carondelet으로, 미국 남북전쟁의 중요한 전환점이 되는 강변의 성채 도시 빅스버그 전투를 승리로 이끄는 데 기여한 철갑함대 소속이다.

빅스버그 전투가 시작되었다. 복잡한 작전이 동원되었고 교전도 여러 차례 이루어졌다. 연방군 철갑함대가 중심이 된 미시시피강 소대는 미 해군 제독 데이비드 딕슨 포터David Dixon Porter가 지휘했고 연방군 육군은 그랜트 장군이 지휘했다. 빅스버그에 주둔한 연합군은 펨버턴 장군이 지휘했다.

그랜트 장군은 몇 차례의 눈속임 작전과 포위 작전을 구사했다. 우선 그랜트 장군은 루이지애나주의 늪을 통해 빅스버그 서쪽과 남쪽을 빙 돌았다. 그런 다음 동쪽으로 이동해 빅스버그에서 남쪽으로 약 64킬로미터 정도 떨어져 있어 무방비 상태인 곳에 연방군을 배치했다. 미시시피강 오른쪽(서쪽) 유역이었다(강 유역은 하류 방향을 기준으로 오른쪽, 왼쪽으로 지칭한다). 포터 제독은 강 하류에 머물러 있던 철갑함대를 움직였다. 불을 뿜는 빅스버그의 대포를 통과한 철갑함대는 그랜트 장군의 군대와 합류했다. 1863년 4월 말, 포터 제독의 철갑함대는 그랜트 장군의 군대를 태우고 미시시피강을 건넜다. 미국 남북전쟁에서 가장 극적인 장면 가운데 하나였다. 미시시피 땅을 밟은 그랜트 장군의 군대는 북동쪽으로 이동해 치열한 전투를 치렀고, 5월 14일 미시시피 주도州都 잭슨을 점령했다. 그런 다음 다시 서쪽 빅스버그로 향했다.

펨버턴 장군의 군대는 포위되었다. 동쪽에는 그랜트 장군의 육군이, 서쪽에는 악어 같은 모습으로 강 위를 떠다니면서 불을 뿜는 포터 제독의 철갑함대가 진을 치고 있었다. 펨버턴 장군은 도시 안으로 물러나 참호를 파고 대항했다. 자신감이 생긴 그랜트 장군은 공격을 서둘렀지만 끔찍한 수의 사상자를 낸 뒤 물러나야 했다. 두 차례나 빅스버그 요새 공략에 실패한 그랜트 장군은 포터 제독의 철갑함대가 빅스버그를 포격하는 사이 빅스버그를 포위했다. 미시시피강에는 장거리 수상 보급로가 구축되었다. 보급선이 미시시피강을 부지런히 오가면서 빅스버그를 포위한 연방군에게 식량, 탄약, 의복을 공급했다.

포위된 빅스버그에는 식량, 물, 약이 떨어지기 시작했다. 끝없이 이어지는 포격을 피하기 위해 빅스버그의 민간인과 군인은 굴을 파고 생활했다. 사료를 먹고 말, 개, 쥐까지 잡아먹으면서 버텼지만 결국 굶어죽는 사람이 나오기 시작했다.

1863년 7월 4일(미국 독립기념일), 더 이상 버틸 수 없었던 펨버턴 장군은 연방군에 항복 의사를 전했다. 그랜트 장군은 항복한 군인들을 즉시 풀어주었다. 3만 명의 연합군 군인은 총을 두고 집으로 돌아갔다. 5일 후 그랜트 장군은 미시시피강 하류에 자리 잡은 포트허드슨을 점령했다. 아메리카연합국은 동부와 서부로 갈라져 각자 고립되었다. 피츠버그에서 전투원, 총, 보급품을 싣고 출발한 연방군의 배는 주간 고속도로인 미시시피강을 따라 뉴올리언스까지 자유롭게 이동할 수 있게 되었다. "연합국의 지브롤터"를 차지한 연방국은 동쪽을 향해 나아갔다.

그 무렵 펜실베이니아주 게티즈버그 인근에서도 중요한 전투가 벌어졌다. 게티즈버그 전투에서 로버트 E. 리 장군이 이끄는 연합군은 연방군에 패배했다. 빅스버그 함락과 그에 따른 미시시피강 통제권 상실, 게티즈버그 전투 패배로 아메리카연합국은 파멸의 길을 걷게 된다. 그로부터 4개월 뒤 링컨 대통령은 두 격전지 가운데 한 곳에서 추도 연설을 진행하기로 마음먹었고, 고민 끝에 게티즈버그를 선택했다. 링컨 대통령이 머물던 곳에서 더 가까웠기 때문이다. 게티즈버그 연설은 미국 역사상 가장 존경받는 연설 중 하나가 될 터였다.

게티즈버그 연설에서 링컨 대통령은 미국 남북전쟁의 목적을 효과적으로 재규정했다. 사실 남북전쟁은 인간을 재산으로 소유할 권리를 지키기 위한 전쟁으로 인식되고 있었다. 그러나 링컨 대통령의 게티즈버그 연설을 통해 미국 남북전쟁은 평등이라는 미국의 헌법 원칙을 수호하기 위한 투쟁으로 승화되었다. 17개월 뒤 아메리카연합국을 지지한 존 윌크스 부스John Wilkes Booth가 권총으로 링컨 대통령의 이마를 저격했다. 링컨 대통령이 사망하자 앤드루 존슨Andrew Johnson 부통령이 대통령직을 승계했다. 민주당 소속이었던 앤드루 존슨은 천신만고하면서 대통령직을 수행했다. 1868년 치러진 선거에서는 전쟁 영웅 그랜트 장군이 대통령에 당선되었다.

* ⌛ *

미국 남북전쟁 이야기에서 아쉽게도 잊히곤 하는 내용이 있다. 바로 새기노 함USS Saginaw 이야기다. 1859년 샌프란시스코 인근 메어Mare섬 조선소에서 진수한 새기노 함은 미국 서부 해안에서 건조된 최초의 미 해군 전함이었다. 적당한 크기에 흘수(배가 물에 떠 있을 때 물에 잠기는 부분의 깊이-옮긴이)가 낮은 외차外車 포함이었다. 새기노 함은 섬터 요새에서 총성이 울리기 약 2년 전에 건조되었지만 미국 남북전쟁에는 투입되지 않았다. 그렇다고 캘리포니아주 연안을 따라 이리저리 떠다니거나 메어섬에 정박한 채 마냥 놀고 있었던 것은 아니다. 그 무렵 새기노 함은 양쯔강을 따라 약 1,127킬로미터를 이동해 청나라 깊숙한 곳까지 침투해 있었기 때문이다.

치욕의 시대

미국은 청나라에 투입하기 위해 새기노 함을 건조했다. 그래서 데이비스 대통령과 링컨 대통령이 1861년 봄 미국 남북전쟁을 시작했을 때 대포가 장착된 새기노 함을 투입할 수 없었다. 그 무렵 새기노 함은 이미 청나라군과 포격을 주고받느라 바빴기 때문이다. 그랜트 장군이 연합군의 미시시피강 봉쇄를 무너뜨리고 미국 남북전쟁을 종식시킬 계획을 세울 무렵 새기노 함은 양쯔강을 거슬러 올라가 청나라의 심장부를 노리고 있었다. 새기노 함은 강안(강기슭) 군사전략을 시험하고 있었다. 당시에는 아무도 예상하지 못했지만, 이 전략은 향후 1세기 가량 청나라에 군사력을 떨치려 한 외국 세력(미국, 영국, 독일, 프랑스 등)이 즐겨 활용하게 될 전략이었다.

양쯔강에 포함이 모습을 보이게 된 사연은 영국에서 시작된다. 영국은 청나라에서 금지하는 마약인 아편을 몰래 퍼뜨리고 청나라의 문호를 개방해 대외무역에 나서도록 압박하려 했다. 1839년 당시 영국은 세계 최대 해상 세력이었다. 영국의 공격을 받은 청나라는 자신만만했지만 여전히 구식 기술에 의존하는 형편이었다. 영국의 공격은 아편과의 전쟁을 벌이고 있는 청나라에 대한 보복성 공격이었다. 영국 상인 및 그들과 손잡은 세력이 아편 공급 카르텔을 형성하고 있었기 때문이다. 아편 공급 카르텔은 아편을 대량 판매해 은을 확보했다(당시에는 아편을 훈증해 사용했고 오늘날에는 정제해 헤로인과 아편양 제제를 만든다). 아편을 은으로 불법 세탁한 것이었다. 아편 공급 카르텔은 그렇게 확보한 은으로 청나라 차, 도자기, 비단 등 되팔아 수익을 낼 수 있는 온갖 상품을 구입한 뒤 유럽으로 돌아갔다.

당시 청나라 경제는 세계에서 가장 규모가 컸다. 청나라는 유럽이 원하는 이국적인 상품을 생산할 막대한 역량을 보유하고 있었을 뿐 아니라 급속하게 산업화되어가던 영국이 제조한 제품을 쏟아낼 만한 거대 시장을 보유하고 있었다. 그러나 청나라는 대외무역을 거부했고 심지어 외국인의 입국조차 허락하지 않았다. 영국으로서는 실망하지 않을 수 없었다. 청나라의 황제가 바뀌어도 외국인에게는 여행과 사업이 허락되지 않았다. 드물지만 광저우는 예외였다. 오늘날 광둥성 주Zhu강 어귀에 자리 잡은 광저우는 규제가 심한 항구였다. 무역은 절실하게 필요한 경우에 한해 제한적으로 허용되었지만, 청나라 상품을 구입하는 거래 수단은 은으로 제한되었다.

청나라의 조치는 한동안 효과를 보였다. 문제는 1830년대로 접어들면서 영국에 은이 부족해진 대신 인도 식민지에서 값싸게 재배되는 아편이 넘쳐났다는 점이었다. 청나라는 오래전부터 아편을 약으로 사용해왔다. 그러나 단순히 즐기기 위해 피우는 용도로는 금지되었고, 허용되더라도 그런 경우는 지극히 드물었다. 그러다가 무역업자들이 150파운드짜리 상자에 담은 인도산 아편을 광저우 외곽의 작은 섬인 린틴Lintin섬(오늘날 네이링딩Neilingding섬)으로 들여오면서 상황이 바뀌었다. 청나라 아편 밀매업자들은 린틴섬에 들어온 아편을 작은 배에 실어 육지로 운반했다. 육지에서는 아편 유통업자가 부패한 청나라 관리와 결탁했다. 덕분에 즐기기 위해 피우는 아편이 광저우 전역과 청나라 본토로 빠르게 확산되었다.

1837년, 아편 중독으로 인한 위기가 극에 달했다. 청나라 관리가 밀매업자들의 배를 나포해 불태웠지만 아편의 급속한 확산을 막을 수는 없었다. 청나라 황제 다오광Daoguang은 아편과의 전쟁을 선포하고 린쩌쉬Lin Zexu를 흠차대신(황제가 임명하는 임시 벼슬-옮긴이)에 임명해 광저우로 파견했다. 영국 아편의 청나라 유입을 막으려는 조치였다.

린쩌쉬는 아편과의 전쟁을 효과적으로 치렀다. 아편 유통업자와 부패한 관리를 체포하고 아편굴을 폐쇄했다. 그리고 외국의 아편 공급 카르텔을 단속하고 창고에 쌓아둔 아편을 내놓으라고 요구했다. 카르텔이 아편을 내놓지 않자 린쩌쉬는 2만 상자가 넘는 아편을 압수해 바다에 버렸다. 외교적 마찰이 빚어지면서 결국 영국은 해군을 동원해 광저우 주장Zhujiang강을 봉쇄했다.

두 차례에 걸친 아편전쟁 중 첫 번째 전쟁이 광저우에서 벌어졌다. 제1차 아편전쟁이 시작된 것이다. 이 전쟁에서 영국 해군 소속 포함은 청나라 범선을 침몰시키고 승리를 거머쥐었다. 패배한 청나라는 어쩔 수 없이 시장을 개방하고 서양 열강에 영토주권을 넘겨주었다.

처음부터 청나라 해군은 기술에서 열세였다. 영국 포함은 증기 동력, 회전포탑, 대포를 갖춘 반면 청나라 해군은 돛배와 고정 대포가 전부였다. 영국 해군이 청나라 해군을 압도했다. 특히 치명적인 전함은 흘수가 낮은 철갑함 네메시스Nemesis였다. 영국 동인도회사가 비밀리에 위탁해 리버풀 조선소에서 건조된 네메시스 함은 진수하자마자 곧장 광저우로 향했다. 청나라 군함은 주장강 삼각주 수로와 해협을 휘젓는 네메시스 함의 제물이 되었다. 당시 런던의 신문들은 흘수가 낮은 검은색 철갑함이 상대를 잘못 만난 청나라 범선을 차례차례 침몰시키는 모습을 보도했다.

영국 군함이 양쯔강을 거슬러 올라가면서 전쟁이 확대되었다. 영국군은 주요 강변 도시(상하이, 전장, 난징)를 점령했다. 전장은 양쯔강과 대운하가 만나는 지점에 자리 잡은 도시였다. 그리고 고대부터 이용해온 대운하는 양쯔강과 베이징을 연결하는 매우 중요한 수로였다. 상하이, 전장, 난징을 정복하고 양쯔강을 장악한 영국은 우수한 화력을 앞세워 청나라를 휩쓸었다.

청나라군이 이길 가망은 없었다. 1842년, 청나라 황제 다오광은 징벌적 성격을 띤 난징조약을 체결할 수밖에 없었다. 청나라를 서양 경제체제에 강제 편입시키려는 많은 불평등조약들 중 최초였다. 난징조약에 따라 1760년 이후 광저우에서 시행되었던 무역 제한 조치가 사라졌다. 광저우와 네 개 도시(상하이, 샤먼, 푸저우, 닝보)는 이른바 "조약항(자유무역지대)"이 되었다. 청나라 제품 수출과 외국 물품 수입이 시행되었다. 홍콩은 영국에 할양되었다. 청나라는 막대한 전쟁 배상금을 지불했다. 배상금에는 린쩌쉬가 압수해 바다에 버린 아편 값 명목의 600만 달러도 포함되어 있었다. 대신 청나라가 얻은 것은 아무것도 없었다. 아편 중독 문제는 없던 일이 되었다. 이에 질세라 미국도 청나라에 난징조약과 유사한 수준의 양보를 요구하면서 1844년 청나라와

별도의 조약을 체결했다. 다행히 미국과 체결한 조약에서는 아편 판매를 금지했지만, 그것을 제외하면 나머지는 난징조약과 마찬가지로 불평등한 내용이었다.

몇 년간은 평화로웠다. 그러나 서양이 더 많은 양보를 요구하고 청나라인의 저항이 거세지면서 상황이 악화되었다. 1857년, 영국은 어설픈 구실을 만들어 광저우와 톈진을 공격해 제2차 아편전쟁을 시작했다. 이번에는 프랑스도 참전했다. 공식적으로 미국은 중립을 표방했지만 실제로는 유럽 국가들의 공격을 적당히 지원했다.

제2차 아편전쟁에서도 청나라는 군사적, 외교적으로 서양의 상대가 되지 못했다. 영국은 청나라에 새로운 조약을 내밀었다. 톈진조약이었다. 톈진조약에 따라 청나라에는 더 많은 조약항이 열렸다. 베이징에 외국 대사관이 설치되었고, 외국인이 청나라를 자유롭게 여행하고 선교할 수 있게 되었다. 이른바 최혜국조항을 통해 다른 나라도 이와 유사한 수준의 양보를 청나라에 요구할 수 있었다. 따라서 프랑스, 미국, 러시아가 모두 톈진조약과 유사한 조약 체결을 청나라에 요구했다. 청나라 북서부 및 북동부에서 1억 5,000만 제곱킬로미터에 달하는 영토가 러시아에 할양되었다. 아무르강(헤이룽강)이 청나라 북동부와 러시아를 가르는 새로운 정치적 경계가 되었다(오늘날까지도 변함이 없다). 이번에도 역시 청나라가 얻은 것은 아무것도 없었다. 아편 중독 문제 역시 없던 일이 되었다. 실제로, 조약이 체결되고 몇 달도 채 지나지 않아 영국은 아편 거래를 완전히 합법화하라고 청나라를 압박했다.

청나라는 저항했고 영국 함선은 포격을 멈추지 않았다. 결국 2년 뒤 청나라는 이 새로운 조약들을 마지못해 체결했다. 청나라에 대외무역을 강요한 서양 열강은 한 세기에 걸쳐 청나라에 영향을 미칠 기획을 실행에 옮겼다. 계속해서 더 많은 조약이 강요되고 체결되었다. 20세기 초 무렵 청나라에는 40개가 넘는 조약항이 지정되었다.

외국 세력은 각자 차지한 조계租界에 자치 정부, 기업, 학교, 법원을 세웠다. 외국 해군이 정박했고 사업가들이 거래했으며 선교사들이 전국을 돌면서 성난 청나라 사람들에게 기독교를 전했다. 반란이 여러 차례 일어나고 진압되었다. 아편 위기는 끝나지 않았다. 이른바 "치욕의 세기"가 시작된 것이다.

톈진조약에서 눈에 띄는 조항은 두 가지다.

☞ 적대적인 목적이 아니거나 해적을 추격하는 영국 선박은 청나라 황제의 영토 내에 있는 모든 항구를 자유롭게 방문할 수 있으며, 물품 구매를 위한 모든 시설을 제공받는다.

☞ 영국 상선은 양쯔강에서 무역할 권한이 있다.

일촉즉발의 상황이었다. 오랫동안 세계를 지배하는 강국이자 유일무이한 지상 최고의 국가라는 자부심을 가지고 살아온 나라가 치욕적인 조약을 억지로 체결했기 때문이다. 양쯔강에 배치된 포함은 조약항 바깥에 살고 있는 대부분의 평범한 청나라인들에게 외국 세력 점령의 상징이었다. 무려 90여 년 동안(1858~1949년) 크고 작은, 낡고 현대적인 각국의 무장 전함이 청나라 연안과 양쯔강을 따라 항해하면서 중국의 심장부까지 침투했다.

외국 포함이 양쯔강에 머무른 90년 동안 각국은 자국 포함의 지원을 받으면서 조약을 집행하고 자국 조계를 보호했다. 또한 폭도를 쫓고 자국민의 생명, 사업, 정치적 이익을 보호했다. 포함은 각국이 청나라에 외교력과 군사력을 떨칠 때 든든한 버팀목이 되어주었다.

영국 왕립 해군, 미 해군, 프랑스 해군, 독일 제국 해군, 이탈리아 왕립 해군, 일본 제국 해군의 포함이 양쯔강을 거쳐 갔다. 영국 왕립 해군은 양쯔 함대Yangtze Flotilla를, 미 해군은 양쯔 경비대Yangtze Patrol를 양쯔강에 배치했다. 외국 포함이 청나라에 들어가 세계화된 경제 질서를 시행할 수 있었던 것은 모두 조약 덕분이었다. 포함 사령관은 "보호 조치"를 취해 조계를 보호하고 "징벌적 조치"를 취해 자국 시민이나 기업가를 공격한 청나라인에게 보복할 권리가 있었다. 군 역사가 앵거스 콘스탐Angus Konstam은 이렇게 기록했다. "포함은 서양의 상업, 특권, 안전을 보장했다. 청나라 내 외국 조계 보호의 모든 주체였다." 포함은 외국의 이익과 상업 무역의 안정을 유지하기 위해 평화 유지 작전을 벌였다.

시민 봉기와 세계 전쟁이 중국 전역을 휩쓸면서 양쯔강 포함의 시대는 막을 내렸다. 1911년 청나라가 무너진 후 쑨원과 장제스가 잠시 통일 중국을 이끌었다. 그러나 중국은 이내 마오쩌둥이 이끄는 공산당과 장제스가 이끄는 국민당으로 분열되었다. 그리고 제1차 국공내전이 시작되었다. 제1차 국공내전은 1937년 일본이 중국을 전면 침략하면서 잠시 중단되었다. 그리고 발발한 제2차 국공내전은 마오쩌둥의 승리로 막을 내렸다(마오쩌둥이 국공내전에서 최종 승리한 일에도 역시 강이 개입되어 있다. 4장을 참고하라). 중국을 침략한 일본은 전쟁을 태평양으로 확대해 제2차 세계대전의 무대에 올랐다. 1941년, 일본은 영국과 미국을 상대로 전쟁을 치렀다. 그제야 양쯔강에 배치되었던 포함이 자취를 감추었다.

일본이 패배하자 외국 세력이 복귀했다. 그러나 과거의 조약을 본능적으로 거부했던 마오쩌둥의 공산당은 외국 세력을 용납하지 않았다. 마오쩌둥이 이끄는 공산당은 영국 해군 소속 포함인 애머시스트함HMS Amethyst를 향해 발포했다. 중국의 포격에 쫓긴 애머시스트 함은 간신히 탈출했다. 이 사건으로 서양의 포함 외교는 중국에서 완전히 손을 뗐다. 마오쩌둥은 서양 세력과 손잡은 장제스의 국민당을 계속 몰아냈다. 1950년에는 중국에 대한 외국인의 접근이 다시 차단되었다. 이제 외국인은 홍콩, 마카오, 대만에만 드나들 수 있게 되었다.

대부분의 미국 사람들은 아편전쟁에 대해 들어보았을 것이다. 그러나 자세히 알지는 못한다. 중국은 다시 한번 세계 최대 경제국으로 부상하고 있다. 아편전쟁을 이해하지 못한다면 미국은 중국인의 가슴에 남은 역사의 앙금과 중국 민족의 열망을 제대로 해석하지 못할 가능성이 높다. 미국이 남북전쟁을 치른 기간은 고작 4년이다. 고작 4년이건만, 그동안 둘로 갈라졌던 미국의 상처는 아직도 깊이 새겨져 있다. 심지어 오늘날에도 공공장소에 세워진 아메리카연합국 관련 인물의 동상과 기념관을 철거하려는 움직임이 논란이 되고 있으니 말이다. 그 때문에 오래전 사망한 장군의 청동상 철거가 야밤을 틈타 조용히 이루어져야 한다. 그렇지 않으면 폭력 시위가 일어날지도 모를 일이다.

연방군 철갑선이 아니라 외국 포함이 미시시피강을 순찰했다면, 미국 남북전쟁이 대학 졸업장을 받을 만큼의 기간인 4년이 아니라 100년을 끌었다면 오늘날 미국에 새겨진 균열은 더 깊어졌을까? 나로서는 알 수 없다. 중국의 고난은 1839년에서 1949년이라는 긴 시간 동안 이어졌다. 치욕의 세기는 외국 세력, 아편, 양쯔강에 배치된 포함이 여러 세대에 걸쳐 빚어낸 비극이다. 그리고 오늘날 중국의 모든 학생은 학교에서 치욕의 세기에 대해 배운다. 치욕의 세기는 중국인의 세계관에 녹아들었다. 오늘날 중국이 서양 세력을 대할 때 보이는 태도의 바탕에는 이와 같은 사정이 깔려 있다.

* ⧗ *

그런데 모든 전쟁 이야기에는 알려지지 않은 뒷이야기가 있기 마련이다. 양쯔강에 배치된 포함에도 숨은 이야기가 있다.

1941년 제국주의 일본은 하와이 진주만에 있는 미국 해군 기지를 기습했다. 일본의 진주만 공습으로 미국인 2,403명이 사망하고 1,178명이 부상당했다. 미국 선박 19척과 비행기 300대 이상이 손상되거나 파괴되었다. 미국은 일본의 진주만 공습을 계기로 제2차 세계대전에 공식 참전했다. 미국 의회가 참전을 선포한 마지막 전쟁이었다. 프랭클린 D. 루스벨트Franklin D. Roosevelt 대통령은 진주만 공습이 이루어진 1941년 12월 7일을 "치욕의 날"로 선포했다. 그러나 일본이 미 해군을 공격한 것은 진주만 공습이 처음이 아니었다.

미국을 상대로 한 일본의 첫 공격은 진주만 공습이 있기 무려 4년 전으로 거슬러 올라간다. 상대는 양쯔강에 배치된 미 해군 소속 포함 파나이 함USS Panay이었다. 일본의 침략을 받은 중국은 혼란의 도가니였다. 난징에서는 대학살이 벌어져 30만 명이 넘는 중국인이 목숨을 잃었다. 55명의 승조원이 탑승한 파나이 함은 난징에 남은 미국인들을 대피시키는 임무를 맡았다. 양쯔강에 정박한 파나이 함이 성조기를 내걸었지만 일본 전투기는 폭격 및 기관총 세례를 퍼부었다. 승조원과 민간인 3명이 사망하고 48명이 부상당했다. 일본 천황은 사과했지만 우발적인 사고라는 주장을 굽히지 않았다. 그러나 생존자들과 역사가들은 일본이 파나이 함을 미국 군함으로 식별하는 데 아무런 문제가 없었다고 주장한다. 이후 미국이 보복 공격에 나서지 않으면서 파나이 함 침몰 사건은 역사의 뒤안길로 사라졌다.

금속을 실어 나르는 강

1939년과 1945년 사이 세계는 사상 최대 규모의 전쟁에 휩싸였다. 이 전쟁에는 전 세계 거의 모든 국가가 개입되었고 수천 곳에서 전투가 벌어졌다. 이 전쟁으로 약 5,000만 명에서 8,000만 명이 목숨을 잃었다. 미처 다뤄지지 못한 측면이 산더미처럼 쌓여 있는 이 전쟁의 이면에는 지금까지 알려지지 않은 이야기가 많이 숨어 있다. 그중 요한 퀴베르거Johann Kuehberger라는 용감한 독일 소년의 이야기가 수면 위로 모습을 드러냈다. 사실 이때 퀴베르거가 용감하게 나서지 않았다면 세계는 전쟁을 피할 수 있었을지도 모를 일이다.

퀴베르거는 오스트리아의 인Inn강 건너편에 자리 잡은 국경 마을 파사우Passau에 살았다. 인강은 아이들이 좋아하는 물놀이장이었다. 1894년 1월 어느 추운 날, 어린 퀴베르거의 눈에 강물과 사투를 벌이는 사람의 모습이 들어왔다. 어느 소년이 얇게 언 얼음 위를 걷다가 물에 빠진 것이었다. 소년은 강한 물살에 휩쓸려 익사하기 일보 직전이었다. 퀴베르거는 주저 없이 강물로 뛰어들어 물에 빠진 소년의 생명을 구했다.

퀴베르거가 물에 빠진 소년을 구했다는 이야기가 퍼져 나갔고 이내 파사우 마을의 전설이 되었다. 이후 퀴베르거는 성직자가 되었다. 1980년 그의 동료 신부 막스 트레멜Max Tremmel은 사망하기 직전 회고를 통해 퀴베르거의 이야기를 세상에 알렸다. 그러나 트레멜 신부의 회고는 독일 기록보관소에서 잠자고 있던 지역신문 <도나우자이퉁Donauzeitung>이 발견된 2012년에야 비로소 세상의 빛을 보게 되었다. <도나우자이퉁>에 실린 기사에는 피해자의 이름이 기록되어 있지 않지만, 기사와 트레멜 신부의 증언은 거의 일치한다. 역사가들은 인강에서 익사할 뻔했던 소년이 아돌프 히틀러Adolf Hitler일 가능성이 매우 높은 것으로 보고 있다.

* ⌛ *

시계를 빨리 돌려 1939년으로 이동해보자. 그해 히틀러는 군인 150만 명, 전차 2,000대 이상, 항공기 1,300대를 동원해 폴란드를 침공했다.

제2차 세계대전이 막을 올렸다. 고작 수십 대의 현대식 항공기와 장갑차를 보유한 폴란드군에 비해 독일군은 압도적인 전력을 자랑했다.

히틀러가 그토록 많은 비행기를 보유할 수 있었던 까닭 가운데 하나는 독일이 거의 기적에 가까운 물질에 접근할 준비가 되어 있었기 때문이다. 가볍고 유연하며 내구성이 뛰어난 이 물질은 항공 산업에 한 획을 그을 물질이었다. 그때까지만 해도 이 물질은 생산에 너무 많은 에너지가 소비되는 탓에 대량으로 생산하기 어려웠다. 그러나 이 물질이 비행기 제조와 기타 산업 분야에 기여하는 가치가 너무 명확했다. 따라서 독일은 수력발전용 댐 설치와 제련 시설 건설에 대대적으로 투자해 1939년에는 이 물질의 세계 최대 생산자가 되었다. 그 물질은 바로 알루미늄이었다.

독일 공군이 운영하는 알루미늄 비행기가 이내 유럽의 하늘을 장악했다. 독일군 항공기는 무기 생산 공장, 전력 공급 설비, 통신망, 철도 조차장, 항구, 운하, 그 밖의 인프라를 폭격하기 시작했다. 1940년 무렵 세계는 공군력이 제2차 세계대전의 결과에 중요하게 작용할 것이라는 뼈아픈 사실을 깨닫게 되었다. 영국과 미국은 대규모 항공기 제조 프로그램을 발표했다. 공식적으로 미국은 중립을 표방했지만 실제로는 연간 5만 대의 항공기를 생산하겠다고 약속했다. 그러기 위해서는 전례 없는 양의 알루미늄이 필요했다. 즉, 알루미늄의 원료인 보크사이트와 제련 공정에 사용되는 엄청난 양의 저렴한 전력이 필요하다는 의미였다.

이제 영국령 기아나 식민지(오늘날 가이아나)의 데메라라Demerara강과 캐나다 퀘벡주 사그네Saguenay강이 역사에 모습을 드러낸다. 캐나다 광산 회사 앨컨Alcan은 가이아나에 자리 잡은 대규모 보크사이트 매장지 접근권을 가지고 있었다. 앨컨은 채굴한 보크사이트를 배에 싣고 데메라라강을 통해 강기슭에 있는 매켄지 마을(오늘날 린덴의 일부)로 운반했다. 채굴한 보크사이트는 매켄지 마을에 자리 잡은 전처리 공장에서 분쇄 및 세척되었다. 그러고 나서 대형 선박에 실려 캐나다 세인트로런스강 해로와 그 지류인 사그네강으로 향했다. 사그네강은 생장Saint-Jean 호수에서 발원하는 강이고 세인트로런스강은 캐나다순상지Canadian Shield 주변 지류가 흘러드는 강이다. 1941년 미국의 알루미늄 주괴 수요가 급증했다. 오타와가 감세 혜택을 제공하면서 정치적 압력을 가하기 시작하자 앨컨은 사그네강에 대규모 수력발전용 댐 단지를 건설했다. 이름하여 십쇼Shipshaw 수력발전 프로젝트였다.

상류에 자리 잡은 다른 두 개의 수력발전용 댐이 더해지면서 사그네강 계곡은 세계 최고의 항공기용 알루미늄 생산지로 변모했다. 이 지역에서 생산된 알루미늄은 1939년 7만 5,200톤에서 1945년 150만 톤 이상으로 증가했다. 불과 6년 만에 20배 증가한 셈이다. 캐나다에서 생산된 알루미늄으로 만든 폭격기는 연합군의 깃발을 내걸고 전 세계로 날아갔다.

알루미늄은 연합군의 전쟁 전략에 매우 중요한 금속이었다. 1941년 매켄지 킹Mackenzie King 캐나다 총리와 루스벨트 미국 대통령이 발표한 "하이드 파크 선언"은 알루미늄 문제를 해결하기 위한 법적 조치였다. 하이드 파크 선언의 골자는 공식적으로는 미국이 여전히 중립을 표방하지만 실제로는 캐나다에서 생산한 원자재를 사용해 영국에 공급할 군수물자를 생산할 수 있다는 내용이었다. 십쇼 수력발전용 댐 단지 덕분에 캐나다는 주요 알루미늄 생산국으로 부상했다. 제2차 세계대전 당시 캐나다는 미국이 사용한 알루미늄 대부분과 영국과 영연방 동맹국이 사용한 알루미늄의 90퍼센트를 공급했다. 제2차 세계대전은 산업 역량과 군사력 모두를 겨루는 전 지구적 차원의 전쟁이었다. 그리고 캐나다는 사그네강에서 이루어진 수력발전을 통해 제2차 세계대전에 크게 공헌했다.

영국 공군의 댐 폭파 작전

제2차 세계대전이 발발한 직후 영국 항공부 소속 정책 입안가들은 독일의 산업 역량을 낮출 방법을 찾기 시작했다. 특히 영국은 대규모 제조 시설과 발전 시설이 자리 잡고 있는 루르Ruhr강 계곡에 주목했다. 독일은 루르강에 수많은 댐을 설치해 산업 중심지인 루르강 계곡에 수력발전 전력과 물을 공급했다. 영국은 루르강에 설치된 댐을 폭파할 계획을 꾸미기 시작했다.

영국은 뫼네Möhne강에 설치된 저수 댐을 주요 폭격 목표로 삼았다. 저수 용량이 가장 클 뿐 아니라 루르강 계곡에 전력을 공급하는 가장 중요한 시설이었기 때문이다. 그다음 목표는 에데르Eder댐과 조르페Sorpe댐이었다. 에데르댐은 전력을 생산할 뿐 아니라 대형 선박의 항행이 가능한 중요 운하의 수위를 유지하는 시설이었다. 그다음 후보지는 에네페Ennepe댐, 리스터Lister댐, 디멜Diemel댐이었다. 1943년 영국은 뫼네 강 저수 댐, 에데르댐, 조르페댐을 먼저 폭파하기로 결정했다. 그리고 저수지에 물이 가득 차는 늦은 봄을 폭격 시기로 잡아 하류에 미치는 피해를 극대화하려 했다.

애버리스트위스 동쪽, 영국에서도 원격지에 속하는 엘란Elan 계곡에 설치된 오래된 댐을 대상으로 비밀리에 폭파 실험이 이루어졌다. 폭파 실험을 통해 폭탄이 아무리 크더라도 댐 위에 폭탄을 투하하면 댐이 붕괴되지 않는다는 사실이 밝혀졌다. 댐을 붕괴시키려면 물속에서 댐의 상류면 중심부를 폭파해야 했다. 그러나 루르강 계곡은 독일 내륙 깊은 곳에 있어 지상을 이용해 접근하기가 어려웠다. 게다가 저수 댐 주위에 철망이 설치되어 있어 수중 기뢰나 어뢰로 공격하기도 쉽지 않았다. 따라서 영국군에게는 공중에서 폭탄을 투하해 물속에서 댐의 상류면을 때린 뒤 엄청난 폭발을 일으킬 수 있는 장치가 필요했다.

여러 차례 실험을 거듭한 끝에 영국 공군 소속 기술자들은 "도약 폭탄"을 발명했다. 도약 폭탄은 무게가 9,000파운드에 달하는 회전 실린더로, 물수제비를 뜨듯 저수지 물 위를 튕기면서 나아갈 수 있는 폭탄이었다. 따라서 댐 면에 가라앉지 않았다. 저공비행하는 기체에서 도약 폭탄을 떨어뜨릴 경우 반동력을 높이려면 도약 폭탄을 역회전시켜야 했다. 회전하는 평평한 돌멩이가 물 위를 튕기면서 연못을 건너는 것처럼 도약 폭탄도 여러 차례 수면 위를 튕기면서 나아가다가 점차 속도를 줄이면서 가라앉았다. 그리고 폭발했다.

아브로 랭커스터Avro Lancaster 폭격기로 구성된 비행 중대가 비밀리에 소집되었다. 장소는 리즈에서 동쪽으로 약 113킬로미터 떨어진 스캠튼Scampton 영국 공군 기지였다. 폭격기는 댐 폭파용 대형 폭탄을 탑재하기 위해 대폭 개조되었다. 폭격기에는 도약 폭탄이 회전할 수 있도록 동력을 제공하는 용도의 포드 V-8 전동 엔진도 함께 실렸다. 폭격기가 저공비행을 해야 했으므로 기압 고도계와 전파 고도계는 무용지물이나 다름없었다. 따라서 폭격기에 아래쪽을 비추는 조명 두 개를 기울여 장착했다. 폭격기가 도약 폭탄을 투하하기 적합한 고도까지 내려가면 이 두 개의 조명이 모여서 하나의 원을 이루게 될 터였다. 바로 그것이 폭탄 투하 시점을 알리는 신호였다.

폭격기 조종사들은 거의 두 달 동안 저공비행을 하면서 폭탄을 투하하는 훈련을 받았다. 훈련을 받는 동안 조종사들은 독일 거대 전함 티르피츠Tirpitz를 공격하기 위한 훈련을 받는다고 생각했다. 공습 당일 밤이 되어서야 비로소 조종사들은 저공비행해 영국해협을 건넌 뒤 점령 네덜란드를 가로지르라는 명령을 받았다. 최종 목표는 독일 내륙 깊은 곳에 자리 잡은 뫼네강 저수 댐, 에데르댐, 조르페댐 폭격이었다.

1943년 5월 16일 저녁 9시 28분, 아브로 랭커스터 폭격기 편대가 출발했다. 그중 한 대는 너무 낮은 고도로 비행하다가 고압전선에 부딪혔고 결국 불길에 휩싸여 땅에 추락했다. 다음 날이면 독일 기술자들이 이 폭격기에 실려 있는 낯선 모습의 신형 폭탄을 회수해 연구하게 될 터였다. 조르페댐을 목표로 비행을 시작한 폭격기 다섯 대 중 네 대는 격추되거나 손상되었다. 한 대가 목표물에 도달해 도약 폭탄을 투하했지만 댐 폭파에는 실패했다.

두 번째 폭격기 편대는 뫼네강 저수 댐을 향해 출발했다. 자정을 몇 분 넘긴 시각, 아홉 대 가운데 여덟 대가 목표에 도달했다. 독일군의 대공포가 불을 뿜는 가운데 도약 폭탄이 투하되었다. 첫 번째 도약 폭탄은 물을 건넌 뒤 목표한 댐 면에 가라앉았다. 거대한 물보라가 일어났지만 댐에는 피해를 입히지 못했다. 두 번째 도약 폭탄은 몇 초 늦게 떨어졌다. 폭격기가 총에 맞아 불이 난 탓이었다. 두 번째 도약 폭탄은 댐을 넘어간 뒤 하류에서 폭발했다. 세 번째와 네 번째 도약 폭탄은 더 큰 물보라를 만들었지만 댐에는 영향을 미치지 못했다. 다섯 번째 도약 폭탄이 물보라를 일으켰을 때 드디어 댐 면이 무너졌다. 저수지를 가득 채운 물이 인구가 집중된 계곡 아래로 넘쳐흘렀다.

약 1억 1,600만 세제곱미터의 물(올림픽 규격 수영장 약 5만 개를 채울 수 있는 양)이 계곡 아래를 덮쳤다. 계곡 아래 자리 잡은 공장과 주택은 홍수로 인해 침수되었고 무너졌다. 선회비행하던 폭격기들은 저수지에서 쏟아진 물이 계곡 아래로 맹렬하게 흘러내려가는 모습을 지켜보았다. 그들은 빠르게 흘러내리는 물살에 따라잡힌 자동차들이 물에 잠기면서 전조등이 하나둘 꺼지는 모습을 목격했다.

도약 폭탄을 탑재한 나머지 폭격기 세 대는 에데르댐을 향해 계속 비행했다. 첫 번째 투하한 도약 폭탄은 물 위에서 두 번 튀어 오른 뒤 물보라만 일으키고 말았다. 두 번째 투하한 도약 폭탄은 댐의 꼭대기에 떨어졌다. 폭발과 함께 큰 섬광이 일어났고 폭격기도 손상을 입었다. 손상된 폭격기는 결국 격추되었다. 세 번째 투하한 폭탄은 물 위에서 세 번 튀어 오른 뒤 댐 면에 가라앉아 폭파했다. 또 하나의 거대한 물줄기가 일어나 또 다른 계곡과 그곳에 거주하는 주민을 덮쳤다.

루르강 계곡에 설치된 댐 두 곳이 폭파되면서 1,294명이 목숨을 잃었고 공장 11개, 주택 1,000여 채가 손상되거나 파괴되었다. 발전소 두 곳도 피해를 입었다. 멀게는 약 64킬로미터 떨어진 곳에 있던 다리와 건물도 파괴되었다. 댐이 폭파되자 댐 뒤에 침전되어 있던 퇴적물이 흘러나와 강바닥에 침전되면서 배가 다닐 수 없게 되었다. 독일은 산업 중심지의 제조 역량에 타격을 입었고 영국은 공군 53명과 아브로 랭커스터 폭격기 여덟 대를 잃었다.

영국 공군이 "댐 폭파"에 성공했다는 소식이 전 세계 신문의 머리기사를 장식했다. 이틀 뒤, 윈스턴 처칠Winston Churchill 총리는 크게 환호하는 미 의회 의원들 앞에서 이번 공습의 성공을 치하했다. 영국은 제2차 세계대전 내내 폭격 부대를 운영했다. 영국의 폭격 부대는 독일이 노르망디에 건설한 철도 터널, 독일 어뢰정 기지, 도르트문트-엠스Dortmund-Ems 운하를 공격한 데 이어 마침내 티르피츠 침몰에도 기여했다.

* ⌛ *

이 장에서 활용할 수 있는 지면이 얼마 안 되기 때문에 강이 제2차 세계대전 당시 각국의 전략과 전술에 영향을 미친 방식을 몇 가지만 더 소개하려 한다. 일례로 볼가Volga강은 인류 역사상 가장 피비린내 나는 전투 중 하나에서 중요한 역할을 했다. 러시아 내륙과 카스피해 및 바쿠 유전(오늘날 아제르바이잔)을 연결하는 볼가강은 소비에트연방의 주요 운송로였다. 히틀러가 약 20만 명으로 이루어진 독일 국방군

제6군에 볼가강변의 주요 도시 스탈린그라드(오늘날 볼고그라드) 공격을 명령한 이유도 바로 거기에 있다. 히틀러는 모스크바에서 남동쪽으로 약 933킬로미터 떨어진 스탈린그라드를 장악해 바쿠 유전을 차지하려 했다. 볼가강 하류를 장악하면 방어에 나서려는 소련군의 접근을 저지하기도 수월할 터였다. 게다가 스탈린그라드는 그 자체로 제조 및 운송의 중심지였고 소련 지도자 이오시프 스탈린Joseph Stalin의 이름을 딴 도시였다. 따라서 히틀러가 노리기에 명실상부 부족함이 없었다.

1942년 8월 독일 국방군이 스탈린그라드를 공격했다. 소련의 수비군은 후퇴한 뒤 스탈린그라드를 포위했다. 독일군 제6군은 1.6킬로미터 너비의 강을 앞에 두고 길쭉한 모양의 도시에 갇힌 형국이 되었다. 히틀러는 증원군을 보냈다. 포위 기간이 길어졌고 잔혹한 학살이 이어졌다. 건물 옥상에 자리 잡은 소련군 저격수와 독일군 저격수가 서로의 목숨을 노렸고, 거리와 건물 안을 가리지 않고 전투가 이어졌다. 도시가 굽어보이는 마마예프 쿠르간 언덕에서는 주인이 열 번도 넘게 바뀔 정도로 치열한 전투가 벌어졌다. 포격이 얼마나 거셌는지 언덕에는 금속 파편이 가득했고 눈 내리는 겨울에도 흰 빛을 찾을 수 없었다. 폭발과 불길 속에 눈이 녹아 없어졌기 때문이다.

보급품이 공급되지 않고, 탈출도 할 수 없는 상태에서 추축국 군인 25만 명 정도가 목숨을 잃었다. 소련군 전사자보다 4~8배 많은 숫자였다. 스탈린은 스탈린그라드에 거주하는 민간인의 대피를 금지했다. 그 이면에는 민간인이 있을 경우 적군Red Army이 더 강한 의지를 가지고 스탈린그라드를 방어할 것이라는 속셈이 있었다. 반년 뒤 굶주림에 지친 독일군 생존자들은 항복해 포로가 되었다. 그리고 대부분 굴라크 수용소에서 사망했다. 처음 투입된 독일 국방군 제6군 가운데 살아서 귀국한 사람은 6,000명에 불과했다.

소련과 독일의 사상자를 모두 합하면 150만 명이 넘을 것으로 추산된다. 히틀러는 볼가강을 장악하려다가 가장 강한 군 가운데 하나를 잃었다. 스탈린그라드 포위전에서 독일이 패배하면서 독일의 소련 진출이 무산되었다. 제2차 세계대전의 전환점이 된 스탈린그라드 포위전에 볼가강이 큰 몫을 한 것이다.

제2차 세계대전에서 강이 전략과 전술에 영향을 미친 방식을 보여주는 또 다른 사례로는 "마켓가든 작전Operation Market Garden"을 꼽을 수 있다. 마켓가든 작전의 목표는 라인강을 건너 독일로 진격하는 것이었다. 그러기 위해 1944년 9월 연합군은 영국 및 미국 낙하산병 3만 5,000명을 투입해 발Waal강, 도멜Dommel강, 라인강, 그 밖의 여러 강과 운하에 설치된 다리 점령을 시도했다. 작전 범위가 무려 80킬로미터에 달하는 사상 최대 공중 강습 작전이었다. 많은 사상자가 나왔지만 독일의 수비군은 연합군의 공격을 물리쳤고 유럽 전선에서의 전쟁은 이어지게 되었다. 뫼즈강, 드네프르Dnieper강, 나르바Narva강, 오데르Oder강도 제2차 세계대전의 주요 격전지였다. 특히 뫼즈강 교두보를 확보하기 위해 싸운 스당 전투는 실로 대단했다.

투우사의 망토

뫼즈강 인근은 유럽을 통틀어 가장 많은 피를 흘린 곳 가운데 하나다. 프랑스의 도시 푸이 인근에 있는 랑그레Langres 고지에서 발원하는 뫼즈강은 프랑스, 벨기에, 네덜란드를 가로질러 북동쪽으로 굽이쳐 흐르다가 북해로 흘러들어 간다. 대부분의 구간에서 항행이 가능한 뫼즈강은 몇몇 방사형 운하와 더불어 유럽에서 가장 중요한 운송 수로 가운데 하나다. 게다가 뫼즈강의 이례적인 물리적 지형 특성 덕분에 전쟁 중에는 전략적 중요성이 특히 더 두드러진다.

수백 킬로미터를 내달리는 뫼즈강이 주변 지형을 깎아 내린 탓에 프랑스 북동부에는 가파른 절벽과 거대한 산괴(산줄기에서 따로 떨어진 산 덩어리-옮긴이)가 생겨났다. 뫼즈강을 사이에 두고 험준한 아르덴Ardennes 숲과 탁 트인 평야가 마주보게 되었다. 파리를 비롯해 프랑스 영토 대부분은 그 평야의 서쪽에 있다. 아르덴 숲과 더불어 뫼즈강은 프랑스를 공격하는 독일과 동유럽 군대를 저지하는 자연적인 장벽으로 작용했다. 따라서 이곳은 예로부터 게르만 제국과 프랑스어권 제국을 분리하는 전통적인 국경 지대였다.

가파른 절벽을 내려가 뫼즈강을 건넌다는 것은 육체적인 어려움이 따르는 일이었다. 따라서 프랑스는 뫼즈강의 절벽 지형을 믿고 이 지역에 대한 방어에 큰 무게를 두지 않았다. 반면 프랑스의 적군 입장에서 보면 이 험준한 지형을 뚫고 프랑스의 평지로 군대를 파견해 파리를 단숨에 공격할 수만 있다면 높은 위험만큼이나 높은 보상을 얻을 수 있을 터였다. 이런 유혹 덕분에 유럽 역사상 가장 놀라운 군사 활동 가운데 몇 가지가 이곳에서 일어났고 수많은 사람이 이곳에서 목숨을 잃었다. 지난 150년 사이 뫼즈강 계곡과 뫼즈강 북동쪽의 험준한 아르덴 산괴는 적어도 네 차례의 주요 군사 분쟁을 겪었다.

프로이센-프랑스 전쟁 중 1870년 벌어진 스당 전투에서 독일군은 뫼즈강 도하에 성공했다. 그로부터 46년 뒤인 1916년 벌어진 베르됭 전투에서 독일군과 프랑스군이 대규모로 맞붙었다. 100만 명의 군인이 비좁은 참호에서 죽어간 끝에 독일군은 치욕을 안고 철수해야 했다. 1944년 "벌지Bulge 전투"로 알려진 유혈 사태에서 미국은 나치 독일군이 아르덴 숲을 넘어 진격하지 못하도록 저지하는 데 간신히 성공했다. 벌지 전투는 히틀러가 벌인 최후의 대대적인 반격이자 4년 전 성공해 전 세계를 충격에 빠뜨렸던 뫼즈강 침공을 재현하려는 시도였다. 비록 실패로 돌아갔지만 오늘날까지도 전쟁사에서 가장 놀라운 작전 가운데 하나로 손꼽힌다.

1940년 봄 유럽 전역에 전운이 감돌았다. 1939년 독일의 폴란드 침공으로 영국과 프랑스가 선전포고에 나섰고 소련이 폴란드 동부를 침공했다. 히틀러와 스탈린은 폴란드 분할에 합의했고 1939년 11월 30일 스탈린은 핀란드를 침공했다. 핀란드군 스키 부대는 1939년 겨울 내내 때로 영하 40도까지 떨어지는 혹한 속에서 러시아와 핀란드의 국경에서 소련군에 맞서 싸웠다. 이른바 "겨울 전쟁"이었다. 1940년 4월 독일은 중립국인 덴마크와 노르웨이를 공격했다. 프랑스, 영국, 나라를 잃은 폴란드 연합군은 언제든 전쟁에 뛰어들 태세를 갖추었다. 공식적으로 미국은 중립을 표방했다. 그러나 이듬해 연합군이 독일에 대한 대규모 공세를 펼 것이라는 예상이 나오면서 유럽에 내다 팔 무기, 비행기, 장갑차, 보급품을 대량 생산하기 시작했다.

당시 프랑스는 유럽 최대 군사 강국이었다. 모리스 가믈랭Maurice Gamelin 프랑스군 총사령관은 독일이 벨기에, 룩셈부르크, 네덜란드를 통해 북쪽에서 공격해올 것이라고 생각했다. 이 세 나라는 저지대 3국이라고도 불리는데, 오랜 시간에 걸쳐 이루어진 퇴적작용이 형성한 라인강과 뫼즈강 저지대 삼각주에 자리 잡고 있기 때문이다. 강의 퇴적작용으로 형성된 대부분의 지역과 마찬가지로 이 저지대 3국은 지형이 평평하여 도로가 곧게 뻗어 있었다. 전차를 앞세운 독일군 기계화보병 부대가 펼치는 전격전에 완벽한 조건이었다. 또한 이 저지대 3국은 제1차 세계대전 당시 독일이 선호한 공격 경로였다. 게다가 정보원들 역시 히틀러가 이 저지대 3국의 국경 근처로 군대를 집결시키고 있다고 확인해주었다.

제1차 세계대전의 기억에 짓눌린 가믈랭 총사령관은 프랑스 땅에서 참호전이 되풀이되는 일은 없어야 한다고 생각했다. 그래서 독일이 저지대 3국을 통해 프랑스를 공격할 것에 대비해 프랑스 북부에 군대와 장비를 배치할 계획을 세웠다. 1940년 5월 10일, 독일 보병이 벨기에를 공격했다. 독일 공군은 벨기에군 요새와 로테르담 시내에 폭격을 가했다. 4일도 채 지나지 않아 네덜란드가 항복했다. 당장이라도 독일군이 저지대 3국을 통해 프랑스 공격을 감행할 것만 같았다. 가믈랭 총사령관은 미리 마련한 대응 계획을 실행에 옮겼다. 그리고 처음 계획했던 것보다 더 많은 병력, 병기, 보급품을 북쪽으로 보냈다.

그러나 그것은 모두 독일의 계략이었다. 프랑스와 연합국이 탁 트인 삼각주 평야에서 제1차 세계대전식 참호 전쟁을 준비할 때, 전차를 앞세운 독일군 기계화보병 부대가 펼친 긴 호송 행렬이 아르덴 숲을 가로지르고 있었다. 대규모 기계화 부대가 프랑스 국경 가운데 가장 방어가 허술한 곳으로 밀려들어 오고 있었던 것이다. 목표는 스당과 뫼즈강의 다른 교두보들이었다. 독일군의 선봉에는 하인츠 구데리안Heinz Guderian 장군과 에르빈 롬멜Erwin Rommel 장군이 이끄는 여러 전차 사단이 서 있었다.

가믈랭 총사령관은 아르덴 숲에서 독일군이 이동한다는 사실을 알았지만, 독일군의 이동이 눈속임에 불과하다고 생각했다. 아르덴 숲이 독일군의 실제 목표일 리 만무했다. 왜냐하면 전차가 험준한 아르덴 숲의 산괴를 통과하기도 어렵거니와, 아르덴 숲을 통과한다고 하더라도 뫼즈강이 형성한 가파른 절벽 아래로 전차가 이동한다는 것이 불가능할 터였기 때문이다. 아르덴 숲을 빠져나온 독일 기갑사단이 뫼즈강 인근에 자리 잡은 스당, 몽테르메, 디낭에 접근할 때까지도 가믈랭 총사령관은 독일군의 활동이 눈속임일 뿐이라고 굳게 믿었다.

그러나 아르덴 숲을 통과한 기갑사단이야말로 프랑스의 심장부를 타격할 진짜 선봉대였다. 독일은 저지대 3국 침공으로 프랑스를 속인 뒤 프랑스 국경 가운데 가장 방어가 허술한 곳을 찔렀다. 마치 투우사의 망토와 같았다. 나중에 "낫질 작전Sichelschnitt"으로 알려진 이 계획을 처음 입안한 사람은 독일 국방군 원수 에리히 폰 만슈타인Erich von Manstein이었다.

공군이 뫼즈강 교두보의 허술한 방어선을 공격하면 뒤이어 기갑사단이 뫼즈강을 향해 돌진했다. 5월 12일 구데리안 장군의 기갑부대가 스당을 공격했고 롬멜 장군은 디낭을 공격했다. 병력이 많이 배치되어 있지 않았던 프랑스군 사격 진지에는 공포와 무질서가 내려앉았다. 심지어 프랑스군 사격 진지 가운데 일부는 사용할 수 없었다. 벨기에 북쪽으로 이동하라는 명령을 받은 프랑스 수비대가 떠나면서 폐쇄했기 때문이다. 방어선이 무너지자 프랑스군은 될 수 있는 대로 교량을 폭파한 뒤 철수했다.

넘어오지 못할 것 같았던 자연 장벽이 무너졌다. 가믈랭 총사령관은 치명적인 실수를 저질렀다는 사실을 깨닫게 되었다. 독일은 뫼즈강에 부교를 놓았고 전차와 기계화보병이 뫼즈강을 건너 프랑스로 입성했다. 5월 16일까지 구데리안 장군과 롬멜 장군이 지휘하는 기갑사단은 80킬로미터가 넘는 거리를 내달렸다. 영국해협에 이르는 총 거리의 3분의 1을 달린 셈이었다. 전투에 나선 독일군 기갑부대가 각성제까지 섭취하면서 지나치게 장시간을 쉬지 않고 진격한 탓에 독일군은 연료가 부족한 상황이었다. 그러나 완전히 혼란에 빠진 프랑스군은 제대로 된 반격에 나서지 못했다. 프랑스 최정예군과 최고의 장비는 벨기에를 지원하기 위해 북쪽에 배치된 상태였다.

5월 15일 폴 레노Paul Reynaud 프랑스 총리는 5일 전 취임한 영국의 신임 총리 윈스턴 처칠에게 전화를 걸어 프랑스의 패배를 알렸다. 다음 날 파리에 도착한 처칠은 프랑스 정부 고위 관료들이 문서를 불태우면서 파리를 떠날 준비를 하는 모습을 보았다.

그러나 독일 기갑사단은 아직 파리에 관심이 없었다. 며칠가량 전열을 가다듬은 독일 기갑부대가 갑자기 북쪽으로 방향을 틀어 벨기에에 모인 연합군을 둥글게 에워쌌다. 프랑스군, 영국군, 벨기에군, 네덜란드군은 영국해협을 등지고 포위된 형국이 되었다. 연합군은 됭케르크 해변에서 철수 작전을 펼쳤다. 극적인 이 작전으로 33만 명의 연합군이 살아남아 전쟁을 이어갈 수 있었다. 결국 6월 22일 영토의 절반 이상을 점령당한 프랑스는 제1차 세계대전 당시 프랑스에 항복한 독일과 휴전협정을 벌인 바로 그 장소에서 독일과 휴전협정을 맺었다. 21년 전 독일이 프랑스에 항복했을 때 프랑스 원수 페르디낭 포슈Ferdinand Foch가 앉았던 자리에 히틀러가 앉아서 프랑스의 항복을 받았다.

프랑스는 무너졌다. 독일 전차가 험준한 아르덴 숲과 뫼즈강의 가파른 계곡이라는 자연 장벽을 극복한 지 41일 만의 일이었다. 이제 영국만이 홀로 남아 있었다. 독일의 서유럽 점령을 종식시키는 계기가 된 "디데이D-Day" 노르망디 상륙작전은 그로부터 4년 뒤에야 이루어지게 된다.

베트남 적지운항

나는 리처드 로먼Richard Lorman을 찾아갔다. 로먼의 집은 매사추세츠주 힝엄Hingham만을 굽어보는 곳에 있었다. 그와 악수를 나눈 뒤 예나 지금이나 물에 대한 애정이 대단하시다는, 시답지 못한 농담을 건넸다. 지금부터 로먼과 나눌 대화에 대한 기대 반 우려 반인 상태였다. 생전 처음으로 참전 용사의 전쟁 경험담을 청하는 참이었기 때문에 무슨 이야기를 나누게 될지 감조차 잡을 수 없었다.

놀랍게도 로먼은 자신이 생활했던 하천선riverboat 가운데 하나를 비율까지 정교하게 묘사한 축소 모형을 가지고 있었다. 축소 모형 덕분에 로먼이 함선의 작동 방식과 함선에서 일어난 사건에 대해 이야기할 때 수월하게 이해할 수 있었다. 그가 탄 함선은 제2차 세계대전 당시 상륙주정으로 쓰인 것이었다. "디데이"에 영국해협을 건넌 연합군이 사용했던 유형의 배였다. 스티븐 스필버그Steven Spielberg 감독은

<라이언 일병 구하기Saving Private Ryan>의 첫 장면에서 오마하 해변에 상륙하는 군인들의 모습을 극적으로 묘사한다. 바로 거기에 로먼이 승선한 상륙주정이 등장한다. 그래서인지 군인을 태울 수 있도록 가운데가 우묵한 선체와 하강식 상륙 램프가 달린 사각형의 선수(배 앞부분)가 눈에 익었다.

선박을 개조하면서 추가한 것들은 눈에 익지 않았다. 육중하게 보호된 M60 기관총이 양쪽에 줄지어 서 있다. 가운데가 우묵한 선체 위에는 헬리콥터 이착륙장이 생겼다. 선미(배 뒷부분) 근처에는 원통형 포탑 세 개가 웅크리고 있다. 각 포탑은 .50구경 기관총이나 유탄 발사기를 운용하는 포병을 에워쌀 수 있는 크기다. 로먼은 2.5센티미터 두께의 장갑판을 쉽게 뚫을 수 있는 로켓추진유탄에 대비해 포탑 주위에 모래주머니로 벽을 쌓았다고 설명했다. 제2차 세계대전 당시 사용한 뒤 아직까지 남아 있던 상륙주정 대부분은 무장한 강안 기갑상륙주정으로 개조되었다. 대부분은 베트남전쟁에서 가장 참혹한 전투가 벌어진 메콩강 삼각주의 미로 같은 강과 운하 정찰에 동원되었다.

1965년부터 1971년까지 미 육군, 해군, 해안경비대는 베트남 남부의 강과 운하에서 강안 선박 수백 척을 운영했다. 기갑상륙주정, 강안 경비정, 공격단정이 운영되었다. 강안 소해정, 구조선, 급유선도 운영되었다. 떠다니는 대형 모선母船도 있었다. 보급창, 막사, 식당, 정비소, 병원, 선창(짐칸)을 갖춘 모선에는 12척이 넘는 소형 선박을 고정할 수 있었다. 기갑상륙주정에 대형 물대포나 화염방사기를 장착해서 베트콩이 은신하고 있는 강기슭을 날려버리거나 불을 질렀다.

줄여 쓴 말이 난무하는 데다가 무미건조하기 짝이 없는 군사 기록에 남아 있는 각종 기술의 이름을 접하는 것과 베트남전쟁에서 최악의 공포를 경험한 참전 용사로부터 실제 경험담을 듣는 것은 차원이 다른 일이다. 1년의 복무 기간 내내 로먼은 미 기동타격군 소속 선박에서 생활했다. 기갑상륙주정 사수로 11개월, 화염방사병으로 1개월을 복무했다. 그해에 로먼은 50차례의 교전을 벌였고 최소 150차례의 총격을 받았다고 회상했다. 그는 1979년 제작된 영화 <지옥의 묵시록Apocalypse Now> 초반부 장면에 자신의 경험이 비교적 정확하게 녹아 있다고 말했다.

메콩강 삼각주의 좁은 강과 운하에서 전쟁을 벌인다는 것은 매복에 대한 두려움과 끝없이 싸워야 한다는 의미다. 불과 몇 미터 떨어져 있는 강기슭, 무성한 수풀 사이에서 총알과 로켓탄이 쏟아지기 일쑤였다. 공격이 눈속임인 경우도 많았다. 하천선에 실린 탄약을 소모하게 만들면서 더 큰 규모의 군인이 매복해 있는 하류로 유인하거나 미군 또는 남베트남군끼리 아군 사격하도록 유도하려는 시도였다. 물 위로 뻗은 바나나 나무에 매달린 바나나 송이에는 건드리면 터지는 폭탄이 설치된 경우가 다반사였다. 로먼은 혹시 물 위에 수상한 물체는 없는지 끊임없이 경계했다. 대부분은 떠다니는 시체였지만 가끔 기뢰도 발견되었기 때문이다. 물 위 잎사귀에 보이지 않게 연결해둔 기폭선을 건드리면 폭발하도록 강바닥에 매설된 기뢰도 있었다. 은밀히 헤엄쳐 온 적군이 선체에 기뢰를 장착하는 경우도 있었다.

로먼이 탄 기갑상륙주정에 베트콩 병사가 잠입한 적도 있었다. 기강이 해이한 남베트남군 병사들이 탁 트인 들판을 지키면서 그 옆 안전한 장소에 정박해 있을 때였다. 로먼을 비롯한 군인들은 상륙 램프를 내려놓은 채 헬리콥터 이착륙장에서 쉬고 있었다. 어느 베트콩 병사가 헬리콥터 이착륙장으로 난입해 아주 가까운 거리에서 총을 쏜 뒤 멀쩡한 모습으로 사라졌다. 로먼은 무사했지만 카드게임 중이던 동료 군인 두 명이 목숨을 잃었다.

로먼은 화염방사기를 장착한 기갑상륙주정이 얼마나 무시무시한 무기인지 이야기해주었다. 화염 방사기를 장착한 기갑상륙주정의

별명은 "지포Zippo"로, 담뱃불을 붙이는 라이터의 이름에서 유래했다고 한다(컬러사진 참조). 보통 사람들은 화염 방사의 목적이 강기슭의 나무를 태우는 것이라고 생각한다. 그러나 실상은 인명 살상이 목적이었다. 총격전을 벌이는 도중 강기슭을 향해 "지포"를 쏘면 네이팜이 뿌려지고 일대가 화염에 휩싸인다. 로먼은 불길에 휩싸인 젊은 베트콩 군인이 비명을 지르며 뛰어나왔다고 말했다. 그 군인은 화염 때문에 온도가 오르자 지니고 있던 유탄이 폭발해 사망했다.

그는 메콩강 삼각주의 구불구불한 수로에서 수많은 미군이 죽거나 다쳤다고 증언했다. 하지만 100만 달러의 가치를 지닌 최첨단 무장 함선의 사수인 자신은 훨씬 더 많은 베트남인을 다치게 하고 목숨을 빼앗았다고 했다. 로먼이 승선한 T-152-6은 1년의 복무 기간 동안 로켓추진유탄 공격을 딱 한 차례 받았다. 그러나 그 행운은 그와 다섯 명의 생존 승조원이 복무를 마치기 이틀 전 끝나고 말았다.

마치 공포 영화에서처럼 모든 악운이 한꺼번에 들이닥쳤다. 1969년 6월의 그날은 하필이면 13일의 금요일이었다. 승조원들은 전역을 이틀 앞둔 '말년'이었다. 최악의 불길한 징조였다. 이미 강에서 363일을 보낸 후였으므로 지휘관은 무사히 복무를 마쳤다며 승조원들을 격려하는 말까지 건넨 참이었다. 모선에 배를 댄 승조원들은 기분 좋게 선박의 장비를 점검하고 깨끗하게 청소했다. 페인트를 다시 칠하고 소모품도 채워 넣었다. 로먼은 동료들에게 이렇게 말했다고 한다. "진짜 끝이네. 이틀 뒤 새 승조원들이 도착하면 깨끗한 배를 물려주기만 하면 되겠어." 그때 어느 장교가 다가와 마지막 임무를 지시했다. 간단한 임무라고, 늘 하던 대로 하기만 하면 된다고 했다.

승조원들은 반발했다. 실랑이를 벌였지만 명령에 따를 수밖에 없었다. 극도로 긴장한 로먼은 여분의 헬멧 안쪽에 덧대어둔 스펀지를 떼어낸 뒤 그 헬멧을 본인이 쓴 헬멧 위에 겹쳐 썼다. 다른 선박에서 그 모습을 지켜보던 어느 군인이 방탄복과 바지를 던져주었다. 로먼은 입고 있던 옷 위에 여분의 방탄복과 바지를 겹쳐 입었다. 모선에서 빠져 나온 기갑상륙주정 T-152-6은 임무 수행을 위해 강 상류로 이동했다. 신병 소대를 메콩강 삼각주에서 가장 위험한 장소 중 하나인 벤째Bến Tre강에 있는 섬으로 인도하는 임무였다. 당시 그 섬은 로먼과 동료 군인들이 손대지 않은 지역에 자리 잡고 있어 수풀이 우거져 있었다. 로먼은 몇 년 뒤에야 그곳이 얼마나 위험한 지역인지 알게 되었다.

신병 소대가 함선에 올랐다. 완전군장을 갖춘 약 30명의 군인이 함선을 메웠다. 동행한 의무병은 "정말 친절"했다. 로먼이 시간을 묻자 "10시 30분"이라는 대답이 돌아왔다. 그 순간 AK-47 자동소총이 불을 뿜었고 로켓추진유탄 폭발음이 이어졌다.

군인들이 벌떡 일어서 녹음이 우거진 강기슭을 향해 총을 쏘았다. 선박 두 척 거리만큼 떨어진 곳이었다. "어린 시절 눈싸움하던 거리였습니다." 로먼이 말했다. "정말 친절"한 의무병은 그 자리에서 즉사했다. 그러나 당시 로먼은 그 사실을 알 수 없었다. 총알이 바깥에 겹쳐 쓴 헬멧을 깔끔하게 관통한 뒤 안쪽에 쓴 헬멧을 쪼개고 들어와 그의 경추에 박혔기 때문이다. 포탄 파편에 장이 찢어졌고 한쪽 다리에 큰 부상을 입었다. 갑판에 쓰러진 로먼은 적어도 두 개의 로켓추진유탄이 함선 내부에서 폭발하는 소리를 들었다. 그는 이렇게 회상했다. "몸이 마비되어 움직일 수도, 숨을 쉴 수도, 말할 수도 없었습니다. (…) 제 주변, 심지어 제 위에도 부상자가 있었어요. 제 의식은 계속 오락가락했습니다. (…) 유체 이탈을 경험했습니다. 마치 따스하게 손짓하는 빛을 향해 둥둥 떠가는 느낌이었어요. 믿지 않으시겠지만, 정말 놀라운 경험이었습니다."

공격은 몇 초 만에 끝났다. 생존한 군인들은 항공의무후송 지원을 요청하고 부상자를 분류했다. 로먼은 사망자로 분류되어 시체 더미에 던져졌지만 다행히 재분류되어 후송자 명단에 올랐다. 들것에 실린 채 소음이 심하고 격하게 흔들리는 헬리콥터로 옮겨졌다. 그는 새카맣게 타버린 오른손을 더듬다가 부상당한 다른 병사의 미끈거리는 왼손에 닿았던 일을 회상했다. 얼굴도 모르는 두 사람은 정신이 들락날락하는 와중에도 서로의 손을 꼭 붙들고 있었다. 그 뒤 병원 치료와 재활이 이어졌다.

베트남전 참전으로 영구 장애를 안게 된 로먼은 결혼하지 않았고 자녀도 없다. "선박 복무, 폭발, 술집, 나이트클럽, 철공소, 건설 현장" 덕분에 보청기를 착용한다. 선박에서 복무하는 동안 강기슭에 배를 댄 적이 거의 없기 때문에 전쟁 중에는 술을 입에 대지 않았다. 하지만 이제는 술을 마신다. 로먼은 베트콩 군인들에 대한 안타까움을 토로했다. 나이가 어리고 영양 상태가 나빴으며 무기도 부실했기 때문이다. 그러나 자신의 처지를 한탄하지는 않았다. 그는 단호한 목소리로 이렇게 말했다. "제가 자원했습니다. 모험을 원했고 실제로 그렇게 되었어요." 병원을 찾았다가 종아리에서 발견한 총알은 안줏거리가 되었다. 50년이 다 되도록 발견되지 않았던 것이다. 로먼은 매사추세츠주 해안에 아름다운 집을 마련해 살고 있다. 헬리콥터 후송 과정에서 손을 맞잡았던 부상 군인을 몇 년 전 온라인에서 찾았다고 했다. 서로의 생존 소식을 알게 된 두 사람 모두 감회가 남달랐다고 한다. 그러나 전쟁의 더 큰 목적에 대한 생각을 묻자 로먼은 고개를 저었다. "그런 게 있겠어요? 미친 짓이죠. 그냥 미친 겁니다."

그러나 사실 더 큰 목적이 있었다. 베트남전쟁에 자원해 묵시적인 선상 가옥인 기갑상륙주정 T-152-6에서 복무한 1년은 로먼의 생애에서 가장 결정적인 해였다. 그해 기갑상륙주정 T-152-6이 수행한 임무는 베트남전쟁에 투입된 미 기동타격군 소속 함선 수백 척이 받은 임무와 같았다. 바로 남베트남의 주요 지역을 통제하는 것. 이제 남베트남은 사라지고 없다. 그러나 당시 남베트남은 대립하고 있던 두 개의 정치 이데올로기가 전 지구 차원에서 벌이는 투쟁의 대리인이었다.

* ⌛ *

제2차 세계대전이 끝난 뒤 많은 식민지 영토가 유럽의 식민 지배에서 벗어나기 위해 투쟁했다. 동남아시아에서는 제1차 인도차이나전쟁이 벌어졌다. 1954년 베트남 식민지가 식민 권력인 프랑스의 지배에 저항해 디엔비엔푸Dien Bien Phu 전투가 일어났다. 그 결과 프랑스는 인도차이나반도에서 손을 떼게 되었고 이 지역은 캄보디아, 라오스, 미국이 지원하는 남베트남, 공산주의 북베트남으로 나뉘었다. 전쟁을 끝낼 목적으로 제네바에서 휴전협정이 벌어졌다. 그리고 17선(위도 17도)에서 베트남을 임의 분단하기로 결정되었다. 이는 1945년 소련과 미국이 38선(위도 38도)을 기준으로 한국을 분할한 사례를 본뜬 것이다. 어디까지나 일시적인 것이었지만, 트루먼 대통령, 아이젠하워 대통령, 특히 케네디 대통령이 이끄는 미국 정부는 모두 공산주의 '확산 저지'라는 냉전 전략의 일환으로 남베트남에 자금과 군사력을 지원했다.

그러나 북베트남과 남베트남의 북베트남 동조 세력은 중국과 소련처럼 베트남을 재통일해 단일한 공산주의 국가로 만들기를 원했다. 1964년 무렵에는 남베트남에서 북베트남의 지원을 받는 베트콩 반란군이 남베트남을 무너뜨리겠다고 위협하기에 이르렀다. 남베트남의 상황을 심상치 않게 여긴 린든 B. 존슨Lyndon B. Johnson 미국 대통령은 미 의회에 압력을 행사해 "통킹만 결의안Gulf of Tonkin Resolution"을 통과시켰다. 통킹만 결의안이 통과됨에 따라 미국 대통령은 이 지역에서 군사행동을 할 권한을 가지게 되었다. 베트남에서 제한 없는 전쟁을 벌일 법적 근거가 마련된 것이다. 존슨 대통령은 즉시 수만 명의 군대를 해외에 배치하기 시작했다. 1968년 무렵 베트남 주둔 미군은 50만 명이 넘었다.

북베트남 입장에서 전쟁은 외국 점령자들을 축출하고 통일을 이룰 기회였다. 미국 입장에서 전쟁은 제네바에서 인위적으로 창조한 비공산주의 국가인 남베트남을 보존할 기회였다. 두 독립국가가 재결합하면 공산주의 세력이 확대되면서 소련과 중국의 영향력이 커질 터였다. 미국의 목표는 남베트남 보존이지 북베트남 침공이 아니었다. 중국이 참전할 우려가 있었기 때문이다.

따라서 전투는 남베트남 지역에서 이루어졌다. 북베트남이 군대, 무기, 보급품을 베트콩에 지원해야 한다는 의미였다. 미군과 남베트남군이 승리하려면 북베트남의 보급로를 통제해야 했다. 그 가운데 가장 유명한 곳은 호치민 통로였다. 그러나 당시 베트남은 포장도로나 철도가 거의 없는 대신 긴 해안선과 강을 품고 있었다. 따라서 해군을 동원해 물자 보급을 차단하는 방법이 가장 효과적이었다.

1965년 미국은 "마켓 타임 작전Operation Market Time"에 돌입했다. 남중국해를 8년간 봉쇄하는 작전이었다. 미 해군 구축함, 소해정, 고속 초계정, 경비정, 미 해안경비대 소속의 여러 함이 동원되어 남베트남에 접근하는 북베트남 선박을 차단했다. 해안선이 남북 방향으로 이어져 있었기 때문에 북쪽에서 바다로 접근하려면 모두 동쪽으로 접근해야 했다. 따라서 매우 효과적으로 작전을 펼칠 수 있었다. "마켓 타임 작전"이 시작될 무렵 베트콩에게 지원되는 물자의 약 70퍼센트가 남중국해를 통해 공급되었다. 그러나 작전이 시작되고 1년도 채 지나지 않아 남중국해를 통해 베트콩에게 지원되는 물자가 10퍼센트로 급격하게 감소했다.

남은 것은 육로, 내륙수로, 메콩강 삼각주뿐이었다. 북베트남은 라오스와 캄보디아 정글을 통과하는 호치민 통로를 이용해 막대한 양의 보급품을 남쪽으로 보냈다. 그 보급품은 거기에서 다시 남베트남으로 흘러들어갔다. 최남단 운송로는 캄보디아를 통해 메콩강으로 연결되었다. 그리고 그곳에 모인 물자와 전투원은 강과 운하가 복잡하게 얽혀 있는 메콩강 삼각주 전역으로 흩어졌다. 주로 소규모 범선, 삼판선, 부선이 이용되었다. 미로같이 얽혀 있고 1,120킬로미터가 넘는 수로는 군인, 무기, 보급품을 남베트남으로 운송하는 중요한 통로가 되었다.

메콩강 삼각주는 그 자체로 전략적 요충지였다. 이곳은 당시나 지금이나 베트남에서 가장 중요한 벼 재배 지역이다. 메콩강 삼각주 인근에는 남베트남의 수도 사이공(오늘날 호치민)이 있었고 남베트남 인구의 절반이 메콩강 삼각주 지역에서 생활했다. 1965년 베트콩은 사이공으로 향하는 주요 쌀 공급원을 차단했다. 메콩강 삼각주에는 물이 풍부했으므로 기계화 지상 운송 수단으로는 방어할 길이 없었다. 넓은 바다에서는 미 해군이 압도적인 기술 우위를 누렸다. 그러나 메콩강 삼각주에는 좁은 강과 운하가 미로같이 얽혀 있었다. 미 해군에게 메콩강 삼각주 장악은 지극히 어려운 일이었다.

구멍이 숭숭 난 메콩강 삼각주를 장악하기 위해 미군과 남베트남군은 "게임 워든 작전Operation Game Warden", "코로나도 작전Operation Coronado", "시로드 작전Operation Sealords" 같은 일련의 작전에 돌입했다. 그러나 어느 작전도 남중국해를 봉쇄했던 "마켓 타임 작전"만큼 효과적으로 메콩강 삼각주를 장악하지 못했다. 미국 하천선이 삼판선을 수색해 베트콩에게 전달할 보급품을 몰수하면서 쫓고 쫓기는 일이 반복되었다. 기갑상륙주정과 헬리콥터가 미군과 남베트남군을 메콩강 삼각주로 실어 나르기 시작하면서 메콩강 삼각주는 점차 전투 지역으로 변모해갔다.

미군과 남베트남군이 반격했음에도 불구하고, 베트콩 군대는 아랑곳하지 않았다. 베트콩은 메콩강 수로를 효과적으로 활용해 보급품과 전투원을 계속 실어 날랐다. 1968년 북베트남이 "뗏 공세Tet Offensive"를 감행해 사이공과 남베트남의 주요 거점을 타격했다. 예상하지 못한 거센 공세였다. 미군 사상자가 증가하고 미국 내 학생 시위가 고조되던 시기에 공세가 일어나자 미국에서는 베트남전쟁에 대한 회의적인 목소리가 터져 나왔다. 1971년 미 기동타격군은 마지막 작전을 남베트남군에 넘겼고 미국은 1973년 1월 공식 철수했다. 2년 뒤 북베트남 군대가 사이공을 점령했다. 최소 130만 명의 베트남인과 거의 6만 명의 미국인이 희생된 베트남은 공산주의 국가로 재통일되었다.

* ⌛ *

강 자체가 전쟁을 일으키는 원인이 되는 경우는 드물다. 그러나 예로부터 강은 인간의 분쟁에서 소리 없는 전투원으로 참전해 제 역할을 수행해왔다. 제2차 세계대전 동안 수력발전은 캐나다의 알루미늄 생산을 지원했다. 독일 루르강 계곡은 수력발전 덕분에 영국 공군이 세운 댐 폭파 작전의 목표물이 되었다. 강은 정치적 경계를 나타내는 지표의 역할과 방어 장벽으로서의 역할도 수행했다. 덕분에 강은 명실상부 점령의 목표가 되었다. 루비콘강을 건넌 카이사르, 델라웨어강을 건넌 워싱턴, 뫼즈강을 건넌 히틀러처럼 역사적 전환점의 중심에는 언제나 강이 있었다. 미시시피강에 자리 잡은 빅스버그와 볼가강에 자리 잡은 스탈린그라드에서는 많은 사람들이 목숨을 잃었다. 그곳에서 흘린 피의 양을 감안할 때 군사적 접근성과 관련해 강이 지닌 가치가 얼마나 큰지 충분히 짐작할 수 있다.

거의 한 세기 동안 외국 해군은 양쯔강을 순찰하면서 반란을 진압하고 분노로 가득 찬 중국 내륙 깊은 곳까지 자신들의 권력을 과시했다. 미로같이 얽혀 있는 수로와 운하를 물리적으로 통제하기란 불가능한 일이다. 덕분에 메콩강 삼각주에서는 무려 4년에 걸친 끔찍한 게릴라전이 이어졌다. 그리고 그 전쟁에 관여한 모든 국가와 개인은 큰 트라우마를 안게 되었다. IS는 유프라테스강을 중심으로 성장했다가 스러졌다. IS가 마지막까지 지킨 요새도 유프라테스강 유역에 있었다.

고대부터 미국 독립 전쟁 및 남북전쟁까지, 치욕의 시대부터 양차 세계대전까지, 베트남 메콩강 삼각주에서 목숨을 잃은 사람들부터 IS까지. 전란이 일어날 때마다 어김없이 강은 전쟁의 중요한 요소로서 작용해왔다.

4장

2017년 8월 26일, 허리케인 하비Harvey가 텍사스주 코퍼스크리스티 인근으로 상륙했다. 그 뒤 4일 동안 텍사스주를 휩쓸고 지나가면서 텍사스주에 큰 고통을 안겼다. 네더랜드의 강수량은 60.58인치(약 1,539밀리미터)에 달했다. 1950년 하와이에서 관측된 최대 강수량 52.00인치(약 1,320.8밀리미터)를 뛰어넘는 수치였다. 미국 기상관측소에서 단 한 번의 폭풍으로 1,524밀리미터를 넘는 강수량을 기록한 경우는 이번이 처음이었다.

미국에서 네 번째로 큰 대도시이자 230만 명이 살아가는 휴스턴에도 최대 1,219.2밀리미터의 비가 내렸다. 휴스턴 시내를 느릿느릿 흐르는 버팔로바이우Buffalo Bayou강 수위가 높아졌다. 제방을 넘은 강물은 불어난 지류와 만나 휴스턴의 저지대를 덮쳤다. 고속도로 위에 설치된 고가도로가 물에 잠겼다. 사람들은 점점 차오르는 물을 피해 지붕 위로 올라갔다. 이들을 구하기 위해 나선 구조선이 물에 잠긴 휴스턴 시내 위를 내달렸다.

북동쪽으로 48킬로미터쯤 떨어진 곳에 있는 샌재신토San Jacinto강이 넘치면서 리버테라스 지역과 노스우드컨트리에스테이트 지역을 휩쓸었다. 포트벤드 카운티의 브라조스Brazos강과 샌버나드San Bernard강에서는 기존 기록을 갈아치우는 홍수가 일어나 거의 20만 명에 달하는 사람들에게 대피 명령이 내려졌다. 텍사스주의 다른 카운티를 지나는 로어네체스Lower Neches강, 트레스팔라시오스Tres Palacios강, 콜로라도강, 오이스터크리크Oyster Creek, 트리니티Trinity강, 사빈Sabine강, 빅카우크리크Big Cow Creek, 과달루페Guadalupe강에서도 모두 기존 기록을 경신하거나 근접한 홍수가 일어났다. 3만 건에 달하는 구조 활동이 이루어졌다.

허리케인 하비가 소멸되었을 무렵 텍사스주와 루이지애나주에서 마련한 공공대피소로 피난한 이재민은 4만 명에 달했다. 30만 개가 넘는 건물과 약 50만 대의 자동차가 피해를 입었다. 적어도 68명이 익사 또는 구조물 붕괴같이 홍수와 직접적으로 연관되는 이유로 목숨을 잃었다. 전기를 사용할 수 없게 되어 타는 것 같은 더위 속에 그대로 노출된 주택은 33만 채에 달했다.

나는 3주 뒤 홍수 피해를 입은 지역을 찾았다. 곳곳에 널린 잔해에서 파괴의 흔적을 찾아볼 수 있었다. 흠뻑 젖은 매트리스와 갈가리 찢어진 석고보드 단열재가 산더미처럼 쌓여 있었다. 사람들은 폐허가 된 집 바깥에 텐트를 치고 생활하고 있었다. 전력이 복구되었지만 불이 들어오지 않는 집 안은 어두컴컴해 온기를 찾아보기 어려웠다. 비닐에 싸인 무언가를 물어뜯고 있는 고양이도 보였다. 허리케인 하비가 할퀴고 지나가기 전 이곳은 휴스턴의 전형적인 중산층 주거지였다. 그러나 이제는 사방에 검은 곰팡이가 핀 흉물스러운 곳으로 전락했다.

내가 방문한 지역처럼 마구잡이로 파괴된 동네가 수천 곳에 달했다. 텍사스주 남동부 전역에서 자산 소유자와 자원봉사자들이 수해를 입은 건물에서 벽, 단열재, 바닥을 뜯어내느라 구슬땀을 흘리고 있었다. 시간과의 싸움이었다. 서두르지 않으면 건물에 곰팡이가 피고 건물이 부식되어 완전히 망가져버리고 말 터였다. 건물주들은 그렇게 되기 전에 건물을 떠받치는 구조물과 전력 시스템이 마르기만을 바라고 또 바랄 뿐이었다.

나는 팀 루비콘Team Rubicon의 초청을 받아 이곳을 찾게 되었다. 팀 루비콘은 허리케인 하비가 소멸되고 수위가 낮아지자 가장 먼저 이곳을 찾은 재난 구호단체 가운데 하나였다. 팀 루비콘은 미 해병대 예비역인 제이크 우드Jake Wood와 윌리엄 맥널티William McNulty가 2010년 설립한 재난 구호 자원봉사 단체다. 2010년 규모 7.8의 지진이 아이티 포르토프랭스를 강타했을 때 자원봉사자들과 함께 지진 피해자들에게 구호품을 전달한 것이 설립 계기가 되었다. 포르토프랭스 재난 현장에 도착한 두 사람은 자신들이 가장 먼저 도착한 구조대라는 사실에 실망감을 감출 수 없었다. 두 사람은 기존 구호 조직이 지나치게 느리고 신중한 것 같다고 생각했다. 그래서 기존 구호 조직보다 더 빠르게 대응할 새로운 재난 구호 조직을 만들기로 결심하고 팀 루비콘을 설립했다(당연히, 카이사르가 건넌 루비콘강에서 유래한 이름이다. 3장 참조). 팀 루비콘에서 일할 직원과 자원봉사자는 참전 용사 중에서 모집했다. 팀 루비콘의 핵심 임무는 재난 구호지만 참전 용사의 사회 재통합을 지원하는 역할도 맡고 있다.

텍사스주에 도착한 팀 루비콘은 휴스턴 시내 인근의 빈 창고에 임시 지휘소를 설치했다. 구호 활동 기간이 분명 꽤 길어질 것이 틀림없었다. 팀 루비콘은 임시 지휘소 건물 옥상 주차장에서 물류 관련 정보를 공유하는 것으로 텍사스주 구호 활동을 시작했다. 자원봉사자들 주위로 수십 대의 렌터카가 대기하고 있었다. 차량 문마다 팀 루비콘 문구를 새긴 자석 표지판이 부착되어 있었다. 아래층에 자리 잡은 임시 사무실에는 젊은이들이 모여 있었다. 벽에는 지도가 붙어 있었고 화이트보드에는 휘날리는 글씨체로 앞으로의 계획을 적어놓았다. 책상 사이에 끼워놓은 에어 매트리스도 눈에 들어왔다.

팀 루비콘은 대규모 구호단체다. 운영하는 기부금이 수백만 달러에 달하고 전 세계의 여러 재난 현장에 투입되어 구호 활동을 벌이는 자원봉사자가 수천 명에 달한다. 자원봉사자 중 약 70퍼센트가 참전 용사다. 나를 안내하겠다고 나선 밥 프라이스Bob Pries의 휴대전화가 쉴 새 없이 울렸다. 그럴 만했다. 휴스턴에 자리 잡은 주요 공항 두 곳을 오가는 수백 명의 자원봉사자들을 관리하는 일이 그가 맡은 임무였기 때문이다.

허리케인 하비가 상륙한 후 며칠 동안 매일 1,300명이 넘는 팀 루비콘 자원봉사자들이 텍사스주에서 구호 및 복구 활동을 펼쳤다. 자원봉사자들은 선박을 이용해 사람들을 구조했고, 사슬톱으로 쓰러진 나무를 제거했으며 무너진 건물의 잔해를 치웠다. 진흙 더미를 치우고 위험한 구조물을 철거하거나 수리했으며 재무와 관련된 상담을 했다. 팀 루비콘 소속 자원봉사자를 비롯해 휴스턴에서의 구호 활동을 위해 구성된 여타 조직과 교회 단체 들은 이토록 넓은 지역에 엄청난 피해가 발생한 상황에서, 가장 먼저 도움의 손길을 내민 사람들이었다.

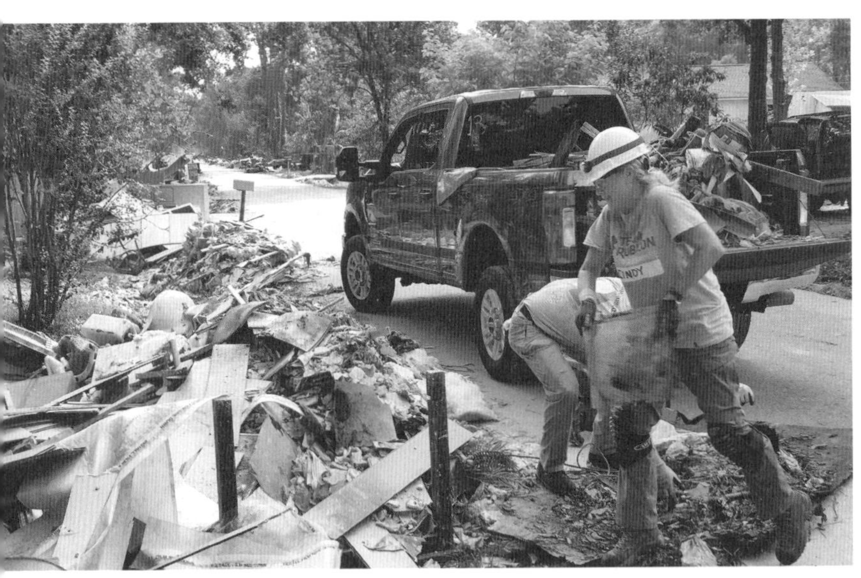

2017년 텍사스주 남부와 루이지애나주를 덮친 허리케인 하비로 인해 68명이 목숨을 잃었고 약 30만 개의 건물이 피해를 입었다. 총 피해액이 1,250억 달러에 달할 것으로 추산되는 허리케인 하비는 미국 역사상 가장 큰 피해를 입힌 자연재해 가운데 하나가 되었다. 사진에 보이는 사람들은 참전 용사들이 운영하는 재난 구호단체인 팀 루비콘의 자원봉사자들이다. 팀 루비콘은 홍수 피해를 입은 사람들을 가장 먼저 지원한 단체 가운데 하나다. ⓒLaurence C. Smith

그로부터 6개월이 지난 후에도 암담한 현실에서 벗어나지 못한 텍사스주 이재민은 수십만 명에 달했다. 대부분은 수리와 재건을 감당할 금전적인 여유가 없는 사람들이었다. 보험회사 측 손해사정사가 손해 보상을 청구하지 못한 상태로 대기하고 있는 침수 차량이 텍사스 월드 스피드웨이 경마장을 꽉 채우고 있었다. 팀 루비콘 자원봉사자들은 여전히 휴스턴에서 홍수 피해자들의 재건을 지원하고 있었다. 허리케인 하비가 유발한 예상 피해액은 1,250억 달러에 달하는 것으로 추정되었다. 덕분에 허리케인 하비는 미국 역사상 두 번째로 큰 피해를 입힌 폭풍으로 등극했다.

허리케인 하비보다 더 큰 피해를 유발한 폭풍은 2005년 멕시코만 연안과 뉴올리언스를 강타한 허리케인 카트리나Katrina다. 허리케인 카트리나로 적어도 1,883명이 목숨을 잃었고 피해액은 1,613억 달러에 달했다.

허리케인 카트리나는 2005년 8월 29일 오전 6시 10분 뉴올리언스 지역을 강타했다. 두 시간 후 미시시피강의 물이 제방 일부를 덮쳤다. 배수장이 처리할 수 있는 용량을 넘어서는 수준의 물이 쏟아지면서 제방과 홍수 방벽이 완전히 파괴되거나 제 기능을 잃었다. 뉴올리언스는 강보다 훨씬 낮은 지대에 우묵한 그릇 모양으로 함몰된 지형이었기 때문에 도시의 약 80퍼센트가 물에 잠겼다. 심한 곳은 거의 3미터 깊이로 잠기기도 했다.

4개월 뒤 뉴올리언스의 로어나인스워드를 찾았다. 몇 주 동안 물에 잠겨 있던 지역이었다. 모든 것이 철저하게 파괴되어 있었다. 가운데가 움푹 꺼지고 곧 쓰러질 것처럼 기울어진 주택이 끝없이 늘어서 있었다. 물이 어느 높이까지 올라왔었는지 가늠하게 하는 흔적은 지붕 근처나 지붕에 있었다. 살아 있는 것이라고는 키가 크고 무성한 잡초, 지저귀는 새, 집을 잃고 거리를 떠도는 굶주린 개들뿐이었다. 물이 너무 높이 차오른 탓에 다시 활용이 가능할 것 같은 주택이 거의 없었다. 그리고 대부분은 아직도 재건되지 못했다. 뉴올리언스 대도시권을 보호하는 제방의 절반 이상이 무너지거나 훼손 또는 파괴되면서 주택 약 9만 5,000채가 쓸모를 잃었다.

폭풍해일은 멕시코만 연안 해안선을 따라가면서 해변을 휩쓸었다. 내륙까지 밀려온 해일에 집이 기초부터 뜯겨나갔고 자동차가 날아갔다. 마치 아이가 장난감 자동차를 집어던진 것 같은 모양새였다. 미시시피주 빌록시 인근에서는 바람에 휘말린 대규모 창고형 할인매장이 산산이 부서져 날아갔다. 그 자리에는 단단히 엮은 철제 구조물만이 흉물스럽게 남았다. 부서진 SUV는 수영장에 처박혔고 식당과 주택은 자취를 감추었다. 텅 빈 콘크리트 기초만이 그 자리에 건물이 있었다는 사실을 짐작하게 할 뿐이었다. 그렇게 파괴된 건물이 20만 채가 넘었다.

* ⌛ *

대부분의 사람들은 홍수가 지극히 드물게 일어나는 사건이라고 생각한다. 또한 예측할 수 없는 천재지변이라고 생각한다. 그러나 사실은 그렇지 않다. 홍수는 전 세계적으로 되풀이되는 현상으로, 충분히 예상할 수 있다.

허리케인 하비와 카트리나가 유발한 피해는 흔히 일어나는 홍수라는 현상이 극단화된 사례에 불과하다. 2017년 한 해에만 미국은 (피해액이 10억 달러를 넘는) "대형 재난" 16건, 그 밖의 자잘한 홍수와 폭풍 10건을 겪었다. 거기에 허리케인 하비(1,250억 달러), 허리케인 마리아Maria(900억 달러), 허리케인 어마Irma(500억 달러)가 추가되었다. 허리케인 하비가 텍사스주를 강타하고 며칠도 채 지나지 않았을 시점에 허리케인 어마가 플로리다주에 상륙했다. 같은 해 9월에는 허리케인 마리아가 푸에르토리코를 비롯한 카리브해의 여러 섬을 강타해 큰 피해를 입혔다. 허리케인 마리아의 직접적인 영향으로 목숨을 잃은 사람은 최소 65명, 그 여파로 목숨을 잃은 사람은 3,000명에 달했다. 1980년 이후 미국은 약 250건의 대형 재난을 겪었고 1조 7,000억 달러(인플레이션 조정 후)가 넘는 피해를 입었다.

그러나 이 수치는 대형 재난만 헤아린 것이다. 눈이 녹거나 비가 내리거나 강한 뇌우가 일어날 때마다 강과 개울 주변 저지대에는 크고 작은 홍수가 셀 수 없이 일어난다. 그때마다 미국의 모든 주에서 그리고 사실상 지구상 모든 국가에서 사람의 목숨이 위험에 빠지고 수십억 달러의 재산 피해가 발생한다. 전 세계 어디서나 홍수는 치명적이고 파괴적이다. 홍수로 인해 한해 평균 5,000명 이상이 목숨을 잃고 500억 달러가 넘는 피해가 발생하는 것으로 추산된다.

분명 홍수는 인간의 안녕을 위협한다. 9장에서 다시 한번 언급하겠지만, 오늘날을 살아가는 사람의 3분의 2 가까이가 대규모 강 인근에 터를 잡고 살고 있다. 따라서 홍수는 만성적인 위험이다. 정기적으로 찾아와 생명과 재산을 위협한다. 그러나 홍수는 범람원에 새로운 토사 퇴적물, 영양분, 물을 공급해 세계에서 가장 풍요로운 생태계와 가장 우수한 농지를 조성하고 자연 자본을 제공한다. 보험금이 지급되거나 정부의 재난 구호 프로그램이 시행될 경우 홍수는 경제성장을 촉진하고 현금 유입을 유발해 지역의 인구 성장을 촉진한다. 드물기는 하지만 강에서 일어난 홍수를 계기로 격변이 일어나 정치권력이나 법 규범이 바뀌는 경우도 있다. 이 장에서는 이와 같은 일부 이례적인 사례가 미치는 지대한 영향에 대해 살펴보고자 한다.

대홍수가 휩쓸고 지나간 자리

미시시피강 제방이 무너졌다. 약 40만 명에 달하는 사람들이 허리케인 카트리나로 인한 이재민으로 전락했다. 제방이 무너지고 처음 몇 달간 약 10만 명에서 15만 명의 이재민이 한꺼번에 휴스턴으로 거처를 옮겼다. 그 바람에 휴스턴 인구가 갑자기 3퍼센트 넘게 증가하면서 임대료가 급격하게 치솟았다. 그 가운데 일부는 아예 휴스턴에 정착했다. 그리고 12년 뒤 허리케인 카트리나로 피해를 입었던 사람들 대부분이 허리케인 하비로 또 다시 피해를 입었다.

그러는 사이 뉴올리언스 주민들은 다른 곳으로 빠져나갔다. 미시시피강이 뉴올리언스를 덮치기 두 달 전만 해도 (뉴올리언스가 포함되어 있는) 올리언스 패리시의 총인구는 45만 4,085명에 달했다. 그러나 5년 뒤 올리언스 패리시의 총인구는 5년 전 대비 약 4분의 1이 감소한 34만 3,829명이었다.

그러나 뉴올리언스를 빠져나간 사람들의 인종 구성은 올리언스 패리시 전체의 인종 구성과 사뭇 달랐다. 주택이 가장 심하게 파괴된 지역은 저지대에 자리 잡은 저소득층 주거지역이었다. 로어나인스워드 사례에서 명확하게 확인할 수 있듯이 그런 지역에는 대부분 가난한 흑인들이 주로 모여 살았다. 따라서 뉴올리언스를 빠져나간 주민 가운데 가난한 흑인 비율이 압도적으로 높은 것은 당연했다. 저소득층 주거지역에 주택을 소유한 사람 대부분은 홍수 보험에 가입하지 못한 상태였다. 자연재해 위험이 높은 자산에 부과되는 높은 보험료를 감당할 수 없었기 때문이다. 저소득층 주거지역에 거주하는 사람들은 모든 것을 잃었다. 그러나 보험금을 받을 수 없었기 때문에 재건할 여력이 없었다. 따라서 뉴올리언스를 떠나는 수밖에 다른 대안이 없었다.

뉴올리언스를 빠져나간 사람들의 연령대는 젊은 층이 압도적으로 많았다. 젊은 사람들은 주택을 소유하기보다 임대할 가능성이 더 높았다. 또한 주택을 소유하고 있더라도 주택을 재건축할 만큼 많이 저축하지 못한 경우가 많았다. 재난 복구 인력과 건설 노동자가 유입되면서 주택 수요가 치솟자 갑작스러운 주택 부족 사태는 더욱 악화되었다. 덕분에 뉴올리언스 주택 임대료가 가파르게 상승했다. 한편 부유한 지역에는 재건 열풍이 불었다. 이에 따라 멕시코와 중앙아메리카 출신의 건설 노동자 수천 명이 뉴올리언스로 유입되었다. 그 가운데 일부는 건설 열기가 가라앉은 뒤에도 뉴올리언스를 떠나지 않았다. 허리케인 카트리나가 유발한 홍수가 지나가고 5년 뒤 뉴올리언스는 5년 전보다 총인구가 줄었고 백인과 나이 든 사람의 비중이 높아졌으며, 부유한 사람이 많아졌고 히스패닉 인구 수가 늘었다.

미국 인구조사 데이터에 따르면 2000년 올리언스 패리시의 총인구는 48만 4,668명이었고 그중 흑인은 32만 5,942명(67.3퍼센트)이었다. 10년 후 올리언스 패리시의 총인구는 34만 3,829명으로 감소했고 그중 흑인은 20만 6,871명(60.2퍼센트)이었다. 다시 말해, 감소된 인구의 85퍼센트가 흑인이었다. 흑인 인구의 감소가 모두 허리케인 카트리나 탓만은 아닐 것이다. 그러나 미국 역사에서 아프리카계 미국인 비중이 높은 도시로 자리매김해온 뉴올리언스의 흑인 인구 비중이 줄어든 배경에는 분명 홍수와 그에 따른 주택 위기가 한몫 거들었다.

그러나 뉴올리언스의 인구 감소는 일시적인 현상이었다. 오늘날 뉴올리언스는 100년 만에 처음으로 다시 성장하고 있다. 2017년 올리언스 패리시의 추정 인구는 최대 39만 3,292명으로 2010년 대비 15퍼센트 가까이 증가했다. 소득과 고용이 회복되었고 임대료가 정상화되었다. 전국 차원의 연구 결과 홍수(를 비롯한 기타 자연재해)는 인구 감소를 이끄는 것이 아니라 인구 성장을 이끄는 것으로 나타났다. 그리고 올리언스 패리시의 인구 성장은 이와 같은 연구 결과에 완전히 부합한다.

라이스대학교 사회학과 교수인 제임스 엘리엇James Elliott은 전국 차원의 이민 데이터를 분석했다. 그 결과 자연재해가 기존의 소외된 사람들을 확실하게 밀어내는 동시에 다른 지역의 소외된 사람들을 끌어들인다는 사실이 밝혀졌다. 특히 자연재해로 피해를 입은 지역에는 주로 아시아인과 히스패닉이 대거 유입된다는 사실이 드러났다. 이와 같은 현상은 자연재해의 피해가 비교적 작은 지역(피해액 5,100만 달러 이하)의 경우에도 예외가 아니었다. 미국 어디든 자연재해 같은 충격적인 사건이 발생하면 해당 지역의 경제가 강화되고 인구가 증가하는 것으로 보인다. 자연재해로 인한 피해가 클수록 경제와 인구도 더 크게 성장하는 것으로 나타났다. 심지어 자연재해 이전의 규모를 넘어서는 경우도 있었다.

지역의 노동력 및 사회구조가 붕괴되는 가운데 복구 자금이라는 명목으로 외부에서 현금이 유입되면 새로운 고용 기회가 창출되고 다른 지역에서 어려움을 겪고 있던 신규 이민자들이 대거 유입된다. 보험회사가 지불하는 보상금, 연방 재난 구호 대출, 자선적 성격의 기부금이 쏟아져 들어오면 재난은 기회로 전환된다. 덕분에 도시계획가는 자금 부족으로 오랫동안 묵혀두었던 재개발 계획을 실행에 옮길 수 있게 된다. 건설업뿐 아니라 도시계획, 설계, 기술, 요식업 분야에서도 새로운 일자리가 생겨난다. 불과 몇 년이라는 짧은 시간 동안 쏟아져 들어오는 자금과 인구는 홍수 피해를 입은 도시의 경제 성장과 인구 성장을 꾸준히 뒷받침하는 토대가 될 수 있다.

홍수와 그 밖의 자연재해가 일어나 재산 피해가 발생하면 부패 범죄가 덩달아 급증하는 것으로 나타났다. 1993년 미주리강과 미시시피강에서 일어난 "대홍수"는 미국 역사상 가장 파괴적인 자연재해 가운데 하나로 기록되었다. 일리노이주, 아이오와주, 캔자스주, 미주리주, 네브래스카주, 노스다코타주, 사우스다코타주, 미네소타주, 위스콘신주가 심각한 피해를 입었다. 피해를 입은 아홉 개 주의 재건 및 복구를 지원하기 위해 미 연방재난관리청에서 무려 12억 달러(소비자물가지수 인플레이션 조정 후 2019년 가치 약 21억 달러)에 달하는 자금을 투입했다. 대규모 연방 재난 구호 자금이 유입되자 이후 몇 년간 부패 범죄로 유죄판결을 받는 사건이 약 세 배 늘어났다.

부패 범죄가 증가하는 이유는 너무나도 명확하다. 자연재해가 일어나 피해가 발생하면 사회는 혼란에 빠진다. 그러나 복구 요구는 시급하게 해결되어야 하기 때문에 뇌물 수수의 여지가 발생하는 것이다. 예를 들어, 복구 시간을 단축하기 위해 경쟁입찰에 기본적으로 요구되는 표준 요구 조건 충족을 보류할 수 있다. 재난 지역에서 발생하는 전형적인 부패 범죄로는 연방에서 자금을 지원하는 재건 사업과 관련된 뇌물 요구, 자금 세탁, 리베이트, 인사 비리, 횡령을 꼽을 수 있다. 피해가 크고 유입되는 현금이 많을수록 부패 범죄로 유죄판결을 받는 사건도 더 많아지는 것으로 나타났다. 미국 전역에서 투입된 복구 자금과 부패 사이의 상관관계를 확인해 문서화했다. 그 결과 흥미로운 가능성이 확인되었다. 예로부터 부패 수준이 높은 것으로 알려진 주(예: 루이지애나주와 미시시피주)의 경우 그렇게 된 배경에 홍수의 발생 빈도와 홍수의 심각도가 연관되어 있을 가능성이 나타난 것이다.

강에서 일어나는 홍수는 사람을 가리지 않는다고 생각하기 쉽다. 자연이 계급이나 인종에 대해 알 리 없기 때문이다. 그러나 저지대에 자리 잡은 하곡과 연안 삼각주처럼 홍수에 취약한 곳에는 보통 저소득층이 거주하기 마련이다. 따라서 홍수가 물러나고 나면 가장 많은 피해를 입은 사람들도 가난한 사람들이고 복구에 나설 수단을 가장 적게 가진 사람들도 가난한 사람들이라는 사실을 확인할 수 있다. 부유한 사람들은 보험금을 청구하고 주택을 재건축할 건축가를 고용한다. 그러나 가난한 사람들은 새로운 인구가 유입되는 와중에도 정든 터전을 떠나는 경우가 많다. 이와 같이 파괴력이 높은 홍수는 미국 내 여러 공동체의 규모와 인종적 다양성을 결정하는 어엿한 사회적, 경제적 요인으로 작용한다.

제방이 무너지면 발생하는 일

홍수의 여파가 정치에 영향을 미치는 경우도 있다.

예를 들어, 허리케인 카트리나가 미국을 강타했을 때 미 연방재난관리청은 발빠르게 대응하지 못했다. 미 연방재난관리청의 구조 및 복구 작전이 지나치게 느리게 전개된 탓에 이재민의 고통이 더 커졌다. 조지 W. 부시George W. Bush 대통령에 대한 대중의 평가는 땅에 떨어졌고 다시는 회복되지 않았다. 흑인이 대부분인 약 1만 명의 이재민이 뉴올리언스 슈퍼돔으로 대피했다. 홍수로 피해를 입은 이재민들은 물과 음식도, 쓸 만한 화장실도 없는 상태에서 무더위와 싸워야 했다. 마이클 브라운Michael Brown 미 연방재난관리청장은 사방에서 쏟아지는 비난에 시달리고 있었다. 그러나 공화당 소속이었던 부시 대통령은 브라운 청장이 "사태에 훌륭하게 대응하고 있다"고 추켜세웠다. 열흘 뒤 브라운 청장은 무능에 대한 책임을 지고 사임했다.

사람들은 부시 대통령이 흑인을 신경 쓰지 않은 무심한 대통령이라고 조롱했다. 이와 같은 사람들의 인식은 부시 대통령의 입지를 크게 약화시켰다. 이후 갤럽Gallup이 실시한 여론조사에서 "조지 W. 부시 대통령이 흑인을 신경 쓴다고 생각하십니까? 신경 쓰지 않는다고 생각하십니까?"라는 질문에 전체 응답자의 60퍼센트, 흑인 응답자의 80퍼센트가 "신경 쓰지 않는다"고 답했다. 부시 대통령은 이전의 그 어떤 행정부보다도 더 많은 흑인을 행정부의 고위직으로 임명했다. 그러나 연방 정부가 뉴올리언스를 덮친 홍수에 적절하게 대응하지 못하면서 미국 내 소수 인종 집단 사이에서 부시 대통령의 이미지는 땅에 떨어지고 말았다.

기록적인 폭풍과 그 폭풍이 미시시피강에 유발한 홍수 때문에 정치생명을 마감한 미국 대통령은 부시 대통령이 처음이 아니었다. 1927년 미시시피강에서 홍수가 일어나 미국 전체를 공포의 도가니로 몰아넣었는데, 이 홍수는 미국 대통령 선거에도 영향을 미쳤다. 격변을 일으켰음에도 불구하고 이상할 정도로 쉽게 잊힌 1927년 미시시피강 홍수는 흑인이 공화당과 결별하는 계기가 된 일련의 사건 가운데 첫 번째였다. 그리고 이때 바뀐 미국의 정치 지형이 오늘날까지도 그대로 이어지고 있다.

오늘날 흑인은 민주당을 압도적으로 지지한다. 2016년 대통령 선거에서 공화당 후보로 나선 도널드 J. 트럼프Donald J. Trump가 흑인 유권자에게서 얻은 지지는 8퍼센트에 불과했다. 그 4년 전 대통령 선거에서 공화당 후보로 나선 밋 롬니Mitt Romney는 당시 민주당 후보였던 버락 오바마를 상대로 6퍼센트의 흑인 표를 얻는 데 그쳤다. 그러나 한 세기 전의 상황은 정반대였다. 즉 흑인이 공화당을 압도적으로 지지했던 것이다.

저명한 노예해방론자이자 정치가인 프레더릭 더글러스Frederick Douglass는 공화당원이었다. 링컨 대통령은 노예 문제를 둘러싼 갈등으로 촉발된 남북전쟁까지 불사하면서 "노예해방선언문Emancipation Proclamation"을 발표했고 수정헌법 제13조를 통과시켜 미국에서 노예제도를 영구적으로 폐지했다. 의회에서 수정헌법 제14조와 제15조 통과를 주도한 것도 공화당 소속 의원들이었다. 수정헌법 제14조는 과거 노예였던 사람들에게 미국 시민권을 부여하고 다른 시민권자와 동등하게 보호받을 권리를 부여하는 조항이었고 수정헌법 제15조는 흑인 남성에게 투표권을 부여하는 조항이었다. 그로부터 50년 뒤 수정헌법 제19조가 통과되어 여성에게도 투표권이 부여되었다. 제19조 통과를 주도한 것도 역시 공화당이었다.

반면 민주당은 헌법 개정에 반대하는 입장이었다. 북부에 있는 주를 대표하는 민주당 의원들이 특히 격렬하게 반대했다. 흑인이 유권자 명부에 추가되면 공화당이 선거에서 승리하는 데 도움이 될 것을 우려했기 때문이다. 남부 주에서는 흑인을 차별하는 혐오 법률인 "짐 크로Jim Crow 법"을 제정해 수정헌법을 우회하려고 시도했다. 민주당은 흑인을 달갑게 여기지 않았다. 심지어 흑인 대표들은 수정헌법 제15조가 발효된 지 60년도 넘게 지난 1936년까지도 민주당 전당대회에 공식 참석할 수 없었다.

도대체 그 사이에 무슨 일이 있었던 것일까? 아프리카계 미국인은 어쩌다가 20세기 초반 일방적으로 지지했던 공화당으로부터 등을 돌리고 민주당을 지지하게 된 것일까?

대부분의 역사책은 그 계기를 민주당에서 배출한 네 명의 진보 성향 대통령에게서 찾는다. 그 시작은 루스벨트 대통령이었다. 루스벨트 대통령은 뉴딜New Deal 정책을 시행했다. 대공황 때문에 다수의 흑인을 포함한 미국인들이 빈곤의 늪에 빠졌는데, 뉴딜 정책은 대공황으로 인해 빈곤해진 미국인들의 사회 안전망을 강화했다. 1936년 루스벨트 대통령은 흑인 유권자 71퍼센트의 지지를 받으면서 재선에 성공했다. 그러나 루스벨트 대통령을 지지한 흑인 가운데 약 절반은 자신을 공화당원이라고 생각했다. 1948년 루스벨트 대통령의 뒤를 이은 해리 트루먼Harry Truman 대통령은 군대에서 일어나는 인종차별을 철폐하고 연방에서 제공하는 일자리에 인종차별적 고용정책을 적용하는 것을 법으로 금지했다. 이와 같은 조치로 트루먼 대통령의 지지 기반인 남부 백인 민주당원들은 트루먼 대통령에 대한 지지를 거둘 터였지만, 그 대신 흑인 유권자의 지지를 얻을 수 있을 터였다. 실제로 1948년 대통령 선거에 출마해 재선에 도전한 트루먼 대통령은 흑인 유권자 77퍼센트의 지지를 얻어 공화당 후보인 토머스 듀이Thomas Dewey를 상대로 패배가 점쳐지던 판세를 뒤집고 당선되는 기염을 토했다. 1963년 민주당 대통령 존 F. 케네디John F. Kennedy는 짐 크로 법을 폐지해서 차별을 철폐하기 위해 새 법안을 추진했다. 그러나 암살당하면서 뜻을 이루지 못했다. 그 뒤를 이은 린든 B. 존슨 대통령은 케네디 대통령의 차별 철폐 노력을 계승했다. 그리고 마침내 1964년 7월 2일 공민권법에 서명했다. 4개월 뒤 존슨 대통령은 흑인 유권자 94퍼센트의 지지를 얻어 재선에서 압도적인 승리를 거뒀다. 그리고 이로써 흑인 유권자의 표심이 공화당에서 민주당으로 완전히 이전되었다.

역사적으로 중요한 이 현상에 대해 설명하는 대부분의 역사가들이 놓치고 있는 것은 루스벨트 대통령이 당선되기 전에 이미 링컨 대통령이 속한 공화당에서 아프리카계 미국인의 이탈이 시작되었다는 사실이다. 흑인들이 공화당에 불만을 가지게 된 계기는 1927년 미시시피강에서 일어난 대규모 홍수가 흑인 농민 수십만 명의 삶을 뒤엎었을 때였다.

1927년 미시시피강에서 일어난 홍수의 규모가 얼마나 컸는지 살펴보면 미시시피강이야말로 진짜 괴물이라는 사실을 알게 될 것이다. 지구상에서 가장 거대한 분수계 가운데 하나인 미시시피강 분수계는 미국 31개 주와 캐나다 2개 주에 걸친 지역에 물을 공급한다. 311만 제곱킬로미터에 달하는 광대한 면적을 아우르는 미시시피강은 캐나다에서 멕시코만 연안, 버지니아주에서 몬태나주를 연결한다. 통틀어 볼 때 미시시피강 분수계가 대륙에 해당하는 미국 영토에서 차지하는 비중은 40퍼센트가 넘는다.

1926년 8월 한 달 내내 여러 차례의 폭풍이 중서부를 강타했다. 덕분에 토양은 물을 흠뻑 머금었고 농민은 가을 수확을 망쳤다. 이듬해 들이닥칠 재앙의 전조였다. 1926년 가을, 겨울, 봄을 지나면서 중서부에는 더 많은 폭풍이 찾아왔고 미시시피강 분지를 흠뻑 적셨다. 일리노이주에서 루이지애나주에 이르는 넓은 지역에서 미시시피강 수위가 최고치를 기록했다. 1927년 1월, 미시시피강에서 동쪽으로 크게 뻗은 지류인 오하이오강이 불어나 피츠버그에서 신시내티에 이르는 지역의 계곡이 침수되었다. 오하이오강보다 작은 지류인 리틀레드Little Red강과 화이트White강도 넘쳐흘러 제방을 무너뜨렸다. 두 강의 영향을 받는 아칸소주의 농장이 4.6미터 깊이의 물에 잠겼다. 1927년 3월 미시시피강 주변 지역에 차례로 홍수가 일어났다. 이에 놀란 사람들은 제방으로 달려가 모래와 흙을 쌓아 올리는 데 총력을 기울였다. 차례차례 일어난 홍수는 강 수위를 최고조로 끌어올렸고, 주변의 땅을 흠뻑 적셨으며, 끝내는 제방을 무너뜨렸다.

1927년 4월 15일(성聖 금요일)에는 상황이 심각한 수준으로 발전했다. 수십만 제곱마일에 달하는 미시시피강 분지에 적게는 152밀리미터, 많게는 380밀리미터에 달하는 폭우가 쏟아졌다. 토양은 이미 물을 많이 머금은 상태여서 더 이상의 물을 흡수할 여력이 없었다. 개울과 습지 역시 이미 수위가 오를 만큼 오른 상태였다. 따라서 1927년 4월 15일 내린 비는 거의 모두 미시시피강 지류로 곧장 흘러들었다. 존 M. 배리John M. Barry는 재난사를 개괄한 ≪밀물: 1927년 미시시피강 대홍수와 미국의 변화Rising Tide: The Great Mississippi Flood of 1927 and How It Changed America≫에서 다음과 같이 기록했다.

☞ 미시시피강은 세상에서 가장 강력한 힘을 지닌 강인 것 같았다. 미시시피강은 콜로라도주 로키산맥, 캐나다 앨버타주와 서스캐처원주, 뉴욕주와 펜실베이니아주 앨러게니산맥, 몬태나주의 숲과 미네소타주 철광석 지대, 일리노이주 평원에서 발원한다. 이처럼 드넓은 대륙 곳곳에서 발원하는 미시시피강은 (…) 마치 깔때기처럼 하늘에서 대륙으로 내려온 모든 물을 한곳으로 빨아들인다. 그러고는 마치 거대한 뱀이 기어가듯 드넓은 대륙을 구불구불 흘러간다.

1927년 4월 미시시피강을 덮친 홍수로 인해 제방이 힘없이 무너져 내렸다. 일리노이주에서 멕시코만에 이르는 미시시피강 계곡 주변의 광대한 농경지가 물에 잠겼다. 70만 명이 넘는 사람들이 집을 잃었다. 공식적인 사망자는 313명(익사)이었지만 실제 사망자 수는 이를 훨씬 웃돌았다. 희생자 대부분이 멕시코만으로 휩쓸려 들어가거나 깊은 모래와 진흙 속에 묻혀버렸기 때문이다. 넘친 강물의 절반 이상이 아차팔라야Atchafalaya강으로 흘러들어갔다. 그렇지 않았다면 1927년 4월 미시시피강에 일어난 홍수는 뉴올리언스를 완전히 쓸어버렸을 것이다.

1927년 내내 미시시피강에서 일어난 홍수와 그 여파가 전국 단위로 발행되는 신문의 머리기사를 장식했다. 이해할 수 없는 일이었지만 공화당 대통령 캘빈 쿨리지Calvin Coolidge는 재난 현장 방문을 거부했다. 홍수의 여파로 폐허가 된 여러 주의 지도자들과 적십자사 같은 구호단체에서 절박한 심정으로 대통령의 방문을 여러 차례 요청했다. 대통령이 방문한다면 미국과 전 세계에서 당장 필요한 구호 물품을 지원받고 자원봉사자들의 도움을 받을 수 있을 터였다. 그러나 이상하게도 쿨리지 대통령은 재난 현장 방문을 단호하게 거절했다. 그리고 쿨리지 대통령의 결정은 정치적으로 치명적인 실수로 밝혀졌다. 따라서 그 뒤를 이은 미국 대통령 가운데 이와 같은 실수를 되풀이한 대통령은 없었다. 오늘날 큰 자연재해가 닥친 현장에는 어김없이 대통령이 모습을 드러낸다. 기자회견이 열리고, 구호단체를 이끄는 사람들과 이야기를 나누는 대통령의 모습, 응급구조대를 격려하고 피해자를 감싸는 대통령의 모습이 온 미국으로 전파된다.

쿨리지 대통령이 이끄는 행정부에서 상무부 장관을 맡은 허버트 후버Herbert Hoover가 그 정치 공백을 메우고 나섰다. 전직 광업 기사였던 후버 장관은 홍수에 대해 개인적인 관심을 가지고 예리하게 관찰했다. 후버 장관은 미국 정부가 기울인 구호 및 복구 노력을 열정적으로 그리고 효과적으로 진두지휘했으며 재난 지역을 자주 방문했다. 덕분에 후버 장관에 대한 언론 보도가 쏟아졌다. 모두 의도된 일이었다. 후버 장관은 취재기자와 사진기자들에게 복구 현장에 대한 자유로운 출입을 허가했고 자신에 대한 취재에도 적극적으로 응했다. 언론은 후버 장관을 큰 규모의 재난 현장에 나타나 국가 차원의 대응을 지휘하는 인물로 부각했다. 인지도가 거의 없었던 후버 장관은 불과 몇 달 만에 온 미국에서 모르는 사람이 없는 인물로 급부상했다.

1928년은 대통령 선거가 치러지는 해였다. 1927년 재난 복구를 지휘하면서 전국적으로 명성이 높아진 후버가 당내 경선에서 승리하면서 공화당을 충격에 빠뜨렸다. 후버는 공화당이 대통령 후보 1순위로 꼽은 일리노이 주지사 프랭크 로든Frank Lowden을 비롯해 공화당 내 주요 경쟁자를 모두 물리쳤다. 그리고 공화당 대통령 후보로 지명받은 후버가 1928년 대통령 선거에서 승리를 거머쥐었다.

물론 모두가 후버 대통령을 반긴 것은 아니었다.

홍수가 휩쓸고 지나간 자리에서 살았던 사람들은 하나도 빠짐없이 고통을 겪었다. 그러나 미시시피강 제방이 무너졌을 때 가장 큰 피해를 입은 사람들은 흑인들과 가난한 사람들이었다. 그리고 안타깝게도 이와 같은 현상은 78년 뒤 허리케인 카트리나가 뉴올리언스를 휩쓸었을 때 어김없이 반복되었다.

노예제도는 사라졌지만 백인 지주에게 흑인이 예속되는 현상은 사라지지 않았다. 대차대조표에서 약 30억 달러 가치에 달하는 인간 "재산"이 지워졌다. 이에 따라 과거로부터 대를 이어 노예를 부려 부를 쌓아온 플랜테이션 농장주 계급도 사라졌다. 대신 흑인 소작인의 노동에 전적으로 의존하여 부를 축적하는 백인 지주 체계가 그 자리를 채웠다. 백인 지주는 흑인 소작인에게 농작물을 넉넉하게 제공하지 않았을 뿐 아니라 주요 식료품을 판매했다. 따라서 흑인 노동력은 소작인의 지위에서 쉽게 벗어날 수 없었다. 흑인 소작인에게는 언제든 떠날 수 있는 자유가 있었지만 실제로 떠날 수 있는 수단을 보유한 흑인은 드물었다. 그럼에도 불구하고 '흑인 대이동'의 첫 물결은 이미 시작되었다. 남부에 거주하던 약 600만 명의 흑인이 남부를 완전히 등졌다. 가난한 흑인 대부분, 특히 미시시피강 삼각주에서 소작인으로 일했던 흑인들은 부푼 꿈을 안고 남부를 떠나 디트로이트, 피츠버그, 시카고 같이 북부의 성장하는 도시에 사는 친척을 찾아갔다.

미시시피강 홍수가 일어난 1927년은 이와 같은 변화의 바람이 불던 시기였다. 백인과 흑인을 막론하고 모든 사람이 제방의 가장 높은 곳과 고지대에 마련된 대피소로 몸을 피해야 했다. 미시시피주 그린빌에서는 높이 2.4미터, 너비 15미터의 거대한 제방도 마을을 보호하지 못했다. 거품이 이는 강물이 제방을 무너뜨리고 마을로 넘어왔다. 마치 파도가 해변에 부딪히듯 넘실거리는 강물이 주택에 부딪히면서 그린빌 전체를 덮었다. 생존자 수천 명은 아직 무너지지 않은 제방의 가장 높은 곳으로 몸을 피했다. 길고 가느다란 띠 모양의 제방이 진흙탕 바다 위에 남은 최후의 고지대였다.

적십자사는 결국 아칸소주, 일리노이주, 켄터키주, 루이지애나주, 미시시피주, 미주리주, 테네시주에 집중 대피소 154개를 세우고 이재민을 수용했다. 대부분의 대피소는 백인과 흑인을 분리해 수용했다. 그 끔찍했던 여름, 흑인들은 홍수 복구를 위한 노동에 내몰렸다. 흑인들은 모래주머니를 채우고 제방을 수리했다. 적십자사가 백인을 비롯한 이재민에게 제공하는 식량을 차량에서 내리는 일도 흑인의 몫이었다. 흑인은 구호용 부선을 통해 제공되는 비상 구호 물품을 나누어주는 일도 맡았다. 대피소의 조건은 열악했지만 대부분은 견딜 만한 상황이었다. 음식이 제공되었고 노동력을 제공하는 경우에는 1, 2달러의 일당도 받을 수 있었다.

지금은 거의 잊혔지만, 1927년 일어난 미시시피강 홍수는 미국 역사상 최악의 자연재해 가운데 하나다. 이 홍수는 정치에 큰 파문을 일으켰다. 후버가 제31대 대통령으로 당선되는 데 영향을 미친 것이다. 아울러 흑인 유권자들과 공화당이 불화하게 되는 첫 계기가 되었다.

그러나 그린빌의 상황은 달랐다. 무장한 백인 남성들이 그린빌을 통제했다. 그린빌의 흑인 이재민은 떠날 수 없었고 강제로 노동해야 했다. 이재민을 구조할 증기선이 도착해 제방으로 대피한 생존자들이 배에 옮겨 타는 순간에도 그린빌을 이끄는 백인들은 흑인이 구조선에 옮겨 타지 못하게 막았다. 그린빌 백인들은 한번 떠난 흑인 노동자들은 다시 돌아오지 않을 것이라는 사실을 알고 있었다. 그들에게는 홍수보다 흑인 노동력이 사라지는 것이 더 두려웠던 것이다.

그린빌에서는 약 1만 3,000명의 흑인 이재민이 제방에 있는 대피소에서 오지도 가지도 못하는 신세가 되었다. 무장한 경비원이 대피소를 순찰했다. 복숭아 통조림같이 사람들이 선호하는 식품의 공급은 백인들이 통제했다. 흑인들은 무급으로 일을 해야 했고 자기가 맡은 업무를 기재한 명찰을 윗옷에 달아야 했다. 청소, 요리, 빨래 같은 허드렛일은 모두 흑인들의 몫이었다. 명찰을 달지 않으면 음식을 먹지 못하는 벌을 받았다. 무장한 백인들은 대피소를 지키면서 흑인들이 빠져나가지 못하게 막았다. 그린빌 시내에 물이 빠진 뒤에야 흑인들은 대피소를 벗어날 수 있었다. 지주들이 찾으러 왔기 때문이다.

많은 사람들은 미시시피강에서 일어난 홍수를 떠날 기회로 여겼다. 따라서 지주에게로 되돌아가기를 거부하는 사례가 속출했다. 흑인 노동력을 잃지 않으려고 애를 쓰는 백인 지주와 소작인 생활에 신물이 난 흑인 하층민 사이에 힘겨루기가 시작되었다. 그해 내내 구타와 잔혹 행위가 끊이지 않았다. 따라서 1927년 미시시피강에서 일어난 홍수 덕분에 흑인 대이동의 속도가 빨라졌다. 홍수로 집을 잃은 이재민들이 남부를 영원히 떠날 때가 왔다고 느꼈기 때문이다.

혼란의 한복판에서 후버 장관은 교묘하게 움직였다. 그는 홍수 피해를 입고 대피소에서 오지도 가지도 못하게 된 흑인 이재민에게 겉으로는 동정심을 드러냈다. 그러나 흑인들의 곤경을 해결하기 위한 실질적인 조치는 거의 취하지 않았다. 대통령 지명을 받기 위해 애쓰던 시기에는 그동안 공화당이 누려온 흑인 유권자들의 압도적인 지지를 강화하는 데 공을 들였다. 그린빌에서 흑인을 상대로 자행된 잔학 행위가 전해졌다. 그 즉시 후버는 부커 T. 워싱턴Booker T. Washington의 뒤를 이은 흑인 지도자 로버트 모튼Robert Moton을 초청해 잔학 행위 조사 자문단을 구성했다. 개인적인 차원에서 모튼의 환심을 사기 위해 후버는 "재정착" 모기지 사업 계획을 내밀었다. 재정착 모기지 프로그램은 홍수 피해를 입은 지역 출신 흑인 소작농 이재민 수천 명에게 각각 20에이커 규모의 농장을 제공하는 사업이었다. 기본 자금은 적십자사 기금 450만 달러를 활용할 계획이었다. 그렇게만 된다면 후버는 흑인들에게 '노예해방 이후 가장 중요한' 업적을 남긴 대통령이 될 터였다.

그러나 후버가 모튼에게 제시한 계획은 모두 거짓이었다. 후버는 '재정착' 프로그램을 시행하지 않을 생각이었다. 따라서 대통령이 된 뒤에도 거기에 관련된 지원을 모조리 거부했다. 후버는 그린빌 내에서 일어난 불미스러운 잔학 행위로 인해 자신이 입을 정치적 타격을 줄이는 데만 연연했다. 후버는 모튼을 가지고 놀았고 나아가 흑인 유권자 전체를 가지고 놀았다. 그리고 흑인들은 그 사실을 뼈저리게 느꼈다.

후버는 1928년 선거에서 승리했지만 흑인 표의 15퍼센트를 잃었다. 공화당으로서는 충격적인 일이 아닐 수 없었다. 나아가 후버는 인종차별론자를 대법관으로 지명했다. 소속 정당인 공화당조차 기피하는 인물이었다. 1932년 후버가 재선을 위해 출마했을 때, 후버를 가장 확고하게 지지했던 흑인 가운데 한 명인 모튼이 지지를 철회했다. 공화당 후보로 나선 후버는 민주당 후보인 루스벨트에게 압도적인 패배를 당했다. 도저히 무너뜨릴 수 없을 것만 같던 정치적 제방에 처음으로 균열이 발생한 것이었다. 그 균열을 기점으로 흑인은 공화당에 대한 지지를 거두어들이고 민주당 지지로 돌아서게 되었다.

중국의 슬픔을 무기로 활용하다

나는 몇 년 전 대만에서 기조강연을 하게 되었다. 장소는 타이베이 시내에 있는 유서 깊은 건축물인 중산당Zhongshan Hall의 대규모 강당이었다. 중산당이 유명한 이유는 두 가지다. 첫째, 1945년 10월 25일 일본은 이곳에서 대만섬을 중화민국에 공식 반환했다. 중국을 장악하기 위해 침략 전쟁을 벌인 지 8년 만의 일이었다. 그것보다 한 달 앞서 일본은 도쿄만에 정박한 미주리 함USS Missouri 갑판에서 연합국에 항복했다. 이로써 제2차 세계대전은 공식적으로 종결되었다.

중산당이 유명한 두 번째 이유는 널찍한 옥외 발코니에 있다. 본토에서 추방당한 장제스Jiang Jieshi(중국 최후의 비공산주의 대통령)가 이곳에서 국제 무대로의 복귀를 알렸기 때문이다. 1949년 장제스와 그가 이끄는 국민당은 마오쩌둥이 이끄는 공산군에 패배해 대만섬으로 도피했다. 장제스는 중화민국이라는 이름을 그대로 사용하면서 작은 섬 대만을 작전기지로 바꾸어 중국 본토를 탈환할 계획을 세웠다. 장제스는 중산당의 우뚝 솟은 야외 발코니에서 많은 연설을 통해 사람들을 결집시켰다. 대만의 지도자로서 취임 연설도 이곳에서 했다.

일본의 중국 침공, 장제스 추방, 공산주의 중국의 부상이라는 복잡한 이야기에는 모두 중국 북부를 관통하는 주요 강인 황허강이 등장한다. 1938년 장제스는 타이베이에서 북서쪽으로 1,000킬로미터 넘게 떨어져 있는 황허강에서 끔찍한 일을 저질렀다. 덕분에 장제스 자신이 몰락의 길을 걷게 되었을 뿐 아니라 중국 본토에서 공산주의 세력의 진로가 영원히 바뀌게 되었다.

1장에서 설명했듯이 황허강은 중국 문명의 요람이자 세계에서 가장 위험한 강이다. 황허강은 중국 중북부 지역 60만 제곱킬로미터 이상의 면적을 뒤덮고 있는 거대한 황투Huangtu고원을 휩쓸고 지나간다. 황투고원은 지질학적으로 특이하다. 부드럽고 부서지기 쉬운 황토층으로 이루어져 있기 때문에 빠르게 침식되어 막대한 양의 토사를 황허강으로 밀어낸다. 황투고원에서 침식된 토사가 흘러들면 강물은 지금지금한 황갈색 물로 변한다. 강물의 색깔에서 이름이 유래한 황허강으로 흘러드는 퇴적물의 양은 세계에서 최고 수준이다. 매년 10억 톤이 넘는 퇴적물을 바다로 운반하는 황허강이야말로 자연의 진짜 괴물이라고 할 수 있다. 황허강의 배수량은 세계에서 가장 큰 강인 아마존강 배수량의 1퍼센트에도 못 미친다. 그러나 매년 황허강이 운반하는 퇴적물의 양은 아마존강이 매년 운반하는 퇴적물의 양과 거의 비슷하다.

역사적으로 황허강은 인류에게 유익한 강인 동시에 위험한 강으로 자리매김해왔다. 그 이유는 바로 이 엄청난 양의 퇴적물에서 찾을 수 있다. 황허강으로 흘러드는 모든 토사가 바다로 흘러 나가는 것은 아니다. 수천 년 동안 황허강이 운반한 퇴적물은 홍수와 전위 같은 자연현상에 의해 주변으로 퍼져나갔다. 덕분에 황허강 주변에는 지구상에서 가장 비옥한 땅이 형성되었다. 그리고 바로 그 화베이평야를 중심으로 농업 문명이 발전하게 되었다(1장에서 살펴본 것처럼 성군 우는 황허강에서 일어나는 자연 현상에 통달한 인물이었다. 덕분에 황허강 치수법을 터득해 중국 최초의 왕조를 세우고 문화를 발전시킬 수 있었다).

홍수는 파괴하는 힘인 동시에 형성하는 힘이다. 따라서 농부, 그리고 궁극적으로 정부는 황허강을 통제하기 위해 제방을 건설했다. 목표는 황허강 주변에 자리 잡은 부락을 보호하고 자꾸 바뀌는 강의 경로를 정해진 경로로 유지하는 것이었다. 그러나 계속해서 퇴적물이 침전되면서 강바닥의 높이가 높아졌다. 황허강이 실어 나르는 퇴적물이 워낙 많기 때문에 강바닥의 높이가 높아지는 속도도 유난히 빠르다(매년 약 10센티미터). 강바닥이 높아지는 만큼 제방도 따라서 높여야 했다.

결국 황허강의 수위가 주변에 자리 잡은 범람원보다 더 높아지게 되었다. 그러면 제방 중 일부가 무너지기 마련이었다. 제방을 넘은 강물이 저지대로 흘러들어가 계곡이 범람했다. 그 과정에서 바다로 가는 새로운 길이 만들어지기도 했다. 역사 기록에 따르면 지난 250년 동안 황허강은 1,600번 가까이 제방을 무너뜨렸다. 작은 부락 수천 개가 물에 잠겼고 수백만 명이 물에 빠져 죽었다. 지구상의 어떤 강도 황허강만큼 많은 사람에게 고통과 죽음을 안기지 않았다. 이런 이유로 황허강은 "중국의 슬픔"이라고 불리기도 한다.

황허강에서는 적어도 26차례의 전위가 일어난 것으로 보인다. 그리고 그때마다 화베이평야를 가로지르는 황허강의 경로가 새롭게 바뀌었다. 이 오래된 강바닥은 오늘날 우주에서도 관측된다. 위성 영상을 확인해보면 남북으로 수백 킬로미터에 걸쳐 있는 황허강 물길의 흔적이 보인다. 마치 북쪽에 자리 잡은 발해만으로 흘러들어갈 것인지, 남동쪽에 자리 잡은 황해로 흘러들어갈 것인지 갈피를 잡지 못해 우왕좌왕하는 모습이다.

그러나 이 파괴적인 홍수가 모두 자연적으로 발생한 것은 아니다. 1938년 중국의 지도자 장제스는 황허강에 고의로 홍수를 일으켰다. 그리고 그 결과 본인, 국민당, 중국의 정치적 미래가 크게 흔들렸다.

먼저, 배경부터 살펴보자. 1920년대 중국 정치는 혼란 그 자체였다. 여러 군벌이 권력 다툼을 벌였기 때문이다. 가장 큰 영향력을 발휘한 정당은 국민당과 중국공산당이었다. 두 당은 극심하게 대립했지만 쑨원의 지도 아래 한동안 협력 관계를 유지했다. 쑨원은 국민당을 창설하고 청나라가 몰락한 뒤 중국의 지도자로 나선 최초의 인물이었다. 1925년 쑨원이 암으로 사망하자 보수적인 색채가 분명했던 장제스가 쑨원의 후계자를 자처하면서 국민당 지도자로 나섰다. 중국공산당은 마오쩌둥이 이끌었다. 공산주의를 맹렬히 반대한 장제스는 1927년 4.12 사건을 일으켜 공산당원 수천 명을 처형했다. 이로써 가뜩이나 불안했던 동맹이 무너졌고 제1차 국공내전이 시작되었다.

일본은 제1차 국공내전이 유발한 혼란을 틈타 1931년 중국 북동부에 있는 세 개의 성(당시 만주)을 침략했다. 이후 몇 년 동안 장제스는 일본 세력과 대치하면서 마오쩌둥이 이끄는 공산당과 싸워야 했다. 1937년 이전 일본과는 몇 차례의 소규모 충돌만 일어났다. 그러다가 1937년 베이징 인근을 흐르는 융딩Yongding강에 설치된 마르코폴로Marco Polo 다리(또는 루거우차오Lugouqiao)에서 총성이 울렸다. 루거우차오 사건은 중일전쟁의 발단이 되었다. 1937년 7월 국민당과 공산당은 제1차 국공내전을 중단하기로 합의했다. 그리고 일본의 전면적인 침략에 맞서 "항일전쟁"에 돌입했다. 3장에서 언급한 양쯔강 파나이함 침몰 사건이 바로 이 격동의 시기에 일어났다. 그렇게 제2차 중일전쟁이 막을 올렸다.

중국군에게 제2차 중일전쟁은 시작부터 순탄하지 않았다. 일본은 순식간에 국민당의 수도 난징을 점령했다. 그리고 30만 명이 넘는 사람들이 일본군에게 학살당한 것으로 추정된다. 장제스는 서쪽으로 철수해 우한에 자리를 잡았지만 1938년 5월 그마저 무너지고 말 터였다. 만일 우한을 잃는다면 중국은 중요한 산업도시를 잃게 될 터였다. 그러면 미국과 영국이 중국에 대한 지원을 철회할 가능성이 높았다. 당시 미국과 영국은 중국과 동남아시아 식민지를 차지하려는 일본의 열망을 견제하고 있었지만 아직 일본에 선전포고를 하지는 않은 상태였다. 장제스는 우한을 잃을 경우 안게 될 위험을 잘 알고 있었다. 따라서 일본군의 우한 진격 속도를 늦추고 나아가 진격 자체를 막을 방법을 찾는 데 혈안이 되었다.

그리고 마침내 황허강의 물길을 돌려 일본군의 진로를 차단하기로 결정했다.

1938년 6월 일본군이 우한으로 진격했다. 장제스는 허난성 정저우 인근의 황허강 제방 폭파를 명령했다. 정저우는 황허강이 북동쪽으로 진로를 급격하게 바꿔 발해만으로 선회를 시작하는 지점에 있었다. 정저우 북쪽에 있는 작은 부락 화위안커우에서 처음으로 제방이 무너졌다. 6월 9일 황허강 제방이 완전히 열렸다. 높은 곳에 가둬두었던 물이 남동쪽 낮은 지대로 쏟아져 들어갔다. 폭이 100킬로미터에 달하는 물줄기가 소용돌이치면서 400킬로미터가 넘는 거리를 내달려 양쯔강과 화이허Huaihe강으로 흘러들었다. 불과 몇 시간 전만 해도 이 장대한 황허강의 물줄기는 북동쪽으로 700킬로미터 이상 떨어진 곳에 있는 발해만으로 향하고 있었다. 그러나 이제는 새로운 물줄기를 타고 남동쪽으로 1,000킬로미터 떨어진 상하이와 황해를 향하게 되었다.

제방이 터지면서 일어난 거대한 홍수에 일본군 수천 명이 익사했다. 그러나 불행은 일본군에게만 미치지 않았다. 홍수가 지나가는 길목에 터를 잡고 살고 있던 약 90만 명의 중국 민간인도 목숨을 잃었다. 44개 도시와 3,500개의 부락이 침수되거나 쓸려 나갔고 400만 명의 이재민이 발생했다. 허난성, 안후이성, 장쑤성 경작지의 절반이 못 쓰게 되었다. 덕분에 1942년에서 1943년 사이 허난성 대기근이 일어나 300만 명이 사망에 이르렀다. 황허강이 새로 만든 경로에는 제방이나 수로가 없었기 때문에, 다음 8년 동안 장마철만 되면 매년 반복해서 홍수가 일어났다.

황허강이 흘렀던 원래 물길에서는 말 그대로 물이 자취를 감추었다. 선박 5,000척이 육지에 나뒹굴었다. 어촌 공동체 전체가 무너져 버렸다. 장제스는 황허강의 제방을 고의로 무너뜨렸다. 장제스가 고의로 일으킨 황허강 전위의 직접적인 영향을 받은 중국인은 약 1,250만 명에 달했다.

황허강의 물길을 바꾸는 전술 덕분에 일본의 진격이 지연된 것은 사실이다. 그러나 우한의 몰락까지 막을 수는 없었다. 4개월 후 양쯔강 서쪽으로 진격한 일본군은 우한을 점령했다. 그리고 4개월이라는 시간은 국민당 정부가 탈출하기에 충분한 시간이었다. 이 사건을 통해 서양의 동맹국들은 일본에 대한 장제스의 항전 의지가 진심이라는 사실을 확인했다. 이에 따라 소련과 함께 계속해서 중국에 원조를 제공했다.

1938년 중국의 지도자 장제스는 황허강의 물길을 전환해 일본의 공격을 막으려 했다. 고의로 일으킨 홍수로 인해 일본의 진격은 잠시 지연된 반면 3,000개 이상의 부락과 도시가 경고도 받지 못한 채 졸지에 피해를 입었다. 그 과정에서 90만 명가량의 중국 민간인이 목숨을 잃었다. 장제스의 국민당은 책임을 부인했을 뿐 아니라 사과조차 하지 않았다. 반면 마오쩌둥이 이끄는 공산당은 홍수 피해자와 농민이 물이 빠진 황허강 계곡에 정착할 수 있도록 지원해 국민당과 뚜렷한 대조를 이루었다. 이때 공산당의 홍수 피해 지원 활동은 궁극적으로 마오쩌둥이 내전에서 승리하고 공산당이 중국을 통치하는 데 보탬이 되었다.

일본군은 중국군에 비해 기술적으로 우위를 점하고 있었다. 그러나 1938년 말 일본은 보급이 열악한 상황에서도 단호하게 맞서는 대규모 중국인에게 가로막히고 말았다. 중국 서부에 자리 잡은 국민당 정부와 중국 북부에 형성된 전선 후방에서 게릴라 전투를 벌이는 공산당이 중국인의 저항을 주도했다. 이에 따라 제2차 중일전쟁은 장기간의 교착 상태에 들어갔다.

교착 상태는 3년 동안 지속되었다. 1941년 12월 7일 미국은 일본을 상대로 한 전쟁을 공식적으로 선포했다. 동남아시아 식민지에서 벌어진 일련의 전투에서 승리한 일본은 그 여세를 몰아 인도로 진격했다. 1942년 미국은 미드웨이Midway섬에서 결정적인 승리를 거머쥐었다. 결과적으로 미드웨이해전은 태평양전쟁의 전환점이 되었다. 미드웨이해전에서 승리한 미국은 남태평양의 섬에서 치열한 전투를 벌였고 영국은 미얀마 식민지를 되찾기 위해 분투했다.

1945년 8월 6일 미 공군은 일본 히로시마에 첫 번째 원자폭탄을 투하했고, 3일 뒤 나가사키에 두 번째 원자폭탄을 투하했다. 약 12만 명의 민간인이 목숨을 잃었고 전쟁이 종식되었다. 9일 뒤 일본은 항복을 공식 선포했다. 그리고 1945년 9월 2일 도쿄만에 정박한 미주리 함 갑판에서 연합국 최고 사령관 더글러스 맥아더Douglas MacArthur 장군에게 항복했다. 7일 후 일본은 난징에서 중국에 공식 항복했고 뒤이어 중산당에서 중화민국에 항복했다. 70년 뒤 내가 기조연설을 하게 된 바로 그 역사적인 건물이다.

* ⌛ *

일본이 공식 항복했다. 그러나 중국에 평화가 찾아온 것은 아니었다. 외국 군대가 철수하자 장제스가 이끄는 국민당과 마오쩌둥이 이끄는 공산당이 맺었던 휴전협정이 파기되고 말았다. 잠시 중단되었던 내전이 다시 시작된 것이다. 장제스가 고의로 황허강 제방을 폭파한 사건은 제2차 국공내전에서 중요한 역할을 담당해 그 결과에 큰 영향을 미쳤다.

장제스가 황허강에 전위를 일으킨 뒤 9년이라는 세월이 흘렀다. 그러는 사이 그 사건이 미친 여파는 점점 커져서 심각한 지경에 이르렀다. 애초 국민당 정부는 황허강 제방 폭파에 대한 책임을 부인했다. 국민당 정부는 황허강 제방 파괴를 일본이 투하한 폭탄 탓으로 돌렸다. 일본은 국민당의 주장을 강력하게 부인했다. 몇 주 뒤 언론은 황허강 제방 파괴의 주범이 중국 정부라는 사실을 정확하게 파악해 전했다. 1930년대의 중국에서 민간인 사망을 대하는 태도는 오늘날과 사뭇 달랐다. 당시에는 민간인 사망에 대한 관용도가 지금보다 더 높았다. 즉 지도자와 일반 대중 모두 국가의 이익을 위해 민간의 부수적 피해가 발생할 수 있다는 사실을 오늘날보다 더 쉽게 받아들이는 편이었다. 그럼에도 불구하고 국민당 정부가 고의로 일으킨 사건으로 인해 엄청난 규모의 재난이 일어났고 거의 100만 명에 달하는 사람이 무의미한 죽음을 맞이했다는 사실 앞에 중국 대중은 분노했다. 국민당 정부에 대한 중국 대중의 분노는 점점 커졌고 이내 돌이킬 수 없는 수준에 이를 터였다.

황허강 전위로 인해 북쪽을 향해 흐르던 황허강 물길이 남쪽으로 변경되었다. 이에 따라 황허강이 흘렀던 원래 물길이 바닥을 드러내면서 넓은 땅이 드러났다. 마오쩌둥이 이끄는 공산당은 그 공간으로 파고들었다. 홍수 피해를 입은 이재민을 비롯하여 약 50만 명의 농민이 공산당의 도움을 받아 오늘날 허난성, 허베이성, 산둥성 지역 일대에 새로 생겨난 땅에 정착했다.

새로운 정착지가 뿌리를 내리자 황허강의 옛 물길을 복원할 것인지 여부를 두고 국민당과 공산당 사이에 의견이 엇갈렸다. 국민당 정부는 황허강 제방에서 파괴된 부분을 복구해 1938년 이전에 흐르던 황허강의 옛 물길을 복원하겠다는 계획을 발표했다. 황허강의 물길이 변경되면서 폐허로 변한 허난성, 안후이성, 장쑤성 일대에서 생계를 이어온 생존자들은 국민당을 강력하게 지지했다. 황허강이 새로 낸 물길로 인해 대부분의 농지가 사라진 데다가 그나마 남은 농지도 매년 반복되는 위험한 홍수에 노출되어 있었기 때문이다. 반면 중국공산당은 강이 마르면서 새로 생겨난 땅에 정착하도록 지원한 농민 50만 명의 안위를 걱정하면서 국민당의 제방 복구 계획에 반대하고 나섰다. 황허강의 옛 물길을 복원하는 사업은, 국민당은 찬성하고 공산당은 반대하는 정치적인 사안이 되었다.

제2차 세계대전이 끝난 뒤 전쟁 중 점령당했던 국가의 재건을 지원하는 구호 기구인 국제연합 구제부흥사업국이 설립되었다. 국민당은 황허강의 옛 물길을 복원하는 사업을 추진하기 위해 국제연합 구제부흥사업국이 제공하는 국제 기금을 지원받았다. 중국 프로그램은 국제연합 구제부흥사업국이 지원한 사업 가운데 규모가 가장 큰 축에 속했다. 중국 프로그램보다 더 규모가 큰 재건 사업은 독일 재건 사업뿐이었다. 그러나 국제연합 구제부흥사업국은 국민당이 새로 생겨난 땅에 정착한 주민들을 보호하는 데 필요한 새로운 제방을 쌓고 기존 제방을 보수하는 일에 관심이 없다는 사실을 파악하게 되었다. 이에 따라 자금 지원 약속을 철회했다.

사실 장제스가 황허강의 옛 물길을 신속하게 복원하려 한 이면에는 정치적 이유가 있었다. 황허강의 옛 물길을 복원하면 국민당은 허난성, 안후이성, 장쑤성 지역에 터를 잡고 살아가는 홍수 피해자들의 지원을 받을 수 있었다. 그 지역은 대체로 국민당을 지지하는 지역이기 때문이다. 한편 황허강의 옛 물길을 복원하면 황허강을 이용해 공산당의 주요 군사 조직 두 개를 서로 갈라놓을 수 있다는 이점도 있었다. 하나는 황허강 북쪽에 자리 잡은 진지루위 야전군이었고 다른 하나는 산둥성 남쪽에 자리 잡은 화둥 야전군이었다. 그러나 마오쩌둥이 이끄는 공산당은 새로 생겨난 땅에 정착한 주민을 보호하기 위한 제방을 쌓는 일에 시간과 자원을 투입할 것을 요구했다. 또한 황허강의 옛 물길을 복원하고 난 뒤에는 그동안 애써 새롭게 일군 터전을 다시 잃어버리게 될 사람들을 위해 구호 기금을 사용해야 한다고 주장했다. 황허강의 옛 물길을 복원하는 사업은 점점 더 중요한 정치 쟁점으로 비화되었다. 이 문제를 둘러싸고 국민당과 공산당의 갈등이 심화되었다. 황허강의 옛 물길을 복원하는 사업은 결국 중국이 제2차 국공내전에 돌입하는 도화선이 되었다.

1946년 12월 27일 국민당은 1938년 이전에 흐르던 황허강의 옛 물길에 물을 흘려보냈다. 사전 경고는 없었다. 공산당은 이 사건을 장제스에게 더 이상 협상할 뜻이 없다는 의미로 받아들였다. 그 직후 장제스는 중국 북부에 자리 잡은 공산군에 대한 전면 공격을 시작했다. 시간과 물자가 부족했던 공산당은 국민당의 공격을 방어하기에 급급했다. 공산당은 새로 생겨난 땅을 보호하기 위한 제방 복구 사업에서 손을 뗄 수밖에 없었다. 결국 새로 생겨난 땅에 정착한 공동체는 황허강의 옛 물길이 복원될 경우에 전혀 대비하지 못한 채 무방비 상태로 남게 되었다.

1947년 3월 15일 장제스는 황허강 제방에서 파괴된 부분을 완전히 복구하라고 명령했다. 황허강의 물길이 다시 한번 바뀌었다. 이제 황허강은 옛 계곡을 따라 북동쪽을 향해 흐르게 되었다. 이번에도 역시 새로 생겨난 땅에 정착한 공동체에는 아무런 경고도 하지 않았다. 덕분에 거의 500개에 달하는 부락이 침수되었고 주민 수백 명이 물에 빠져 목숨을 잃었으며 10만 명이 넘는 사람들이 집을 잃고 거리로 내몰리게 되었다. 1938년 처음 발생한 홍수에 비해 사상자 수는 상대적으로 적었다. 그러나 황허강의 옛 물길을 예고 없이 복원한 장제스의 무정한 태도로 인해 국민당의 입지는 이전보다 더 약화된 반면 공산당은 더 많은 사람의 지지를 손쉽게 확보하게 되었다.

공산당은 새로운 위기를 기회로 삼았다. 공산당은 황허강의 옛 물길이 복원되는 바람에 피해를 입은 공동체를 다시 한번 조직했다. 황허강 물이 다시 흐르게 된 하곡을 따라 제방 복구를 지원했다. 덕분에 국민당에 대한 중국 대중의 불신은 더욱 커졌고 이내 국민당 반대 운동으로 비화했다. 1938년과 1947년, 두 번의 홍수를 겪으면서 농민들은 공산당을 동정하고 지지하게 되었다. 덕분에 공산당은 군인을 손쉽게 모집할 수 있었다. 그리고 이것은 뒤이은 전투에서 공산당이 승리하고, 마침내 제2차 국공내전에서 공산당이 최종 승리하는 데 중요한 요인이 되었다.

황허강을 이용해 공산당의 주요 군사 조직을 물리적으로 분할하려는 국민당의 계획은 큰 효과가 없는 것으로 판명되었다. 사실 황허강의 옛 물길을 복원하는 바람에 국민당의 영역 일부와 공산당 영역 일부를 나누는 강이 사라져 공산당이 더 쉽게 확장할 수 있는 계기가 되었다. 1938년 홍수가 일어난 지역 중 일부에는 공산당 신편제4군이 자리 잡았다. 신편제4군은 펑쉬에펑Peng Xuefeng이라는 사령관의 지휘 아래 범람원 지형에서 게릴라전을 벌였다. 이와 같은 게릴라 전술은 1948년에서 1949년 황허강 범람원에서 벌어진 화이하이Huaihai 전역에서 매우 중요한 전술로 작용했다. 화이하이 전역은 제2차 국공내전에서 가장 규모가 큰 전투이자 가장 중요한 전투 가운데 하나다.

공산당이 연전연승하기 시작했다. 공산당은 랴오선Liaoshen 전역, 핑진Pingjin 전역에서 국민당에 승리했다. 그리고 마침내 중국 남부로 진출했다. 국민당을 버리고 공산당으로 돌아선 주민들의 도움을 받은 공산당은 양쯔강 도하작전을 벌여 더 많은 영토를 점령하는 데 성공했다. 1949년 초 공산당은 국민당의 수도인 난징을 점령했다. 1949년

10월 1일 마오쩌둥은 중화인민공화국을 주권국으로 선포했다. 그리고 오늘날까지 중국을 통치하고 있는 중국공산당의 주석이자 국가수반에 올랐다.

장제스는 남은 지지자를 규합해 대만섬으로 도망쳤다. 대만섬은 여전히 "중화민국"이 통치하고 있는 지역이었다. 미국의 강력한 지원을 받아 독재에 나선 장제스는 서양과 중화민국의 관계를 공고히 했다. 1975년 87세의 나이로 사망할 때까지 장제스는 중국공산당을 무너뜨리고 본토와 다시 통일하겠다는 일념을 버리지 않았다.

장제스가 고의로 일으킨 두 번의 황허강 홍수와 그 여파가 중국 역사의 전환점으로 널리 인정받은 것은 아니다. 그러나 두 차례의 홍수는 중국공산당이 농민을 손쉽게 끌어들이는 계기가 되었다. 또한 이 두 차례의 홍수는 점차 심화된 제2차 국공내전에서 결정적인 시기에 공산당이 승리를 거머쥐는 데 중요하게 작용했다. 중국공산당이 대규모 인력을 동원해 홍수 복구에 나섬으로써 중국 대중은 홍수 피해를 입은 사람들에게 무정한 태도를 보인 국민당 정권을 혐오하게 되었다. 그리고 공산당은 국민당에 대한 중국 대중의 반감을 발판 삼아 화이하이 전역을 비롯해 기타 결정적인 전역에서 싸워 승리하는 데 필요한 군인을 쉽게 모집할 수 있었다. 장제스가 고의로 황허강에 홍수를 일으키는 바람에 중국공산당은 수백만 명에 달하는 지지자를 얻을 수 있었고, 궁극적으로는 중국 본토를 통치할 수 있게 되었다.

시작은 사우스포크 클럽에서

어느 크리스마스 전날 밤, 모두가 잠든 시간에 부모님 집에 불이 났다. 눈 내리는 집 밖으로 다급하게 대피하고 보니 빈손에 잠옷 바람이었다. 화재의 원인은 난방장치 결함으로 추정되었다. 부모님은 괜찮은 화재보험에 들어 있었으므로 제조업체를 고소하지는 않았다. 하지만 미국은 소송을 밥 먹듯 하는 사회이니 부모님이 마음만 먹는다면 얼마든지 제조업체를 상대로 소송을 제기할 수도 있었다.

미국 전역에 세워져 있는 광고판에는 "다치셨나요? 지금 전화주세요!" 같은 광고 문구를 쉽게 찾아볼 수 있다. 모두 소송을 부추기는 변호사들이 내건 광고 문구다. 1992년 연방지방법원인 미국 뉴멕시코 지방법원은 무릎에 뜨거운 커피를 쏟아 심한 화상을 입은 고객이 맥도날드를 상대로 제기한 소송에서 맥도날드에 270만 달러의 징벌적 손해배상금을 지불할 것을 명령했다. 2009년 새크라멘토 킹스 농구팀 소속 선수 프란시스코 가르시아Francisco Garcia는 운동을 하다가 밸런스 볼이 터지는 바람에 부상을 입었다. 새크라멘토킹스 구단과 가르시아는 밸런스 볼 제조업체와 유통업체를 상대로 소송을 제기했다. 청구액은 가르시아 선수가 부상에서 회복하는 동안 지급된 급여 400만 달러와 징벌적 손해배상금 2,960만 달러였다. 2015년 토요타는 중요한 안전 기능을 간과했다는 집단소송에 휘말려 합의금으로 11억 달러를 지불했다. 이와 같은 다양한 소송에 관련된 부상은 모두 예기치 않게 발생한 것이다. 그럼에도 불구하고 원고는 피고에게 자신이 입은 손해와 고통에 대한 책임을 물을 수 있는 명백한 권리를 가진다.

미국에서는 이와 같은 소송이 흔하게 제기된다. 미국 법원은 "무과실책임"이라는 법적 원칙을 따르기 때문이다. 무과실책임 원칙 덕분에 타인에 의해 피해를 입었을 경우 피해자는, 그 피해가 우발적으로 발생한 것이라고 하더라도 가해자에게 보상 및 징벌적 손해배상을 청구할 수 있다. 일단 피해자가 존재한다면 무지 또는 선의를 이유로 법적 조치를 막을 수 없다. 보상적 손해배상 판결을 받기 위해 중과실을 입증할 필요도 없다. 무과실책임 원칙은 미국에서 유난히 많은 소송이 제기되는 이유이자 미국의 제품 안전 및 작업장 안전이 크게 향상된 계기가 되었다.

미국 법조계가 처음부터 무과실책임 원칙을 적용했던 것은 아니다. 19세기에는 원고가 입은 피해나 손해가 피고의 확정적 고의 또는 최소한 피고의 미필적 고의로 인해 발생했다는 것을 입증하는 명백한 증거가 필요했다. 지극히 독자적인 종교 노선을 추구하다가 추방당한 사람들이 세운 미국이, 너그러운 환수還收 문화와 세계에서 가장 관대한 파산법을 운영하는 미국이 어쩌다가 이와 같이 엄격한 손해배상 제도를 발전시키게 되었을까? 그 해답은 영국과 미국에서 잇달아 발생한 몇 차례의 중대한 홍수 사건에서 찾아볼 수 있다. 그리고 그 정점에 1889년 펜실베이니아주 존스타운에서 발생한 참사가 있다.

존스타운은 리틀콘마Little Conemaugh강과 스토니크리크Stony-creek강이 만나 콘마Conemaugh강을 이루는 합수머리에 있는 마을이다. 존스타운이 위치한 앨러게니산맥에는 풍부한 자원이 묻혀 있다. 1830년대 콘마강은 펜실베이니아메인라인(필라델피아와 피츠버그를 연결하는 새로운 운하)에 편입되었다. 그 뒤 존스타운은 교통의 중심지로서 호황을 누렸다. 그러나 여름에는 운하의 수위가 낮아지는 문제가 있어, 이를 해결하기 위해 펜실베이니아주 당국은 존스타운에서 22킬로미터가량 떨어진 리틀콘마강 상류에 사우스포크South Fork댐을 건설했다. 인공 저수지인 사우스포크댐이 완공되면 운하의 수위가 낮아질 때마다 물을 보충할 수 있을 터였다.

당초 사우스포크댐은 흙과 돌로 건설되었다. 전면 높이 약 21미터, 전면 너비 280미터 규모에 측면 바닥 너비 67미터, 측면 상단 너비 3미터 규모로 건설된 사우스포크댐은 여수로와 도피관을 설치해 물이 빠져나갈 수 있도록 설계되었다. 비상시 저수지의 물을 빼낼 수 있도록 지하에는 배수관을 설치한 석조 도랑을 매설했다. 댐이 완공되기까지 몇 년이 걸렸다. 1852년 댐이 완공될 무렵에는 운하 시대가 철도 시대로 바뀌고 있었다. 사우스포크댐을 조성한 목적이 사라지고 말았다.

결국 주 정부는 댐, 450에이커 규모의 저수지, 주변 토지를 매각했다.

펜실베이니아주 정부가 사우스포크댐을 매각한 이후 댐은 급속도로 황폐해졌다. 1862년 폭풍이 불어 매설된 도랑이 손상되고 댐 일부가 파손되었다. 그러나 아무것도 보수되지 않았다. 도피관은 몇 년에 걸쳐 조금씩 해체되어 고철로 팔려나갔다. 27년 동안 여러 차례 주인이 바뀐 끝에 1879년 철도 건설업자이자 부동산 투자자인 벤저민 러프Benjamin Ruff가 사우스포크댐과 저수지를 매입했다. 러프는 저수지에 콘마 호수라는 이름을 붙이고 백만장자들만 이용할 수 있는 회원제 휴양지로 변모시켰다. 이름하여 "사우스포크(낚시 및 사냥) 클럽"이었다.

러프는 철도 건설 작업 인력을 투입해 댐에 난 균열을 메우는 공사를 벌였다. 철도 노반 공사에 적절한 재료와 공법이 사용되었지만, 댐 보수에는 적절하지 않은 재료와 공법이었다. 매설된 도랑은 폐쇄되었고 유실된 일부 배수관은 교체되지 못한 채 방치되었다. 댐의 상단을 잘라 너비를 넓혔다. 덕분에 남아 있는 여수로의 유량 용량이 줄어들었다. 게다가 여수로에는 금속제 망을 둘렀다. 저수지에 풀어놓은 배스가 리틀콘마강으로 빠져나가지 못하게 하려는 조치였다. 누수가 일어나는 부분은 말똥과 짚으로 보수했다. 기술자에게 조언조차 받지 않고 제멋대로 댐을 수정하거나 보수했다.

사우스포크 클럽에는 휴가용 별장과 산장이 조성되었다. 47개의 객실과 웅장하고 격조 높은 식당을 갖춘 우아한 산장이었다. 목가적인 분위기의 사우스포크 클럽은 거의 10년 동안 피츠버그에서 가장 부유한 가족들이 찾는 휴양지이자 사냥터였다. 앤드루 카네기Andrew Carnegie, 헨리 클레이 프릭Henry Clay Frick, 앤드루 멜론Andrew Mellon도 사우스포크 클럽 회원이었다.

1880년 어느 기술자가 사우스포크 클럽에 붕괴 위험을 경고했다. 사우스포크댐은 보수가 제대로 이루어지지 않아 누수가 일어나고 있었고 배수관조차 없었다. 붕괴된다면 하류의 계곡과 존스타운이 위험에 빠질 터였다. 존스타운은 (독일, 웨일스, 아일랜드 이민자를 비롯해) 3만 명이 넘는 사람들이 살아가는 미국 최고의 철강 생산지 가운데 하나였다. 사우스포크 클럽은 그 기술자의 경고를 무시했다. 심지어 콘마 호수의 수위가 안전하지 않은 수준으로 올라가 댐이 처지기 시작했는데도 기술자의 경고에 귀를 기울이는 사람은 아무도 없었다. 피츠버그에서 휴양하러 온 백만장자들은 아무렇지도 않게 낚시를 하고, 만찬을 들고, 소풍에 나섰다. 2,000만 톤의 물을 가둬둔 댐이 무너지면 하류의 계곡과 전국적으로 중요한 철강 생산지로 호황을 누리고 있는 존스타운이 어떤 운명에 처하게 될 것인지에 대해서는 전혀 개의치 않는 눈치였다.

1889년 5월 28일, 큰 폭풍이 몰아쳐 존스타운 주변을 흐르는 강이 넘치기 시작했다. 콘마 호수를 둘러싼 언덕에서 토사와 잔해가 흘러내렸다. 덕분에 호수의 수위는 점점 더 높아졌다. 나뭇잎, 나무토막, 그 밖의 잔해가 물과 함께 흘러내리다가 사우스포크 클럽이 물고기 유실을 방지하기 위해 여수로에 설치한 금속제 망에 걸리고 말았다. 위험을 깨달은 일부 주민들이 금속제 망을 제거하거나 망에 걸린 잔해라도 치우려고 필사적으로 몸부림쳤지만 모두 허사였다. 5월 31일 오후 1시 30분경 주민들은 댐을 포기하고 도망치기 시작했다. 그때는 이미 시간당 30센티미터씩 수위가 상승하는 형편이었다. 삽시간에 불어난 물은 오후 3시 10분경 댐을 넘어섰다. 이미 균열이 나 있던 사우스포크댐은 콘마 호수가 가두고 있던 물과 토사의 무게를 견디지 못했다. 사우스포크댐이 터지면서 물과 토사가 존스타운 방향으로 쏟아져 내리기 시작했다.

홍수가 만들어낸 높이 15미터가 넘는 파도가 시속 160킬로미터의 속도로 존스타운을 덮쳤다. 나이아가라폭포의 위력에 버금가는 위

부유한 엘리트가 주로 찾던 낚시 휴양지 사우스포크 클럽의 중과실로 인해 댐이 무너지는 치명적인 재난이 발생했다. 하류의 모든 것이 홍수에 휩쓸려 내려갔다. 호황을 누리던 펜실베이니아주 존스타운도 자취를 감추었다. 그러나 사우스포크 클럽의 책임은 인정되지 않았다. 대중의 분노가 끓어오르자 미국 법조계에 큰 변화가 일어났다. 전국에 무과실책임 원칙이 도입된 것이다. 1889년 존스타운 홍수는 오늘날에도 여전히 미국 역사상 가장 치명적인 재난 가운데 하나로 손꼽힌다. 그리고 존스타운 홍수를 계기로 정착된 무과실책임 원칙에 입각한 소송을 미국 어디서나 흔히 접할 수 있게 되었다.

력이었다. 불과 몇 분 사이에 존스타운은 흔적도 없이 사라졌다. 사우스포크댐의 상태에 문제가 있다는 소문이 꽤 오래전부터 돌았기 때문에 미리 언덕으로 대피한 주민은 목숨을 건졌다. 공식적인 사망자 수는 2,209명. 존스타운 인구의 10퍼센트에 육박했다. 물에 떠내려간 건물도 1,600개에 달했다. 어느 생존자는 이렇게 회고했다. "집이고 가게고 할 것 없이 온갖 것이 물속에서 나뒹굴었습니다."

멀게는 오하이오주 신시내티에서도 시신이 발견되었다. 그 뒤로도 22년 동안 꾸준히 관련 유골이 발견되었다. 홍수가 휩쓸고 지나간 철도 교량에는 피해자와 목재가 한데 엉켜 12미터 높이로 쌓였다. 홍수의 기세가 가라앉자 석탄 숯에 남아 있던 불씨가 되살아나 쌓인 목재에 옮겨붙었다. 불길에 휩싸여 오지도 가지도 못하게 된 사람들은 절규했다. 그들의 절박한 외침은 필사의 구조에 나섰던 사람들의 뇌리에 오랫동안 남아 두고두고 되살아날 터였다. 물에 빠졌지만 익사하지 않고 떠내려가다가 철도 교량에 몸이 걸려 불길에 목숨을 잃은 사람이 80명에 달했다.

며칠도 채 지나지 않아 존스타운은 전국에서 찾아온 언론인들로 북새통을 이루었다. 1927년 미시시피강에 홍수가 일어났을 때, 2005년 허리케인 카트리나가 뉴올리언스를 덮쳤을 때와 마찬가지로 존스타운 홍수의 여파가 온 미국을 사로잡았다. 사망자 수, 피해 현황, 구호 활동 관련 기사가 연일 쏟아졌다. 벤저민 해리슨Benjamin Harrison 공화당 대통령은 미국 전역에 지원을 호소했다.

구호 활동과 복구 활동을 지원하려는 자원봉사자들이 존스타운을 찾았고 기부금이 쏟아졌다. 자원봉사자 중에는 재난 구호단체를 새로 설립한 클라라 바턴Clara Barton도 있었다. 자원봉사자, 청소 팀, 건설 인력을 조직한 바턴에게 매트리스, 난로, 신발 등의 기부 물품과 기부금 300만 달러가 모였다. 신생 조직인 미국 적십자사는 존스타운 홍수로 첫 시험대에 올랐다. 그리고 온 미국 언론의 찬사를 받으며 성장의 발판을 마련했다.

* *

존스타운 홍수의 진짜 원인이 알려지면서 사우스포크 클럽의 부주의와 태만 그리고 오만함에 미국 전역이 분노로 들끓었다. 사우스포크 클럽 회원은 모두 백만장자였기 때문에 사람들은 사우스포크 클럽이 피해자 보상과 존스타운 재건을 책임질 것이라고 생각했다. 그러나 사람들의 기대와 달리 사우스포크 클럽은 모든 책임을 부인했다. 복구 활동에 보탠 기부금도 약소하기 그지없었다. 온 미국이 공분에 휩싸였다. 성난 군중이 사우스포크 클럽의 우아한 산장에 몰려가 행패를 부리는 일도 벌어졌다.

공식 조사 결과에 따르면 사우스포크 클럽의 중과실이 직접적으로 유발한 피해는 댐 붕괴, 사망 2,209명, 재산 피해만 약 1,700만 달러(2020년 가치로 약 5억 달러)였다. 공식 조사 결과가 발표되자 오히려 더 많은 신문 사설과 대중의 항의가 쏟아졌다. 모두 한목소리로 법원이 사우스포크 클럽과 그 회원에게 피해자에 대한 보상 판결을 내릴 것을 요구했다. 그러나 1889년은 미국 법원이 무과실책임 원칙을 도입하기 전이었다. 따라서 사우스포크 클럽을 상대로 많은 소송이 제기되었지만 모두 패소하고 말았다. 사우스포크 클럽과 회원들의 과실로 인해 그저 운이 나빴을 뿐인 존스타운 사람들이 죽거나 다치고 마을이 파괴되었다. 그러나 사우스포크 클럽도, 사우스포크 클럽 회원 가운데 누구도 아무런 책임을 지지 않았다.

온 미국이 각성하는 흔치 않은 일이 일어났다. 한 줌도 안 되는 백만장자들의 과실로 존스타운 전체가 무너졌다는 현실이 온 미국인의 마음에 스며들었다. 미국에서 가장 영향력 있는 법학 학술지 가운데 하나는 "무너지기 일보 직전인 댐 뒤에 조성한 저수지"는 백만장자들이 "한순간의 즐거움을 위해 낚시터로 사용하기에는 지나치게 광대했다"고 언급하면서 미국 법원에 무과실책임 원칙 채택을 촉구했다. 근거는 대서양 건너 영국에서 나온 판례였다. 영국의 판례 역시 과실로 인해 유발된 홍수 사건에 관련된 판결이었다.

영국에서는 이 사건을 "라일랜즈 대 플레처Rylands v. Fletcher 사건"이라고 불렀다. 당시에는 아무도 몰랐지만 이 판결은 두고두고 무척 큰 영향을 미치게 될 터였다. 19세기 영국에서 일어난 홍수 가운데 적어도 두 건이 라일랜즈 대 플레처 사건의 판결에 영향을 미친 것으로 보인다. 첫 번째 홍수는 빌베리Bilberry댐이 붕괴되면서 일어났다. 빌베리댐은 요크셔 홀름퍼스 부락 인근에 자리 잡은 섬유 공장에 전력을 공급할 목적으로 홀름Holme강에 건설된 댐이었다. 빌베리댐은 구조적으로 많은 문제를 안고 있었다. 그 가운데 가장 큰 설계 결함은 흐름이 활발한 샘 위에 제방을 지었다는 것이었다. 제방 아래에서는 침식이 일어났다. 게다가 모인 물의 양이 지나치게 많아지면 방류하도록 설계된 비상 제어 밸브도 작동하지 않았다. 결국 1852년 2월 5일 빌베리댐이 무너져 적어도 78명이 목숨을 잃었고 7,000명 넘는 이재민이 발생했다.

두 번째 홍수는 1864년 3월 11일 밤 셰필드 인근을 지나는 록슬리Loxley강에 지어진 데일다이크Dale Dyke댐이 붕괴되면서 일어났다. 모두가 잠들어 있는 이른 아침에 홍수가 계곡을 강타해 적어도 238명이 목숨을 잃었고 2만 명 넘는 이재민이 발생했다.

영국 언론은 이 두 재난을 크게 보도했다. 언론 보도는 라일랜즈 대 플레처 사건같이 비교적 평범한 사건에 대한 영국 상원의 판결에 영향을 미쳤다. 토머스 플레처는 존 라일랜즈를 상대로 손해배상을 청구했다. 이 사건은 라일랜즈가 자신의 사유지에 소규모 개인 저수지를 조성하면서 시작되었다. 저수지가 완공된 뒤 저수지에 채운 물이 버려진 탄광 수갱을 우연히 뚫고 흘러가 인근에 있던 플레처 소유의 광산이 침수되었다. 영국 상원은 플레처의 손을 들어주었다. 라일랜즈 대 플레처 사건은 영국과 미국의 불법행위에 관한 법률에서 전과 후를 가르는 하나의 분수령이 되었다.

라일랜즈 대 플레처 사건의 판결은 무과실책임을 인정한 최초의 판례가 되었다. 예를 들어, 1886년 캘리포니아주 대법원은 라일랜즈 대 플레처 사건의 판결을 인용해 무과실책임을 적용했다. 수력 채굴 방법으로 사광(모래 알갱이처럼 된 광물이 강에 퇴적된 것-옮긴이)을 채굴하다가 여러 차례 홍수가 일어났고 그 손해의 배상을 요구하는 소송이 잇달은 데 따른 조치였다. 그러나 무과실책임 원칙 적용이 정착된 계기는 존스타운 홍수였다. 존스타운 홍수가 발생한 뒤 대중이 공분에 휩싸이자 미국의 여러 주(매사추세츠주, 미네소타주, 메릴랜드주, 오하이오주, 버몬트주, 사우스캐롤라이나주, 오리건주, 미주리주, 아이오와주, 콜로라도주, 웨스트버지니아주, 텍사스주) 최상급 법원은 광범위한 산업 위험에 라일랜즈 대 플레처 사건의 판결을 인용하기 시작했다. 심지어 과거에는 라일랜즈 대 플레처 사건 판결에 근거한 손해배상 청구를 기각한 뉴저지주, 뉴욕주, 펜실베이니아주 상급 법원조차 존스타운 홍수가 발생한 몇 년 뒤부터 입장을 바꾸게 되었다. 그때그때 달랐지만 무과실책임 원칙을 적용하는 각 주의 법원도 차츰 늘어나기 시작했다.

존스타운 홍수는 미국 법조계에 엄청난 변화를 불러왔다. 물론 당사자인 존스타운 홍수의 생존자들은 아무런 이점도 누리지 못했다. 그러나 홍수가 지나가고 난 자리가 으레 그렇듯, 존스타운은 빠르게 재건되어 몇 년 뒤에는 인구가 40퍼센트 이상 급증했다.

존스타운 홍수는 미국에서 발생한 최악의 재난 가운데 하나다. 존스타운 홍수로 인한 사망자 수가 2001년 9월 11일 뉴욕, 워싱턴 D. C., 펜실베이니아주에서 발발한 테러로 인한 사망자 수에 육박하기 때문이다. 미국 국립공원관리청은 과거 콘마 호수가 있던 자리에 국립 존스타운 홍수 추모관을 조성해 운영하고 있다. 오늘날 이곳은 많은 관광객이 찾아오는 명소가 되었다. 우연인지 필연인지 존스타운에서

32킬로미터도 채 떨어져 있지 않은 펜실베이니아주 섕크스빌Shanksville 인근에 국립 추모관이 추가 조성되었다. 9.11 테러 당시 네 번째로 납치당해 승객과 승무원이 테러리스트와 맞서 싸우다가 모두 사망한 유나이티드항공 93편을 기리는 추모관이다.

9.11 테러처럼 예기하지 못한 재난이 발생하면 역사에 지워지지 않는 흔적을 남기기 마련이다. 1889년 존스타운 홍수를 계기로 미국 적십자사가 활동을 시작했을 뿐 아니라 불과 몇 년도 지나지 않아 미국 법조계에 무과실책임 원칙이 도입되었고 사회적 책임에 대한 기대가 생겨났다.

5장

물의 흐름을 잡아라

2018년 슈퍼히어로 액션 영화 <블랙 팬서Black Panther>가 개봉했다. 동아프리카에 있는 가상 국가 '와칸다'를 배경으로 마블 스튜디오가 제작한 영화였다. 전 세계가 열광했다. <블랙 팬서>는 개봉한 주말에만 2억 달러를 벌어들여 제작비를 모두 회수하는 기염을 토하면서 새로운 흥행 기록을 세웠다. 그 뒤로도 몇 달 동안 일리노이 주에 있는 작은 마을 워콘다Wauconda 관공서에는 장난 전화가 빗발쳤다. 10대 청소년들이 전화를 걸어 "와칸다 포에버!"라고 외친 뒤 낄낄거리다가 끊어버리기 일쑤였다. <블랙 팬서>는 개봉 3개월 만에 역대 북미 박스오피스 3위에 올랐다. 여름이 끝날 무렵에는 13억 달러를 벌어들여 전 세계를 놀라게 했다. 사우디아라비아 정부가 35년 만에 영화관 운영을 허용했을 때 리야드에 새로 지어진 복합상영관에서 처음 상영한 영화가 바로 <블랙 팬서>였다. 이듬해 <블랙 팬서>는 아카데미상 일곱 개 부문 후보에 올랐고 세 개 부문에서 수상하는 영예를 얻었다.

<블랙 팬서>는 적어도 두 가지 측면에서 신선함을 안겼다. 첫째, 32세의 감독 라이언 쿠글러Ryan Coogler를 비롯한 대부분의 출연진이 흑인(아프리카 국적자 포함)이었다. 이로써 흑인이 대거 출연한 영화는 흥행에 성공하기 어렵다는 할리우드의 오랜 금언이 깨졌다. 둘째, <블랙 팬서>는 가장 부유하고 기술적으로 진보된 정교한 문명을 가진 아프리카 국가, 단 한 번도 식민 지배를 받지 않았던 독립적인 아프리카 국가가 영화의 배경으로 등장한다.

영화 <블랙 팬서>(와 마블 원작 만화)는 비브라늄이라는 금속이 와칸다 기술력의 원천이라고 소개한다. 외계 행성에서 지구로 떨어진 비브라늄은 현실 세계에는 없는 에너지 속성을 가진 물질이다. 조금

더 현실적인 수준에서 생각해보면 와칸다는 강에 의존한다. <블랙 팬서>에서 강은 와칸다에 우뚝 솟은 위대한 수도의 중심을 지난다. 신성한 전사의 폭포도 강 덕분에 형성된 것이다. 전사의 폭포 앞에는 물웅덩이 여러 개가 계단 형태로 자리 잡고 있다. 바로 이 물웅덩이에서 와칸다의 왕위를 건 혈투가 벌어진다. 주인공 트찰라(배우 채드윅 보즈먼Chadwick Boseman)는 악역으로 등장하는 킬몽거(배우 마이클 B. 조던Michael B. Jordan)와 한판 승부를 벌인다. 그 싸움에는 와칸다 왕위뿐 아니라 와칸다의 미래도 걸려 있다. 승부의 결과에 따라 와칸다는 기존대로 소극적인 쇄국정책을 고수할 수도 있고 지금보다 더 주도적인 태도로 세계의 지정학적 질서에 뛰어들 수도 있다.

영화가 개봉한 몇 달 뒤 <블랙 팬서>에 등장하는 와칸다와 동아프리카에 실제로 존재하는 어느 국가를 견주어보게 되었다. 이 국가는 이탈리아가 식민화를 시도하기는 했지만 완전히 식민화된 적은 없었다. 기술에 정통한 와칸다 국왕 트찰라처럼 19세기에 이 국가를 다스린 메넬리크 2세Menelik II도 외국의 침략에 맞서기 위해 현대 군사기술을 채택했다. 와칸다처럼 이 국가도 다양한 부족으로 구성되어 있고 교육을 중요하게 여긴다. 또한 이 국가도 각별한 의미가 있는 중요한 강에 의존한다. 마지막으로 이 국가, 에티오피아도 기존에 고수해온 소극적인 자세를 버리고 더 주도적인 태도로 그 강에 대한 권리를 주장하면서 이 지역의 지정학적 질서에 당당하게 뛰어들고 있다.

그랜드에티오피아르네상스 댐

논란이 분분한 에티오피아의 댐 건설 사업을 처음 접한 것은 몇 년 전이었다. 내가 북극에서 지낼 때였다. 노르웨이 보되에 사는 동료가 어느 날 은근슬쩍 에티오피아 소식을 들었는지 물었다. 내가 강을 연구한다는 사실을 알게 된 직후였다. 세계에서 소득이 가장 낮은 축에 속하고 1980년대 끔찍한 기근을 겪은 빈곤국 에티오피아가 세계은행World Bank의 의견을 묵살하고 나일강에 대규모 댐 건설을 추진한다는 소식이었다. 나는 "처음 들어요. 하지만 알아봐야겠네요"라고 말했다. 얼마 지나지 않아 에티오피아 댐 건설 사업에 대해 다시 듣게 되었다. 상하이의 어느 주점에서 영국의 저명한 환경 저술가 프레드 피어스Fred Pearce를 만났을 때였다. 피어스는 얼마 전 에티오피아 댐 건설 사업을 주제로 글을 썼다고 했다. 동아프리카 지역에서 강을 공유하는 국가들이 벌이는 권력투쟁의 막이 오르고 있었다. 내가 아는 사람들은 하나같이 이 이야기를 하지 못해 안달이 난 것 같아 보였다.

에티오피아 댐 건설 사업 관련 논란의 중심에는 이집트가 있다. 1장에서 살펴본 것처럼 나일강은 고대 이집트인들에게 매년 홍수를 선물했다. 뜨거운 태양이 내리쬐어 무엇이든 바싹 말라버리고 마는 사막에서, 홍수는 영락없는 신의 선물이었다. 이집트문명의 생존은 나일강에 달려 있었다. 그리고 오늘날의 이집트 역시 나일강 없이는 생존할 수 없다.

이집트는 나일강에서 가장 하류에 자리 잡은 국가다. 그럼에도 불구하고 예나 지금이나 나일강의 물을 가장 많이 소비하는 국가는 다름 아닌 이집트다. 이집트는 법을 통해 현재 상태를 유지할 권리를 얻고자 했다. 그러기 위해 나일강 상류에 있는 국가인 수단과 여러 조약을 체결했다. 두 나라가 영국 식민지가 되기 전과 후에 맺은 그 조약들을 통해 나일강물을 나누어 가졌다. 두 나라가 가장 최근 체결한 조약은 1959년 체결한 "나일강 이용에 관한 협정Nile Waters Agreement"이다. 이 조약을 통해 이집트는 매년 55.5세제곱킬로미터, 수단은 매년 18.5세제곱킬로미터의 물을 사용할 수 있는 권리를 가지게 되었다. 그러나 오늘날 나일강 유역 상류에는 아홉 개의 주권국가가 더 있다. 그리고 과거 이집트가 체결한 여러 조약에는 이 아홉 개 주권국가의 물 수요가 반영되어 있지 않다. 따라서 나일강 유역에 있는 모든 국가를 포괄하는 새로운 국제 협정이 절실히 필요한 형편이다. 그러나 이집트는 하류로 흐르는 물의 총량이 조금이라도 감소할 경우 이집트에 파괴적인 영향을 미칠 가능성을 우려하고 있다.

과거 이집트가 체결한 조약에서 누락된 국가 가운데 가장 눈여겨보아야 하는 곳은 에티오피아다. 공정하게 말하면 1959년 당시에는 수문학 지식이 부족해 에티오피아고원에서 나일강 유역으로 엄청난 양의 물이 흘러들어가고 있다는 사실을 제대로 파악하지 못한 상태였다. 하지만 오늘날에는 나일강에서 흐르는 물의 거의 90퍼센트가 아프리카 최대의 자연 물 저장고인 에티오피아고원에서 시작된다는 사실이 밝혀졌다. 나일강이 발원하는 에티오피아고원 물 저장고에서는 수천 개의 개울과 지류가 갈라져 나오는데, 그 가운데 가장 큰 지류가 청나일강이다.

나일강은 수단 하르툼에서 만나는 두 개의 커다란 지류로 형성된다. 하나는 동쪽을 흐르는 청나일강이고 다른 하나는 빅토리아 호수에서 발원해 6개국(콩고민주공화국, 르완다, 남수단, 수단, 탄자니아, 우간다)을 통과하는 백나일강이다. 수단에서 취수하는 나일강물은 소량에 불과하다. 수단에서 취수하지 않은 나머지 강물은 모두 북쪽에 자리 잡은 이집트 방향으로 흘러간다. 나일강은 1,600킬로미터가 넘는 황량한 사하라사막을 지난 뒤 나세르Nasser 호수를 만난다. 나세르 호수는 아스완하이댐을 조성한 뒤 나일강물을 가두면서 조성된 거대한 인공 저수지다. 나세르 호수가 조성된 1970년부터 매년 이집트를 찾아왔던 홍수는 자취를 감추게 되었다. 그 대신 나세르 호수는 물을 안정적으로 공급하고 전기를 제공해 빠르게 증가하는 이집트 인구의 복리 향상에 기여했다.

나일강이 이집트에게 얼마나 중요한지는 두말하면 잔소리다.

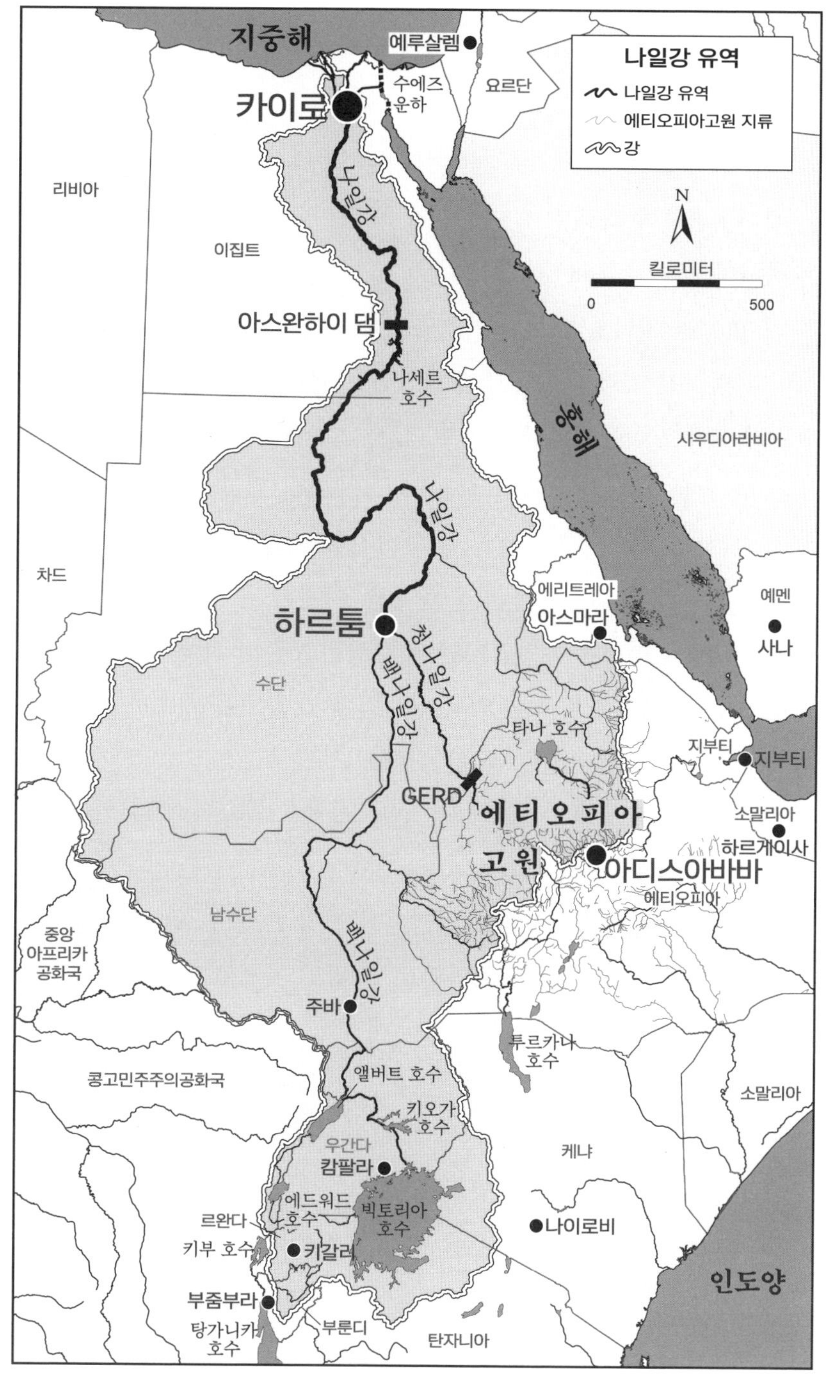

이집트는 1,000여 년에 걸쳐 나일강에 기대어 생존해왔다. 그러나 현대의 지정학 구도는 이집트의 생존에 위협이 되고 있다. 이 중요한 강의 발원지에는 11개의 주권국가가 있는데, 대부분의 물은 에티오피아고원에서 발원한다. 이와 같은 이유로 이집트는 에티오피아가 건설하고 있는 그랜드에티오피아르네상스댐에 주목하고 있다.

따라서 나일강물의 절반 이상을 공급하는 청나일강에 댐을 건설하려는 에티오피아의 계획을 이집트가 격렬하게 반대하고 나선 것도 무리는 아니다.

2011년 에티오피아는 수단 국경에서 청나일강 상류로 약 30킬로미터 떨어진 지점에 대규모 수력발전용 댐과 저수지 건설 세부 계획을 발표하고 이듬해 이탈리아 토목 회사 살리니임프레질로Salini Impregilo와 건설 계약을 체결했다. 2011년 3월 24일 기공식이 열렸다. 중동을 휩쓴 아랍의 봄 혁명이 일어나 이집트 독재자 호스니 무바라크Hosni Mubarak 대통령이 물러난 지 불과 몇 주 만의 일이었다. 재정적 어려움과 기술적 어려움이 있었지만 댐 건설은 꾸준히 진행되었다. 내가 이 글을 쓰는 시점에도 건설 인력이 쉬지 않고 작업을 계속하고 있다. 현재 공정률은 약 70퍼센트에 달한다(컬러사진 참조).

이 대규모 토목 사업의 명칭은 "그랜드에티오피아르네상스댐GERD, Grand Ethiopian Renaissance Dam"이다. GERD가 완공되면 높이 155미터, 너비 1,780미터로 아프리카에서 가장 큰 댐이 될 것이다. 저수지 넓이는 약 1,870제곱킬로미터로, 이집트 나세르 호수의 면적에 필적할 것이다. GERD에는 최대 6,000메가와트 용량의 발전기가 설치될 예정인데, 이는 현재 아스완하이댐 발전 용량의 약 세 배에 달한다. GERD가 완공되면 약 2만 명이 삶의 터전을 잃고 실향민으로 전락할 것이다. 총 공사 비용은 50억 달러에 이른다.

에티오피아의 국가 규모를 생각할 때 50억 달러는 절대로 적은 금액이 아니다. 50억 달러는 에티오피아 국내총생산의 약 6퍼센트, 에티오피아 정부 1년 운영 예산의 40퍼센트에 해당하는 금액이다. 따라서 이 사업의 추진 계획을 발표한 직후 에티오피아는 세계은행, 유럽부흥개발은행, 중국수출입은행, 여러 국부 펀드 등 다양한 경로로 국제금융 지원을 신청하기 시작했다.

이집트는 나일강의 흐름에 간섭하는 행위를 이집트의 생존에 대한 위협으로 받아들였다. 따라서 즉시 강경 대응에 나섰다. 에티오피아가 해외에 차관을 요청하자 이집트는 로비에 나섰다. 이 사업에 국제 자본이 유입되지 못하게 막으려는 의도였다. 지역의 안정을 해칠 가능성을 언급하면서 국제연합과 아프리카연합에 에티오피아의 자금 요청을 거부하라는 취지의 서한을 보냈다. 2013년 이집트 정치인들이 댐 건설을 고의적으로 방해하거나 폭격하자고 공개적으로 논의하는 모습이 텔레비전 생방송에 포착되기도 했다. 그것보다 더 합리적인 접근법도 있었다. 이집트는 사업을 시작하기 전에 먼저 국제 전문가 패널을 소집해 GERD의 영향을 연구하자고 제안했다. 이집트가 강하게 압력을 불어넣자 세계은행, 유럽부흥개발은행, 중국수출입은행은 모두 에티오피아의 금융 지원을 거절했다.

그러나 에티오피아는 포기하지 않았다. 차관을 받지 못하게 되자 에티오피아 정부는 국내로 눈을 돌렸다. 2011년 멜레스 제나위Meles Zenawi 총리는 에티오피아인들이 힘을 모아 비용을 부담하자고 촉구했다. 에티오피아 정부는 댐 건설 사업 자금을 조달하기 위해 에티오피아 국민이 참여하는 매우 특이한 형태의 민관 협력을 제안했다. 에티오피아 정부가 댐 건설 사업 자금의 약 80퍼센트를 부담하고 나머지 20퍼센트를 에티오피아 국민이 부담한다는 것이 골자였다. 그리고 그 제안은 대중의 지지를 받아 전국적인 운동으로 발전했다.

동나일 지역기술사무소Eastern Nile Technical Regional Office의 페카메드 네가시Fekahmed Negash 소장은 GERD 덕분에 "에티오피아 국민이 단결"하게 되었다고 말한다. 에티오피아 국민이 GERD에 자금을 지원하는 방법은 기부, 복권 구입, 채권 구입(무이자 또는 연 2퍼센트 내외의 약소한 이자)등 여러 가지다. 모든 공무원과 군인은 매년 최대 1개월 치 월급을 기부해야 한다(최초 한 번은 기부, 이후에는 채권 구입 방식). 유력 기업인도 기부 요청을 받았다. 정부 지원으로 숙식을 해결하는 대학생들은 한 끼 식사를 하지 않는 대신 그 식사 비용을 GERD에 기부했다. 모금 행사도 심심치 않게 열렸다. 네가시 소장을 만났을 때 그는 다음 날 열릴 댐 건설 기금 모금을 위한 5K 마라톤 행사를 준비하고 있었다. 2018년 100개가 넘는 도시에서 약 50만 명의 에티오피아인이 GERD 지원을 위한 기금 모금 마라톤에 참여했다.

국내뿐만 아니라 전 세계에 퍼져 있는 에티오피아인들 사이에서도 이런 유형의 풀뿌리 모금이 일어나고 있다. 몇 달러만 있으면 전 세계 곳곳에 자리 잡은 에티오피아 영사관을 통해 GERD 채권을 구입할 수 있다. 호기심에 채권 구입을 시도해보았는데 에티오피아 국민이나 에티오피아 혈통 외국인이 아니라서 채권을 구입할 수 없었다. 구입한 채권을 에티오피아인이 아닌 사람에게 판매하거나 양도할 수도 없다.

이제 GERD는 전력 인프라 구축 사업에서 애국 운동으로 변모했다. 수천 명의 에티오피아 사람들이 수백 킬로미터가 넘는 거리도 마다 않고 사람이 거의 살지 않는 원격지에 자리 잡은 댐 건설 현장을 방문한다. 댐 건설 사업 착공 기념일에는 매년 축하 행사가 열린다.

에티오피아인들의 열정은 어디서 온 것일까? 예를 들어, 발전소나 공공 인프라 건설 자금 지원에 필요하다고 호소하면서 1개월 치 월급 반납을 추진한다는 것은 미국에서는 상상도 할 수 없는 일이기 때문이다. 네가시 소장은 1980년대 초 에티오피아를 덮친 기근에서 그 이유를 찾는다. 기근으로 1984년에만 100만 명이 넘는 에티오피아인이 목숨을 잃었다. "국가의 수치였습니다. 매년 국제사회에 음식을 구걸해야 했습니다. (…) 치욕적인 일이었지요." 또한 에티오피아는 오랜 세월 이집트와 적대 관계를 유지해왔다. 물과 관련된 문제 때문도 있지만 과거 에리트레아와 전쟁을 치를 때(독립 전쟁, 내전) 이집트가 에리트레아를 지원한 탓도 있다. 따라서 에티오피아인들은 이집트가 국제 금융 기관을 상대로 로비를 벌여 에티오피아에 대한 자금 지원을 거부하게 만들었다는 사실에 대해 별로 놀라지 않는다. 오랜 세월 반목해온 양국의 역사와 일치하기 때문이다. 이와 같은 관점에서 볼 때, 많은 에티오피아인들에게는 GERD가 수력발전용 댐 이상의 의미를 가진다는 사실을 알 수 있다. 이집트와 세계에 에티오피아의 저력을 과시할 좋은 기회인 것이다.

국제사회를 상대로 한 이집트의 로비 활동은 역효과만 내고 말았다. 에티오피아는 세계은행이 요구하는 절차에서 자유롭다. 따라서 외부 검토에 구애받지 않고 댐 건설 사업을 추진하고 있다. 차관을 받았다면 응당 외부 검토를 거쳐야 했을 것이다. 일부 환경 비정부기구는 투명성이 부족하고 기술 연구 및 과학 연구가 불충분하다고 지적하면서 댐 건설 사업 추진에 반대하고 나섰다. 정치색을 띠지 않는 전 세계 학자들이 이따금 매사추세츠공과대학교에 모여서 잠재적인 기술적 위험을 조사할 방법과 GERD가 유발하는 지역 간 긴장을 줄일 방법에 대해 논의했다. 예를 들어 이 모임을 통해 보조 댐의 약점이 확인되었다. 이로 인해 댐이 붕괴하면 수단에 홍수가 일어날 가능성이 있다는 것이었다. 에티오피아 고위 관료들은 살리니임프레질로가 설계를 보완해 문제가 된 구조물과 허약한 기반암을 콘크리트로 강화할 것이라고 대응한다. 그러나 이집트 토목공학자들은 여전히 회의적인 입장이다.

이집트가 당면한 가장 큰 문제는 에티오피아가 GERD의 저수지를 채우는 기간과 관련되어 있다. GERD의 저수 용량은 어마어마할 것이다. 저수지가 채워지려면 몇 년이 소요될 수도 있다. 자칫 잘못하면 그 기간 동안 청나일강에서 하류로 흐르는 물의 양이 줄어들거나 아예 물이 끊어지는 사태가 벌어질 수 있다. 만일 그렇게 된다면 이집트로서는 여간 큰일이 아닐 수 없을 것이다.

장기적인 위협으로는 우기에 가둬둔 물을 건기에 방류할 가능성을 꼽을 수 있다. 그러면 수단은 지금 활용하는 양보다 더 많은 양의 물을 활용해 관개농업을 확장하려 할 것이다. 수력발전의 경우 강물이 흐르는 시기는 조절할 수 있지만 (증발을 제외하고는) 강물의 양이 줄어드는 경우는 드물다. 그러나 수력발전과 무관하게 저수지의 물을 사막지대의 관개에 사용할 경우 강으로 되돌아오는 물의 양과 질이 모두 급격하게 떨어질 것이다. 현재 수단은 1959년 이집트와 체결한 나일강 이용에 관한 협정에 따라 합법적으로 할당받은 유량 가운데 대부분을 사용하지 않고 이집트로 흘려보내고 있다. 그러나 GERD가 건기에 배수량을 늘린다면 수단 농부들은 건기에 늘어난 물을 농사에 이용하려 할 것이므로 이집트로 향하는 물의 양은 지금보다 더 줄어들 것이다.

GERD의 저수지를 점진적으로 채우는 방법과 나세르 호수와 공동으로 저수지를 관리하는 방법을 두고 이집트, 에티오피아, 수단 사이에 합의가 절실히 필요한 상황이다. 1959년 체결된 협정은 시대에 맞지 않을 뿐 아니라 나일강 유역에 자리 잡은 다른 국가들이 배제되어 있다는 한계를 안고 있다. 이에 따라 1999년 "나일강 유역 사업Nile Basin Initiative" 같은 유망한 협력 구조가 공식 출범했다. 그러나 나일강 유역에 있는 11개 국가가 모두 서명한 조약(예: 경수 할당 조약hard water-allocation treaty)은 체결될 기미가 보이지 않는다. 2011년 에티오피아, 우간다, 케냐, 탄자니아, 부룬디, 르완다가 나일강 유역의 물을 공평하게 공유하기 위한 기본 협정에 서명했지만 이집트와 수단은 이 협정에 반대하고 있는 상황이다.

상호 신뢰를 바탕으로 물을 현명하게 관리하고 수단이 관개를 확장하지 않는다는 구속력 있는 협약을 체결해야 한다. 그러면 저수지를 모두 채운 뒤에도 GERD가 하류에 있는 이집트의 물 공급에 미치는 영향을 통제할 수 있을 것이다. 분명한 것은 GERD와 아스완하이댐이 서로 협력해야 한다는 것이다. GERD가 물을 저장하면 이집트가 열기로 달아오르는 시기에 나세르 호수에서 빠르게 증발해버리고 말 물을 보존할 수 있으므로 이집트에 공급되는 물의 양이 오히려 더 늘어날 가능성도 있다. 2015년 이집트, 수단, 에티오피아 지도자들이 하르툼에 모여 서로 합의한 원칙 선언에 서명하는 등 협력의 가능성이 엿보이고 있다. 한편 압델 파타 엘시시Abdel Fattah al-Sisi 이집트 대통령과 아비 아메드Abiy Ahmed 에티오피아 총리 사이에 오가는 우호적인 기류도 감지되고 있다.

한편 논란과 음모도 끊이지 않는다. 2018년 GERD의 수석 기술자가 댐 건설 사업 일정 지연과 비용 증가로 압박에 시달리다가 아디스아바바에서 스스로 목숨을 끊는 일이 발생했다. 2019년 수단의 수도 하르툼에서는 몇 달에 걸친 시위 끝에 군사 쿠데타가 일어났다. 30년간 독재자로 군림해온 오마르 알-바시르Omar al-Bashir가 권좌에서 물러났지만 수단은 혼란에 빠지고 말았다. 내가 이 글을 쓰고 있는 시점에도 여전히 나일강 유역의 모든 국가가 참여하는 월경하천 공유 조약은 체결되지 않았다. 심지어 GERD의 저수지에 물을 채우고 관리하는 방법과 관련해 이집트, 수단, 에티오피아 세 국가 간의 합의조차 도출하지 못하고 있는 형편이다.

성경에 등장하는 요셉과 파라오의 이야기처럼 2022년 완공 예정인 GERD에 다음 7년간 이집트가 맞이할 운명이 달려 있다. GERD를 둘러싸고 에티오피아, 이집트, 수단이 벌이는 협상 결과에 따라 이집트에 풍년이 들 수도 있고 이집트가 기근에 시달릴 수도 있을 것이다. 한편, 에티오피아는 국제금융 기관, 국제 환경 단체, 나일강 하류에 있는 더 강한 이웃 국가의 반대에 굴하지 않고 청나일강에 댐을 조성하는 뚝심을 발휘하면서 이 지역 전체에 자신의 저력을 떨치고 있다. 와칸다 포에버!

대규모 댐 전성시대

거의 한 세기에 걸쳐 전 세계가 하천 관련 대규모 토목 사업으로 들썩였다. 이와 같은 추세는 계속 이어지고 있다. GERD는 그 최신 사례에 지나지 않는다.

인류 역사에서 강은 활용의 대상이었다. 그 과정에서 인류는 강에 댐을 지었고 강의 물길을 전환했다. 댐을 짓고 물길을 전환한 고고학적 증거는 차고 넘친다. 멀게는 메소포타미아 전역에 설치되었지만 오랫동안 버려진 채 방치된 수로도 있고 가깝게는 영국과 뉴잉글랜드 지역(메인주, 뉴햄프셔주, 버몬트주, 매사추세츠주, 코네티컷주, 로드아일랜드주-옮긴이)에 자리 잡았던 수천 개의 수차용 용수로도 있다. 그러나 과거 인류가 하천과 관련해 벌인 모든 활동은 20세기에 진행된 하천 관련 대규모 토목 사업의 규모와 그것이 발휘하는 힘에 비하면 새 발의 피에 지나지 않는다.

하천 관련 대규모 토목 사업의 출발점은 대공황기의 미국이었다. 당시 미국 정부는 뉴딜 정책을 추진했다. 정부가 대규모 토목 사업에 자금을 지원해 고용을 늘리는 동시에 여러 강이 제공하는 자연 자원을 개발하는 두 마리 토끼를 잡으려 했다. 콜로라도강, 컬럼비아강, 미주리강, 테네시강을 개발하면 농경지를 관개하고 에너지를 확보할 수 있을 터였다. 뉴딜 정책이 추진되던 시기에 건설하기 시작했거나 완공된 거대 구조물로는 후버Hoover댐, 그랜드쿨리Grand Coulee댐, 포트펙Fort Peck댐, 테네시강유역개발공사Tennessee Valley Authority가 운영하는 여러 댐을 꼽을 수 있다. 미국이 추진한 하천 관련 대규모 토목 사업은 캐나다, 소련, 인도, 그 밖의 여러 국가에 영감을 주었다. 각국 정부와 세계은행이 열심히 지원하는 가운데 미국에서 추진한 것과 유사한 대규모 토목 사업이 여러 국가에서 진행되었다.

특히 1950년대와 1960년대에 대규모 저수 댐 그리고 거기에 관련된 수력발전용 인프라와 상수도 인프라에 막대한 투자가 이루어졌다. 이 시기에 댐이 설치된 주요 강으로는 러시아의 안가라Angara강, 예니세이Yenisei강(브라츠크Bratsk댐), 크라스노야르스크Krasnoyarsk댐, 베네수엘라의 카로니Caroní강(구리Guri댐), 파키스탄의 인더스강(타르벨라Tarbela댐), 브라질과 파라과이의 파라나강(이타이푸Itaipu댐), 캐나다의 피스Peace강, 마니쿠아강Manicouagan강(W. A. C. 베넷W. A. C. Bennett댐), 다니엘-존슨Daniel-Johnson댐, 인도의 수틀레지Sutlej강(바크라Bhakra댐), 이집트의 나일강(아스완하이댐), 가나의 볼타Volta강(아코솜보Akosombo댐), 잠비아와 짐바브웨의 잠베지Zambezi강(카리바Kariba댐)을 꼽을 수 있다. 선구자인 미국을 비롯해 하천에 관련된 대규모 토목 사업을 진행한 국가들은 모두 어김없이 지역 경제와 정착 형태에 큰 변화를 겪었다.

오늘날에는 개발도상국을 중심으로 하천 관련 대규모 토목 사업들이 꼬리에 꼬리를 물고 추진되고 있다. 그리고 그 대부분은 앞선 20세기에 세계 각지에서 진행된 각종 토목 사업의 규모를 훌쩍 뛰어넘는 수준이다. 중국이 양쯔강에 설치한 싼샤댐은 높이 약 180미터, 길이 2,368미터에 달하는 대규모 댐이다. 완공되기까지 무려 20여 년의 시간이 소요되었다. 싼샤댐을 건설하면서 인공 호수가 형성되었다. 2006년부터 양쯔강 물을 가두기 시작한 싼샤댐 인공 호수는 세계에서 가장 큰 인공 호수다. 충칭에서 싼더우핑에 이르는 약 595킬로미터에 걸쳐 있는데, 미국으로 치면 클리블랜드에서 워싱턴 D. C.까지의 거리 정도 된다.

싼샤댐 인공 호수는 길이가 길고 폭이 좁다. 이 저수지가 형성되는 과정에서 양쯔강과 그 지류를 따라 약 130만 명의 사람들이 생활 터전을 잃었다. 1,295제곱킬로미터가 넘는 땅, 13개 도시, 거의 1,500개의 부락과 마을, 수많은 고고학 유적 및 문화유산이 물속으로 잠겼다. 양쯔강은 500억 달러가 넘는 비용과 수많은 사람의 희생을 바탕으로 재생에너지계의 거물로 우뚝 서게 되었다. 싼샤댐의 발전 설치용량은 2만 2,500메가와트로, 현재 세계에서 가장 큰 수력발전 시설이다.

브라질 아마존강 지류인 싱구Xingu강에서는 벨로몬테Belo Monte 댐 건설이 한창이다. (여러 댐과 서로 연결된 저수지로 이루어진) 벨로몬테댐 프로젝트가 완공되면 브라질의 국가 송배전망에는 1만 1,200메가와트가 넘는 수력발전 전력이 공급될 것이다. 대신 토착 원주민 수만 명이 삶의 터전을 잃고 실향민으로 전락할 것이다. 그리고 그들의 생계가 달려 있는 어장도 심하게 훼손되고 말 것이다. 한편 2장에서 살펴본 것처럼 동남아시아의 메콩강 하류 유역에는 여러 개의 댐 건설이 계획되어 있다. 이와 같은 댐 건설 사업이 완료되면 동남아시아는 필요한 전력을 공급받을 수 있고 라오스는 절실하게 필요한 수입을 얻을 수 있을 것이다. 그러나 그 대신 지역 주민의 생계가 위협받고 생태계가 훼손될 것이다. 어쩌면 세계에서 가장 큰 민물고기 서식지 가운데 하나라는 명성이 무색해질지도 모를 일이다.

콩고민주공화국은 진짜 대규모 계획을 내놓았다. 장대한 콩고Congo강을 가로지르는 여러 개의 바닥 다짐 댐을 건설한다는 계획이다. 이 계획에는 "그랜드잉가Grand Inga"라는 명칭이 붙었다. 그랜드잉가댐 건설 프로젝트가 실현되면 투입되는 비용과 발전 설치용량 면에서 싼샤댐조차도 감히 명함을 내밀지 못하게 될 것이다. 1단계 사업은 잉가폭포에 (잉가-3라는) 새로운 댐과 발전소를 건설하는 것이다. 잉가폭포는 (방류량을 기준으로) 세계에서 두 번째로 큰 강이 대서양을 향해 가다가 갑작스레 떨어지면서 만들어진 거대한 급류다. 잉가

폭포에서 하류로 약 40킬로미터를 내려가면 마타디Matadi 항구를 만날 수 있다. 이 지역은 정치적으로 불안정하다. 그럼에도 불구하고 잉가 폭포 수력발전소 건설은 오래전부터 꾸준히 추진되고 있다. 2019년 현재 중국 기업(싼샤그룹)과 스페인 기업(악티비다데스 데 콘스트럭시온 이 세르비시오스Actividades de Construccion y Servicios SA)이 주도하는 국제투자 컨소시엄이 140억 달러 규모의 입찰에 참가했다. 낙찰되면 잉가-3댐 발전 시설(1만 1,000메가와트 규모)의 초기 건설을 진행하게 될 것이다. 그랜드잉가댐 전체를 건설하는 데 소요될 것으로 예상되는 비용은 900억 달러(발전 설치용량 4만 메가와트 기준)에 이른다. 비용과 발전 설치용량 면에서 싼샤댐의 두 배에 달한다. 그랜드잉가댐이 완공되면 현재 아프리카 대륙에서 생산되는 총 전력량의 4분의 1 이상을 생산하게 될 것으로 예상된다.

세상을 바꾼 세 가지 발명품

20세기와 21세기를 풍미한 대규모 토목 사업은 그만큼 큰 변화를 몰고 왔다. 그러나 인간이 기술을 이용해 강을 자신의 요구에 부합하게 변모시킨 일은 이번이 처음이 아니다. 인류는 고대부터 세 가지 경이로운 기술을 강에 적용해왔다. 바로 댐, 물길 전환, 교량이다. 싼샤댐, 벨로몬테댐, 그랜드잉가댐 건설 계획은 그 가운데 하나인 댐을 현대식으로 되살려(극대화해) 구현한 것에 지나지 않는다.

교량은 아주 오래전부터 사용되었을 뿐 아니라 어디에나 있다. 따라서 다리에 특별한 주의를 기울이는 사람은 거의 없다. 인류의 조상은 아주 단순한 다리를 사용했다. 통나무를 다리로 이용해 개울을 건넜던 것이다. 이와 같은 다리는 야생에서 생활하거나 등산을 즐기는 사람들을 중심으로 오늘날에도 사용된다. 다리(그리스어 γέφυρα)라는 단어가 처음으로 등장하는 기록은 호메로스의 ≪일리아드Iliad≫다. 그러나 고고학적 증거에 따르면 인류는 그것보다 훨씬 오래전부터 다리를 사용했다. 가장 오래된 것으로 알려진 다리 가운데 두 개는 중기 청동기 시대에 번성한 미케네문명이 건설했다. 오늘날 그리스의 촌락 아르카디코Arkadiko 외곽에 있다.

이 두 개의 다리는 지어진 지 3,000년이 지났음에도 불구하고 여전히 멀쩡하게 서 있다. 두 다리 모두 돌을 내쌓아 만든 좁은 아치 형태다. 표석이 서로 완벽하게 맞물리도록 세심한 주의를 기울여 다리를 쌓은 흔적이 역력하다. 그래서인지 지금도 사용할 수 있을 정도로 보존 상태가 양호하다. 두 다리의 좌표는 각각 다음과 같다. 첫 번째 다리: 북위 37°35′37.10″, 동경 22°56′15.21″. 사람들의 발길이 뜸한 두 번째 다리: 북위 37°35′27.27″′, 동경 22°55′36.30″′(첫 번째 다리에서 약 1킬로미터 떨어진 지점). 미케네문명은 많은 다리를 지었다. 그리고 청동기시대에 다리의 역할은 오늘날 도로의 속도랑이 수행하는 역할과 같았다. 예나 지금이나 다리 덕분에 사람들은 탈것에서 내리지 않고 개울을 무사히 건널 수 있다. 다른 점이 있다면 당시의 탈것은 전차였고 오늘날의 탈것은 자동차와 트럭이라는 점뿐이다.

그 뒤 다리는 실용적인 측면에서 계속 개선되었다. 로마인들은 돌이나 벽돌 쌓는 기술과 콘크리트 같은 재료를 발전시켜 수많은 아치교와 육교를 건설했다. 로마인들이 지은 다리 가운데 스페인 타구스Tagus강에 놓은 알칸타라Alcántara 다리는 걸작으로 알려져 있다. 초기 석조 다리 가운데 눈에 띄는 것으로는 중국 샤오허Xiaohe강의 자오저우차오Zhaozhouqiao(7세기), 프라하 블타바Vltava강의 카를Charles 다리(15세기), 이란 자얀데Zayandeh강의 시오세폴Si-o-se-pol 다리(17세기), 파리 센강의 퐁뇌프Pont Neuf 다리(17세기)를 꼽을 수 있다.

주철로 만든 세계 최초의 아치교는 1779년 영국 슈롭셔의 세번Severn강에 건설되었다. 인간의 금속가공 능력이 향상되고 철, 강철, 철근 콘크리트로 만든 더 길고 더 강하고 더 저렴한 경간徑間을 선호하게 되면서, 작으면서도 비용이 많이 소요되는 '재료 쌓기' 방식의 다리는 설 자리를 잃게 되었다. 20세기 초 북미와 유럽에 건설된 다리 가운데 눈에 띄는 것으로는 뉴욕의 브루클린Brooklyn 다리, 밴쿠버의 버라드Burrard 다리, 샌프란시스코의 골든게이트Golden Gate 다리, 부다페스트의 체인Chain 다리, 베를린의 오베르바움Oberbaum 다리, 런던의 타워브리지Tower Bridge를 꼽을 수 있다.

건설되는 다리의 규모가 점점 더 커지면서 강은 육상 이동의 장애물에서 사회 및 경제 활동이 집중되는 요인으로 변모했다. 강을 건너야 하는 지점에는 사람, 교통, 상업의 흐름이 모이기 마련이었다. 통행료도 발생했다. 양쪽 강기슭 모두에 정착지가 형성되기 쉬웠다. 따라서 도시는 강을 중심으로 성장했다. 연락선도 다리와 비슷한 역할을 수행했다. 하지만 영속성, 용이성, 신뢰성 측면에서 볼 때 다리가 연락선보다 더 우수했다. 따라서 여객선보다는 다리가 양쪽 강기슭의 정착지 형성에 더 큰 영향을 미쳤다.

원래 파리는 센강 한복판의 섬에 세워진 도시다. 오늘날 파리는 센강을 가운데 두고 두 구역으로 나뉘어 있다. 시가지 규모가 얼추 비슷한 두 구역은 37개의 다리로 연결된다. 37개의 다리가 없었다면 파리는 러시아의 볼고그라드와 야쿠츠크처럼 강의 어느 한쪽만 비대칭적으로 성장한 도시가 되었을 것이다. 사실 오늘날 대부분의 대도시에는 중심을 관통하는 강이 있기 마련이다. 중요한 관찰 결과이므로 이 책의 마지막 부분에서 정량화된 수치와 함께 다시 다룰 예정이다.

강이 각국의 정치적 경계를 나타내는 지표로 사용되는 곳에서는 다리를 설치함으로써 양쪽 강기슭에 두 개의 국경도시가 형성되는 경우가 많다. 2장에서 이미 엘파소와 시우다드 후아레스 사례를 살펴본 바 있다. 3장에서 다룬 마켓가든 작전 및 스당 전투 사례에서 살펴본 것처럼 전쟁이 일어나면 다리는 전략자원으로 활용되기도 한다. 한편 다리는 베트남의 드래곤Dragon 다리와 싱가포르의 헬릭스Helix 다리처럼 예술 작품으로서의 가치를 지니기도 한다. 심지어 어떤 다리는 상징적인 힘을 가지기도 한다.

예를 들어 러시아 남서부 크라스노다르 지역과 크림반도를 연결하는 다리에 대해 생각해보자. 2014년 러시아는 우크라이나 영토였던 크림반도를 합병했다. 따라서 우크라이나와 국제사회는 다리 건설에 거세게 반대했다. 논란이 분분한 가운데 2018년 다리가 완공되었다. 케르치Kerch 해협을 가로지르는 이 다리는 길이가 19킬로미터에 달한다. 덕분에 포르투갈의 바스쿠다가마Vasco da Gama 다리를 제치고 유럽에서 가장 긴 다리가 되었다. 이 다리는 크림반도로 넘어가는 명실상부한 교두보였다. 다리를 개통하던 날 블라디미르 푸틴Vladimir Putin 러시아 대통령은 직접 트럭을 몰고 가장 먼저 다리를 건넜다. 거의 40억 달러에 달하는 비용이 투입된 이 다리로 인해 국제적 긴장이 높아졌다. 모스크바와 크림반도를 도로로 연결하는 이 다리는 러시아가 자신의 권력을 과시하는 물리적 장치이자 정치적 상징물이다.

또한 2018년은 난징창장대교Nanjing Yangtze River Bridge 개통 50주년을 기념하는 해였다. 난징창장대교는 양쯔강을 가로질러 건설된 최초의 영구적인 다리 가운데 하나다. 난징창장대교가 완공된 1968년 이전에는 연락선을 이용해 몇 킬로미터 너비의 양쯔강을 건너야 했다. 기차도 해체해서 연락선에 태운 뒤 강 반대편에 닿으면 다시 조립해서 운행해야 했다. 정말 비효율적이지 않을 수 없었다. 상부에는 네 개의 차선과 보행자용 인도가, 하부에는 베이징과 상하이를 연결하는 철도가 설치된 난징창장대교는 중국 교통 체계 발전에 중요한 이정표가 되었다.

난징창장대교는 중국이 20세기에 건설한 주요 다리 가운데 단독으로 설계하고 건설한 최초의 다리라는 점에서도 큰 상징성을 지닌다. 난징창장대교는 현대 기술을 동원해 지어졌지만 중국 건축의 특징이 뚜렷하게 드러난다. 문화대혁명이 불러온 공포로 물들었던 시절 난징창장대교는 중국인들의 자부심을 북돋는 원천이었다. 컵, 연필, 신발, 자전거, 중국에서 판매되는 온갖 상품에 난징창장대교가 새겨졌다. 난징창장대교는 마오쩌둥주의를 홍보하는 벽보에도 어김없이 등장했다.

오늘날에도 여전히 난징창장대교는 중국의 중요한 문화적 상징이다. 개통 50주년을 앞두고는 1억 6,070만 달러를 들여 복구 작업이 진행되기도 했다. 전 세계가 주목할 만한 흥미로운 기술을 적용한 다리들이 중국 곳곳에서 건설되고 있다. 완공된 다리 가운데 눈길을 끄는 것으로는 베이판장대교Beipanjiang Bridge와 우한창장대교Wuhan Yangtze River Bridge를 꼽을 수 있다. 565미터 높이에 건설된 베이판장대교는 세계에서 가장 높은 다리다. 베이판강을 가로질러 구이저우성과 윈난성의 산악지대를 연결한다. 우한에서 양쯔강을 가로지르는 우한창장대교는 세계에서 가장 긴 2층 현수교다.

사람의 손에서 탄생한 강

인간 사회가 강을 자신의 요구에 부합하게 변모시키기 위해 사용한 세 번째 기술은 수로 변경이었다. 인류가 선사시대부터 이미 다리를 활용한 것처럼, 수로 변경도 이미 선사시대에 시작되었다. 물길 전환을 입증하는 고고학적 증거는 먼 옛날 위대했던 수력 사회들이 등장하기도 전으로 거슬러 올라간다. 예를 들어, 이라크 북부에서는 이미 9,000년 전에 농업의 개척자들이 각자의 경작지로 물을 끌어들이기 위해 물길을 변경하려 애쓴 흔적이 발견된다. 1장에서 살펴본 것처럼 나일강, 티그리스-유프라테스강, 인더스강, 황허강 계곡을 따라 탄생한 위대한 문명은 모두 도랑과 운하를 활용한 정교한 수로를 건설해 작물을 기르는 경작지에 물을 댔다. 850년에서 1450년 사이 존재했던 호호캄문명은 오늘날 애리조나주 피닉스 인근에 관개 운하를 건설했다. 오늘날 파키스탄 인더스강 범람원에서는 6만 킬로미터가 넘는 운하를 활용해 물길을 전환하고 있다. 인더스강 관개 운하는 현존하는 관개 체계 가운데 규모가 가장 크다.

간단히 말해서 물길 전환은 관개농업의 전제 조건이다. 인류는 이 사실을 이미 오래전부터 알고 있었고 매 시대마다 그 중요성을 재확인해왔다. 놀이터의 모래 바닥에 털썩 앉아 노는 아이의 손에 정원용 물 호스와 흙을 파낼 수 있는 막대기를 쥐여주면 이내 조상들이 알아낸 것과 같은 것을 알아내 실천에 옮길 것이다.

물길 전환은 선박의 항행에도 유용하다. 세계 최초의 운하가 언제 어디에서 건설되었는지 정확하게 아는 사람은 없다. 그저 추측해볼 수 있을 뿐이다. 가장 합리적인 추측으로 여겨지는 시대와 장소는 1장에 설명한 수메르 도시국가의 황금기, 오늘날 이라크 지역이다. 메소포타미아에 건설된 초기 도시들은 티그리스강과 유프라테스강 수로에 배를 띄워 무역에 나섰다. 티그리스강과 유프라테스강은 많은 양의 퇴적물을 실어 날랐기 때문에 강바닥이 금세 높아지곤 했을 것이다. 따라서 당시 사람들이 선호한 무역로를 계속 활용하기 위해서는 정기적으로 강을 준설할 필요가 있었을 것이다. 그 덕분에 수없이 많은 짧은 운하가 형성되었다. 그리고 그 흔적은 아직도 희미하게 남아 있다. 오늘날 우주에서 촬영한 위성 영상을 통해 확인할 수 있다.

오늘날 지중해와 홍해를 연결하는 수에즈운하는 해운업계에 없어서는 안 될 중요한 지름길 가운데 하나다. 그러나 수에즈지협地峽에 운하를 만든 것은 이번이 처음이 아니다. 최초의 운하는 오래전 이집트 파라오의 지시에 따라 조성되었다. 수만 명의 노예가 운하 조성에 동원되었다. 노예들은 청동 삽만 사용해 160킬로미터 길이의 운하를 조성했다. "와디 투밀라트Wadi Tumilat"라고 불리는 자연 와디(건조

지역에서 호우 시에만 발달하는 일시적인 하천-옮긴이)를 따라 나일강 동쪽에 조성된 '파라오의 운하'는 수 세기에 걸쳐 해상운송로로 이용되었다. 오늘날 위성 영상을 통해 파라오의 운하의 대략적인 경로를 확인할 수 있다. 위성 영상에서는 나일강 삼각주에 한 가닥 초록색 선처럼 보이는 파라오의 운하는 자가지그 인근에서 나일강을 빠져나와 동쪽으로 향한다. 그리고 이스마일리아를 통과하고 나서 갑작스레 남쪽으로 방향을 꺾는다. 여기서부터는 오늘날 수에즈운하가 흐르는 경로를 따라 홍해로 향한다. 오늘날 이 좁은 회랑 지대 주변에는 관개된 경작지가 늘어서 있다.

대형 선박의 항행이 가능한 운하 가운데 세계에서 가장 긴 운하는 약 1,100마일에 이르는 중국대운하Grand Canal다. "징항대운하Beijing-Hangzhou Canal"라는 이름으로도 불리는 중국대운하는 609년 완공되었다. 그것보다 1,000여 년 전인 기원전 5세기에 조성되어 이미 사용 중이던 운하의 수로를 연결하고 확장한 것이다. 양쯔강과 황허강을 연결하는 중국대운하 덕분에 중국 내륙에서도 선박을 이용한 운송이 가능해졌다. 베이징에서 항저우에 이르는 중국대운하를 따라 자리 잡은 여러 도시와 부락은 오랫동안 그 이점을 누려왔다. 중국대운하는 해운업 및 상업의 발달에 꼭 필요한 수단이었을 뿐 아니라 중국을 하나로 통합하는 데도 크게 기여했다. 그리고 오늘날에도 여전히 활용되고 있다.

1681년 프랑스에서 미디Midi운하가 완공되었다. 처음으로 선박을 이용해 프랑스 전역을 완전히 횡단할 수 있게 되었다. 이 경이로운 운하는 지중해와 툴루즈를 연결한다. 그리고 거기에서부터 가론Garonne운하와 가론강을 통해 대서양으로 연결된다. 미디운하는 241킬로미터 길이의 터널, 송수로, 거의 100개의 갑문閘門을 갖추고 있다. 건설 당시 세계에서 가장 경이로운 곳 가운데 하나로 손꼽힌 미디운하는 오늘날 주로 유람선이 다니는 관광 명소로 이용되고 있다.

1761년 잉글랜드 랭커셔에서 온전히 사람의 힘만으로 조성한 최초의 운하가 모습을 드러냈다. 랭커셔에 등장한 완전 인공 운하는 대형 선박의 항행이 가능한 운하 건설 기술이 크게 도약하는 계기가 되었다. 브리지워터 공작Duke of Bridgewater은 맨체스터에서 북서쪽으로 약 16킬로미터 떨어진 곳에 생산성이 높은, 그러나 내륙에 자리 잡은 탄광을 소유하고 있었다. 당시 맨체스터에서는 섬유 산업이 호황을 누리고 있었다. 브리지워터 공작은 저렴한 비용으로 맨체스터의 섬유 산업에 석탄을 제공할 수 있는 방법을 찾기 위해 애를 썼다. 그러나 브리지워터 공작이 소유한 광산 인근에는 자연 수로가 없었다. 짐말을 이용해 석탄을 운반하려면 비용이 많이 들어 경제성이 없었다. 미디 운하에서 영감을 얻은 브리지워터 공작은 운하를 조성하는 방법으로 이 문제를 해결하려고 했다. 그리고 제임스 브린들리James Brindley라는 기술자를 고용해 해법을 마련하게 했다.

브린들리는 브리지워터 공작이 소유한 탄광과 맨체스터를 직접 연결하는 운하를 설계했다. 온전히 사람의 힘만으로 조성하는 운하였다. 브린들리가 내놓은 해법은 정말 독창적이었다. 운하는 광산 지하에서 시작되어, 운하교를 통해 어웰Irwell강을 건너 맨체스터로 이어졌다. 광산 안에서 부선에 석탄을 실으면 짐말이 운하 옆에 설치된 예선로曳船路를 따라 석탄을 실은 부선을 끌어당겼다. 브린들리의 설계는 탄광에 고이는 지하수를 빼내는 일에도 도움이 되었다. 따라서 고질적인 문제였던 탄광 내 지하수 문제를 해결하는 동시에 부선을 띄우기 위해 운하에 채울 물까지 확보할 수 있었다.

브리지워터운하가 개통하고 1년도 채 지나지 않아 맨체스터 석탄 가격이 절반으로 낮아졌다. 브리지워터 공작은 부자가 되었다. 브리지워터 공작이 운하 투자에 성공하자 영국 전역에 운하 건설 열풍이 불었다. 브린들리가 고안해낸 창의적 개념, 운하교, 석탄 동력을 이용한 증기 삽 덕분에 향후 40년 동안 영국에는 수많은 내륙 운하가 새로 형성되었다. 세번강과 머지Mersey강 및 템스Thames강이 운하로 연결되었고 머지강과 트렌트Trent강이 운하로 연결되었다. 영국에 새로 등장한 운하 체계는 영국 중부의 원자재 운송 속도와 비용을 대폭 개선해 상업을 촉진하고 빠르게 산업화하는 경제를 뒷받침하는 발판이 되었다.

독일도 운하 기술을 받아들여 19세기 말까지 대형 선박의 항행이 가능한 중요 운하 건설을 이어갔다. 1899년 269킬로미터 길이의 도르트문트-엠스Dortmund-Ems운하가 완공되어 산업 중심지인 루르강 계곡과 북해를 연결했다. 도르트문트-엠스운하 외에도 베젤-다텔른Wesel-Datteln운하, 다텔른-함Datteln-Hamm운하, 미텔란트Mittelland운하, 엘베-뤼벡Elbe-Lübeck운하가 독일의 산업 중심지와 엘베강, 라인강, 발트해, 북해를 연결하는 간선 운송망 및 수상 운송망 구축에 기여했다. 1895년에는 킬Kiel운하가 완공되었다. 킬운하는 엘베강 강어귀에 자리 잡은 도시 브룬스뷔텔쿠크와 킬-홀테나우 사이를 98킬로미터 길이의 수로로 연결한다. 북해와 발트해를 연결하는 킬운하는 길이가 짧지만 중요성이 크다. 완공된 뒤로도 여러 번 수정된 킬 운하는 오늘날에도 여전히 독일 내륙 운송 체계의 일부로서 중요한 기능을 담당하고 있다. 1992년 완공된 171킬로미터 길이의 마인-도나우Main-Danube운하는 라인강과 다뉴브강을 연결한다. 3,541킬로미터 길이의 이 인공 수로는 북해와 흑해를 오가는 선박이 이용하는 수로다.

대서양 건너 영국에서 운하 건설 열풍이 불자 미국에서도 유사한 수준의 수력공학 바람이 불었다. 가장 효과적인 토목 사업 가운데 하나는 이리Erie운하였다. 이리운하 덕분에 허드슨강을 통해 대서양과 오대호, 서부의 내륙지역을 연결할 수 있게 되었다. 1825년 완공된 이리운하는 폭 12미터, 깊이 1.2미터, 길이 약 584킬로미터였다. 이리운하에는 83개의 갑문이 설치되어 있어 해발 183미터까지 수위를 높일 수 있었다. 허드슨강과 이리 호수 사이에 부선을 띄우기 위해 필요한 수위다. 그 밖에도 이리운하는 이동이 까다로운 협곡과 강 사이를 자유롭게 지날 수 있도록 18개의 운하교를 높은 곳에 설치했다. 각 부선이 운송할 수 있는 승객과 화물의 최대 무게는 30톤이었다. 짐말이 운하 옆에 설치된 예선로를 따라 승객과 화물을 실은 부선을 끌어당겼다. 이리운하는 새롭고도 중요한 운송로였으므로, 완공된 뒤에도 몇 년 동안 준설 및 확장을 거듭했다. 그리고 이 지역 전체를 포괄하는 중요한 운하 체계로 자리 잡았다.

19세기 중반 운하보다 철도가 운송에 더 유리하다는 사실이 명확해지면서 운하의 황금기가 막을 내렸다. 독일은 그 뒤로도 수십 년 동안 인공 내륙수로 체계를 계속 확장했다. 그러나 영국은 1834년 완공된 장거리 운하를 마지막으로 더 이상 운하를 건설하지 않게 되었다. 4장에서 이미 살펴본 대로 펜실베이니아주에서는 주에서 운영하는 운하 체계로 물을 흘려보낼 목적으로 리틀콘마강에 댐과 저수지를 조성했다. 이후 쓸모를 잃은 댐과 저수지는 민간에 매각되었다. 주인이 여러 차례 바뀌는 과정에서 댐과 저수지의 유지 보수는 등한시되었다. 마지막에는 피츠버그에서 백만장자 엘리트를 위한 전용 클럽으로 활용되다가 존스타운을 집어삼킨 홍수를 일으키고 말았다.

거의 한 세기 동안 운하 건설 열풍이 영국, 유럽 대륙, 미국을 휩쓸었다. 인류는 오랫동안 자연 수로를 준설하여 운하를 만들었다. 갑문을 설치해 수위를 높이거나 낮추는 방식으로 운하를 이용해왔다. 그러다가 급격한 기술 발전이 이루어졌다. 수로와 운하교를 활용해 내륙에 온전히 사람의 힘만으로 운하를 조성할 수 있게 된 것이다. 운하는 운송 기술의 역사에 한 획을 긋는 혁신 기술이었다. 운하는 유럽의 산업화를 이끌고 미국의 서부 진출을 부추기면서 한 시대를 풍미했다. 그 이후 철도가 운하를 대체했고, 다시 주간 고속도로가 철도를 대체했다.

중국대운하, 프랑스의 미디운하, 미국의 이리운하를 비롯한 오래된 운하 대부분은 오늘날에도 여전히 사용된다. 뉴욕주 전역의 강과 호수는 843킬로미터에 달하는 뉴욕주 운하 체계를 통해 캐나다로 연결된다. 오늘날 뉴욕주 운하 체계는 2,000곳이 넘는 관광 명소와 시설을 갖춘 인기 있고 활기찬 휴양지로 거듭났다. 한때 온전히 사람의 힘만으로 조성한 강이 미국의 고속도로로 기능했던 시절이 있었다. 이제 그 시절을 떠올리게 하는 것은 운하 위를 떠다니는 유람선과 물가에 조성된 자전거도로를 달리는 자전거뿐인 것 같다.

로스앤젤레스를 건설한 아일랜드인

아일랜드에서 태어난 토목기사 윌리엄 멀홀랜드William Mulholland가 로스앤젤레스 수도전력국 초대 국장에 올랐다. 지금으로부터 한 세기 전의 일이다. 멀홀랜드 국장은 원격지에 있는 토지와 강의 수리권水利權을 남모르게 매입한 뒤, 강물을 남쪽으로 전환해 로스앤젤레스에서 사용하려는 계획을 세웠다. 멀홀랜드 국장이 염두에 둔 강은 오언스Owens강이었다. 오언스강은 로스앤젤레스에서 북쪽으로 320킬로미터 넘게 떨어진 시에라네바다산맥과 데스밸리 사이를 흐르는 강이었다. 강을 따라 목가적인 정취가 물씬 풍기는 목장이 자리 잡고 있었다.

시에라네바다산맥의 눈이 녹아 흘러내린 물은 산맥의 동쪽 측면을 따라 오언스강으로 흘러들었다. 멀홀랜드 국장은 오언스강을 은밀하게 매입한 뒤 그 물의 거의 대부분을 로스앤젤레스 방향으로 전환했다. 그러자 계곡에 터를 잡고 살아가던 주민들은 분노에 휩싸였다. 곳곳에서 거센 저항과 반란과 공격이 이어졌다. 이 사건은 로만 폴란스키Roman Polanski가 감독을 맡고 잭 니콜슨Jack Nicholson과 페이 더너웨이Faye Dunaway가 출연한 고전 영화 <차이나타운Chinatown>(1974년)의 소재에 영감을 주었다. 오언스강 물길 전환 사업으로 로스앤젤레스는 도시의 성장을 위해서라면 수단과 방법을 가리지 않는 비열한 도시라는 오명을 안게 되었다. 1913년 주민의 반대를 무릅쓰고 사업이 완료되었다. 같은 해 멀홀랜드 국장은 약 375킬로미터 길이의 운하와 관로로 이루어진 로스앤젤레스 송수로 개통식을 주재했다. 오언스강을 샌페르난도밸리San Fernando Valley로 전환하는 것으로, 그 당시 세계에서 가장 긴 송수로였다. "이제 물을 마음껏 쓸 수 있습니다!"라는 멀홀랜드 국장의 언급은 그 뒤로도 계속 사람들의 입길에 오르내렸다. 로스앤젤레스 사람들은 멀홀랜드 국장의 말을 충실히 이행했다. 물을 풍족하게 사용할 수 있게 되면서 로스앤젤레스 인구가 급증했다. 오늘날 로스앤젤레스는 미국에서 두 번째로 큰 도시가 되었다.

로스앤젤레스 수도전력국이 멀리 떨어져 있는 강의 물길을 전환해 캘리포니아주 남부로 흐르게 한 사업을 기점으로, 유사한 사업이 줄을 이었다. 먼저 1919년 미국 지질조사국은 캘리포니아주 북부에 있는 새크라멘토Sacramento강의 물길 전환을 제안했다. 남쪽에 자리 잡은 샌호아킨San Joaquin 계곡을 통해 캘리포니아주 남부의 더 건조한 지역으로 물길을 전환하려는 계획이었다. 1931년 북쪽에 자리 잡은 강의 물길을 남쪽으로 전환하는 대규모 하천 전환 계획이 정식으로 문서에 기록되었다. 이 계획은 7년 뒤 대공황이 심화되었을 때 연방 정부를 통해 실현된다. 연방 정부는 레딩 인근을 지나는 새크라멘토강에 샤스타Shasta댐을 건설했다. 그리고 오늘날 샤스타댐은 "센트럴 밸리 프로젝트Central Valley Project"의 구성 요소로 편입되었다. 연방 정부가 운영하는 대규모 저수지, 수력발전용 댐, 운하로 구성된 센트럴밸리 프로젝트 덕분에 캘리포니아주 센트럴밸리 전역에 있는 농장과 인구밀도가 높은 도시가 물을 풍족하게 사용할 수 있게 되었다.

제2차 세계대전이 끝난 1940년대 후반에서 1950년대 사이에 인구가 급증했다. 캘리포니아주 남부로 물을 보내기 위한 또 다른 하천 전환 계획을 수립할 필요성이 높아졌다. 캘리포니아주가 추진한 체계는 연방 정부가 추진한 센트럴밸리 프로젝트와 유사했다. 방대한 댐과 저수지를 건설하고, 그것들을 서로 연결하여 물을 저장 및 이동시킬 뿐 아니라 막대한 양의 전력도 생산할 계획이었다. 그럼으로써 캘리포니아주 남부 전역뿐 아니라 테하차피산맥 너머에 있는 로스앤젤레스까지도 손쉽게 물을 공급할 수 있을 터였다. 1960년, 격렬한 논쟁을 불러일으켰던 캘리포니아주 채권 법안이 간신히 통과되었다. 덕분에 북쪽에 자리 잡은 강의 물길을 남쪽으로 전환하는 대규모 하천 전환 계획에 자금을 투입할 수 있게 되었다. 이 계획에는 "캘리포니아주 물 프로젝트State Water Project"라는 간결한 이름이 붙었다.

캘리포니아주 채권 법안에 대한 주민투표가 진행되었다. 찬성하는 측과 반대하는 측이 정확하게 반으로 갈라져 팽팽하게 맞섰다. 캘리포니아주 남부 지역 주민들은 캘리포니아주 물 프로젝트를 도시의 성장에 필수적인 것으로 여겼다. 반면 캘리포니아주 북부 지역 주민들은 수자원에 손을 대는 어떠한 행위도 용납할 수 없다는 입장이었다. 캘리포니아주 채권 법안은 가까스로 통과되었다. 캘리포니아주 남부 주민들이 물을 차지하면서 캘리포니아주 북부 주민들은 캘리포니아주 남부 주민을 혐오하게 되었다. 캘리포니아주 북부 주민들이 품은 원한은 일방적이다. 로스앤젤레스 사람들은 아름다운 도시 샌프란시스코를 즐거운 마음으로 여행하면서 캘리포니아주 북부에서 생산한 와인을 마음 편히 맛본다. 반면 파타고니아 플리스를 입고 여행객을 맞이하는 캘리포니아주 북부 주민들은 어떻게 로스앤젤레스 같은 곳에서 마음 편히 살아갈 수 있는지, 곱지 않은 시선으로 그들을 바라보는 형편이다.

그러나 로스앤젤레스 사람들은 굴하지 않는다. 로스앤젤레스는 쾌적한 날씨, 활기찬 문화, 해당 지역의 기후가 허용하는 양보다 훨씬 더 많은 양의 물을 사용할 수 있는 축복받은 도시다. 그래서인지 로스앤젤레스 사람들은 낙천적이다. 1960년 캘리포니아주 채권 법안이 통과되면서 캘리포니아주 중북부를 지나는 페더Feather강에 거대한 오로빌Oroville댐이 건설되었다. 댐이 형성한 저수지, 오로빌 호수는 캘리포니아주 물 프로젝트의 중심이 되었다. 캘리포니아주 물 프로젝트는 여러 저수지, 수력발전용 댐, 수력발전소, 송수로, 터널, 양수장揚水場으로 구성된 토목 사업이었다. 오로빌 호수의 물을 캘리포니아주 남부에 공급하기 위해 캘리포니아주 전체 길이의 3분의 2에 걸쳐 무려 1,127킬로미터에 달하는 인프라가 구축되었다(2017년 오로빌댐 여수로가 고장 났다. 캘리포니아주에 상수도 공급이 끊기면서 하류 지역에 거주하는 주민 20만 명이 대피하는 소동이 벌어졌다. 2019년 11억 달러를 들여 수리를 마친 후에도 댐의 장기적인 안전에 대한 우려가 여전히 남아 있는 형편이다). 캘리포니아주 물 프로젝트는 100만 에이커에 달하는 농지 가운데 4분의 3에 물을 공급하고 캘리포니아주 북부, 베이에어리어, 센트럴코스트, 샌호아킨밸리, 캘리포니아 남부에서 살아가는 2,700만 명이 넘는 사람들에게 물을 공급한다.

캘리포니아주 물 프로젝트의 최대 고객은 캘리포니아주 남부 광역수도국이다. 캘리포니아주 남부 광역수도국은 로스앤젤레스 카운티, 오렌지 카운티, 리버사이드 카운티, 샌버나디노 카운티, 샌디에이고 카운티, 벤추라 카운티에서 생활하는 1,900만 명의 주민에게 물을 공급할 책임을 지고 있다. 캘리포니아주 남부 광역수도국은 대규모 공공기관이다. 저수지 9개, 수력발전용 시설 16개, 세계에서 가장 큰 수처리시설 가운데 4개, 콜로라도강에서 390킬로미터에 달하는 거리를 이동해 캘리포니아주 남부에 물을 공급하는 콜로라도강 송수로를 소유 및 운영하고 있다. 또한 캘리포니아주 남부 광역수도국은 새로운 지하수 저장 방법을 제시하고 '하수'를 '상수'로 재활용한다는 흥미로운 프로그램을 선보이면서 전 세계를 선도하고 있다. 여기에 관련된 내용은 8장에서 다시 살펴볼 것이다. 캘리포니아주 남부 광역수도국은 캘리포니아주 물 프로젝트가 제안한 "캘리포니아 워터픽스California WaterFix" 계획의 가장 든든한 후원자이기도 했다. 캘리포니아 워터픽스 계획은 샌프란시스코 동쪽에 있는 새크라멘토-샌호아킨강 삼각주Sacramento-San Joaquin River Delta 아래에 두 개의 터널을 건설해 새크라멘토강의 물을 로스앤젤레스로 운송하는 방법을 개선하려는 계획이었다. 2019년 개빈 뉴섬Gavin Newsom 캘리포니아주지사는 환경을 이유로 들어 이 계획을 취소했다. 그러나 캘리포니아 워터픽스 계획이 취소되기 전까지 캘리포니아주 남부 광역수도국은 이 계획에 무려 108억 달러를 지원했다.

연방 정부가 추진한 센트럴밸리 프로젝트와 캘리포니아주가 추진한 캘리포니아주 물 프로젝트는 하천 전환을 통해 캘리포니아주 전체에 물을 공급한 대표적인 사례다. 캘리포니아주에서 이와 같은 하천 전환이 이루어진 그 밖의 사례로는 로스앤젤레스 송수로, 헤치헤치Hetch Hetchy 관로/저수지 체계(요세미티국립공원과 샌프란시스코를 연결)를 꼽을 수 있다. 샌프란시스코는 이미 1913년 투올러미Tuolumne강에 댐을 건설해 요세미티국립공원에서 가장 아름다운 헤치헤치밸리를 저수지로 바꿀 권리를 획득했다. 샌프란시스코시가 저수지 설치 권리를 행사하자 작가 존 뮈어를 중심으로 환경보호 운동이 일어났다. 그러나 환경보호 운동가들은 패배했다. 덕분에 오늘날 샌프란시스코시는 도시에서 사용하는 물의 대부분을 헤치헤치밸리에서 공급받게 되었다. 즉, 물길이 전환된 투올러미강은 이제 세계에서 가장 활기차고 혁신적인 도시 가운데 하나에 자연 자본과 복리를 제공하게 된 것이다.

거대한 전환

오늘날 인간에게 필요한 물의 양은 전례 없는 규모다. 물 수요가 증가하는 속도 역시 유례를 찾을 수 없을 만큼 빠르다. 이와 같은 현실은 대규모 하천 토목 사업 계획을 새로 수립할 필요성을 뒷받침하는 근거가 되고 있다.

40억 명에 달하는 인구가 1년 중 적어도 한 달가량을 심각한 물 부족에 시달리고 있다. 전체 인구의 약 3분의 2에 해당하는 이 40억 명 가운데 약 9억 명은 중국, 약 10억 명은 인도에 살고 있다. 나머지 21억 명은 방글라데시, 파키스탄, 나이지리아, 멕시코, 미국 서부 및 남부에 자리 잡은 건조한 주에 살고 있다. 브라질 상파울루, 인도 첸나이, 남아프리카공화국 케이프타운을 비롯한 여러 대도시에서도 심각한 물 부족 사태를 경험했다.

이와 같은 문제는 점점 더 심화될 것이다. 현재로서는 기후변화가 미치는 악영향을 고려하지 않더라도 21세기 중반 인간의 담수 수요는 지금보다 50퍼센트 넘게 증가한 연간 6조 세제곱미터가 넘을 것으로 예상된다. 특히 인도의 경우 빠르게 늘어나는 인구와 급속한 산업화로 인해 2050년이면 담수 수요가 세 배 증가할 것으로 예상된다.

앞으로 몇 년 동안 이와 같은 압력을 완화할 목적의 하천 전환 계획이 쏟아질 것으로 예상된다. 그리고 앞으로 수립될 하천 전환 계획은 그 어느 때보다 더 정교한 계획이 될 것이다. 수천 년 동안 인간은 자신의 필요에 따라 물길을 전환해왔다. 그러나 대규모 유역 간 하천 전환은 차원이 다른 문제다. 우선 막대한 토목 인프라가 투입되고 경관이 대규모로 수정된다. 둘째, 강물을 먼 거리로 이동시키면 개발이 진행되고 인구가 늘어난다. 결국 해당 지역이 원래 보유하고 있던 수자원만으로는 물 수요를 감당할 수 없게 된다. 이와 같은 현상은 20세기 미국 캘리포니아주에서 처음 나타났는데, 이제는 전 세계적인 현상이 되었다.

현재 계획 단계에 있거나 이미 진행되고 있는 대규모 유역 간 하천 전환 계획 가운데 세 가지에 대해 살펴보자. 바로 중국의 남수북조南水北調 프로젝트, 아프리카의 트랜스아쿠아 프로젝트Transaqua Project, 인도의 하천 연결 프로젝트National River-Linking Project다.

중국의 남수북조 프로젝트는 현재 세계에서 가장 큰 유역 간 하천 전환 계획이다. 이 프로젝트의 전반적인 목적은 물이 풍부한 남쪽에서 건조한 북쪽으로 물을 이동시키는 것이다. 장대한 양쯔강은 티베트고원에서 발원해 동쪽에 자리 잡은 동중국해로 흘러들어간다. 중국 서부, 중부, 동부에서 각각 양쯔강의 물길을 북쪽으로 돌리기 위한 세 개의 장거리 운하를 건설한다는 것이 프로젝트의 골자다(227쪽 지도 참조).

남쪽의 물을 북쪽에서 사용한다는 발상은 오래전에 등장했다. 고대에 조성된 중국 대운하는 선박을 이용해 곡식을 실어 나를 용도로만 계획된 것이 아니다. 수량이 풍부한 양쯔강의 물길을 북쪽으로 전환해 건조한 북부 지역에 물을 공급할 목적으로도 계획되었다. 현재 추진되고 있는 남수북조 프로젝트의 출발점은 지금으로부터 적어도 50년 전, 마오쩌둥이 통치하던 시대로 거슬러 올라간다. 2002년 중국 국무원이 남수북조 프로젝트 기본 계획을 승인함에 따라 그해 말 공사가 시작되었다.

동선東線은 2013년 완공되었다. 양저우를 통과하는 양쯔강에서 출발해 중국대운하와 합류하는 동선은 북쪽으로 흘러 톈진으로 이어진다. 중선中線은 (양쯔강의 주요 지류인) 한Han강에 자리 잡은 저수지의 물길을 북쪽 화이허강 유역으로 전환한다. 그 뒤 황허강 아래를 지나는 터널을 통해 최종 목적지인 베이징에 도착한다. 1,294킬로미터에 달하는 중선은 2014년 완공되었다. 이로 인해 약 33만 명이 실향민으로 전락했다. 오늘날 중선은 5,000만 명이 넘는 사람들에게 물을 공급한다. 베이징에서 사용하는 상수의 약 70퍼센트도 중선이 책임지고 있다.

세 번째 계획인 서선西線은 아직 초기 계획 단계에 있다. 서선은 티베트고원 인근 양쯔강 상류의 세 지류에서 물길을 전환해 지나치게 많은 인구가 의존하고 있는 황허강의 상류와 합류할 예정이다. 계획대로라면 서선 프로젝트는 2050년 완료될 것이다.

남수북조 프로젝트 건설에는 반세기에 걸친 공사 기간과 최소 770억 달러가 넘는 비용이 소요될 것으로 예상된다. 싼샤댐보다 더 긴 공사 기간과 더 많은 비용이 투입될 예정이다. 남수북조 프로젝트가 완료되면 양쯔강과 황허강, 화이허강, 하이허Haihe강 유역이 연결되어 매년 약 450억 세제곱미터의 물을 중국 남부에서 북부로 보내게 될 것이다. 캘리포니아주 물 프로젝트와 센트럴밸리 프로젝트가 매년 공급하는 물이 총 140억 세제곱미터라는 점을 감안하면 남수북조 프로젝트의 규모가 얼마나 큰지 어느 정도 짐작할 수 있을 것이다. 중국이 추진하는 여러 갈래의 대규모 물길 전환 사업이 완료되면 그 결과는 중국을 남쪽에서 북쪽으로 가로지르는 황허강을 온전히 사람의 힘만으로 조성한 것과 비슷한 느낌을 풍길 것이다.

중부 아프리카 및 서부 아프리카에서도 거대한 하천 전환 계획이 추진되고 있다. 바로 트랜스아쿠아 프로젝트다. 기본 계획은 콩고강 유역의 물길을 전환해 샤리Chari강에 연결한 뒤 약 2,410킬로미터 떨어진 차드Chad 호수로 보내는 것이다. 그러기 위해 항행이 가능한 장거리 운하를 조성할 예정이다. 그 과정에서 콩고민주공화국, 콩고공화국, 중앙아프리카공화국에는 여러 개의 수력발전용 댐이 건설될 것이다. 차드 호수에는 매년 약 500억 세제곱미터의 물이 흘러들 것으로 예상되는데, 그 가운데 절반은 1,336킬로미터 길이의 인공 운하를 통해 이동하게 될 것이다.

중국과 동남아시아에서는 하천 관련 대규모 토목공사가 한창이다. 이 지도에 표시된 토목 사업은 다음과 같다. 양쯔강 유역의 물을 북쪽으로 전환하는 남수북조 프로젝트(동선, 중선, 서선), 싼샤댐, 중국·라오스·태국·캄보디아를 지나는 메콩강에 계획 중이거나 완공된 여러 신규 댐.

트랜스아쿠아 프로젝트의 목적 가운데 하나는 차드 호수를 되살리는 것이다. 한때 차드 호수에는 담수 생태계가 번성했다. 수백만 명이 차드 호수에 기대어 생계를 이어갔다. 그러나 관개를 위한 물길 전환이 성행하고 강수량이 줄어들면서 차드 호수에 건조화가 진행되었다. 1960년대 초 2만 2,000제곱킬로미터에 걸친 방대한 규모를 자랑했던 차드 호수는 90퍼센트 줄어든 1,000제곱킬로미터 수준이 되었다. 그 결과 어류, 가축, 농작물 손실이 발생해 식량 불안이 초래되었다. 차드 호수의 면적이 줄어들면서 지역의 사회경제적 전망이 어두워지자 정치적 극단주의자들이 득세하게 되었다. 대표적인 사례로는 나이지리아 북동부를 반란 세력의 거점으로 삼은 종교 무장단체 보코 하람Boko Haram을 꼽을 수 있다. 나이지리아 북동부는 차드 호수의 면적이 줄어드는 바람에 절박한 상황에 놓이게 된 지역 가운데 하나다. 보코 하람은 여학생을 다수 납치해 악명을 떨쳤다. 트랜스아쿠아 프로젝트가 제안한 대로 콩고강을 전환한다고 하더라도 차드 호수가 복원되지는 않을 것이다. 그러나 차드 호수 인근 약 7,500제곱킬로미터의 상황을 안정시키는 동시에 카메룬, 차드, 니제르, 나이지리아에 자리 잡은 최대 7만 제곱킬로미터의 농지에 물을 공급할 수 있을 것이다.

차드 호수를 조금이라도 되살리려는 목표는 트랜스아쿠아 프로젝트가 달성하려는 목표 가운데 하나에 불과하다. 사실 트랜스아쿠아 프로젝트의 추진을 지지하는 사람들은 수력발전용 댐에 주목한다. 수력발전용 댐을 건설하면 이 지역에 절실하게 필요한 전력을 공급할 수 있을 것이기 때문이다. 또한 트랜스아쿠아 프로젝트 지지자들은 항행이 가능한 수로 건설도 환영한다. 아프리카에 자리 잡은 10개의 내륙국이 서로 더 원활하게 교류할 수 있을 것이기 때문이다. 트랜스아쿠아 프로젝트 지지자들은 콩고강 물길을 전환하는 수로가 완성되면 새로운 대규모 개발을 이끌어내는 통로로 작용할 것이라고 기대한다.

뿐만 아니라 이 지역의 교통, 농업, 에너지, 산업에도 부수적인 이점이 따르게 될 것이다.

2018년 나이지리아의 수도 아부자에서 주요 정상회담이 열렸다. 트랜스아쿠아 프로젝트를 열렬하게 지지하는 차드, 중앙아프리카공화국, 가봉, 니제르, 나이지리아 대통령과 국제사회의 여러 지지자들이 참석한 가운데 트랜스아쿠아 프로젝트에 시선이 쏠렸다. 특히 정상회담 주최국인 나이지리아의 무함마두 부하리Muhammadu Buhari 대통령이 트랜스아쿠아 프로젝트에서 큰 영감을 얻은 것처럼 보였다. 정상회담에서는 일련의 권고 사항과 후속 조치가 도출되었다. 거기에는 500억 달러 규모의 국제투자 기금을 조성해 아프리카개발은행이 운영한다는 계획도 포함되어 있다. 중국은 대규모 인프라 투자 사업인 "일대일로Belt and Road Initiative"를 통해 트랜스아쿠아 프로젝트의 타당성 조사에 자금을 지원하고 있다. 트랜스아쿠아 프로젝트가 유발할 사회적 비용과 환경적 비용에 대한 연구도 진행 중인데, 아직 이해가 부족한 형편이다. 트랜스아쿠아 프로젝트는 몇 년째 지지부진한 모습을 보여주고 있다. 그러나 이 거대한 하천 전환 계획이 추진된다면 아프리카 개발의 동력으로 작용할 수도 있을 것이다.

*　　　⌛　　　*

대규모 유역 간 하천 전환 사업 가운데 가장 규모가 큰 것은 현재 인도에서 진행되고 있는 하천 연결 프로젝트National River Linking Project다. 인도의 하천 연결 프로젝트가 완전히 실현되면 히말라야산맥에서 발원하는 수십 개의 강 상류가 재구성될 것이고 저지대를 흐르는 수십 개의 강 하류가 서로 연결될 것이다. 최종적으로는 인도아대륙 전체를 둘러싼 강의 흐름이 재구성될 것이다.

지금까지 살펴본 다른 대규모 유역 간 하천 전환 계획과 마찬가지로 인도의 하천 연결 프로젝트의 목표도 물이 풍부한 지역을 흐르는 하천의 물길을 전환해 건조한 지역의 강으로 물을 공급하는 것이다. 특히 인도 북동부 지역의 경우 강우량이 건조한 지역 대비 최대 50배 더 많을 정도다. 하천 연결 프로젝트를 계획하기 위해 수십 년 동안 연구와 논의가 이루어졌다. 그리고 마침내 인도의 강을 크게 두 부류로 분류했다. 바로 물이 '남아도는' 강과 물이 '부족한' 강이다. 이제 남은 일은 장거리 인공 운하와 터널을 건설해 물이 '남아도는' 강의 물을 물이 '부족한' 강에 공급하는 일뿐이다.

수문학의 관점에서 볼 때 단순히 물이 많고 적음을 기준으로 인도의 강을 둘로 나누는 것은 지나친 단순화다. 이와 같이 단순하게 구분하면 계절이 인도의 강 유량에 미치는 영향을 고려할 수 없을 뿐 아니라 인도 사람들이 강을 사용하는 방식을 전혀 고려할 수 없기 때문이다. 계절성 강우가 내리는 시기에 물에 잠기는 강 유역에서는 물이 넘쳐난다. 그러나 건기가 되면 똑같은 강 유역인데도 물 부족에 시달릴 수 있다. 한편 건조한 지역이라도 물 관리 방법을 개선해 물 부족 현상을 완화할 수 있다. 그러나 하천 연결 프로젝트는 인도 대중에게 인기가 높다. 나렌드라 모디Narendra Modi 인도 총리가 하천 연결 프로젝트를 지속적으로 지원해온 데다가 인도 대법원이 하천 연결 프로젝트를 인도의 국익을 위한 사업이라고 판결한 덕분이다.

인도의 하천 연결 프로젝트 기본 계획은 크게 두 가지 전략으로 구성된다. 하나는 장대한 갠지스강과 브라마푸트라강이 발원하는 상류와 관련된 전략이다. "히말라야 하천 개발 부문Himalayan Rivers Development Component"이라는 이름이 붙은 이 전략은 두 강의 상류에 자리 잡은 인접 지류들에서 흘러나오는 물을 가둔 뒤 전환하는 전략이다. 가둬 둔 물은 나중에 사용하거나 물길을 전환해 다른 분수계로 보낼 수 있다. 이 전략을 달성하려면 많은 수의 대규모 저수지와 최대 14개의 "연결로"가 필요하다. (송수로와 터널로 구성되는) 연결로는 인도 북부, 네팔, 부탄이 있는 험준한 히말라야의 지형분수계를 통과하게 될 것이다.

두 번째 전략은 인도아대륙 저지대를 흐르는 수많은 강을 연결하는 전략이다. 기본 계획의 일환으로 마련된 이 전략에는 "인도반도 하천 개발 부문Peninsular Rivers Development Component"이라는 이름이 붙었다. 이 전략에는 16개의 장거리 운하 건설이 포함된다. 그중 "켄-베트와 연결 프로젝트Ken-Betwa Link Project"라는 물길 전환 공사는 곧 착공될 것으로 보인다. 환경을 이유로 반대하는 사람들의 목소리가 드높은 가운데 공사가 강행된다면 수많은 저수지, 댐, 우타르프라데시주와 마디야프라데시주를 연결하는 220킬로미터 길이의 운하가 조성될 것이다.

인도가 제안한 하천 연결 프로젝트의 규모는 유례를 찾아볼 수 없을 만큼 어마어마하다. 중국이 의욕적으로 추진하는 남수북조 프로젝트의 규모를 훌쩍 뛰어넘을 정도다. 토공 장비를 이용한 굴착 공사 규모만으로도 지금까지 지구에서 이루어진 토목 사업 가운데 가장 규모가 큰 사업이 될 것이라는 사실을 충분히 짐작할 수 있다. 하천 연결 프로젝트가 완전히 실현되면 1,680억 달러가 투입되어 1만 5,000킬로미터가 넘는 길이의 운하와 터널이 생길 것이다. 운하와 터널을 통해 공급되는 물의 양은 매년 1,740억 세제곱미터에 달할 것이다. 한편 발전 설치용량 3만 4,000메가와트의 수력발전을 통해 전력을 생산할 것이고 인도의 관개 면적이 3분의 1 이상 늘어날 것이다. 모디 총리는 하천 연결 프로젝트를 "인도의 꿈"이라고 부르면서 취임 초기부터 꾸준하게 지지해왔다.

인도의 하천 연결 프로젝트가 실현되어 인도 전역 하천의 흐름이 변경되면 강 주변의 생태계와 강 주변에 터를 잡고 살아가는 수억 명의 삶에 큰 영향을 미칠 것이다. 인도의 경제 발전 형태가 바뀌고 생계를 이어가는 방식이 변화될 것이다. 어업 활동에 지장이 초래될 것이고 생태계 교란 생물, 수인성 오염, 수인성 전염병이 확산될 것이다. 인도에서는 강을 매우 신비한 존재로 여겨왔다. 따라서 인도의 하천 연결 프로젝트가 실현되어 인도 전역의 하천 흐름이 변경되면 인도가 오랫동안 유지해온 종교적, 문화적 관습에 지장을 초래할 것이다. 하천 연결 프로젝트를 열렬하게 지지하는 사람들조차 하천 연결 프로젝트가 환경에 피해를 주고 실향민을 발생시킨다는 사실을 인정한다. 그러나 하천 연결 프로젝트로 인해 발생할 이점이 하천 연결 프로젝트로 인해 유발될 피해보다 더 클 것이라고 주장한다. 지지자들이 주장하는 이점은 복리 증진과 경제성장이다. 구체적으로는 곧 지구상에서 가장 인구가 많은 국가가 될 인도에서 새롭게 등장할 에너지, 항행, 도시 물 공급을 위한 개발 기회와 식량 안보 개선, 홍수 방지 극대화 같은 것을 꼽을 수 있다.

거대한 손익계산

하천 토목공사의 사회적 이점에는 안정적인 물 공급, 전력, 홍수 방지, 경제성장 같은 것이 포함된다. 그러나 이 이점을 누리기 위해서는 막대한 비용을 치러야 한다. 구체적으로는 실향민 발생, 어장 및 강 주변 생태계 훼손, 항행 불가능, 막대한 정부 보조금 지출을 꼽을 수 있다. 하천 토목공사가 유발하는 비용에 대한 과학적인 이해가 높아지고 대중의 인식이 커지면서 선진국에서는 새로운 대규모 하천 사업에 반대하는 움직임이 강화되었다. 미국과 유럽에서는 대규모 댐 건설의 열기가 사그라졌다. 오늘날에는 새로운 구조물을 건설하는 일보다 쓸모가 없어진 기존 구조물을 제거하고 폐기하는 데 더 많은 관심이 쏠리는 형편이다(이 문제는 7장에서 다시 다룰 것이다). 그러나 개발도상국에서는 비용을 치르고서라도 하천 토목공사의 이점을 누리려는 분위기가 지배적이다. 대규모 하천 사업이 제공하는 광범위한 사회적 이점과 경제적 이점이 사람과 환경이 입는 피해보다 더 크다는 논리다. 이와 같은 주장은 계속 되풀이된다. 한 세기 전 캘리포니아주는 오셔너시O'Shaughnessy 댐을 지어 헤치헤치 계곡을 저수지로 만들고 샌프란시스코에 물을 공급하기 위해 이와 같은 주장을 했고, 오늘날 브라질은 벨로몬테댐을 건설하기 위해 같은 주장을 했다. 하천 토목공사가 완공된 뒤 도시가 성장했다면 이와 같은 주장은 사실일 것이다. 그러나 그렇다고 해서 거기에 소요되는 비용이 막대하다는 사실을 부정할 수는 없다.

막대한 비용을 치러야 한다는 사실이 특히 명확하게 드러나는 사례는 대규모 저수 댐이다. 대규모 저수 댐은 강이 몇 년에 걸쳐 흘려보내는 양의 물을 저장할 수 있다. 따라서 저수지에 물을 채우고 나면 계곡 전체가 물에 잠기고 만다. 그 자리에 있던 마을 전체가 물속으로 사라지는 것이다. 강 생태계는 단절된다. 댐 너머에 산란지가 있는 물고기는 댐 너머로 이동하지 못해 혼란에 빠진다. 댐 뒤에 정체된 물의 온도가 높아지면서 물속 산소가 줄어든다. 저수지로 흘러들어온 오염물질과 퇴적물이 저수지 바닥에 침전되면서 그것보다 먼저 물에 잠긴 나무 그루터기와 마을을 묻어버린다. 댐 운영자는 전력 수요 및 가격에 따라 방류량과 방류 시기를 통제한다. 최종적으로는 퇴적물 하나 없는 맑은 물이 흘러나와 수 킬로미터에 달하는 수로를 따라 내려가면서 강 유역과 범람원을 씻어 내린다.

중국의 싼샤댐은 캘리포니아주의 후버댐보다 약 20배가량 더 많은 전력을 생산한다. 싼샤댐 덕분에 약 1,500만 명의 사람들이 치명적인 양쯔강 홍수에서 벗어날 수 있게 되었다. 이와 같은 이점은 해당 지역이 누려 마땅한 사회적 이점이다. 그러나 저수지에 물을 채우는 과정에서 해당 지역사회가 물에 잠겼고 100만 명이 넘는 사람들이 고향을 잃었다. 싼샤댐으로 인해 수질오염이 심해지고 수인성 전염병이 증가했다. 소규모 지진과 산사태 같은 새로운 지질학적 위험도 촉발했다. 캔자스주립대학교 지다 왕Jida Wang 교수는 싼샤댐이 방출한 물에 퇴적물이 부족해 양쯔강 강바닥이 침식되고 있다는 사실을 밝혀냈다. 침식은 수백 킬로미터 떨어진 하류에서도 일어나고 있다고 한다. 강의 흐름을 완전히 차단한 뒤 싼샤댐을 조성하는 바람에 주변 습지와 호수의 물이 말라버렸고 서식하던 물고기가 모두 사라졌다. 양쯔강에 서식하는 희귀종 상괭이(민물고래)는 이제 1,000마리 정도만 남아 있는 형편이다.

하천과 관련된 대규모 토목 사업이 제공하는 사회경제적 이점은 지지자들이 생각한 것과 다르게 나타나는 경향이 있다. 개발도상국에서 추진하는 대규모 수력발전 사업을 생각해보자. 수력발전을 통해 생산되는 전력이 절실하게 필요한 사람들은 주로 가난한 농촌 주민이다. 그러나 어이없게도 수력발전을 통해 생산된 전력의 대부분은 가난한 농촌 주민에게 공급되지 않는다. 에티오피아 GERD와 관련해 내가 이야기를 나눠본 에티오피아 공무원들은 하나같이 에티오피아인 네 명 중 세 명이 전력 부족에 시달린다는 점을 꼬집어 말했다. 문제는 댐이 건설되면 현재 전력을 공급받지 못하는 사람들에게 실제로 전력이 공급될 것인지 여부다. 어쩌면 현재 전력을 공급받지 못하는 사람들에게 전력이 공급될 수도 있다. 그러나 에티오피아의 국가 송배전망 인프라가 부족하기 때문에 그 사람들이 지금 생활하는 곳에서 계속 생활한다면 전력 공급을 받을 가능성은 높지 않을 것으로 보인다. 한편 GERD가 사람이 거의 살지 않는 원격지에 자리 잡고 있다는 점을 감안하면 에티오피아로서는 주변 국가에 전력을 판매하는 것이 훨씬 더 합리적이다. 전력 판매 수입이 가난한 에티오피아인에게 도움이 되지 않는다는 말은 아니다. 그렇지만 이 대규모 하천 토목 사업과 가난한 농촌 주민의 생활 조건 개선은 간접적으로만 연관된다. 한편 대규모 저수지는 도시화를 촉진하는 효과도 나타낸다. 물에 잠긴 하곡에서 쫓겨난 실향 농민들이 도시와 채굴 산업 현장으로 모여들기 때문이다. 그리고 바로 그곳이 대규모 하천 토목 사업이 생성한 돈과 전력이 실제로 모이는 곳이다.

20세기와 21세기 초에 이루어진 대규모 하천 토목 사업이 유발한 피해를 통해 교훈을 얻을 수 있다. 희망적인 신호도 보인다. 현재 중국, 동남아시아, 남아메리카, 아프리카에서는 전 세계에 얼마 남지 않은 자유롭게 흐르는 강에 차세대 대규모 댐 건설을 추진하고 있다. 그리고 차세대 대규모 댐 건설에는 과거 댐 건설 사업에 사용된 것과는 다소 다른 기술이 사용될 것으로 보인다. 여기에는 이른바 유수식 댐 설계(대규모 저수지에 물을 가둬두지 않고 전력을 생성)와 일부 퇴적물을 하류로 흘려보내는 전략이 포함된다. 또한 현대식 댐은 물고기의 산란과 회유에 미치는 파괴적인 영향을 완화하기 위해 개선된 어도魚道, 보호망, 그 밖의 혁신 기술도 활용한다.

2장에서 설명한 대로 국제 하천 협정이 주류로 떠오르고 있다. 2014년 국제연합 수로 협약이 발효되었다. 하천 협력 관리에 관한 협정은 이제 물 할당뿐 아니라 오염 물질 문제와 생태 문제도 다루기 시작했다.

아무리 혁신이 일어나도 대규모 하천 토목 사업이 유발하는 인적 피해와 환경적 피해를 완전히 없앨 수는 없다. 그러나 다음 장에서 확인할 수 있는 것처럼 때로 인간은 실수로부터 교훈을 얻기도 한다.

6장

돼지고기 육수

물 환경운동가인 굴리는 울트라마라톤을 즐긴다. 강을 과도하게 전환하는 일이 늘어나고 강의 오염이 심해지면서 환경문제가 심각해지고 있다. 굴리는 이 문제에 대한 사람들의 관심을 이끌어내기 위해 2017년 전 세계 여섯 개의 주요 강(콜로라도강, 아마존강, 머리-달링강, 양쯔강, 나일강, 템스강)에서 40일에 걸쳐 40차례의 마라톤에 나섰다. ©Kelvin Trautman

2017년 3월 22일, 울트라마라톤을 즐기는 미나 굴리Mina Guli가 네바다주 라스베이거스 근처의 콜로라도강변을 따라 달렸다. 굴리는 다음 날에도 마라톤에 나섰다. 그렇게 매일 강변을 따라 달리기를 반복했다.

콜로라도강변에서 5일 동안 다섯 번의 마라톤을 완주한 굴리는 브라질로 넘어갔다. 그리고 아마존강변을 따라 6일 동안 여섯 번의 마라톤을 완주했다. 굴리는 멜버른 머리-달링Murray-Darling강, 상하이 양쯔강, 카이로 나일강, 런던 템스강에서도 매일 강변을 따라 달렸다. 3월 22일에 시작한 마라톤은 5월 1일에 끝났다. 그 40일 동안 굴리는 6개국을 흐르는 여섯 개 주요 강변을 따라 40번의 마라톤을 완주했다.

굴리는 물 환경운동가다. 굴리가 마라톤을 감행한 여섯 개의 강을 비롯해, 세계 곳곳에 있는 여러 강의 환경이 저하되고 있다. 강은 오염에 신음하고 지나친 취수로 말라가고 있다. 굴리는 이와 같은 현실을 사람들에게 알리고자 1,688킬로미터에 달하는 "6개 강 완주6 River Run"를 감행했다. 굴리가 보여준 열정에 자극을 받은 사람들이 굴리와 함께 마라톤에 참여하면서 언론도 큰 관심을 보였다. 마라톤을 완주한 굴리는 자신의 블로그에 다음과 같은 기록을 남겼다. "깨끗하고 안전하며 접근 가능한 물이야말로 오늘날 세계가 직면한 가장 시급한 문제입니다." 그 뒤 굴리는 물에 대한 사람들의 인식을 높이기 위해 다시 마라톤에 나섰다. 이번 활동에는 "#RunningDry"라는 이름이 붙었다. 굴리는 100일 동안 100차례의 마라톤을 완주했다.

개인이 즐기는 운동을 물 환경운동으로 바꾼 사람은 굴리 외에도 더 있다. 영국에서는 고故 로저 디킨Roger Deakin(환경주의자, 저술가, 영화감독)이 영국 전역의 강을 헤엄쳐 건넜다. 덕분에 오염으로 신음하는 영국의 강에 대한 사람들의 인식이 높아졌다. 미국 환경운동가 크리스토퍼 스웨인Christopher Swain은 1996년부터 오염된 강을 헤엄쳐 건너기 시작했다. 스웨인이 수영한 대표적인 강으로는 컬럼비아강, 허드슨강, 모호크Mohawk강, 찰스Charles강을 꼽을 수 있다. 스웨인은 하수, 살충제, 산업 오염 물질 범벅인 끔찍한 환경에서도 헤엄을 친다. 예를 들면 슈퍼펀드의 정화 대상 토지에서 방출한 유독성 물질을 흘려보내는 뉴욕주 브루클린의 뉴타운크리크Newtown Creek 같은 곳이다. 스웨인은 수영하면서 수집한 수질 데이터와 자신의 신체 생리 데이터를 연구자들과 공유한다. 굴리, 디킨과 마찬가지로 스웨인도 자신의 활동을 통해 많은 사람들이 오늘날 세계의 많은 강을 괴롭히는 긴급한 환경문제에 관심을 가지기를 바란다.

인간의 배설물, 유독성 산업 물질, 대규모 취수로 인해 지구 전역에서 강이 황폐화되고 있다. 갠지스강은 성스러운 강으로 추앙받는다. 그러나 분변계 대장균 박테리아와 온갖 화학물질이 포함된 폐수로 심하게 오염되어 신음하고 있다. 덕분에 영적 통과의례를 치르기 위해 갠지스강에 몸을 담그는 수백만 명의 힌두교 순례자들의 건강이 위협받고 있는 실정이다. 갠지스강 상류 지류를 가로지르는 수력발전용 댐을 건설하면서 일부 지역에서는 배수량이 절반으로 줄어들었다. 2019년 1억 5,000만 명에 달하는 사람들이 쿰브멜라Kumbh Mela 축제에 참가했다. 참가자들은 성스러운 물에 몸을 담그는 의식을 치르기 위해 프라야그하즈(과거 알라하바드) 인근을 흐르는 강으로 내려갔다. 그러나 모디 총리가 갠지스강을 정화하겠다고 약속했음에도 불구하고 처리되지 않은 하수와 공장에서 버린 화학 폐기물이 강으로 계속 흘러들고 있는 것이 현실이다.

나는 과학자다. 따라서 더러운 물을 많이 접했다. 지금까지 접한 현장 가운데 가장 불쾌했던 곳은 석사 논문에 활용할 물 샘플 수집을 위해 찾은 곳이었다. 모든 것은 석사 논문을 준비하던 인디애나대학교의 여러 교수님들의 꼬임에서 시작되었다. 석사 논문 작성에 필요한 물 샘플을 수집하려면 심한 뇌우가 치는 동안 마른 개울 바닥에 서서 주변 산비탈에서 돌발 홍수가 일어나기를 기다려야 했다. 미국 기상청이 심한 뇌우 경보를 발령하면 만사를 제쳐놓고 인디애나주 소유의 포드 SUV 브롱코에 샘플 수집용 병과 퇴적물 거름망을 잔뜩 싣고 연구 현장으로 달려갔다. 현장에서는 자동차 지붕 위에서 잠을 청했다. 비가 내리기 시작해 빗방울이 내 얼굴을 때리면 얼른 일어나 샘플을 수집할 요량이었다.

가장 심한 폭풍은 항상 한밤중에 찾아왔다. 그때마다 개울 바닥으로 내려가 상류를 뚫어지게 쳐다봤다. 바지장화를 입고 고무장갑을 끼었으며 양손에는 샘플 수집용 병과 퇴적물 거름망을 든 상태였다. 자동차가 뿜어내는 헤드라이트 불빛을 반사해 반짝거리는 빗줄기에 눈이 멀어버릴 것만 같았지만 돌발 홍수가 일어나기를 침착하게 기다렸다. 그때 갑작스레 내리친 한 줄기 번개에 일그러진 광경이 환히 보였다. 지옥 같은 홍수가 나를 향해 밀려오고 있었다. 그 광경은 내 뇌리에 깊이 새겨져 지금도 생생하게 떠오른다. 얼마 지나지 않아 내 발밑까지 다가온 빗물이 차오르기 시작했다. 이제 기나긴 밤 내내 샘플 수집용 병과 퇴적물 거름망을 던져 샘플을 수집할 시간이었다.

평범한 언덕이나 평범한 개울 따위는 없었다. 따라서 작업은 끔찍하기 그지없었다. 주변 풍경은 톨킨의 작품에 등장하는 모르도르처럼 보였다. "고브gob"라고 불리는 검은색 물질(분쇄 석탄가루가 섞인 엄지손톱만 한 이판암 조각)이 무더기로 쌓여 있으면서 음산한 분위기를 자아냈기 때문이다. 불에 탄 것처럼 보이지만 불에 탄 것은 아닌 이 물질에서는 식물이 자랄 수 없다. 검은 그을음같이 보이는 것이 이 물질 자체이기 때문이다. 25년 전 땅에서 석탄을 채취한 뒤 버려진 오래된 폐광에 남겨진 폐석이었다.

채굴 과정에서 암석 폐기물(폐석)이 다량으로 생성된다. 땅으로 올라온 암석 폐기물은 공기와 빗물을 만난다. 그러면 새롭게 노출된 황철석과 기타 광물이 빠르게 산화된다. 그 과정에서 "산성광산배수"라고 불리는 밝은 색의 유독성 침출수가 생성된다. 산성광산배수가 인근의 개울로 스며들면 물은 노란색이나 주황색으로 변한다. 그러면 물의 산성도가 급격히 높아지면서 살아 있는 모든 것이 죽음을 맞이한다. 석사 논문을 준비하기 위해 시작한 연구 대상은 "프라이어터크Friar Tuck"라고 불리는 오래된 탄광 단지였다. 인디애나주 남서부의 아름다운 언덕에 갱도를 내고 석탄을 채굴하다가 버려진 탄광 단지는 프라이어터크 외에도 많았다. 그리고 이와 같은 폐광으로 인해 주변의 지하수, 개울, 워배시Wabash강이 오염되었다.

고브 더미는 더러운 데다가 산성이었다. 자연발화가 일어나는 경우도 있었다. 토양수는 강산성을 띠었다. 고브 더미 지하에서 발생한 화재 현장 근처에서 서식하는 미생물도 발견되었다. 새로운 생명체인 테르모플라스마 아키도필라Thermoplasma acidophila는 열과 산을 좋아하는 습성을 지니고 있었다. 세찬 비가 내리면 고브 조각이 더미에서 떨어져 나왔다. 산비탈을 따라 개울로 밀려 내려간 고브 조각은 개울에 서식하는 모든 것을 질식시켰다. 폭풍처럼 내린 비조차 순식간에 산성으로 바뀌었다. 그 비를 맞은 사람은 피부가 갈라지고 얼룩덜룩해졌다. 연구는 흥미로웠다. 그러나 그때 이후로 비를 싫어하게 되었다.

인디애나주에 있는 오래된 탄광 단지는 수질 저하의 원흉이다. 전 세계적으로 이와 같은 폐광은 수천 곳도 넘는다. 산성광산배수는 수갱, 폐석 더미, 광미鑛尾 하치장에서 스며 나온다. 침출수는 납, 크롬, 망간, 알루미늄, 비소 같은 유독성 원소를 주변 지하수와 개울에 퍼뜨린다. 알려진 바에 따르면 산성광산배수로 인해 심각한 손상을 입은 수로는 전 세계적으로 약 2만 킬로미터에 달한다. 피해가 알려지지 않은 수로도 있을 것이므로, 피해를 입은 실제 수로의 길이는 훨씬 더 길 것이다.

슈퍼펀드

미국에는 아직도 수천 곳에 달하는 버려진 광산, 산업 현장, 군사시설, 오래된 유독성 폐기물 처리장이 남아 있다. 이와 같은 버려진 시설들은 여전히 그 주변의 개울, 강, 지하수를 오염시키는 실정이다. 최악 가운데 최악은 연방에서 슈퍼펀드 정화 대상으로 지정한 토지다. 슈퍼펀드 정화 대상으로 지정되는 토지는 보통 오염을 제거하는 데 수십 년이 소요될 것으로 추정되는 곳이다. 그야말로 재앙이라 하지 않을 수 없다. 러브Love운하는 최초로 지정된 슈퍼펀드 정화 대상 토지들 가운데 하나다. 짧은 수로로, 뉴욕주 끄트머리에 자리 잡은 나이아가라폴스 마을을 흐르는 나이아가라Niagara강 동쪽 유역을 가로지른다.

러브운하는 나이아가라폴스 마을에서 약 8킬로미터 상류에 있다. 당초 러브운하는 수력발전 계획의 일환으로 건설되었다. 그러나 1910년 러브운하 건설을 포함한 수력발전 계획이 중단되었다. 공사가 일부 진행되어 이미 조성된 도랑은 유독성 폐기물 처리장으로 전락했다. 후커일렉트로케미컬Hooker Electrochemical은 2만 1,000톤이 넘는 화학 폐기물을 구덩이에 투기했다. 그리고 1953년 폐기물을 투기한 구덩이를 흙으로 메운 뒤 이 지역을 매각했다. 매각 대금은 고작 1달러였다. 그 뒤 이 토지에 집과 학교가 건설되었다.

1970년대 후반, 뒷마당에서 녹슨 드럼통이 발견되었고 유독성 화학물질이 지하실로 스며들었다. 이 지역에서는 유산, 선천적 결함, 백혈병, 기타 심각한 질병 사례가 유독 많이 나타났다. 1978년 러브운하 주변 지역 주민이 앓는 질병 문제가 <뉴욕타임스New York Times>의

1면을 장식했다. 지미 카터Jimmy Carter 대통령은 비상사태를 선포했고 200여 가구가 대피했다. 1980년 두 번째 비상사태가 선포되었고 750가구가 추가 대피했다.

1983년 처음으로 슈퍼펀드 정화 대상 토지가 지정되었다. 러브운하도 처음 선정된 406개 슈퍼펀드 정화 대상 토지 가운데 하나로 지정되었다. 오염을 제거하려면 20년 이상이 소요될 것으로 예상되었다. 지금도 토론토 상공 9,140미터 높이에서 직사각형 모양의 러브운하를 볼 수 있다. 다만 슈퍼펀드 정화 대상 토지로 지정되어 정화 작업이 진행된 덕분에 오염도는 크게 줄어든 상태다.

1980년 미국 의회는 "종합환경대응배상책임법CERCLA, Comprehensive Environmental Response, Compensation, and Liability Act"을 통과시켰다. 중요성이 매우 높은 이 법이 제정되면서 슈퍼펀드 프로그램의 기틀이 마련되었다. 종합환경대응배상책임법 덕분에 연방 당국은 위험한 오염 물질을 환경에 방출하는 행위를 방지하거나 중단시킬 수 있는 권한과 화학 및 석유산업에 세금을 부과해 신탁기금(즉, 슈퍼펀드)을 조성할 권한을 가지게 되었다. 이 기금은 가장 오염이 심한 시설을 정화하는 데 사용될 예정이었다. 이것보다 앞선 1976년 공화당 소속 제럴드 포드Gerald Ford 대통령은 "자원보전복구법RCRA, Resource Conservation and Recovery Act"에 서명했는데, 종합환경대응배상책임법은 이 법을 수정한 것이다. 자원보전복구법은 미국 내 위험/비위험 고체 폐기물 관리를 위한 토대가 되었다(또한 오늘날 미국의 고체 폐기물 처리에 관한 주요 연방법이기도 하다). 자원보전복구법과 종합환경대응배상책임법 그리고 슈퍼펀드 재원은 이후 1970년대와 1980년대에 걸쳐 공화당 행정부와 민주당 행정부에 의해 줄줄이 통과된 진보적인 환경법들의 중요한 시작점이 되었다.

1969년 오하이오주 쿠야호가Cuyahoga강에 쏟아진 석유가 자연

발화하는 사건이 발생하면서 이러한 입장으로 변화할 필요성이 부각되기 시작했다. 당시 화재 사진이 <타임Time>에 실렸다. 쿠야호가강은 생명의 흔적이라고는 찾아볼 수 없을 것처럼 맹렬하게 타올랐다. 대중의 항의가 빗발쳤고 랜디 뉴먼Randy Newman이 부른 <번 온Burn On>, 알이엠R. E. M이 부른 <쿠야호가Cuyahoga>처럼 시대를 반영한 노래가 등장했다. 강에 화재가 발생한 것이 이번이 처음은 아니었다. 그러나 강에서 일어난 화재를 받아들이는 대중의 정서가 바뀌었다. 러브운하 오염 사태, 레이첼 카슨Rachel Carson이 출판한 ≪침묵의 봄Silent Spring≫(1962년)과 더불어 쿠야호가강 화재 사건은 미국 정치가 오염에 강력하게 반대하는 방향으로 전환되는 계기가 되었다.

환경문제에 대한 당시 공화당의 입장은 오늘날 공화당의 입장과 판이하게 달랐다. 1970년 1월 리처드 닉슨Richard Nixon 대통령은 첫 국정연설에 나섰다. 그 자리에서 닉슨 대통령은 다음 10년이 환경의 시대가 될 것임을 예고했다. 그는 다음과 같이 말문을 열었다. "폭넓고 심대한 영향을 미치게 될 사건이 발생해 전통과 결별해야 하는 경우가 있습니다. 바로 지금이 그런 경우입니다." 닉슨 대통령은 미국 내 오염을 규제하여 감축하기 위한 의욕적인 계획을 제시했다. 거기에는 100억 달러 규모의 전국 수자원 정화 프로그램이 포함되어 있었다. 당시 미국의 연간 총 GDP는 1조 달러에 불과했다(오늘날 GDP 비율을 적용해 환산하면 당시 닉슨 대통령이 제시한 계획의 규모는 약 7,000억 달러에 달한다). 닉슨 대통령은 이렇게 덧붙였다. "깨끗한 공기, 깨끗한 물, 개방된 공간은 모든 미국인의 타고난 권리입니다. 이제 그 권리를 되찾아야 합니다. (…) 따라서 다음과 같은 프로그램을 의회에 제안하려 합니다. 통과된다면 환경 분야 역사상 가장 포괄적이고 가장 많은 비용이 투입되는 프로그램이 될 것입니다."

닉슨 대통령은 공화당 소속이었다. 그러나 오늘날의 공화당원

조차 납득하기 어려울 것 같은 제안을 국정연설에서 쏟아놓았다. 기록 보관소에는 국정연설에 나선 닉슨 대통령을 촬영한 사진이 보관되어 있다. 그 사진을 보면 단상 뒤에 민주당 소속의 존 W. 맥코맥John W. McCormack 하원의장이 경악한 표정으로 배석해 있는 모습을 확인할 수 있다(컬러사진 참조). 그러나 닉슨 대통령은 아랑곳하지 않고 미국의 오염된 강을 정화하는 수처리시설 건설에 수십억 달러가 필요하다고 요구했다. 나아가 공기질 기준 수립, 자동차 배기가스 배출 감축, 유연 휘발유 과세, 석유 유출 시 보호 조치 마련을 제안했고 오대호로의 폐수 방출을 금지했다.

닉슨 대통령 행정부의 최우선 과제는 강력한 권한을 가진 연방 기관을 신설해 더 안전하고 더 깨끗한 나라를 만드는 일에 앞장세우는 것이었다. 신설된 연방 기관은 오염 기준 수립 및 시행, 오염물질이 공중 보건과 환경에 미치는 영향에 대한 기본적인 연구 수행, 오염물질을 줄일 새로운 방법 발굴, 과학과 데이터를 바탕으로 건전한 정책 권고안을 만들어 대통령과 의회에 보고하는 일을 도맡게 될 터였다. 이에 따라 환경보호청이 신설되었다. 그리고 1970년 12월 2일 닉슨 대통령이 행정 명령에 서명하면서 환경보호청이 활동을 시작했다.

10년도 채 지나지 않아 환경보호청은 수질오염방지법Clean Water Act, 대기오염방지법Clean Air Act, 독성물질관리법Toxic Substances Control Act, 앞서 언급한 자원보전복구법, 종합환경대응배상책임법, 슈퍼펀드를 구현 및 시행했다. 이와 같은 법률 덕분에 지난 반세기 동안 끔찍한 오염에 시달린 미국의 환경이 획기적으로 개선되었다. 쿠야호가강은 비버, 대머리독수리, 왜가리 및 60종이 넘는 물고기의 서식지가 되었다. 2004년에는 러브운하가 21년의 정화 작업을 마치고 슈퍼펀드 정화 대상 토지에서 제외되는 이정표를 세웠다. 환경보호청이 복원을 인정한 시설은 러브운하를 비롯해 413개에 달한다. 그러나 이 글을 쓰는 시점에도 여전히 1,337개의 시설이 슈퍼펀드 정화 대상 토지로 남아 있는 형편이다.

한동안 미국에서는 오염 통제를 강화하는 추세가 지배적이었다. 이와 같은 추세는 2017년 도널드 J. 트럼프Donald J. Trump 대통령이 취임하면서 급격히 반전되었다. 트럼프 대통령은 스콧 프루이트Scott Pruitt를 환경보호청장으로 임명했다. 문제는 프루이트가 오클라호마주 법무장관 재직 시절 환경보호청을 상대로 14차례 소송을 제기한 대표적인 비판가였다는 점이다. 환경보호청장으로 재직한 16개월 동안 프루이트는 여러 환경보호청 규범 및 규정을 폐지하기 위해 노력했다. 거기에는 습지와 수로를 보호하는 수질오염 방지 지침을 폐지하는 일도 포함되었다. 프루이트가 청장으로 재직하는 동안 환경보호청 직원 수도 크게 줄어들었다. 경력 직원들에게 금전적 보상을 제시해 조기 퇴직을 유도한 뒤 공석으로 남겨두었다. 불과 1년 만에 700명이 넘는 직원이 환경보호청을 떠났다. 심지어 프루이트 청장은 1만 5,000명에 달하는 직원을 8,000명 미만으로 줄이겠다고 공언했다.

그러나 프루이트는 목표를 달성하기도 전에 청장직에서 물러나야 했다. 공직자 윤리에 어긋나는 행동이 불거졌기 때문이다. 뒤이어 취임한 앤드류 휠러Andrew Wheeler 청장은 윤리적 문제를 일으키지 않았다. 덕분에 전임 청장인 프루이트가 추진했던 정책을 더 효과적으로 수행해나갔다. 휠러 청장은 슈퍼펀드 정화 대상 토지로 지정된 허드슨강 준설 사업 재개를 거부했다. 허드슨강에 침전된 퇴적물에는 물고기에게 위협을 가하는 오염물질인 폴리염화비페닐이 남아 있는 상태였다. 그러나 휠러 청장이 준설을 거부하면서 오염물질을 제거할 수 없게 되었다. 한편 휠러가 환경보호청장으로 재직하는 동안 미국 내 강과 개울의 약 20퍼센트와 미국 내 습지 절반은 더 이상 연방의 보호를 받을 수 없게 되었다.

지난 반세기 동안 미국은 수질오염 문제에서 큰 진전을 보여왔다. 그러나 그 후 환경보호청이 약화되면서 미국이 그동안 쌓은 성과가 무너질 위기에 처해 있다. 50년 전 미국의 강에서는 하수와 산업 찌꺼기를 무분별하게 방출하는 모습을 쉽게 찾아볼 수 있었다. 그러나 두 정당과 대중이 모두 지지하는 환경보호청이 신설되면서 수질 개선이 시작되었다. 수질 개선 추세는 양 정당 모두의 지지를 받으면서 수백만 미국인의 복리를 향상시키는 밑거름이 되었다.

2020년 12월 2일은 닉슨 대통령이 신설한 환경보호청 설립 50주년 기념일이자 슈퍼펀드 프로그램 40주년 기념일이다. 지난 반세기 동안 미국이 쌓은 성과를 다음 반세기 동안에도 계속 확대해나갈 수 있을까? 그렇게 되기를 바란다. 오늘날의 당면 과제는 온실가스 배출 감축이다. 그러나 안타깝게도 온실가스 배출 감축과 관련해 과거처럼 높은 이상을 추구하는 전면적인 계획이 수립되리라고 기대하는 사람은 거의 없다. 1970년대 미국은 높은 환경적 열망을 품고 수질오염방지법, 대기오염방지법, 종합환경대응배상책임법을 제정했다. 이제 이와 같은 환경적 열망을 품은 나라를 찾으려면 중국으로 눈을 돌려야 한다.

중국의 하장제

중국은 지난 30년 동안 산업화라는 한길을 정신없이 달려왔다. 따라서 중국판 쿠야호가강 화재 같은 사건이 차고 넘친다. 이 장의 제목인 "돼지고기 육수"도 상하이에 공급되는 수돗물을 두고 중국인들이 내뱉은 냉소적인 농담에서 비롯된 것이다. 2013년 상하이의 주요 상수도원인 황푸Huangpu강에 수천 구의 돼지 사체가 버려져 썩어가는 사태가 벌어졌기 때문이다. 그 몇 년 전에는 유독성 화학물질이 거의 80킬로미터에 걸쳐 쑹화Songhua강을 뒤덮는 사건이 있었다. 유독성 화학물질에는 벤젠과 니트로벤젠도 포함되어 있었다. 쑹화강은 헤이룽장성의 주요 도시 하얼빈의 상수도원이다.

광둥성 구이위 같은 곳에서는 중국판 러브운하를 쉽게 찾아볼 수 있다. 지난 몇 년 동안 광둥성에서는 "전자 폐기물" 재활용장이 성행했기 때문이다. 주로 서양에서 흘러들어온 오래된 컴퓨터, 프린터, 휴대전화, 그 밖의 폐기된 전자 제품으로 인해 중국의 수질오염과 토양오염이 심화되었다. 중국 전자폐기물 재활용장에서는 보통 인쇄회로기판을 태우거나 굽는다. 이와 같은 방식으로 분리된 부품은 노천에 파놓은 구덩이에서 산성 물질을 통해 용해된다. 그러고 나면 가치 있는 금속을 얻을 수 있다. 금속 외의 나머지 플라스틱 폐기물은 쓸모가 없다. 따라서 노천에 파놓은 구덩이에서 소각되거나 들이나 강에 아무렇게나 버려진다.

전자폐기물 재활용장과 폐기장으로 활용된 장소는 어김없이 PCB, PAH(다환방향족탄화수소), 난연제, 유독성 중금속(예: 납, 카드뮴, 구리, 크롬)에 심하게 오염되었다. 구이위의 대기는 이와 같은 금속 성분이 포함된 미세먼지가 점령했다. 구이위 인근의 논에서 수확한 쌀에서는 안전기준을 넘어서는 양의 납과 카드뮴이 검출되었다. 지금까지는 폐기물을 마구 버리고 수로를 오염시키는 주범으로 광산, 공장, 석유화학 공장 같은 기존 산업이 지목되어왔다. 이제 거기에 전자폐기물 재활용장과 폐기장까지 가세한 것이다.

1970년대의 미국처럼 중국 지도자들과 시민들은 더 이상 수질오염과 대기오염을 용납할 수 없게 되었다. 이제 중국은 외국에서 발생한 전자폐기물을 받아주지 않는다. 이와 더불어 구이위에서 규제도 받지 않고 운영되던 전자폐기물 재활용장 및 폐기장 약 3,000곳 대부분을 폐쇄했다. 2017년 10월 18일 제19차 중국공산당 전국인민대표대회가 열렸다. 중국 국가주석 겸 공산당 총서기인 시진핑이 기조연설에 나섰다. "맑은 바다, 우거진 숲이야말로 진정 귀중한 자산이라는 사실을 깨달아야 합니다. (…) 우리 자신의 삶을 소중히 여기는 만큼 환경도 소중히 여겨야 합니다." 시진핑 주석의 기조연설을 들어보면 1970년 닉슨 미국 대통령의 국정연설이 떠오른다. "산, 강, 숲, 농지, 호수, 초원 보존을 위해 총체적인 접근 방식을 채택하고 최대한 엄격한 환경보호 체계를 구현할 것입니다." 시진핑 주석은 오염 기준 강화, 규제 기관 신설, "정부가 주도하는 새로운 환경 관리 체계" 수립을 제안했다. 중앙정부 차원의 규제 기관이 신설되면 수질오염 및 대기오염 수준을 관찰하고 환경 기준과 법을 더 엄격하게 집행하게 될 것이다.

어디선가 들어본 것 같은 내용이지 않은가? 시진핑 주석이 제시한 목표는 47년 전 닉슨 미국 대통령이 제시한 목표와 거의 동일하다. 당시 닉슨 대통령은 환경보호라는 기치 아래 국가 오염 기준을 수립하고 환경보호청 신설을 제안했다. 2018년 중국 전국인민대표대회는 국가주석의 임기 제한을 폐지한 헌법 개정안을 통과시켰다. 따라서 향후 상당한 기간 동안 시진핑 주석이 제안한 중국판 환경보호청이 환경오염 규제 정책을 총괄하게 될 것으로 보인다. 중국판 환경보호청이 제도를 구현하는 방식은 미국과 다를 것이다. 그러나 분명한 것은 중국이 더 깨끗한 미래를 향한 새로운 길에 한발을 내디뎠다는 것이다.

중국의 수질오염은 점점 심각해지고 있다. 중국이 수질오염과 벌이는 전쟁도 점점 치열해지고 있다. 시진핑 주석의 기조연설은 수질오염과의 전쟁에 나선 중국 정부의 기습 공격이다. 중국 정부는 중국 특유의 통치 철학을 바탕으로 "생태 문명"으로서의 중국이라는 개념을 꾸준히 발전시켜왔다. 자연과 조화롭게 공존하면서 물질적 부를 쌓아가겠다는 것이다.

중국이 이와 같은 목표를 달성하기 위해서는 중국의 오염된 강, 개울, 호수, 운하의 상태를 개선해야 한다. 그러기 위해 중국 정부는 "하장河長"이라는 직책을 신설했다. 하장의 임무는 자연 수로를 순찰하면서 환경법을 집행하는 것이다. 중국 전역에서 하장이 임명되었다. 그 수는 엄청나서, 2017년 한 해에만 약 20만 명에 달하는 하장이 임명되었다. 서로 다른 수준의 정부가 각자 하장을 둘 수 있다. 특정 하장이 관리하는 수로에 피해가 발생하면 해당 하장이 개인적으로 책임을 져야 한다. 20만 명이 넘는 하장이 제 역할을 다한다면 중국의 하천 오염 문제는 크게 개선될 것이다. 중국의 수질 문제 대부분은 법과 규정이 없어서 발생하는 것이 아니라, 지역의 고위 관료와 제조업체가 법과 규정을 무시하는 탓에 발생하는 것이기 때문이다.

한편 시진핑 주석은 양쯔강에 활기를 불어넣을 계획이다. 이와 같은 계획은 중국이 수로 정화를 위해 기울이고 있는 다각적인 노력을 보여주는 또 하나의 사례다. 앞서 5장에서 살펴본 것처럼 양쯔강에 싼샤댐이 설치되면서 양쯔강은 심하게 전환되었다. 싼샤댐이 양쯔강 물을 가두면서 양쯔강 대부분의 구간이 오염에 신음하고 있는 실정이다. 이 문제를 해결하기 위해 2016년과 2017년 시진핑 주석은 양쯔강을 특별경제구역으로 선포했다. 전통적인 제조업보다 생태와 "녹색 개발"을 우선시하겠다는 의미였다. 따라서 앞으로 양쯔강 또는 그 지류에서 1킬로미터 이내에 중공업 및 화학 시설을 운영하면 불법이 될 것이다. 이와 같은 "생태 방어선" 안에서는 새로운 토목 사업을 진행할 수 없을 뿐 아니라 기존에 있던 시설도 상당수 제거될 예정이다.

과거 중국은 개발만을 앞세운 정책을 추진했다. 그러나 이제 중국은 새로 제정한 규칙을 통해 과거와 급격하게 결별하겠다는 의지를 표명하고 있다. 국제 비정부기구 인터내셔널리버스International Rivers는 이와 같은 중국의 움직임을 높이 평가했다. 인터내셔널리버스(본부: 캘리포니아주)는 높은 식견을 바탕으로 전 세계의 강과 강안 공동체 보호에 전념하고 있다. 중국의 의욕적인 시도가 성공을 거둔다면 중국이 새로 도입한 기술과 실무 가운데 일부는 다른 국가로도 확산될 가능성이 있다. 중국이 국제 개발이라는 야심을 품고 있기 때문이다. 특히 현재 중국이 추진하고 있는 일대일로 사업에는 댐 건설과 수처리시설 설치를 비롯해 중앙아시아에서 이루어지는 많은 새로운 인프라 건설 사업에 자금을 지원할 계획이 포함되어 있다. 현재 중국은 세계에서 가장 심각한 오염원 가운데 하나로 지목되고 있다. 따라서 중국이 수로 보호를 앞세우는 특사로 변신한다면 전 세계가 놀라움을 금치 못할 것이다. 그러나 그럴 가능성은 기대만큼 높지는 않을 것 같다.

온갖 병폐로 신음하는 강

품질 좋은 와인, 르네상스 시대의 모습을 간직하고 있는 성채, 프랑스 시골 요리를 즐기고 싶은 분께는 프랑스 중부 루아르강 계곡 구릉지에 자리 잡은 포도원과 유서 깊고 매혹적인 마을에 방문해볼 것을 추천한다. 이 지역의 화이트 와인과 로제 와인은 그냥 아무데서나 마셔도 맛있지만, 와인 숙성 통을 보관하는 시원하면서 퀴퀴한 냄새가 나는 동굴에서 마시면 풍미가 더욱 살아난다. 이 아름다운 정경 사이로 루아르강이 굽이쳐 흐른다. 루아르강 계곡의 굽이진 모습과 비옥한 토양은 모두 루아르강 계곡과 루아르강의 수많은 지류가 빚어낸 것이다.

루아르강에서 뻗어 나온 수많은 지류들이 이곳저곳으로 흐르면서 점점이 흩어진 촌락과 부락이 형성되었다. 몇 년 전, 나는 아내와 함께 그 가운데 한 곳인 트로를 찾았다. 트로에서 보낸 한 주는 정말 즐거웠다. 이른 저녁마다 트로 부락을 느릿느릿 지나가는 루아르강 지류의 오른쪽 기슭을 따라 아내와 함께 산책을 즐겼다. 산책을 마치고 나면 세 시간가량 소요되는 기나긴 저녁 식사가 기다리고 있었다. 루아르강변 군데군데 튀어나온 돌이 부두 같은 역할을 했다. 마치 일과인 양 저녁마다 주어지는 바게트 조각을 받아먹는 일에 익숙해진 물고기도 있는 것처럼 보였다. 물결치는 들판, 윙윙거리는 벌, 고풍스러운 성, 그 사이를 유유히 흐르는 에메랄드색 강을 보고 있노라면 시간을 초월한 느낌이 들었다.

즐거운 시간을 보냈던 것은 틀림없는 사실이다. 그러나 시간을 초월한 느낌은 일개 환상에 불과했다. 나와 아내가 뿌려주는 빵 조각을 주워 먹는 물고기는 잉어였다. 문제는 잉어가 루아르강 계곡 전역의 수질이 심각하게 낮아지자 오히려 왕성하게 번식한 생태계 교란 생물이라는 점이다. 한편 루아르강 계곡 주변은 프랑스에서 가장 강도 높은 집약 농업이 이루어지는 지역 가운데 하나다. 이곳의 포도원에서 사용하는 질산질비료가 루아르강 계곡으로 스며든다. 덕분에 엽록소를 다량 함유한 조류가 급증하면서 루아르강이 에메랄드색을 띠게 된 것이다.

질소와 인은 식물의 먹이다. 육지에서 키우는 작물과 마찬가지로 물속 조류도 질소와 인을 먹이로 삼아 성장한다. 질소와 인이 강과 호수로 흘러들어 조류가 폭발적으로 번식하면 강과 호수의 색이 밝은 녹색으로 바뀌고 용존산소가 고갈된다. 이 과정을 "부영양화"라고 부른다. 조류가 죽어 바닥에 가라앉으면 미생물이 조류를 먹이로 삼는다. 그리고 그 과정에서 더 많은 산소가 고갈된다. 브라운송어, 바벨같이 산소가 많이 필요한 물고기가 사라지고 그 자리를 메기, 텐치, 잉어 같이 탁한 물을 잘 견디는 물고기가 채운다. 바람직한 일이라고 할 수 없다. 루아르강 계곡 주변의 엽록소-a 최고 농도는 리터당 150밀리그램을 초과한다. 장엄한 루아르강은 세계에서 부영양화가 가장 심한 강 가운데 하나다.

비료 성분이 유입된 강의 문제는 조류의 급증에 따른 산소 고갈에 그치지 않는다. 부영양화가 진행된 강물이 바다와 만나 연안 바다에 피해를 입히기 때문이다. 덕분에 전 세계 곳곳의 강어귀와 하구 퇴적지에 해양 "데드존"이 형성되고 있다. 해양 데드존의 저층수는 저산소증에 시달리고 있다. 산소가 급격하게 고갈된 상태를 의미하는 저산소증은 보통 리터당 2밀리그램 미만의 산소로 정의된다. 저산소 상태의 바다에서는 해양 생물이 질식하게 된다. 그리고 이는 저서생물(해저 또는 대양저에 서식하는 유기체)의 혼란과 죽음으로 이어진다. 여기에는 블루크랩, 가자미같이 상업에 중요한 생물종과 회유성 어족의 먹이가 되는 연체동물, 패류가 포함된다.

현재 확인된 데드존은 400개가 넘고 차지하는 면적은 24만 5,000제곱킬로미터가 넘는다. 게다가 해마다 데드존의 수와 면적이 증가하고 있다. 1940년대 후반에 질소비료가 등장했고 1960년대와 1970년대에 데드존이 형성되기 시작했다. 가장 거대한 데드존 가운데 하나는 매년 여름 멕시코만에 형성된다. 루이지애나주와 텍사스주 동부의 앞바다에 해당한다. 멕시코만에 영양분을 공급하는 원천은 미시시피강에서 흘러나온 물이다. 현재 미시시피강 물의 질산염 농도는 산업화 이전 대비 최대 여덟 배에 달한다. 미시시피강 물에 함유된 질산염의 대부분은 아이오와주의 농장에서 흘러나온다. 아이오와주가 미주리강, 미시시피강 상류와 맞닿아 있기 때문이다. 2017년 멕시코만에 형성된 데드존 면적은 2만 3,300제곱킬로미터(대략 뉴저지주 면적에 해당)에 육박해 기록을 경신했다.

점점 규모를 키우고 있는 또 다른 데드존으로는 미국의 체서피크Chesapeake만, 롱아일랜드해협, 독일의 엘베강 하구퇴적지, 킬Kiel만, 프랑스의 루아르강 하구퇴적지, 센강 하구퇴적지, 영국의 템스강 하구퇴적지, 포스Forth강 하구퇴적지, 중국의 양쯔강 하구퇴적지, 주강 하구퇴적지, 핀란드만을 꼽을 수 있다. 산업용 비료는 현재의 세계 식량 생산 체계에 없어서는 안 되는 핵심 구성 요소다. 따라서 강어귀에서부터 퍼져나가는 연안 데드존이 안고 있는 심각한 해양오염 문제는 앞으로 더욱 악화될 것으로 예상된다.

* ⌛ *

강을 오염시키는 원인이지만 쉽게 간과되는 또 다른 원인 가운데 하나는 의약품이다. 의약품 화합물은 인간의 체내에 머물다가 소변으로 배설된다. 또한 사람들은 (나쁜 뜻에서 하는 행동은 아닐지라도) 오래된 처방약을 화장실 변기에 버리곤 한다. 그러나 이와 같은 습관은 바람직하다고 할 수 없다. 오늘날 하수처리시설에는 의약품 화합물을 검출하거나 제거할 수 있는 물리적 시설이 갖춰져 있지 않기 때문이다. 다시 말해 내분비 교란 호르몬, 항생제, 항우울제, 그 밖의 제한 물질이 인간의 몸과 하수처리시설을 통해 강으로 전달되고, 다시 전 세계의 더 넓은 생태계로 전달된다.

덕분에 강안 생명체들은 심각한 내분비 교란에 시달리고 있다. 2005년 포토맥Potomac강 하류(워싱턴 D. C. 폐수처리시설 하류)에 서식하는 수컷 작은입배스 대부분에서 난세포(난모세포)가 발견되었다. 난세포는 원래 암컷에게만 있는 것이다. 따라서 워싱턴 D. C.의 화장실에서 흘러나간 에스트로겐 의약품 화합물이 수컷 작은입배스에게 돌연변이를 일으킨 것으로 추정된다. 이와 마찬가지로, 영국의 여러 강에서도 간성(한 생물 개체에 암수 형질이 함께 나타나는) 어류가 광범위하게 발견되었다. 추적해보니 하수처리시설에서 흘러나온 스테로이드와 에스트로겐 화합물이 원인이었다. 템스강으로 흘러들어가는 강의 3분의 2가 스테로이드, 에스트로겐 화합물로 인해 수생생물 내분비 교란이 일어날 위험을 안고 있는 것으로 추정된다.

강에서는 요로 감염과 기관지염 치료에 사용되는 설파메톡사졸 같은 항생제도 발견되고 있다. 트리클로산 같은 항균 화학물질은 비누, 보디워시 같은 제품에 반드시 첨가되어야 하는 물질이 아님에도 불구하고 첨가되고 있는 실정이다. 즉, 사람이나 가축에게 항생제가 무분별하게 사용되고 있다. 이렇게 남용된 항생제는 하수처리시설을 거쳐 자연 수로로 들어간 뒤 그곳에서 새로운 항생제 내성균의 진화를 촉진한다. 새로운 항생제 내성균이 어떻게 진화할 것인지, 그것이 생태계와 공중 보건에 어떤 영향을 미칠 것인지는 아무도 예측할 수 없는 형편이다.

그 밖에도 쉽게 간과되는 강 오염의 세 번째 원인은 평범한 가정의 욕실이나 욕실 수납장 속에 있을 만한 것들이다. 예를 들면 대부분의 각질 제거 크림이나 겔 형태의 피부 관리용 제품에는 미세 플라스틱 조각이 들어 있다. 미세 플라스틱 조각이 연마제로 작용해 죽은 피부 세포를 제거하는 원리다. 동그란 모양의 이 미세 플라스틱 조각의 성분은 합성 폴리머다. 너무나도 미세해 사실상 부서지지 않을 뿐 아니라 수처리시설에서 거를 수도 없는 형편이다. 각질 제거라는 본연의 임무를 마친 이 미세 플라스틱 조각은 수처리 과정을 거쳐 강과 바다로 유유히 빠져나간다. 작은 물고기는 이 미세 플라스틱 조각을 먹이로 착각하여 먹어 치운다. 그 뒤 이 미세 플라스틱 조각은 먹이사슬을 따라 다른 생명체로 이동한다. 이와 같은 사실이 밝혀지면서 최근에는 미세 플라스틱 조각의 사용이 금지되는 추세이지만 미세 플라스틱 조각을 포함한 피부 관리용 제품은 여전히 전 세계 대부분의 지역에서 판매되고 있다.

전 세계의 강과 바다가 미세 플라스틱 오염으로 신음하고 있다. 심지어 수처리를 거친 식수에서도 미세 플라스틱이 검출된다. 그리고 이와 같은 광범위한 미세 플라스틱 오염 문제 가운데에서도 미세 플라스틱 조각은 특히 치명적이라고 알려져 있다. 현미경을 통해서만 관찰할 수 있을 정도로 미세한 플라스틱 입자를 섭취하는 행위가 장기적으로 공중 보건에 미치는 영향에 대해서는 아직 정확하게 알려진 것이 없다. 다만 암을 유발하고 내분비 교란을 일으키는 요인으로 작용한다고 추정하고 있을 뿐이다. 수돗물과 생수를 비교해보면 보통 수돗물보

카이로 로다섬에 있는 나일로미터. 861년부터 1887년까지 운영되었다. 나일로미터는 고대부터 사용된 기술이므로 로다섬의 나일로미터는 비교적 최근에 만들어진 것이라고 할 수 있다. 매년 찾아오는 나일강 홍수의 진행 상황을 추적하는 용도로 사용되었다. 나일로미터 덕분에 파라오는 작물 생산과 세금 수입을 극대화할 수 있었다. (석판화, 루이 하게Louis Haghe 제작, 1846년경)

텍사스주 엘파소 인근의 리오그란데강. 텍사스주와 뉴멕시코주(위)를 가르는 정치적 경계로 사용될 뿐 아니라 미국과 멕시코(아래)를 가르는 정치적 경계로 사용된다. 미국과 멕시코 국경을 따라 리오그란데강과 평행하게 아메리칸운하(아래 오른쪽)가 조성되어 있다. 아메리칸운하는 물살이 빠르다. 따라서 미국 국경을 무단으로 넘으려는 이민자들에게 아주 위험한 장벽의 기능을 한다. ⓒLaurence C. Smith

2017년 미얀마군은 이슬람 소수 집단인 로힝야족을 강제로 몰아냈다. 70만 명이 넘는 로힝야족 난민이 방글라데시로 가기 위해 나프강을 건넜다. 로힝야족의 미래는 불투명한 상태다. ⓒUNHCR, Office of the United Nations High Commissioner for Refugees/Roger Arnold

리처드 로먼과 베트남전쟁에 참전한 수천 명의 미군들, 남베트남과 북베트남군이 경험한 현실판 <지옥의 묵시록>. 북베트남은 메콩강 삼각주의 복잡한 수로를 이용해 전쟁을 치렀다. 강기슭에 숨어 있는 베트콩을 공격하기 위해 미 기동타격군은 강안에서의 전투에 알맞게 함선을 특수 개조했다. 거기에는 화염방사기를 장착한 기갑상륙주정 "지포"도 포함된다. ⓒRichard Lorman

나일강의 주요 지류인 청나일강에 그랜드에티오피아르네상스댐이 건설되고 있다. 에티오피아는 이집트와 세계은행의 뜻과 무관하게 댐 건설을 강행하고 있다. 사진은 2018년 촬영했다. 그랜드에티오피아르네상스댐은 에티오피아 국민의 자부심의 원천이자 국력을 떨치는 주요 수단이 되었다. ⓒGedion Asfaw

1970년 국정연설에 나선 공화당 소속 닉슨 대통령은 막대한 비용이 소요되는 포괄적인 계획을 발표했다. 미국의 수질오염을 근절하기 위한 계획이었다. 여기에는 새로운 연방 기관을 설립해 과학에 근거한 국가 오염 기준을 정의하는 일이 포함되었다. 1970년 말 행정명령에 따라 환경보호청이 신설되었다. 닉슨 대통령 뒤로 경악을 금치 못하는 민주당 소속의 존 W. 맥코맥 하원의장의 모습이 보인다. ⓒRichard Nixon Presidential Library & Museum

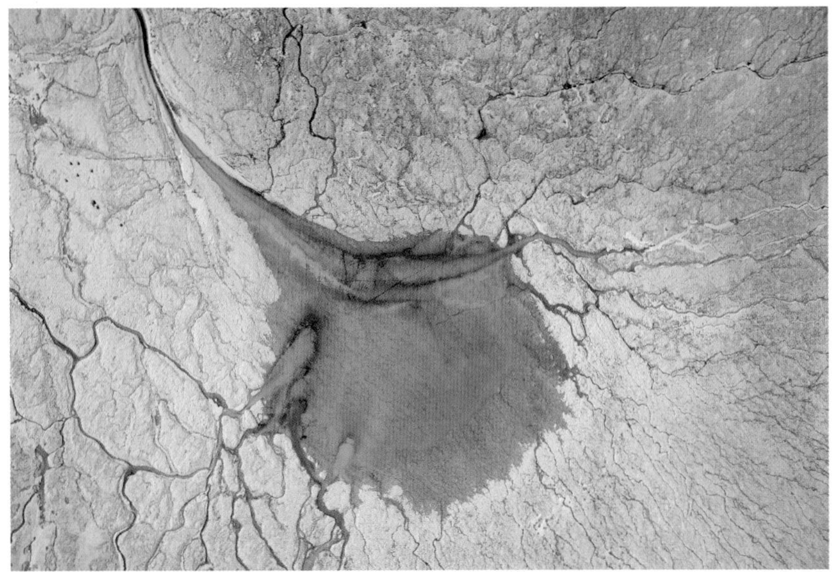

그린란드 대륙빙하 남서부에서는 얼음이 활발하게 녹고 있다. 빙하 표퇴 호수, 개울, 강과 빙하 구혈이 형성되고 있다. 빙하 구혈로 흘러들어간 물은 대륙빙하의 가장 아래로 내려간 뒤 바다로 빠져나간다. 이와 같은 과정은 전 세계 해수면 상승에 직접적으로 기여하기 때문에 과학계의 집중 연구가 이루어지고 있다. 과학용 고정익 드론을 이용해 촬영한 이 항공 사진 왼쪽 상단에 현장 연구원들이 설치한 텐트가 보인다. 빙하 표퇴 호수의 크기를 가늠할 수 있을 것이다. ©John C. Ryan

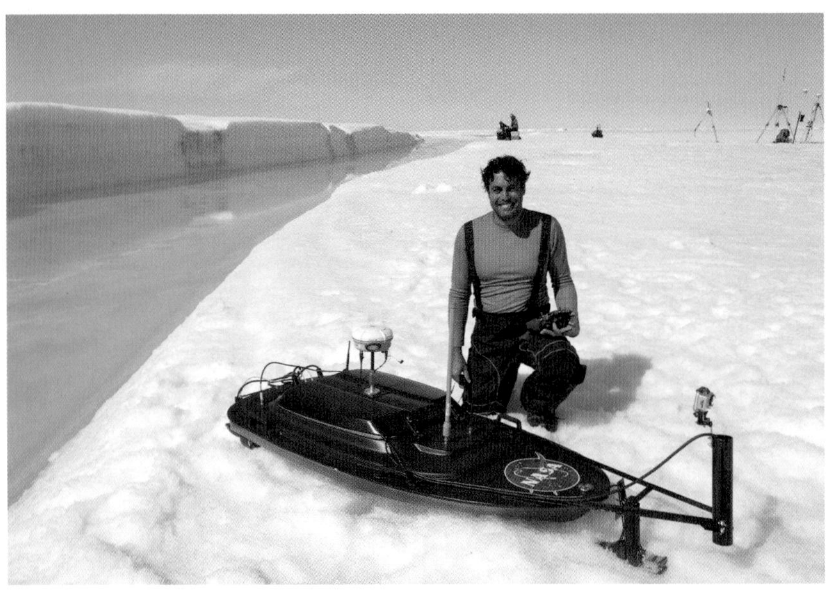

고故 앨버토 베하르 박사는 미국 항공우주국 제트추진연구소 소속의 훌륭한 로봇공학자였다. 베하르 박사의 목표는 저렴한 자율 센서 개발이었다. 그러면 극한 환경에서도 과학 데이터를 수집할 수 있을 터였다. 베하르 박사가 그린란드 대륙빙하 빙하 표퇴 강에 무인 자율 선박을 진수하기 전 찍은 사진이다. ©Laurence C. Smith

논 양식은 가난한 농촌 주민들이 물고기를 기를 수 있는 독특하고 지속가능한 물고기 양식 방법이다. 계절마다 찾아오는 홍수 주기를 이용해 작물을 재배하는 동시에 물고기를 기를 수 있다. 캄보디아의 경우, 우기가 되면 홍수로 인해 논이 침수되고, 이때 물고기가 논으로 들어간다. 홍수가 가라앉으면 물고기는 인위적으로 파둔 양어용 연못으로 들어간다. 농민들은 그물을 이용하거나(위) 양어용 연못의 물을 빼서(아래) 물고기를 건져낸다. ⓒLaurence C. Smith

제프리 카이틀린저(왼쪽) 캘리포니아주 남부 광역수도국 국장이 카슨 하수처리 단지 안의 하수처리 시설 기공식을 주재하고 있다. 새롭고 흥미로운 물 재활용 프로그램을 도입해 캘리포니아 주 남부에 있는 로스앤젤레스 카운티와 오렌지 카운티 주민에게 물을 공급할 예정이다. 재활용에 사용할 폐수는 사진 속 배경에 조그맣게 보이는 이 지역 최대 규모의 하수처리 시설에서 공급받을 예정이다. ⓒLaurence C. Smith

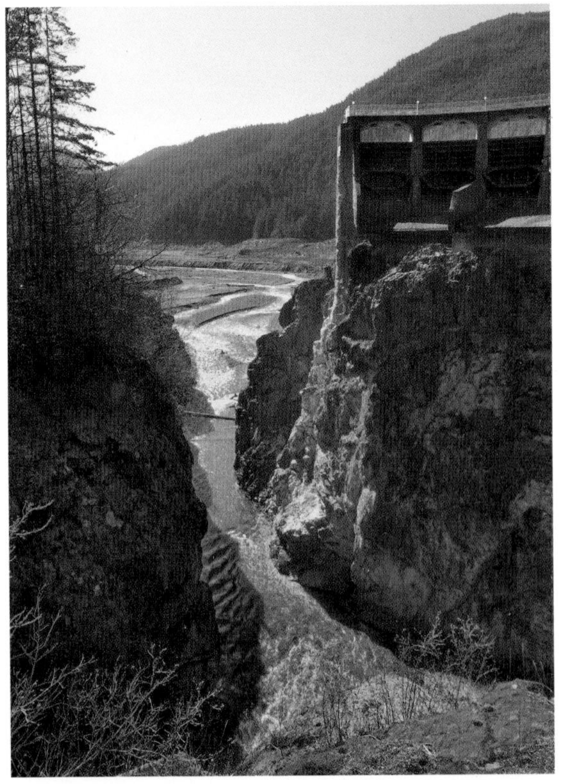

글라인스캐니언댐은 거의 한 세기 동안 엘와강의 물을 가두는 데 사용되었다. 이 댐으로 인해 태평양연어와 그 밖의 회유어종이 상류로 올라가지 못하게 되었다. 마지막까지 남아 있던 구조물이 제거되고 불과 며칠도 채 지나지 않아 치누크연어가 나타났다. 북아메리카와 유럽에서는 오래된 댐을 철거하려는 움직임이 일고 있다. 댐을 철거하면 강이 더 자유롭고 자연스럽게 흘러갈 수 있도록 복원하는 데 도움이 될 것이다. ⓒJohn Gussman

곧 도입 예정인 지표수 및 대양 지형 위성의 상상도. 2022년 12월 발사 예정이다. 미국(항공우주국), 프랑스(국립우주센터), 캐나다(우주국), 영국(우주국) 등이 공동으로 참여하고 있다. 지표수 및 대양 지형 위성은 지구상 수백만 개의 강, 호수, 저수지의 수위를 추적하게 될 것이다. 지표수 및 대양 지형 위성이 발사되면 전 세계의 담수 자원을 관찰하는 능력이 급격하게 향상될 것이다. ©NASA

미국 재개발사업 역사상 비용이 가장 많이 소요되는 도시재개발 사업인 허드슨야드. 로어맨해튼 허드슨강 인근에 있는 28에이커 부지에 고층 건물이 건설되고 있다. 250억 달러를 투입해 2022년 완공을 목표로 주택, 상점, 공공녹지 공간을 조성한다. ©Laurence C. Smith

뉴욕에서 참석했던 결혼식. 로어맨해튼 허드슨강으로 돌출된 형태의 피어61 끝에 있던 유서 깊은 선적 터미널이 용도 변경되어 행사장으로 재탄생했다. ©Laurence C. Smith

상하이는 황푸강 강변을 따라 풍부한 녹지 공간과 공공 공원을 조성하고 있다. 2010년 상하이의 유서 깊은 산책로인 와이탄이 되살아났다. 와이탄은 황푸강 양쪽 유역을 재개발하는 장기 계획의 중심에 서 있다. ©Laurence C. Smith

다 생수에서 훨씬 더 많은 미세 플라스틱이 검출된다.

몇 가지 단순한 습관을 바꾸면 의약품 화합물과 플라스틱이 강과 더 넓은 환경으로 퍼져나가는 일을 줄이는 데 기여할 수 있다. 미세 플라스틱 조각 대신 오트밀, 호두 껍데기, 경석 같은 천연 각질 제거제가 들어 있는 피부 관리용 제품을 사용하고, 항생제는 필요한 경우에만 복용하며, 일단 항생제를 복용하게 된다면 처방받은 약은 모두 복용하자. 그리고 대부분의 약국은 오래되어 복용할 수 없는 약을 고객 대신 폐기하는 수고를 마다하지 않는다. 복용할 수 없게 된 약을 약국에 가져다주는 일조차 번거롭다면 적어도 화장실 변기에 버리지는 말자. 차라리 병에 밀봉해 쓰레기통에 버리는 것이 낫다. 매립지에 매립될 것이기 때문이다. 생수를 마시기보다 되도록 수돗물을 마시는 방법도 있다. 이와 같은 모든 예방 조치는 강과 바다로 유입되어 생명체로 이동하는 합성 화합물이 급증하는 현상을 제어하는 데 도움이 될 것이다.

그린란드의 리비에라

앞에서 지금까지 접했던 작업 현장 가운데 가장 형편없었던 현장에 대해 언급한 바 있다. 그러므로 가장 멋졌던 작업 현장에 대해서도 언급해야 공평할 것이다.

세계에서 가장 큰 물 미끄럼틀을 생각해보자. 사방팔방에 미끄럼틀이 펼쳐져 있다. 청록색 물이 빙글빙글 돌면서 미끄럼틀 위를 쏜살같이 내려간다. 이와 같은 미끄럼틀들이 모이면 더 큰 미끄럼틀이 되고, 마침내 하나의 거대한 물 미끄럼틀을 이룬다. 약 18미터 너비의 거품이 일어나 왼쪽 어딘가에 나 있는 커다란 구멍을 향해 제멋대로, 쏜살같이 달려간다. 멀리 떨어져 있는 구멍에서는 하얀 물보라 구름이 연기처럼 일어난다. 발밑에서 일어나는 이 모든 소동은 소리와 진동을 통해 온몸으로 고스란히 전해진다.

이제 유리섬유로 만들어져 높이 솟아 있는 물 미끄럼틀이 지면 아래에 조각되어 있다고 생각해 보자. 지면은 흙이 아니라 사각사각한 흰 얼음으로 이루어져 있다. 물 미끄럼틀의 커다란 구멍은 수영장으로 이어지지만 얼음 지면에 조각되어 있는 구멍은 그린란드 대륙빙하의 바닥으로 이어진다. 아이들의 행복한 비명은 전혀 들리지 않는다. 이곳에서 들을 수 있는 유일한 소리는 자신의 숨소리, 몸에 고정해놓은 밧줄이 끌리는 소리, 멀리 빙하 구혈(하천 바닥에 생긴 깊은 구멍-옮긴이)이 우르릉대는 소리뿐이다.

그린란드 대륙빙하에는 얼음이 활발하게 녹는 지대가 있다. 나는 2012년부터 그린란드 해빙 지대에서 위성 원격탐사와 현장 연구를 수행했다. 위에서 언급한 환상적인 장면은 바로 그린란드 해빙 지대의 모습을 묘사한 것이다. 남극 대륙빙하와는 다르게 그린란드에서는 여름마다 빙하의 표면이 광범위하게 녹는다. 특히 그린란드 남서부에 자리 잡은 작은 마을 캉에를루수아크(과거에 사용한 덴마크식 이름은 쇤드레 스트룀피요르드)에서는 빙하 표면의 해빙 현상이 광범위하게 일어난다.

제2차 세계대전 당시 캉에를루수아크는 미국 공군 기지로 사용되었다. 1992년 미군이 철수하면서 공군 기지를 그린란드가 넘겨받았다. 과거 그린란드는 덴마크의 식민지였지만 자치 영토로서의 성격이 더 강해지면서 점점 더 덴마크와 멀어지고 있다. 오늘날 캉에를루수아크공항은 그린란드의 유일한 국제공항이자 에어그린란드의 중심지다. 코펜하겐에서 출발한 비행기 안에서 그린란드를 찾을 일이 있다면(적극 추천) 앞서 언급한 그린란드의 해빙 지대를 하늘에서 볼 수 있을 것이다. 꼭 창가 좌석을 예약하고 좋은 카메라를 가져갈 것을 권한다. 살면서 단 한 번도 본 적 없을 뿐 아니라 다시는 볼 수 없을 광경을 보게 될 것이기 때문이다.

캉에를루수아크 지역은 "그린란드의 리비에라(프랑스 남동부와 이탈리아 북서부의 지중해 연안 지역. 특히 칸에서 라스페치아 사이의 해안을 일컫는다. 아름다운 경관과 좋은 기후로 유명하며 유럽 최고의 관광지 가운데 한 곳이다-옮긴이)"라고 불린다. 대부분의 그린란드 지역보다 맑은 날이 더 많고 더 건조하다. 6월과 7월에는 따뜻한 꿀 같은 햇빛이 하루도 빠짐없이 거의 24시간 내내 쏟아진다. 덕분에 겨울 동안 쌓인 눈이 녹으면서 그 아래에 있는 맨 빙하가 드러난다. 얼음 표면은 눈보다 색깔이 더 어둡다. 얼음 표면이 매일 몇 센티미터씩 녹는 바람에 얼음 곳곳이 움푹 파이면서 더러워지기 때문이다. 움푹 파인 곳마다 얼음 녹은 물이 모여든다. 나무의 잔가지가 모여 큰 가지가 되고 결국에는 커다란 몸통을 이루는 것처럼 수백만 개의 작은 시내가 모여서 빙하 표퇴 강을 형성한다. 처음에는 얼음 위를 굽이쳐 흐르다가 나중에는 빠른 속도로 얼음 위를 지나간다. 빙하 표퇴 강의 유속은 지구상에서 가장 빠르다고 알려진 몇몇 강의 유속과 견주어도 될 만큼 빠르다.

학생들과 함께 위성 영상을 검토하는 과정에서 이 지역에 형성된 수백 개의 빙하 표퇴 강이 사실상 거의 모두 빙하 구혈로 흘러들어간다는 사실을 알게 되었다. 빙하 구혈로 흘러들어간 물은 대륙빙하의 가장 아래로 내려간 뒤 바다로 빠져나간다. 오늘날 그린란드에서 녹아서 사라지는 얼음 때문에 전 세계 해수면이 매년 약 1밀리미터 높아지고 있다. 전 세계 해수면은 매년 약 3밀리미터 높아지고 있는데, 그린란드에서 녹아서 사라지는 얼음이 그 가운데 3분의 1을 차지하고 있는 것이다. 문제는 녹아서 사라지는 얼음의 양이 앞으로 더 늘어날 것으로 예상된다는 사실이다. 그리고 그린란드에서 얼음이 녹아서 사라지는 첫 현장이 바로 현재 내가 연구 대상으로 삼은 빙하 표퇴 강이다.

한편 그린란드의 얼음 녹은 물은 한데 모여 빙하 표퇴 호수를 형성한다. 현재 파랗게 빛나는 보석 같은 호수 수백 개가 그린란드의 광대한 하얀색 표면에 점점이 흩어져 있다(그린란드 연구 현장의 모습을 담은 컬러사진 참조). 아름다워 보이지만 위험하기 짝이 없다. 매년 수많은 빙하 표퇴 호수 밑바닥에 갑작스레 빙하 구혈이 생기기 때문이다. 일단 빙하 구혈이 열리면 불과 몇 시간도 지나지 않아 호수의 물이 모두 빠져나간다. 호수에 모여 있던 얼음 녹은 물은 대륙빙하의 가장 아래로 내려가 바다로 빠져나가 버린다.

그린란드에 형성된 빙하 표퇴 강과 호수의 모습은 보는 사람에게 충격을 안겼다. 그런 이유로 <뉴욕타임스>는 사진작가 조시 해너Josh Haner(2015년 퓰리처상 수상자)와 <뉴욕타임스> 소속 리포터 코럴 대븐포트Coral Davenport를 연구 현장에 긴급하게 파견했다. 과학계에서는 앞으로 얼음이 얼마나 녹을 것인지, 그린란드의 빙하 녹은 물이 해수면 상승에 어느 정도 기여할 것인지 예측하기 위해 기후 모델을 활용한다. 그린란드에서 수행한 과학 연구의 목표는 현재 사용되고 있는 기후 모델의 정확성을 검증하는 것이었다. 기후 모델의 정확성을 검증하기 위해 대규모 빙하 표퇴 강의 배수량을 측정했고 드론과 위성을 활용해 강 상류의 분수계를 지도에 표시했다. 기후 모델의 시뮬레이션 결과와 실제 측정한 배수량을 비교해보면 현재 사용되는 기후 모델을 통한 예측이 얼마나 신뢰할 수 있는 것인지 검증할 수 있기 때문이다.

연구 팀은 빙하 표퇴 강을 가로지르는 삭도(강철 선에 매단 운반차-옮긴이)를 설치했다. 그러고 나서 데이터 전송용 장치를 푸른 빛의 급류로 흘려보냈다. 해너는 그 과정을 드론으로 촬영했고 그 영상이 <뉴욕타임스>가 드론을 활용해 처음으로 확보한 원본 항공 영상 가운데 하나가 되었다. 해너가 남긴 영상은 훌륭했다. 그 영상은 나중에 <뉴욕타임스>가 제작한 다큐멘터리, <그린란드가 녹고 있다Greenland Is Melting Away>(2016년 웨비상 수상)에 사용되었다.

이듬해 여름 엘리자베스 콜버트Elizabeth Kolbert(저술가, 퓰리처상 수상)가 <뉴요커The New Yorker>의 의뢰를 받고 연구 현장에 찾아왔다. 콜버트는 헬리콥터에서 짐을 내리고 녹아가는 얼음 위에 텐트를 치는 일을 열정적으로 도와주어 깊은 인상을 남겼다. 연구 현장에서 하루를 머문 콜버트는 돌아가서 "그린란드가 녹고 있다Greenland Is Melting"라는 사려 깊은 기사를 남겼다. 콜버트는 그 기사에서 그린란드를 찾은 과학자, 외국의 불청객, 아직도 끝나지 않은 덴마크와의 권력 다툼을 다루었다.

그린란드에서 수행한 과학 연구 결과는 2017년 발표되었다. 그러자 <뉴욕타임스>는 연구팀이 자체적으로 촬영한 드론 영상을 사용해 또 다른 다큐멘터리를 제작했다. 바로 <그린란드의 얼음이 녹으면 바다에는 무슨 일이 일어날까?As Greenland Melts, Where's the Water Going?>다. 두 편의 다큐멘터리와 한 건의 기사에 세간의 이목이 집중되었다. 그린란드는 중요한 대륙빙하다. 그런 그린란드에서 얼음이 녹아 빙하 표퇴 강이 형성되는 기괴한 일이 벌어지고 있다. 사실 빙하 표퇴 강은 그동안 그 존재조차 제대로 알려지지 않았다. 이 세 건의 언론 보도는 그린란드의 얼음이 녹고 있다는 충격적인 사실과 그 중요성을 대중에게 널리 알리는 계기가 되었다.

파란 빛깔의 빙하 표퇴 강이 빙상 표면 위를 빠른 속도로 흘러가는 과정에서 열이 발생한다. 그러면 얼음이 아래 방향으로 녹으면서 가파른 균열이 생겨난다. 그리고 결국 그 균열은 얼음 자체를 붕괴시키게 된다. 빙하 표퇴 강의 움직임은 육지에서 흐르는 강과 정반대로 일어난다. 육지에서 흐르는 강은 상류에서 경사가 가장 가파르고 해안에 접근할 때쯤에는 지표와 거의 수평을 이루기 때문이다. 그린란드 해빙 지대에서 흐르는 사실상 모든 빙하 표퇴 강은 결국 얼음에 난 균열과 만나게 된다. 그러면 빙하 표퇴 강에서 흐르는 물이 균열로 스며들면서 기반암과 그 위에 자리 잡은 얼음 사이에 통로를 만든다. 바로 이것이 빙하 구혈이다. 얼음 녹은 물은 압력기울기로 인해 얼음의 무게와 압력이 더 낮은 대륙빙하의 가장자리로 밀려난다. 얼음 녹은 물이 대륙빙하의 가장자리에 도달하면 분출되어 거대한 진흙 강을 이룬 뒤 바다로 흘러들어간다.

그 가운데 하나인 왓슨Watson강은 깊은 기반암 협곡을 통해 캉에를루수아크 마을을 지나간다. 왓슨강이 형성한 균열 사이에 강철 다리를 놓고 왓슨강의 배수량을 측정하기로 했다. 그러나 왓슨강의 급류가 어찌나 거친지 거의 10년 동안 기울인 노력이 수포로 돌아가고 말았다. 그 사태는 왓슨강이 정상적으로 흐르는 여름철에 일어났다. 2012년 7월 대륙빙하의 표면 전체가 녹는 일이 벌어진 것이다. 4일이라는 짧은 시간이었지만 얼음 녹은 물이 갑작스럽게 밀려들면서 강철 다리가 휩쓸려 가고 말았다.

현대식 계측 기기와 위성을 활용할 수 있게 된 뒤로 한 번도 볼 수 없었던 규모로 얼음이 녹았다. 조사에 쓸 얼음을 채취하는 대륙빙하 정상은 기온이 결빙 온도보다 더 높이 올라가지 않는 곳이라고 생각되어왔다. 그런데 그곳에서 보송보송하면서 푹신한 눈이 녹은 뒤 표면에 살얼음이 끼는 현상이 나타났다. 대륙빙하 정상보다 고도가 더 낮은 지대에서는 빙하 표퇴 강이 새로 생성되어 우레와 같은 소리를 내며 얼음을 가로지르기 시작했다. 그린란드 대륙빙하는 플라이스토세부터 지금까지 수천 세기에 이르는 동안 땅 위에 얼어붙은 얼음의 형태를 유지해왔다. 그린란드 대륙빙하에서 분리된 빙산은 자신의 고향인 바다로 돌아가게 된다. 그런데 최근에는 해빙 속도가 빨라지면서 빙산 분리보다는 해빙 현상이 그린란드 대륙빙하가 고향 바다로 돌아가는 데 더 크게 기여하고 있는 형편이다.

피크 워터

물은 순환한다. 덕분에 수백만 년 동안 지구의 온도 변화에 대응하면서 해수면이 상승 및 하락할 수 있었다. 추운 빙하기에는 강을 이룬 뒤 바다로 흘러가는 액체 상태의 물보다 산과 대륙 위에 눈과 얼음의 형태로 저장되는 물이 더 많다. 그 결과 바다에서 육지로 이동하는 물이 많아지므로 대륙빙하와 산악빙하가 증가하는 대신 해수면이 낮아진다. 간빙기에는 산악빙하와 대륙빙하가 녹는 속도가 새로운 눈이 쌓이는 속도를 앞지르기 때문에 얼음이 줄어들고 해수면이 상승한다. 증발과 강수는 물이 바다에서 육지로 이동하는 주요 방법이다. 해빙된 물이 흐르는 강은 물이 육지에서 바다로 돌아가는 주요 통로다.

지구의 기후가 차가워지면 육지의 얼음이 증가하고 해수면이 낮아진다. 지구의 기후가 따뜻해지면 육지의 얼음이 줄어들고 해수면이 상승한다. 지난 200만 년이 넘는 시간 동안(신생대 제4기) 바다와 얼음은 줄곧 이런 식으로 주고받기를 반복해왔다. 이와 같은 한랭화와 온난화는 약 10만 년을 주기로 바뀐다. 이 10만 년 주기는 지구의 세차歲差 운동, 자전축 기울기의 변화, 지구 공전 궤도의 이심률(밀란코비치Milankovitch 주기라고 함)에 의해 설정된 속도다. 빙하기와 간빙기가 한 차례 오고 가려면 최초의 농업 문명이 출현한 이후 인류가 지나온 시간보다 10배 이상 더 긴 시간이 필요하다.

오늘날 지구의 기후는 다시 한번 더워지고 있다. 그 속도는 수만 년이 아니라 몇 년 단위로 측정될 만큼 빠르다. 매년 온도와 관련된 기록이 경신되고 다시 경신된다. 덕분에 빙하는 빠르게 줄어들고 있다. 지구 해수면은 1년에 3밀리미터 이상 상승하고 있다. 생명체는 더 높은 위도와 고도로 이동하고 있다. 1970년대 후반 미국 항공우주국NASA는 마이크로파 위성을 사용해 처음으로 북극해에 떠 있는 해빙 지도를 작성했다. 그 뒤 북극해 해빙 면적은 40퍼센트 감소했다.

관찰을 통해 이미 확인된 변화와 그 밖의 다른 많은 변화를 이끄는 주된 원인은 대기에 추가된 이산화탄소, 메탄, 아산화질소다. 대부분 인간의 산업 활동 과정에서 대기에 추가된 것이다. 지구의 온도 상승에 영향을 미치는 다른 요인(예: 태양 밝기의 변화, 휴화산 주기)도 모두 주의 깊게 측정되고 있지만 그 가운데 어느 것으로도 지금처럼 큰 폭의 온도 상승이 일어나는 이유를 설명할 수는 없다. 밀란코비치 주기는 몇 년 사이 극적인 형태로 나타나고 있는 온난화와 아무런 관련이 없다. 엄청나게 긴 시간을 주기로 작동하기 때문이다. 주의 깊게 측정한 결과 대기 중 온실가스 성분이 증가한다는 사실이 명백하게 드러났다. 그리고 대기 중 온실가스 성분 증가를 제외하고는 지금 나타나는 온도 상승을 설명할 길이 없다.

이미 오래전부터 인간은 온실가스가 지구 표면 온도를 조절하는 데 기여한다는 사실을 알고 있었다. 여기에는 논란의 여지가 없다. 온실가스는 대류권의 온도를 높인다. 1820년대 프랑스의 수학자 조제프 푸리에Joseph Fourier는 지구와 태양과의 거리를 고려해서 지구의 기온을 예측했다. 그리고 그와 같은 방법으로 예상한 온도보다 지구의 실제 온도가 훨씬 더 높다는 사실을 발견했다. 1896년 스웨덴 화학자 스반테 아레니우스Svante Arrhenius는 종이와 펜을 이용해 이 문제를 연구했다. 그 결과 밝혀진 물리학적 원인은 온실효과(대기 중 온실가스 분자의 열적외선 에너지 재방사)였다. 온실효과가 없었다면 지구는 생명이 살 수 없는 얼음덩어리에 지나지 않았을 것이다. 따라서 독자들이 이 책을 읽고 있을 일도 없었을 것이다.

40년이 넘는 오랜 연구가 이루어졌다. 그 결과 진지한 기후 과학자들은 현재 지구의 온난화 추세를 유발한 주요 원인으로 인공 발생한 온실가스를 지목하게 되었다. 주로 화석 탄소를 연소시키고 콘크리트를 제조하는 과정에서 발생하는 것이다. 과학자 집단은 회의적이고 경쟁적인 개인들이 모인 집단이다. 성공한 과학자가 되려면 그 누구보다도 더 똑똑하지 않으면 안 된다. 그런 집단에서 이와 같은 합의가 도출되었다는 것은 유례를 찾아보기 어려운 일이다. 어이없는 사실은, 이와 같이 어렵게 도출된 합의를 부정하는 데 사용되는 가장 일반적인 논리(지질학적 과거에 일어난 다른 지구물리학적 원인이 유발한 자연적 기후변화) 역시 과학자 집단에서 제기되었다는 것이다.

연구자들은 인위적인 기후변화가 실재하는지 아닌지에 대한 논쟁에서 이미 오래전에 벗어났다. 이제 그들은 현재 인간이 야기하는 급격한 기후변화와 환경의 변화가 얼마나 빨리 진행될 것인지 그리고 그것이 어떤 결과를 초래할 수 있는지에 초점을 맞추어 연구를 진행하고 있다.

기후변화가 강에 미치는 영향에 대한 수많은 연구도 여기에 포함된다. 강 배수량 이력을 분석해보면 20세기 중반 이후 전 세계에서 관찰되고 있는 강의 약 3분의 1에서 연간 총 유량이 30퍼센트 이상 변경되었다는 사실을 확인할 수 있다. 이와 같은 이력을 보면 명확한 지리적 형태가 나타난다는 사실을 파악할 수 있다. 고위도의 한랭한 지역에 자리 잡은 강의 배수량은 대체로 증가하는 반면 중위도의 따뜻한 지역에 자리 잡은 강의 배수량은 대체로 감소한다. 심지어 감소율이 60퍼센트를 넘는 곳도 있다. 강의 배수량이 감소하는 현상은 중국, 아프리카, 유럽의 지중해 지역, 중동, 멕시코, 호주의 강 배수량 이력에서 특히 분명하게 나타난다. 그 가운데 두드러진 사례로는 중국 황허강을 꼽을 수 있다. 중위도 지역 강에서 나타나는 배수량 감소는 대부분 인간의 취수, 댐 건설, 강 전환에 기인한다. 기후변화는 두 번째 요인에 불과하다.

그러나 고위도에서 강 배수량이 증가하는 현상에는 강력한 기후 반응이 반영되어 있다. 고위도에서 강 배수량이 증가하는 이유는 대부분 대기물리학의 기본 방정식인 클라우지우스-클라페롱 방정식Clausius-Clapeyron relation으로 설명할 수 있다. 이 방정식은 공기의 온도가 더 높을수록 더 많은 수증기를 머금을 수 있는 이유를(따라서 강수량이 더 많은 이유를) 설명한다. 강의 겨울철 유량 역시 대체로 증가하고 있다. 겨울철 유량의 증가는 북극과 냉대기후 지대에서 특히 더 명확하게 나타난다. 그 이유는 겨울이 더 따뜻해지면서 더 많은 지하수가 유입되기 때문일 것이다.

고대의 얼음이 녹아 바다로 되돌아가면서 산악빙하에서 물을 공급받는 강의 수위도 높아지고 있다. 전 세계에서 빙하를 통해 물을 공급받는 주요 강의 약 절반이 이미 일시적인 배수량 급증을 의미하는 "피크 워터Peak Water"를 경험한 상태다. 그러나 피크 워터의 효과는 일시적인 것에 지나지 않는다. 아시아 지역 물 저장고에 자리 잡고 있는 빙하가 줄어들고 있기 때문이다. 이번 세기 중반 인더스강, 갠지스강, 브라마푸트라강, 양쯔강 상류의 강 유량이 적게는 5퍼센트, 많게는 20퍼센트 감소할 것으로 예상된다.

특히 히말라야 빙하에서 흘러나오는 물에서 전체 강 유량의 약 40퍼센트를 공급받는 인더스강과 브라마푸트라강에 대한 우려가 크다. 브라마푸트라강 상류는 이미 피크 워터를 경험했다. 갠지스강은 2050년경, 인더스강에서는 2070년경 피크 워터가 발생할 것으로 예상된다. 이 중요한 강들이 피크 워터를 경험한 뒤에는 여름 유량이 줄어들 것이다. 이에 따라 이 중요한 강에 의존해 생계를 이어갈 수 있는 사람들의 수가 적어도 6,000만 명 감소할 것이다. 대부분의 기후 모델에서는 강수량이 약간 증가할 것으로 예측하고 있다. 만일 그 예측마저 빗나간다면 배수량 감소폭은 예상보다 더 커질 것이다.

육빙(육지를 덮은 얼음-옮긴이)이 줄어들면서 계절에 따라 강의 유량이 변화하기도 한다. 규모가 큰 빙하에서 물을 공급받는 강은 덥고 건조한 해에도 유량을 유지할 수 있다. 빙하가 더 많이 녹을수록 흘러나오는 물도 많아지기 때문이다. 시원하고 다습한 해에는 빙하의 규모가 다시 커진다. 그러나 빙하가 거의 사라지면 이 귀중한 완충 효과도 함께 사라진다. 따라서 현재 빙하 녹은 물에 의존해 생활하는 사람들은 농업용수가 가장 많이 필요한 여름이나 건기에 강 배수량 부족을 경험하게 될 것이다. 하천 배수량이 감소하면 폐수와 오염물질을 제대로 희석하지 못하는 부작용도 발생한다. 즉, 더 많은 오염이 일어나지 않더라도 오염물질의 농도가 높아져 하천의 수질이 악화될 것이다.

시간 단위를 계절로 더 짧게 잡아보자. 눈 덮인 겨울 산은 강우와 강설을 통해 겨울에 내려온 유량을 유지하고 있다가 늦봄과 여름에 흘려보낸다. 이와 같은 측면에서 볼 때 눈 덮인 겨울 산은 육빙과 비슷한 역할을 수행한다. 겨울 내내 눈이 얼어붙어 있을 경우 강 하류의 유량은 늦게까지 유지되어 농사에 유용하게 사용될 것이다. 그러나 기온이 너무 높아서 겨울 내내 눈이 쌓여 있지 못하는 곳에서는 작물을 심어야 하는 시기가 도래하기도 전에 눈이 녹아 바다로 흘러가버릴 것이다. 중국, 인도, 미국, 겨울에 내리는 눈에 기대어 농사를 짓는 그 밖의 국가들은 댐을 지어 이와 같은 문제를 완화하려고 한다. 즉, 겨울에 강우와 강설을 통해 땅에 내려온 물을 댐에 가둬두려는 것이다. 그러나 눈 덮인 겨울 산이 품고 있는 방대한 양의 물을 채울 저수지를 조성하기란 물리적으로 불가능하다.

기온이 높아지면 증발이 빨라지고 식물의 물 사용이 증가해 토양의 물이 빠르게 사라진다. 결국 강으로 흘러들어가는 물의 양이 줄어든다. 물 공급을 콜로라도강에 전적으로 의존하는 미국 남서부 지역에게는 심각한 문제가 아닐 수 없다. 4,000만 명의 사람들과 이 지역의 사실상 거의 모든 도시가 콜로라도강에 의존하고 있기 때문이다. 널리 알려진 로스앤젤레스와 피닉스는 물론이고 앨버커키와 산타페 같은 소규모 도시도 영향을 받을 것이다. 강수량 감소와 온도 상승이 맞물리면서 콜로라도강의 연간 배수량은 장기 평균 배수량에 크게 못 미치는 형편이다. 그로 인해 미국 일곱 개 주가 법적으로 할당받은 유량에 구조적 결핍을 겪을 것이다.

2000년에서 2014년 사이 콜로라도강의 연간 배수량은 20세기(1906~1999년) 장기 평균보다 거의 20퍼센트 가까이 더 낮은 것으로 나타났다. 콜로라도강에서 감소한 배수량 가운데 약 3분의 1에서 절반은 콜로라도강 유역 전체의 기온이 섭씨 0.9도라는 전례 없는 수준으로 높아진 데서 기인한다. 이 때문에 눈 쌓인 겨울 산이 제 기능을 상실했을 뿐 아니라 식물이 더 많은 물을 사용하게 되었고 토양에서 증발하는 물도 증가했다. 기온이 더 상승할수록 콜로라도강의 연간 배수량은 더 감소할 것이다. 기후 모델을 활용해 보수적으로 예측한 결과, 이번 세기 중반 콜로라도강의 연간 배수량은 지금보다 적어도 20퍼센트, 많게는 30퍼센트가 추가 손실될 것으로 예상된다. 그 흐름대로라면 2100년 콜로라도강의 연간 유량은 현재의 절반 이하로 떨어질 가능성이 있다.

* ⌛ *

현재 진행되고 있는 지구 온난화는 강의 배수량과 배수 시기를 바꾸고 있다. 그러나 지구 온난화가 강에 영향을 미치는 방식은 그 외에도 다양하다. 수온 상승이 잉어 같은 온수성 어종에게는 문제가 없지만 송어 같은 냉수성 어종에게는 문제가 된다. 겨울에 얼어붙는 강을 건너가는 일도 점점 더 위험해질 것이다. 얼음 녹은 물이 홍수처럼 흘러내리는 봄에는 유량이 예전만 못할 것이다. 녹아서 흘러내리는 물은 건설 인프라에 손상을 입힐 수 있다는 단점도 있지만 범람원 생태계에는 많은 양의 퇴적물과 물이 유입되기 때문에 큰 도움이 된다. 얼어붙은 북극과 냉대기후 지대에서 땅이 녹으면 더 많은 지하수가 강으로 스며들 것이다. 그러면 북극과 냉대기후 지대의 화학적 성질이 바뀌고 고대에 토양으로 녹아들어간 탄소가 대기 중에 방출될 것이다.

기후변화는 강에 여러 가지 영향을 미칠 것이다. 가장 두려운 영향 가운데 하나는 극심한 홍수의 발생 빈도가 더 높아질 것이라는 점이다(앞에서 설명한, 얼음 녹은 물이 홍수처럼 흘러내리는 경우는 제외). 클라우지우스-클라페롱 방정식을 통해 대기 온도가 상승할수록 일반적으로 강우량도 더 많아진다는 사실을 알게 되었다. 즉, 기온이 올라갈수록 폭염과 가뭄이 찾아올 확률이 높아질 뿐 아니라 하천이 범람할 확률도 높아지는 것이다. 그러나 미래의 강수 형태를 모델화하는 것은 온도 변화를 모델화하는 것보다 더 어렵다. 따라서 미래의 강수 형태 예측은 대기 과학 연구의 과제이자 가장 활발하게 연구되는 영역이 되었다. 강의 연간 총 배수량을 기록한 문서를 통해 강 배수량의 추세는 분명하게 확인할 수 있다. 그러나 극심한 홍수의 추세는 확인하기 어렵다. 극심한 홍수처럼 드물게 발생하는 사건의 통계적 추세를 분명하게 탐지하기 위해서는 매우 오랜 시간에 걸쳐 작성된 기록이 필요하기 때문이다. 예외가 있다면 미국 중부다. 통계 연구를 통해 미국 중부 지역에 있는 강에서 홍수가 발생하는 빈도가 크게 증가한 것이 분명하게 확인되었기 때문이다.

기후 모델에서 도출된 보다 일반적인 결과에 따르면 강에서 홍수가 발생하는 빈도와 지구의 평균기온은 선형 관계가 아니다. 전반적으로 전 세계 평균기온이 1.5도 상승하면 홍수로 목숨을 잃는 사람의 수는 거의 두 배, 홍수가 경제에 미치는 직접적인 피해는 거의 세 배 증가할 것으로 예상된다. 전 세계 평균기온이 2도 상승하면 인명 피해는 거기에서 다시 50퍼센트, 직접적인 경제적 피해는 거기에서 다시 두 배가 될 것으로 예상된다.

그러나 이와 같이 전 세계 평균을 요약하는 것만으로는 전 세계에 드리워진 중요한 지리적 대비를 드러낼 수 없다. 예를 들어 유럽의 지중해 지역, 중앙아시아, 미국 남서부에서는 100년 빈도 홍수(특정 연도에 발생할 확률이 1퍼센트인 홍수)가 드물게 발생할 것으로 예상되는 반면 동남아시아, 인도반도, 동아프리카, 남아메리카 대부분에서는 더 흔하게 일어날 것으로 예상된다. 따라서 많은 곳에서는 홍수의 위험이 더 커지겠지만 그 밖의 지역에서는 홍수의 위험이 더 줄어들 것이다.

물길 전환, 대규모 댐 건설, 수질오염 다음으로 강에 큰 영향을 미치는 요인은 기후변화다. 오늘날 기후변화는 전 세계의 하천을 압박하고 있다. 여름 유량의 장기적인 감소, 홍수의 발생 빈도 변화, 수온 상승은 인간과 자연 생태계 모두에게 과제를 안긴다. 이와 같은 문제는 모두가 함께 해결해야 할 문제다. 따라서 전 세계의 강을 관찰하고 이해하며 강의 자원을 현명하게 사용하는 일이 그 어느 때보다 더 중요해지고 있다. 다음 두 장에서는 새로운 기술, 센서, 모델을 통해 어떤 도움을 받을 수 있는지 살펴볼 것이다.

7장

☞ 카멀Carmel강은 작고 사랑스러운 강이다. 그리 길지는 않지만 강이 갖추어야 할 요소는 고루고루 갖추고 있다. 산에서 샘솟은 카멀강은 낮은 곳으로 흘러내려간다. 얕은 곳을 지나갈 때면 댐을 이루면서 호수를 형성한다. 댐을 넘어간 물은 동글동글한 돌조각들 사이를 지난다. 그때마다 다다닥 소리가 난다. 플라타너스 아래를 지나가는 물은 한결 더 느긋해진 마음으로 이리저리 휘돈다. 그러다가 송어가 사는 물웅덩이로 흘러들어간다. (…) 풍요로운 작은 계곡에는 여러 개의 농장이 자리를 잡았다. 과수원과 채소밭은 카멀강에서 흐르는 물로 농사를 짓는다. 카멀강가에 터를 잡고 살아가는 메추라기의 울음소리, 땅거미가 질 무렵 들려오는 숲비둘기의 지저귀는 소리가 정겹기 그지없다. 미국너구리가 개구리를 찾아 카멀강가를 어슬렁거린다. 카멀강은 작다. 그러나 무엇 하나 빠짐없이 갖추고 있는 어엿한 강이다.
_존 스타인벡John Steinbeck, ≪통조림공장 골목Cannery Row≫

노벨상 수상에 빛나는 존 스타인벡은 캘리포니아주 설라이너스밸리에서 성장기를 보냈다. 이민자들이 개척한 설라이너스밸리는 농업을 중심으로 발전했기 때문에 물 분쟁으로 얼룩진 역사를 지니고 있다. 오늘날에는 양상추 재배지로 널리 알려져 있다. 스타인벡이 쓴 대부분의 소설에는 설라이너스밸리 지역에 적응하지 못한 사람들의 이야기가 실려 있다. 이 지역의 경관도 스타인벡이 지은 소설에 큰 영향을 미쳤는데, 인근의 카멀강도 그에게 영감을 준 자연경관 가운데 하나다. 센트럴코스트의 산타루치아산맥에서 발원하는 카멀강은 카멀바이더시Carmel-by-the-Sea의 남쪽을 지나 태평양으로 흘러들어가는 보석 같은 하천이다. 1945년 발간한 소설 《통조림공장 골목》에서 스타인벡은 카멀강 주변에서 무성하게 자라는 양치식물, 강바닥을 기어다니는 가재, 강둑을 따라 어슬렁거리는 여우와 퓨마에 대해 묘사했다. 스타인벡 생전에 카멀강에는 번쩍이는 비늘을 가진 스틸헤드(바다로 내려가 사는 강인한 무지개송어)가 우글거렸다.

스타인벡은 소설에서 스틸헤드가 댐 하류에 서식한다고 묘사했다. 그 댐은 샌클레멘테San Clemente댐일 가능성이 높다. 장차 소설가로 성장할 스타인벡이 19세이던 1921년 카멀강에 건설된 댐이기 때문이다. 약 32미터 높이로 지어진 샌클레멘테댐은 정어리 통조림을 만드는 공장과 점점 많아지는 몬테레이 사람들에게 물을 공급했다. 대신 스틸헤드는 카멀강 상류로 올라갈 수 없게 되었다.

연어와 마찬가지로 다 자란 스틸헤드는 알을 낳기 위해 바다에서 내륙에 자리 잡은 강으로 돌아온다. 강으로 돌아온 스틸헤드는 차갑고 산소가 풍부한 강바닥 굵은 자갈밭에 알을 낳는다. 계단식 어도(계단 형태의 물웅덩이가 있는 좁은 통로)가 설치되어 있지만 너무 가파르게 조성된 탓에 스틸헤드가 샌클레멘테댐을 거슬러 상류로 올라가기란 불가능에 가깝다. 《통조림공장 골목》이 출판되고 4년 후, 첫 번째 댐에서 10.5킬로미터 더 상류로 올라간 곳에 두 번째 댐이 건설되었다. 이번에는 아예 계단식 어도조차 설치되지 않았다. 그러자 카멀강의 명물인 스틸헤드 수가 줄어들기 시작했다. 한때 카멀강에는 다 자란 스틸헤드가 약 2만 마리 가까이 뛰어 놀았다. 그러나 1960년대에는 90퍼센트가 넘는 스틸헤드가 카밀강에서 자취를 감추었다. 그 뒤로도 스틸헤드는 계속 줄어들었다. 결국 1997년 스틸헤드는 미국 멸종위기종보호법에 따른 멸종위기종 목록에 이름을 올렸다. 2015년 샌클레멘테댐에서 확인된 스틸헤드는 고작 일곱 마리에 불과했다.

샌클레멘테댐이 건설되기 전 카멀강은 여느 강과 마찬가지로 퇴적물을 하류로 내려보내 바다로 실어 나르는 역할을 수행하고 있었다. 그러나 물살이 사라지는 저수지와 만나면서 카멀강의 흐름이 느려졌다. 따라서 그곳에 퇴적물을 내려놓게 되었다. 샌클레멘테댐 뒤에는 퇴적물이 침전되기 시작했다. 2008년 무렵 샌클레멘테 저수지의 저수 용량은 90퍼센트 넘게 줄어들었다. 물을 저장할 목적으로 건설되었지만 당초의 목적을 상실한 샌클레멘테댐은 그 자체로 안전을 위협하는 요인이 되었다. 캘리포니아주 댐 안전국은 샌클레멘테댐이 대규모 지진이나 홍수에 견딜 수 없다는 결정을 내렸다. 이미 사용 기한을 넘긴 샌클레멘테댐이 지나치게 노후화되었기 때문이다. 샌클레멘테댐을 소유한 전력 회사 캘리포니아 아메리칸 워터California American Water는 큰 비용이 소요되는 보수공사를 진행해야 하는 상황에 직면했다.

오래전부터 수산생물학자들은 샌클레멘테댐이 카멀강의 흐름을 방해한다고 비난을 퍼부었다. 이에 따라 캘리포니아 아메리칸 워터는 거의 쓸모가 없어진 구조물을 보수하는 대신 샌클레멘테댐을 안전하게 제거해 카멀강이 지금보다 더 자연스럽게 흘러가도록 복원할 방법을 모색했다. 캘리포니아주 해안보호국과 미국수산청(미국 해양대기국 산하)도 댐 철거 사업 추진에 힘을 보탰다.

대담한 발상이었을 뿐 아니라 기술적으로도 쉽지 않은 일이었다. 구조물을 철거하는 일 자체는 상당히 간단했다. 그러나 구조물을 철거하면 거의 한 세기 가까이 침전되어온 퇴적물이 한꺼번에 하류로 밀려 내려가게 될 것이었다. 그러면 카멀강에는 갑자기 많은 양의 침전물이 생길 것이고, 강바닥이 높아지면서 강물의 흐름이 막히게 될 터였다. 그리고 카멀강 하류에는 홍수 발생이라는 새로운 위험이 생겨날 터였다. 그러나 댐 뒤에 침전된 퇴적물을 끌어올려 다른 곳으로 운반하는 비용은 지나치게 컸다. 경제성을 높이려면 퇴적층의 3분의 2(약 250만 세제곱야드) 이상이 흘러내려가지 않은 상태로, 제자리에 남아 있어야만 했다.

독창적인 해결책이 등장했다. 카멀강의 물길을 댐 상류로 전환하는 방법이었다. 그러면 오랫동안 저수지 바닥에 침전되어온 퇴적물을 카멀강 하류로 흘려보내지 않아도 될 터였다. 카멀강의 지류인 개울을 활용해 인접한 능선에 새로운 수로를 조성하면 카멀강의 경로를 변경할 수 있을 터였다. 카멀강의 유량과 카멀강이 운반하는 퇴적물을 모두 수용하려면 지류의 폭을 넓혀야 했다. 그렇게 762미터 길이의 우회 수로가 새롭게 탄생했다. 현장에서 채취한 돌조각들을 활용해 계단식 폭포와 휴식용 물웅덩이도 만들었다. 스틸헤드가 상류로 거슬러 올라가는 데 어려움이 없도록 설계에 신중을 기했다.

2015년 카멀강 전환 작업이 완료되었고 샌클레멘테댐은 철거되었다. 샌클레멘테댐이 철거되자마자 스틸헤드가 전환된 수로를 차지하기 시작했다. 이제 카멀강은 스타인벡이 10대였던 시절의 모습을 되찾았다. 멸종 위기에 몰린 스틸헤드가 알을 낳기 위해 카멀강을 자유롭게 거슬러 올라갈 수 있게 된 것이다.

댐 철거 운동의 등장

샌클레멘테댐을 철거하게 된 배경에는 미국과 유럽에서 진행되고 있는 댐 철거 운동이 숨어 있다. 2019년 현재 미국에서만 거의 1,600개의 댐이 철거되었다. 미국에는 아직도 약 8만 개의 댐(다수의 소규모 댐 포함)이 남아 있기 때문에 철거된 댐의 수가 그리 많다고 할 수는 없다. 그러나 댐 철거 추세가 탄력을 받고 있는 것은 사실이다. 댐 철거 작업의 약 70퍼센트가 1999년 이후에 이루어졌기 때문이다. 최근에는 주로 미국 중서부, 북동부, 서부 해안에 자리 잡은 주에서 오래전 설치된 댐을 철거하는 것이 일반적이다. 캘리포니아주, 오리건주, 미시간주의 경우 5퍼센트가 넘는 댐이 철거된 상태이고 위스콘신 주는 10퍼센트 넘는 댐이 철거되었다.

사실 댐이 철거된 이유는 대부분 환경적 측면을 고려했기 때문이 아니라 경제적 측면을 고려했기 때문이었다. 퇴적물로 가득 차고 콘크리트가 노후화되면서 20세기 초 건설된 대부분의 구조물은 이미 수명을 다한 상태다. 이와 같이 수명이 다한 댐은 상태가 좋지 않을 뿐 아니라 당초의 목적을 달성할 수 없는 경우가 많다. 안전과 관련된 우려가 있는 구조물을 소유한 자에게는 위험 부담이 생긴다. 게다가 수력발전용 댐은 연방 에너지규제위원회의 규정에 따라 주기적으로 허가를 갱신해야 한다. 그리고 그 과정에서 많은 비용을 들여 시설을 개선해야 한다. 태평양 연안 북서부 지역에서는 풍력발전 용량과 태양광발전 용량이 재생 전력 가격을 낮추고 있다. 덕분에 이 지역에서는 수력발전용 댐의 경제성이 더욱 악화되는 형편이다. 경제적 이유 하나만으로도 댐 철거는 댐 소유자에게 점점 더 매력적인 선택지가 되고 있다. 특히 누군가 철거 비용을 지불하겠다고 나서는 경우에는 금상첨화가 아닐 수 없다. 간단히 말해, 오래된 댐을 철거하면 댐 소유자에게 이익인 경우가 많다.

한편 댐을 철거하는 것만으로도 하천을 효과적으로 복원할 수 있다는 사실을 입증하는 과학 연구가 늘어났다. 이와 같은 연구 결과는 댐 철거 속도를 높이는 데 기여한다. 과거에는 댐을 철거할 경우 짧은 시간에 환경이 큰 충격을 받을 것이라는 우려가 많았다. 그러나 연구를 통해 퇴적물을 적절하게 관리할 수만 있다면 오래된 댐을 철거하는 것이 댐을 유지하는 것보다 환경에 미치는 충격이 더 작다는 사실이 밝혀지고 있다. 몇 년에 걸쳐 조금씩 댐을 철거하면 저수지에 침전된 퇴적물이 한꺼번에 하류로 쓸려 내려갈 위험이 줄어들어 홍수의 위험도 덩달아 줄어든다. 몇 년 뒤 댐이 완전히 철거되면 오랫동안 상류에 침전되어온 퇴적물이 하류의 수로와 다시 만나게 되고 강은 퇴적물을 바다로 운반하는 본연의 임무를 다시 수행하게 될 것이다.

지금까지 철거된 거의 모든 댐은 높이가 10미터 미만의 비교적 작은 구조물이었다. 그러나 기술자들과 과학자들의 자신감이 높아지면서 상황이 변하고 있다. 2014년 워싱턴주 엘와Elwha강에 건설된 댐 두 개가 철거되었다. 매우 높게 건설된 이 댐들 때문에 지난 수십 년 동안 치누크연어(태평양연어 가운데 가장 큰 종이다)는 엘와강을 거슬러 올라가는 데 큰 어려움을 겪었다. 3년에 걸쳐 댐을 조금씩 철거한 결과 64미터 높이의 글라인스캐니언Glines Canyon댐(컬러사진 참조)과 33미터 높이의 엘와댐에서 마지막까지 남아 있던 구조물이 제거되었다.

댐이 철거되자마자 엘와강은 빠른 속도로 복원되었다. 불과 몇 년도 채 지나지 않아 엘와강은 과거 지니고 있었던 수로의 모습을 되찾았다. 1,000만 세제곱미터가 넘는 퇴적물을 실어 나르는 본연의 역할도 되찾았다. 덕분에 강어귀에 가까운 해저는 높이가 10미터 가까이 상승했다. 글라인스캐니언댐과 엘와댐은 모두 해안 가까운 곳에 설치되었다. 따라서 두 댐이 철거되면 회유성 어족이 상류로 거슬러 올라갈 수 있는 길이 생길 터였다. 실제로 두 댐에 마지막까지 남아 있던 구조물이 철거되자 치누크연어가 서식에 적합한 상류로 거슬러 올라가기 시작했다. 마지막 철거가 이루어지고 불과 며칠도 채 지나지 않아 낡은 다리 기둥을 지나 올림픽국립공원과 대대로 내려온 산란지로 거슬러 올라가는 치누크연어의 모습을 볼 수 있게 되었다.

이것보다 규모가 더 큰 철거 계획도 진행되고 있다. 바로 클래머스Klamath강에 높게 건설된 네 개의 수력발전용 댐을 제거하려는 계획이다. 클래머스강은 오리건주와 캘리포니아주 북부를 통과해 태평양으로 흘러들어가는 강이다. 지나치게 많은 인구가 클래머스강에 의존하고 있는 형편이다. 1918년 첫 번째 댐이 건설되었다. 그때부터 아메리카 원주민 부족들은 댐이 강의 흐름을 방해한다고 주장하면서 댐 건설을 반대해왔다. 2002년 연어가 급감해 자연 소멸하고 있다는 사실이 확인되었다. 게다가 연방 에너지규제위원회의 규정에 따라 50년마다 돌아오는 허가 갱신 시기가 다가오고 있었다. 노후화되어가는 이 네 개 구조물의 미래를 둘러싸고 어민과 농민이, 원주민과 정치인이 반목하고 있었다. 그러나 정부 산하기관, 원주민 정부, 농민 조직, 환경 비정부기구 등 수십 개의 이질적인 단체가 연합을 형성했다. 참으로 긍정적인 일이 아닐 수 없다. 심지어 이 연합은 꾸준히 활동하여 결국 세 가지 대타협을 이루어내는 데 성공했다.

한편 댐의 소유주이자 워런 버핏Warren Buffett이 운영하는 버크셔해서웨이Berkshire Hathaway의 자회사 퍼시픽코프PacifiCorp도 여러 이해관계자들이 어렵게 이룬 합의를 지지하고 나섰다(매년 오마하에서 개최되는 버크셔해서웨이 연례 주주총회에 시위대가 나타나 댐 철거를 외친 것도 이 결정에 영향을 미쳤을 것이다). 몇 년간 협상한 끝에 합의안이 도출되었다. 이 글을 쓰는 현재 연방 에너지규제위원회에서 허가 갱신 승인을 보류했다.

서유럽에서도 오래된 댐을 철거하려는 움직임이 일고 있다. 수세기 동안 서유럽에서는 수십만 개의 소규모 댐, 둑, 속도랑을 설치해왔다. 덕분에 강 서식지가 파괴되는 아픔을 겪었다. 최근 프랑스, 스웨덴, 핀란드, 스페인, 영국에서 적어도 5,000개의 소규모 댐, 보洑, 도랑이 철거되었다. 더 큰 구조물 철거를 목표로 삼은 경우도 있었다. 2018년 스페인 우에브라Huebra강을 가로질러 설치된 높이 22미터 댐이 철거되었다. 그러자 이베리아반도에서 가장 큰 강 가운데 하나인 두에로Duero강의 주요 지류에서 사르다(작은 민물고기), 수달, 먹황새 개체

군이 복원되기 시작했다. 프랑스는 노르망디의 셀루네Sélune강에 건설된 대규모 수력발전용 댐 두 개와 독일과 국경을 맞대고 있는 라인강을 가로질러 설치된 대규모 댐인 포겔그륀Vogelgrün댐을 철거할 준비를 하고 있다.

유럽 강 네트워크, 세계 회유어류 재단World Fish Migration Foundation, 강 트러스트Rivers Trust, 세계자연기금, 리와일딩 유럽Rewilding Europe을 비롯한 비정부기구들이 모여 유럽 댐 철거 컨소시엄을 결성했다. 유럽 댐 철거 컨소시엄은 향후 몇 년 사이 철거 대상이 될 수 있는 수천 개의 구조물을 추가 확인했다고 밝혔다. 경제, 법적책임 문제, 유럽연합 법률인 "물관리기본지침Water Framework Directive"이 댐 철거라는 흥미로운 추세를 부추기고 있다. 물관리기본지침은 2027년 이전에 유럽의 수로를 "생태학적으로 건강한 상태", "화학적으로 무해한 상태"로 복원할 것을 요구한다.

댐 철거에는 위험도 따른다. 가장 좋은 방법은 그동안 침전된 퇴적물을 점진적으로 처리하는 것이다. 그러나 아무리 최선의 계획을 수립했다고 하더라도 극심한 홍수가 발생할 가능성은 여전히 도사리고 있다. 유독성 오염물질이 포함되어 있는 퇴적물이 하류로 방출될 경우 강의 생태계가 황폐화될 우려도 있다. 고여 있던 물이 빠져나간 뒤 새롭게 노출된 저수지 바닥은 생태계 교란 식물을 끌어들이는 것으로 보인다. 과거 물고기가 서식했던 곳에는 물고기가 빠른 속도로 되돌아오지만 강 주변에 자리 잡은 숲이 복원되기까지는 수십 년이 소요된다. 그러나 모든 것을 감안하더라도, 지난 10년 동안의 댐 철거 경험에서 우리는 강에 채워진 족쇄가 제거되면 강이 과거에 지니고 있던 물리적 특성을 빠른 속도로 회복할 수 있다는 교훈을 얻었다. 카멀강이 다시 흐르게 된 뒤 1년도 채 지나지 않아 강바닥에 퇴적물이 침전되면서 강바닥이 1미터 가까이 높아졌다. 태평양으로 흘러들어가는 카멀강 강바닥이 자갈로 뒤덮여, 물고기가 알을 낳기 좋은 환경이 조성되는 데에는 채 2년도 걸리지 않았다.

20세기 초중반 부유한 선진국들은 강을 가로지르는 댐을 앞다투어 건설했다. 그리고 이제 댐을 철거하기 시작했다. 한편 5장에서 설명한 바와 같이 전 세계의 개발도상국들은 수천 개의 새로운 댐을 건설하고 있거나 건설할 계획이다. 지금 댐을 건설하는 국가들 역시 앞으로 100년 뒤에는 노후화된 콘크리트, 퇴적물이 침전된 저수지, 사라진 어장 문제로 골머리를 썩을 것이다. 강에 댐을 설치하면 단기간에 많은 경제적, 사회적 이득을 얻을 수 있는 것처럼 보인다. 그러나 장기적으로 보면 결국 그만한 비용을 치르게 되고 만다.

하류의 퇴적물 부족

강이 실어 나르는 퇴적물이 댐 뒤에 침전되면 하류에는 퇴적물이 부족해지는 문제가 발생한다. 일반적으로 대규모 저수 댐에서는 퇴적물이 거의 없는 맑은 물을 방류한다. 바로 이것이 문제의 원인이다.

나의 아버지는 지난 50년 넘게 강 퇴적물을 연구해온 지질학자다. 최근 아버지는 캐나다 북부에 있는 부락인 컴벌랜드하우스 인근을 지나는 서스캐처원Saskatchewan강에 관련된 법적 분쟁에 휘말려 있다. 서스캐처원강 삼각주는 풍부한 생태를 자랑하는 광대하고 복잡한 내륙수로와 습지로 이루어져 있다. 법적 분쟁의 원인은 삼각주의 습지 면적이 계속 줄어든다는 데 있다. 1962년 지역 전력 회사인 서스크파워Sask-Power는 서스캐처원강 상류를 가로지르는 대규모 댐과 저수지를 건설했다. 바로 E. B. 캠벨 수력발전소E. B. Campbell Hydroelectric Station다. 부락에서 약 60킬로미터 떨어진 곳에 건설된 E. B. 캠벨 수력발전소는 서스캐처원주에 전력을 공급하는 중요한 시설로 자리 잡았다. 그러나 이 시설은 생태적 재앙을 불러왔다. 그 이유 가운데 하나는 매년 정기적으로 흘러넘쳐 범람원과 서스캐처원강 삼각주를 뒤덮으면서 드넓은 습지에 물을 보충하던 홍수가 사라졌기 때문이다.

댐이 건설된 뒤부터 습지가 말라가기 시작했다. 둥지를 짓고 번식하기 위해 이곳을 찾은 철새와 수 세기 동안 이 지역에 터를 잡고 생활해온 토착 원주민인 크리Cree족과 메티스Métis족에게는 큰 충격이 아닐 수 없었다. 크리족과 메티스족은 수렵을 통해 이 지역에 풍부한 야생동물을 잡아서 생계를 유지해왔다. 따라서 오리, 무스, 사향쥐 개체 수가 감소하자 크리 족과 메티스 족의 식량과 추가 수입이 줄어들었다. 한편 젊은이들은 실내에 머무르거나 온라인 활동을 하는 시간이 늘어났다. 밖으로 나가야 하는 이유가 사라졌기 때문이다.

지역 주민들이 습지 면적이 줄어드는 이유를 댐에서 찾는 것도 무리는 아니다. 댐이 강물을 가두는 바람에 홍수가 발생하지 않게 되었다고 생각하기 때문이다. 지역 주민들은 이따금 서스크파워가 인공 홍수를 만들면 문제가 완화될 것이라고 주장한다. 그러나 아버지가 수십 년에 걸친 현장 조사를 통해 밝혀낸 사실은 이 문제가 보기보다 훨씬 더 심각하다는 것과 결코 돌이킬 수 없다는 것이었다. E. B. 캠벨의 댐이 방류하는 물에 퇴적물이 부족하기 때문이었다.

강물이 저수지로 들어가면 강물이 실어 나르던 대부분의 퇴적물이 저수지 바닥에 침전된다. 그 결과 댐에서 하류로 방류하는 물은 퇴적물이 거의 없는 깨끗한 물이다. 퇴적물이 거의 없는 물은 수로를 따라 흐르면서 수로에 있는 퇴적물을 실어 나른다. 따라서 수로는 점점 넓어지고 깊어진다. 이와 같이 수로가 침식되고 확장되면 만조가 되어도 강물이 제방을 넘어갈 가능성이 줄어든다. 따라서 과거였다면 범람원에 홍수가 나고도 남았을 만큼의 물을 방류해도 물이 넘치지 못하기 때문에 주변 습지는 점점 더 건조해지게 된다.

내가 처음 서스캐처원강 삼각주를 찾은 것은 30년 전의 일이었다. 당시 아버지가 연구하는 현장에서 약소한 보수를 받으면서 보조 인력으로 연구에 참여했다. 서스캐처원강 습지는 캐나다에서 야생동물이 가장 많이 모여드는 지역이었다. 오랫동안 반복되어온 홍수는 이곳의 야생을 풍부하게 만드는 데 어떻게 기여했을까? 서스캐처원강 습지에 대한 이해를 높일 목적으로 서스캐처원강 습지 범람원 바닥에 구멍을 내고 모래와 진흙을 채취했다. 허벅지까지 빠지는 습지의 버드나무 옆에서 육중한 굴착 장비를 진흙 속에 박아 넣기 위해 고군분투했다. 지금도 나를 향해 달려들던 사나운 모기떼가 생생하게 기억난다. 그러나 오늘날 내가 기억하는 습지는 건조하게 말라버렸다. 사향쥐와 오리도 사라졌다. 배를 타고 사향쥐와 오리를 쫓는 크리족과 메티스족의 모습도 찾아볼 수 없다. 계속 넓어지기만 하는 도랑은 퇴적물과 물의 물리학 그리고 서스크파워가 공동으로 빚어낸 작품이다. 그 도랑에 갇힌 서스캐처원강은 오늘도 묵묵히 흘러갈 뿐이다.

피해 최소화

강에 설치된 댐이 환경에 미치는 피해와 그 책임에 대한 인식이 높아지고 있다. 덕분에 강에 설치된 댐을 철거해야 한다는 목소리가 점점 더 높아지고 있다. 그러나 이와 같은 현상은 몇 안 되는 부유한 선진국에 국한된다. 그곳에는 20세기 초중반 건설되어 지금은 노후화된 구조물이 넘쳐 나기 때문이다. 전 세계는 여전히 새로운 댐 설치 열기에 휩싸여 있다. 적어도 3,700개가 넘는 댐의 신규 설치가 제안된 상태이거나 진행되고 있기 때문이다. 2장과 5장에서 살펴본 것처럼 이와 같은 신규 댐 건설 사업의 대부분은 중국, 동남아시아, 중앙아시아, 아프리카에서 진행되고 있다. 안타깝게도 신규 댐 건설이 진행되고 있는 국가들 내부에서는 반대하는 목소리를 거의 찾아보기 어렵다.

전 세계적인 관점에서 볼 때 매년 철거되는 댐의 수는 몇 개 되지 않고 매년 건설되는 새로운 댐은 수백 개에 달한다. 따라서 댐 철거로 인해 환경이 누리게 되는 이득보다 신규 댐 건설로 환경이 입는 피해가 더 큰 형편이다. 앞서 살펴본 것처럼 지난 세기에 강에서 추진된 대규모 토목 사업들은 강에 심각한 생태적, 사회적 피해를 입혔다. 그렇다면 새로운 대규모 댐 건설 사업을 추진하는 사람들은 과거의 실수를 되풀이하지 않을 수 있을까?

그렇다고 단정할 수도, 아니라고 부인할 수도 없다. 싼샤댐과 그랜드에티오피아르네상스댐이 설치되면서 강물을 가두는 대규모 저수지가 새로 생겨났다. 이와 같은 대규모 저수지는 여러 가지 폐해를 낳는다. 구체적으로는 실향민 발생, 강 흐름 변경, 산란지로 거슬러 올라갈 수 없게 된 물고기, 수질 저하, 퇴적물 침전, 하류 침식 등을 꼽을 수 있다. 그러나 우뚝 솟아오른 댐을 짓는 과거의 관행이 불러온 폐해를 최소화하려는 움직임도 일고 있다. 댐 건설이 유발하는 피해로는 대규모 저수지 조성, 강이 몇 년에 걸쳐 흘려보내는 양의 물을 저장, 댐 뒤에 퇴적물 침전을 꼽을 수 있다. 이와 같은 문제를 최소화하는 방안으로 크게 세 가지 방안이 제시되고 있다. 바로 흐름 설계, 퇴적물 통과 기술, 유수식 댐이다.

흐름 설계는 저수지에 가둬둔 물의 방류 양과 시기를 최적화하여 경제적 목표와 환경적 목표를 동시에 달성하려는 방안이다. 대규모 저수지는 강의 자연적인 흐름을 막고 물을 저장하기 때문에 강 주변의 생태에 교란을 초래한다. 흐름 설계는 방류 양과 시기를 전략적으로 결정하고 결정에 따라 물을 방출한다면 문제를 완화할 수 있을 것이라고 주장한다. 구체적인 예로는 자연적인 홍수 주기를 모방해 적절한 시기에 적절한 양의 물을 방류하는 방법이나 생태계 교란 생물을 퇴치할 목적으로 물을 방류하는 방법을 꼽을 수 있다. 산후안San Juan강(콜로라도강의 지류)에 설치된 저수 댐을 모델로 삼아 흐름 설계의 효과를 연구한 결과는 다음과 같다. 겨울에 방류량을 늘릴 경우 토착 어종의 생태를 활성화하는 한편 생태계 교란 생물을 억제했다. 그러면서도 저수지를 지어 달성하려고 한 경제적인 목적에는 아무런 지장이 초래되지 않았다. 이와 같은 연구 결과를 감안해볼 때 흐름 설계에 반대할 사람은 없을 것 같아 보인다.

그러나 사실 흐름 설계 개념은 상당한 논란을 불러일으키고 있다. 예를 들어 <사이언스>의 표지를 장식한 한 연구를 생각해보자. 이 연구는 현재 계획이 수립되어 있는 댐 건설 사업을 대상으로 흐름 설계가 댐이 미치는 영향을 완화할 수 있는지 여부를 조사했다. 댐의 영향을 받을 것으로 예상되는 지역은 캄보디아가 중요하게 여기는 똔레삽 호수였다. 똔레삽 호수는 캄보디아, 중국, 라오스, 미얀마, 태국, 베트남에서 6,000만 명이 넘는 사람들에게 식량을 공급한다. 똔레삽 호수에 의존하는 산업의 규모는 연간 20억 달러에 달한다. 연구에는 수학 모델도 동원되었다. 저자들은 흐름 설계를 통해 방류 시기를 신중하게 결정하면 똔레삽 호수의 어족 자원을 보존하는 것은 물론이고 어획량을 거의 네 배 늘릴 가능성도 있다고 주장했다. 이 논문은 맹렬한 비판에 휩싸였다. 연구 방법론과 결과에 반박하는 문서가 이례적으로 많이 쏟아졌다. 저자들은 반박 내용이 "부정확"하고 "논점과 무관"하다고 주장하면서 반박하는 사람들의 주장을 일축했다(과학자에게 사용하기에는 다소 무례한 표현이다).

흐름 설계는 대규모 저수 댐이 환경에 미치는 압도적으로 부정적인 영향을 댐 자체를 활용해 방지하려는 시도다. 흐름 설계에 반대하는 사람들은 문제의 원인을 이용해 문제를 해결하려는 발상이 어리석다고 주장한다. 흐름 설계에 반대하는 사람들은 방류 시기를 조절해 물을 방출한다고 해도 대규모 댐이 미치는 주된 피해(예: 물고기 이동 경로 차단, 수온 상승, 수질 저하, 퇴적물 침전)를 해결하는 데 아무런 도움이 되지 않는다고 지적한다. 타당한 지적이지만, 그것만으로는 이미 건설된 대규모 댐에서 최적의 방류 시기를 결정해 물을 방출할 경우 하류에 환경적 이점이 발생한다는 주장을 반박하기 어렵다. 이 글을 쓰는 시점에서는 시시비비를 가리기가 어렵다. 흐름 설계 개념은 비교적 최근에 제기된 방안이다. 따라서 이와 관련해 공식적으로 발표된 과학적 발견도 그리 많지 않다. 강에 설치된 대규모 댐이 환경에 미치는 피해를 완화하는 방법으로 흐름 설계를 자신 있게 제시하려면 더 많은 연구가 진행되어야 할 것으로 보인다.

두 번째이자 조금 더 유망한 방안은 새로운 형태의 댐을 설계하고 관리하는 방안이다. 새로운 형태의 댐이란 퇴적물이 통과할 수 있는 형태의 댐을 말한다. "퇴적물 통과 기술"을 활용하여 댐 아래 수로에서 일어나는 침식작용을 완화하고 거기에 관련된 생태 문제와 경제적 문제를 완화할 수 있다는 주장이다. 캘리포니아대학교 버클리캠퍼스의 맷 콘돌프Matt Kondolf 교수는 강 복원 전문가다. 콘돌프 교수는 현재 메콩강 하류와 그 지류에 건설될 예정인 130개 이상의 댐을 대상으로 댐 뒤에 침전된 퇴적물이 유발할 수 있는 위험을 평가했다. 우선 컴퓨터 모델을 활용해 건설 예정인 여러 댐 뒤에 침전될 퇴적물의 양을 계산하고 그로 인해 하류에 부족해질 것으로 예상되는 퇴적물의 양을 계산했다.

그 결과는 놀라웠다. 메콩강 하류에 건설 예정인 여러 댐이 (현재 계획대로) 건설된다면 메콩강 삼각주에 공급되고 있는 퇴적물 가운데 96퍼센트가 댐 뒤에 침전되는 것으로 나타났다. 이 정도 규모의 퇴적물이 댐 뒤에 침전되면 댐 하류에서는 심각한 퇴적물 부족 현상과 침식 현상이 나타날 것이다. 그리고 결국에는 메콩강 삼각주의 존재 자체를 위협할 것이다. 첫 번째 연구를 마친 콘돌프 교수는 두 번째 연구를 진행했다. 이번에는 댐 뒤에 침전되는 퇴적물 가운데 일부가 댐을 통과할 수 있도록 지원하는 다양한 기술을 조사했다. 퇴적물이 댐 뒤에 침전되지 않고 댐 주위로 우회해서 지나가도록 지원하는 기술도 확인했다. 콘돌프 교수가 확인한 기술은 댐 구조에 우회 수로와 수문을 설치해 저탁류(퇴적물이 경사를 따라 한꺼번에 미끄러지면서 생기는 탁류)를 쏟아내는 기술이다. 대신 많은 양의 모래를 운반하는 강의 일부 지류에는 댐을 설치해서는 안 된다. 이와 같은 기술을 메콩강 하류 지역 댐 건설 계획에 반영하면 메콩강이 실어 나르는 퇴적물이 삼각주에 도달할 수 있을 것이다. 그러면 댐 하류에 발생하는 심각한 퇴적물 부족 문제를 (아예 없앨 수는 없지만) 완화할 수 있을 것이다.

대규모 저수 댐이 유발하는 최악의 환경 피해를 줄일 수 있는 세 번째 기술은 댐을 유수식으로 설계하는 것이다. 유수식 댐에는 저수지가 최소화되거나 아예 없다. 가장 순수한 형태의 유수식 댐은 물을 전혀 저장하지 않는 낮은 댐에 터빈을 설치하고 물을 통과시킨다. 일반적인 유수식 댐의 경우 작은 저수지에 물을 일시적으로 가두지만, 몇 달 또는 몇 년을 가두는 것이 아니라 몇 시간 또는 며칠 동안 가둔다. 가뭄에 취약한 지역에서 물을 저장할 목적으로 댐을 건설하는 경우에는 유수식 댐 전략이 효과가 없다. 그러나 안정적으로 흐르는 강에서 수력발전용 댐을 건설하는 경우에는 유수식 댐 전략이 매력적일 수 있다.

유수식 댐이라고 해서 환경에 부정적인 영향(예: 흐름 변경, 물고기 이동 경로 차단, 퇴적물 침전)을 미치지 않는 것은 아니다. 그러나 기존의 대규모 저수 댐에 비해 환경에 미치는 영향이 더 작다. 메콩강 하류는 연중 안정적으로 흐르기 때문에 현재 건설이 계획되어 있는 모든 대형 구조물에 유수식 댐을 추가할 여지가 있을 것으로 보인다. 메콩강 하류에 설치될 댐에 퇴적물 통과 전략이 적용된다면 미래의 메콩강 하류의 모습은 오늘날 콜로라도강, 양쯔강, 기타 대규모 저수 댐이 설치된 여러 강 하류의 모습과는 사뭇 다를 것이다.

미래의 바퀴

유수식 댐은 고대로 거슬러 올라가는 아주 오래된 개념이다. (1장에서 살펴본 것처럼) 최초의 수차는 단순한 형태로, 맷돌을 돌려 밀을 갈아 밀가루를 만드는 용도로 사용되었다. 산업혁명기에 유럽과 뉴잉글랜드 지역의 강과 개울에는 일종의 유수식 댐인 보가 우후죽순처럼 생겨났다. 보는 물을 저장했다가 일정한 속도로 수차에 흘려보내기 위한 시설이었다. 이와 같이 오래된 개념이 오늘날 다시 주목받고 있다. 물을 거의 또는 전혀 저장하지 않은 채 자유롭게 흘러가는 강과 개울을 이용해 적당량의 전기를 생산할 수 있는 방법이기 때문이다. 그러면 탄소를 전혀 배출하지 않으면서 전기를 얻을 수 있을 것이다.

마이크로수력은 발전 용량이 최소 10킬로와트에서 최대 100킬로와트 또는 200킬로와트(국가에 따라 다르다)인 설비를 말한다. 지난 수십 년 동안 지리적으로 고립된 공동체에 전기를 공급해온 유서 깊은 기술 틈새시장이다. 현재 중국, 네팔, 파키스탄, 페루, 스리랑카, 베트남의 원격지에서 수만 개의 마이크로수력발전설비가 운영되고 있다. 전형적인 형태의 마이크로수력 설비는 다음과 같다. 우선 산에서 흘러내려오는 물을 "도수로penstock"라고 부르는 터널 또는 관을 통해 흘려보낸다. 미끄럼틀을 타고 내려간 물은 아래에 설치된 작은 터빈을 돌린다. 그러면 전기가 생성되어 하나 또는 여러 주택에 전력을 공급하게 된다. 상사식 수차 또는 아르키메데스 나선양수기를 사용하면 이와 같은 방식을 변형한 설비를 만들 수 있다. 마이크로수력발전은 전환되는 물의 양이 최소화하면서 발전하기 때문에 환경 피해도 최소화된다. 배수량을 신뢰할 수 있고 결빙 문제가 없는 지역에서 소규모 지역에 전기를 안정적으로 공급하려는 경우에는 마이크로수력발전이 안성맞춤이다.

현재 많은 회사가 이와 같이 오래된 기술을 현대식으로 되살려 구현한 뒤 도시와 농촌에 적용하고 있다. 오늘날에는 목재 대신 가벼운 판금을 이용해 제조된다는 점만 다를 뿐, 기본적인 원리는 동일하다. 영국의 만파워컨설팅Mann Power Consulting은 이미 60개가 넘는 시설을 설치했다. 만파워컨설팅이 설치한 시설의 대부분은 아르키메데스 나선양수기를 현대식으로 되살려 구현한 것이다. 영국의 강 주변에 들어찬 건물과 오래된 방앗간 터에는 적당량의 재생에너지를 제공할 수 있는 잠재력이 도사리고 있다. 아르키메데스 나선양수기는 기존에 설치된 보를 개보수하는 데 특히 적합하다. 용수로에 수차를 설치할 수도 있다. 심지어 지금은 유물이 된 나무 수차가 돌아가던 바로 그 자리에 수차를 설치하는 경우도 있다.

오늘날은 저탄소 에너지 혁명의 시대다. 이와 같은 시대에 아르키메데스 나선양수기와 수차 같은 고대 기술에 다시 이목이 집중되고 있다. 적절하게 설계된 시스템은 환경에 부정적인 영향을 거의 미치지 않는다. 때로는 사진에 보이는 영국의 시설처럼 오래된 사적지 개수 및 보수에도 이와 같은 시스템을 적용할 수 있다. ©Mann Power Hydro Ltd.

영국 노섬벌랜드에는 "크랙사이드Cragside"라는 빅토리아시대의 시골 장원이 있다. 크랙사이드는 세계 최초로 수력발전을 이용해 조명을 밝힌 주택으로 널리 알려졌다. 크랙사이드가 남긴 유산은 거의 140년이 지난 오늘날 새로운 모습으로 재탄생했다. 소유주가 17미터 길이의 아르키메데스 나선양수기를 활용한 마이크로수력 터빈을 설치했기 때문이다. 크랙사이드에 설치된 댐으로 조성된 호수의 물이 터빈을 거친 뒤 개울로 흘러나간다. 덕분에 탄소를 전혀 배출하지 않으면서 전기를 생산할 수 있다. 크랙사이드는 에너지의 절반을 재생 자원을 이용해 생산한다는 목표를 가지고 있다. 이번에 설치한 마이크로수력 터빈은 크랙사이드가 자체적으로 수립한 목표를 달성하는 데 기여할 것이다. 한편 이탈리아 토리노에서는 조금 더 큰 규모의 마이크로수력 사업이 진행되었다. 오래된 운하에 현대식 수차 80개를 설치하는 사업이었다. 이곳에서 생산되는 전기의 양은 2,000가구 이상이 충분히 사용하고도 남을 정도다.

엄밀히 말하자면 현대식 아르키메데스 나선양수기와 수차 기술은 시대를 초월한 기술이다. 그리고 아직도 진화를 거듭하고 있다. 영국의 스미스엔지니어링Smith Engineering은 레이저 절단 강철로 만든 고효율 상사식 수차를 판매하고 있다. 스미스엔지니어링은 초당 배수량이 100리터에 불과할 정도로 유속이 느린 개울에서 5킬로와트의 전기를 생성해 약 7년 만에 투자한 자금을 모두 회수했다. 스미스엔지니어링이 제공하는 수차는 이케아에서 판매하는 가구처럼 자가 조립식이어서, 누구나 특별한 도구가 없어도 충분히 조립할 수 있다. 캐나다의 뉴에너지코퍼레이션New Energy Corporation은 수직 방향 터빈을 판매한다. 이 수직 방향 터빈을 강이나 개울 바로 아래에 설치하면 적게는 5킬로와트, 많게는 25킬로와트의 전력을 생산할 수 있다. 뉴에너지코퍼레이션은 생성한 전력을 일반 가정용 전기로 변환하는 변환 키트와 다양한 고정식 구조물도 판매한다. 고정식 구조물에는 터빈 고정용 뗏목도 포함되어 있다. 터빈 고정용 뗏목을 사용하면 강의 흐름을 방해하지 않으면서 흐르는 강에 터빈을 안정적으로 설치할 수 있다.

대중국, 소수력

"소수력small hydropower"은 마이크로수력보다 조금 더 큰 규모의 유수식 댐 시설이다. 용량은 최대 10메가와트 또는 50메가와트(국가에 따라 다름)이다. 특히 중국은 이미 수십 년 전에 소수력을 도입해 원격지 시골 마을에 전기를 공급해왔다. 지금은 다른 어떤 국가보다도 더 많은 소수력을 운영하고 있다. 1990년대 중국은 국가적인 환경 정책의 일환으로 소수력을 더욱 확대했다. 덕분에 나무를 베어 땔감으로 사용하는 농촌의 관행이 거의 자취를 감추게 되었다.

2000년대로 접어들면서 중국은 거의 모든 가정에 전기를 공급하게 되었다. 그 뒤부터 중국의 소수력 기술이 다시 진화하기 시작했다. 소수력 설비를 송전망에 연결하는 사업은 중국의 중요한 전력 사업이다. 중국이 전력 생산 목표를 달성하고 온실가스 배출을 줄이는 데 크게 기여할 것으로 전망되기 때문이다. 새로운 소수력 건설 사업을 장려하기 위해 중국 정부는 지방정부에 승인 권한을 양도했다. 이제 지방정부의 승인을 받으면 개인도 발전 용량이 50메가와트 이하인 수력발전소를 소유할 수 있다. 한편 송전 회사는 개인이 소유한 소수력발전소에서 발전한 전기를 반드시 구입해주어야 한다.

원래 소수력 기술은 원격지에 전기를 공급하는 실용적인 방안이었다. 그러나 중국에 저탄소 에너지를 제공하는 주요 공급원으로 자리 잡으면서 환경을 보호하는 도구로 바뀌었다. 이에 따라 중국에서는 소수력 시설 건설 사업이 호황을 누리게 되었다. 2015년 중국에는 4만 개가 넘는 소수력발전소가 운영되고 있었다. 대부분 유수식 도수로와

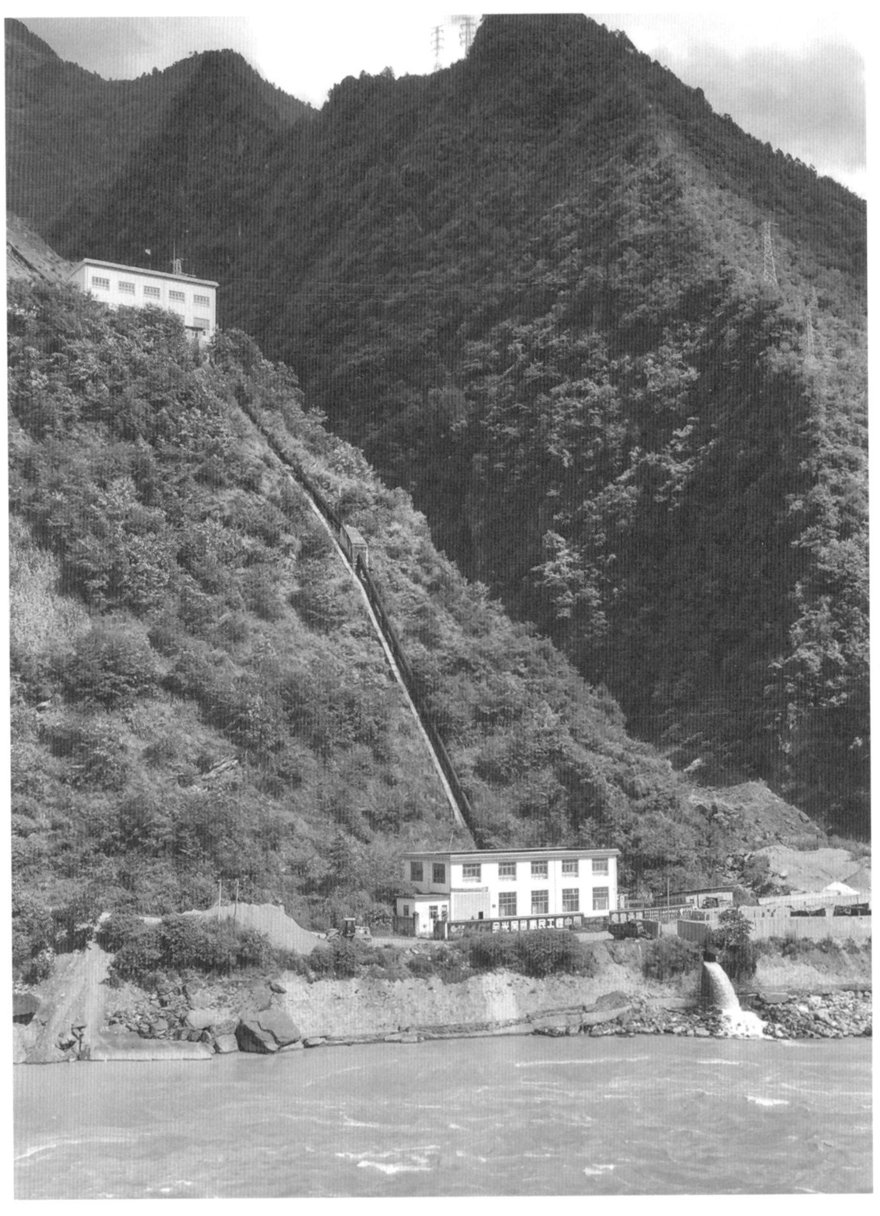

지난 20년 동안 중국은 소수력 기술을 큰 폭으로 확대 적용해왔다. 2015년 중국에는 4만 개가 넘는 소수력발전소가 운영되고 있었다. 총 발전 설치용량은 80기가와트에 육박했다. 싼샤댐 발전 설치용량의 네 배에 가까운 수치다. 사진은 누Nu강에 설치된 소규모 발전소다. 도수로를 이용해 누강 지류의 흐름을 전환함으로써 소규모 발전소를 돌려 저탄소 전기를 생성하고 있다. ©Tyler Harlan

발전소로 이루어진 중국의 소수력발전소의 총 설비 용량은 80기가와트에 육박했다. 이는 싼샤댐 설비 용량의 네 배에 가까운 수치다.

소수력 덕분에 중국의 총 재생에너지 생산량은 증가했다. 그러나 비용이 뒤따르지 않는 것은 아니다. 현재 중국의 지방정부는 소수력을 수입원으로 인식하고 있다. 따라서 소규모 수로에 여러 개의 도수로와 발전소를 건설하는 마구잡이식 개발 사업에도 금전적인 보상을 지급하고 있다. 일부 개울에서는 대부분의 구간에서 물이 말라버리는 현상도 나타났다. 그 결과 그 지역의 생태가 파괴될 뿐 아니라 경작지에 물을 댈 수 없게 된 지역 농민의 생계가 위협받고 있는 형편이다.

중국의 경험은 중요한 교훈을 남긴다. 소수력 설비는 온실가스 배출을 줄일 수 있다. 소수력 설비가 사회와 환경에 미치는 피해는 대규모 저수 댐이 미치는 피해보다 더 적을 수 있다. 그러나 아무리 소수력이라고 해도 현명하게 설계하고 관리하지 않으면 사회와 환경에 피해를 입힐 수 있다. 이와 같은 문제를 해결하기 위해 비영리단체인 저영향수력연구소Low Impact Hydropower Institute는 마이크로수력 사업과 소수력 사업 인증을 제안했다. 인간과 생태계에 미치는 "영향이 적다"는 사실을 입증한 사업만 인증해주어 지속가능한 개발을 유도하자는 제안이다. 저영향수력연구소의 인증을 받으려면 물고기 이동 경로 보장, 대중의 휴식 공간 확보, 생태 서식지 보호, 멸종위기종 보전, 유적 및 문화유산 보존 등을 고려해야 한다. 또한 대중이 무료로 접근할 수 있어야 한다. 저영향수력연구소의 섀넌 에임스Shannon Ames 이사는 이렇게 주장했다. "기후변화에 대한 대응이 생태계의 희생을 담보로 해서는 안 됩니다. 저영향 인증 사업을 통해 서식지 보호 및 개선과 전기 생산이 양립할 수 있다는 사실을 알리고 싶습니다." 많은 사람들이 저영향수력연구소의 발상에 공감하는 것으로 보인다. 이 글을 쓰는 시점에서 확인한 바에 따르면, 미국 전역에서 거의 150개의 사업이 저영향수력연구소 인증을 받았고 수십 개의 새로운 사업이 인증을 받기 위해 대기 중이기 때문이다.

만파워컨설팅 같은 혁신적인 기업과 저영향수력연구소 같은 인증 프로그램은 이제 막 형성되기 시작한 마이크로수력과 소수력 시장이 잠재력을 꽃피우기를 기대한다. 유럽소수력협회European Small Hydropower Association에 따르면 유럽에서 마이크로수력과 소수력을 설치할 수 있는 장소가 33만 곳이 넘는다. 지금은 틈새시장에 지나지 않지만 적절하게 설계된 마이크로수력과 소수력 설비는 효율적이고 신뢰할 수 있으며 환경적 단점이 거의 없다. 마이크로수력과 소수력 설비는 시골과 도시 모두에 전력을 제공함으로써 보다 광범위한 재생에너지 목표에 기여한다. 마이크로수력과 소수력 설비는 재생에너지 기술에 대한 관심과 교육을 촉진한다. 만일 유서 깊은 방앗간이나 댐에 마이크로수력과 소수력을 설치한다면 대중의 이목을 집중시킬 수도 있다. 마이크로수력과 소수력이라는 말을 들으면 가장 먼저 고립된 산악지역 공동체가 떠오르거나 재난에 지나치게 대비하는 모습으로 유난을 떠는 사람들이 떠오를지도 모른다. 그러나 도시에 살면서 녹색 에너지 포트폴리오를 다양화하고 싶은 사람이 있다면 사회와 환경에 미치는 영향이 적은 이 멋진 기술에 관심을 가져볼 만하다.

가물치탕

커다란 국그릇이 식탁 한가운데 놓였다. 무언지 모를 음식이 담겨 있는, 그러나 모락모락 올라오는 김에서 향긋한 냄새가 풍기는 커다란 접시 두 개도 함께 놓였다. 함께 식탁에 둘러앉은 친구들은 크메르어로 가벼운 대화를 나누면서 자기 그릇에 음식을 덜기 시작했다. 무슨 재료로 만든 음식인지 알고 싶어서 가까이 다가가 음식을 자세히 들여다보았다. 첫 번째 접시에 담긴 음식의 주재료는 민물에 사는 작은 게였다. 민물 게를 작게 잘라 튀긴 뒤 향신료를 넣고 끓인 음식이었다. 두 번째 접시를 들여다보니 토막 난 닭고기와 내장 사이로 털이 벗겨진 닭의 머리와 부리가 삐죽이 튀어나와 있었다. 접시 한쪽에는 고무같이 질긴 느낌의 갈색 원반 모양의 덩어리도 있었다. 커다란 국그릇에는 흰 살 생선 덩어리와 생선 내장이 국물 위를 둥둥 떠다녔다. 고추, 마늘, 레몬그라스, 쁘로혹(으깬 생선을 소금으로 발효한 젓갈)이 들어간 국물에서는 입맛을 당기는 냄새가 올라왔다. 마음을 단단히 먹고 모든 음식을 맛보았다.

음식은 맛있었다. 심지어 아이스하키에서 사용하는 퍽 모양으로 삶아 고무 같은 느낌의 닭고기 피조차 맛있었다. 닭고기에 힘줄이 많아 조금 질긴 것이 흠이었지만, 그것만 빼면 식사는 아주 만족스러웠다. 우리 주변을 어슬렁거리면서 부리를 힘차게 놀려 여기저기 쪼아대는 암탉이 보였다. 길게 뻗은 다리로 거침없이 뛰어노는 모양새를 보고 있노라니 닭고기가 질긴 이유를 알 것도 같았다. 식사를 하는 사이 또 다른 닭 한 마리가 걸음아 나 살려라 하며 쌩 지나갔다. 다른 손님에게서 점심 주문을 받은 요리사가 그 뒤를 잽싸게 쫓아갔다.

캄보디아에서는 거의 모든 일이 야외에서 이루어진다. 식당도 예외는 아니었다. 아름다운 풍경 속에 깨끗하게 정돈된 나무 평상이 놓여 있었다. 사방으로 약 3미터 정도 되어 보이는 정사각형 평상 위에 책상다리를 하고 앉았다. 사방이 탁 트인 평상 위에 얹힌 초가지붕이 그늘을 드리웠다. 주변에는 비슷한 모양의 원두막이 드문드문 흩어져 있었다. 우리 앞에는 무성한 초목으로 둘러싸여 반짝이는 에메랄드빛 연못이 자리 잡고 있었다. 낡은 대나무 다리가 연못 위를 가로질렀다. 손으로 속을 파낸 통나무배 네 척이 대나무 다리에 매여 있었다. 물고기가 지나갈 때마다 멀건 수면이 요동쳤다.

내가 맛있게 먹은 흰 살 생선 덩어리는 가물치 살이었다. 육식성 어종답게 사납게 생긴 가물치는 아시아, 말레이시아, 인도네시아, 열대 아프리카에 서식하는 민물고기다. 내가 먹은 가물치는 몇 시간 전만 해도 일부러 물을 뺀 양어용 연못의 진흙 바닥에 웅크리고 있다가 갑자기 이곳으로 끌려와서 우리 손에 넘겨졌다. 근육이 발달한 가물치 몸통은 장어와 비슷했다. 피부에는 표범처럼 반점이 있었다. 큰 머리에 달린 입이 쩍 벌어지자 촘촘하게 난 이빨이 보였다. 무섭게 생긴 탓에 들고 있기가 꺼려졌지만, 왠지 맛있을 것이라는 확신이 들었다. 점심으로 먹기 위해 식당으로 향하는 동안 가물치가 비닐봉지 속에서 몸부림치는 바람에 비닐봉지를 떨어뜨리기도 했다.

가물치는 공격성이 강하다. 물고기, 뱀, 개구리, 새, 다른 가물치, 자기가 물 수 있는 거의 모든 것을 닥치는 대로 먹어 치운다. 가뭄이 들면 개구리처럼 진흙 바닥에 굴을 파고 들어가 목숨을 부지한다. 가물치는 물 밖에서도 숨을 쉴 수 있다. 그래서 물 밖 육지를 기어서 다른 개울, 강, 연못을 찾아가기도 한다. 북아메리카에서는 야생에 불법적으로 유입된 가물치가 급속하게 확산되고 있다. 북아메리카에서 가물치는 생태계 교란 생물이다. 물고기와 야생동물을 관리하는 사람들은 가물치의 엄청난 먹성과 뛰어난 회복력에 혀를 내두른다. 낚시꾼들은 가물치를 "괴물고기Frankenfish"라고 부른다. 그러면서 행여 자기가 즐겨 찾는 낚시터에 가물치가 나타나지는 않을까 노심초사한다. 캘리포니아대학교 로스앤젤레스캠퍼스 환경과학과정에 재학 중인 학생들을 상대로 가물치, 얼룩무늬담치, 호주갈색나무뱀, 부레옥잠, 시궁쥐 같은 생태계 교란 생물에 대해 심도 깊게 강의한 적도 있다.

2002년 미국에서 처음으로 가물치가 발견되었다. 메릴랜드주 스트립몰 뒤편에 자리 잡은 연못에서 어느 낚시꾼이 가물치를 낚은 것이다. 언론은 이 사실을 앞다투어 보도했다. 가물치가 처음 발견된 연못의 물을 빼자 새끼 가물치 수십 마리가 모습을 드러냈다. 누군가가 아시아 어시장에서 가물치를 구입한 뒤 연못에 풀어놓는 바람에 미국 야생에까지 유입된 것으로 추정되었다. 그로부터 2년 뒤 체서피크만 분수계의 주요 지류인 포토맥강에서 또 다른 가물치가 잡혔다. 이 글을 쓰는 시점인 2018년 가물치는 메릴랜드 주 전역에 퍼져 있는 것으로 확인된다. 그리고 해마다 적어도 세 개의 하위 분수계를 새롭게 차지해나가고 있다. 가물치가 앞으로도 계속 이와 같은 속도로 퍼져나간다면, 서스쿼해나Susquehanna강, 래퍼해넉Rappahannock강, 제임스강, 요크York강을 비롯한 체서피크만 분수계는 앞으로 50년 이내에 온통 가물치 천지가 되고 말 것이다.

나는 기분이 묘했다. 같은 물고기인데 미국에서는 매도의 대상이고 다른 나라에서는 진미로서 귀한 대접을 받으면서 높은 가격에 거래된다. 프놈펜의 노상 시장에서는 살아 있는 가물치가 가득 찬 양동이를 앞에 두고 치열한 협상이 벌어진다. 도시에서 온 소비자들은 값이 비싼데도 아무런 거리낌 없이 지갑을 열어 가물치를 구입한다. 미국에서 가물치는 생태계 교란 생물이기 때문에 퇴치 대상이다. 그래서 가물치가 제 고향에서 이토록 인기가 높을 것이라고는 상상조차 하지 못했다.

내가 먹은 가물치는 특히 더 맛있고 값이 비싼 놈이었다. 양어용 연못의 물을 일부러 뺀 뒤 살아 있는 상태로 잡아 올린 것이었기 때문이다. 그러나 가물치는 양어용 연못에서만 생활하는 것이 아니다. 양어용 연못으로 가기 전에는 그 주변에 자리 잡은 광대하고 비옥한 논을 활보하면서 무럭무럭 자란다. 내가 그곳을 찾은 12월은 겨울이어서 논이 다 말라버린 상태였다. 그러나 5월부터 7월, 계절성 강우가 내리는 계절이 되면 주변의 강, 개울, 똔레삽 호수가 넘치면서 논에 물이 가득 찬다. 깊이가 1미터에도 못 미치는 넓고 얕은 습지 바닥에는 미리 인위적으로 조성한 양어용 연못이 있다. 계절성 강우가 내려 논에 물이 가득 차면 건기 동안 양어용 연못에 갇혀 있던 다 자란 가물치는 자유를 얻는다. 그 주변에 자리 잡은 논을 통해 먼 거리를 헤엄쳐 다니며 왕성한 먹이 활동을 하면서 알을 낳는다. 인근 개울에 서식하는 야생 가물치도 논으로 유입된다. 계절성 강우가 일으킨 홍수로 물이 가득 찬 논에는 플랑크톤이 폭발적으로 증가한다. 급증한 플랑크톤을 바탕으로 짧지만 품질 좋은 담수 어장이 크게 활성화된다.

논에서 자라는 물고기는 성장 속도가 빠르다. 불과 몇 주만 지나면 먹을 수 있는 크기까지 자란다. 논바닥에 가라앉은 물고기 배설물은 천연비료가 된다. 몬순 강우가 멈추면 넘쳤던 물이 줄어들면서 강, 개울, 인위적으로 조성한 양어용 연못에만 물이 흐른다. 물고기는 물을 따라갈 수밖에 없다. 그 과정에서 많은 물고기가 양어용 연못으로 모여들게 된다. 가을이 되면 논이 마르고 벼가 자란다. 양어용 연못에는 주변 지역에서 모여든 메기, 가물치, 그 밖에 시장에 내다 팔 수 있는 물고기가 넘쳐 난다.

계절에 따라 자연적으로 발생하는 홍수와 낮은 강도의 물고기 양식을 결합하면서 논은 생산성이 높은 어장으로 재탄생했다. 그러려면 전략적으로 선택한 위치에 적당한 깊이로 미리 양어용 연못을 조성해야 한다. 그러면 건기 동안 물고기를 가두어 놓을 수 있을 것이다. 방사형으로 조성한 얕은 도랑을 이용해 양어용 연못과 들판을 연결해야 한다. 그러면 수위가 높아질 때 물고기가 들판으로 흩어지고 수위가 낮아질 때 물고기가 양어용 연못으로 모여들 것이다. 양어용 연못에 그물을 치거나 일부러 물을 빼서 물고기를 잡아 올리면 농민들의 먹을거리가 되고 수입이 된다. 일부 양어용 연못은 종자 생산을 위해 보호하기도 한다. 이곳에서는 이와 같은 보호구역을 "공동체 물고기 보호장"이라고 부른다. 공동체 물고기 보호장을 운영하는 덕분에 다음 해에도 새로운 세대의 물고기들이 다시 들판에서 자유롭게 뛰어놀 수 있을 것이다.

내가 먹은 커다란 가물치가 식당 옆에 있는 공동체 물고기 보호장으로 헤엄쳐 들어갔다면 죽지 않고 살아남아서 다음 계절성 강우가 오기만을 손꼽아 기다리고 있었을 것이다. 하지만 내가 먹은 가물치는 물고기 포획을 위해 일부러 물을 뺀 양어용 연못으로 헤엄쳐 들어가는 바람에 우리 식탁에 오르는 신세가 되고 말았다. 양어용 연못에서 빠져나간 물은 주변의 마른 논으로 흘러들어간다. 물이 빠져나간 양어용 연못 바닥 진흙에는 물고기들이 우글거린다(포획을 위해 일부러 물을 뺀 양어용 연못의 모습을 담은 컬러사진 참조). 다 합하면 200킬로그램쯤 될 것이다. 진흙에서 건져 낸 물고기는 죽지 않도록 우물에 넣어두었다가 시장에 내다 판다. 킬로그램당 적게는 1달러 50센트에서 많게는 2달러를 받을 수 있다. 내가 먹은 커다란 가물치는 논에서 자유롭게 생활했기 때문에 화학물질에 노출되는 일 없이 무럭무럭 자랄 수 있었다. 덕분에 유난히 깔끔한 맛을 자랑했다. 아마 프놈펜에서 가져올 때 적어도 10달러 이상 지불했을 것이다. 이 금액은 전통적인 물고기 양식장에서 사육한 가물치보다 약 두 배 높은 금액이다.

자연적인 과정과 인공적인 과정이 공존하는 이와 같은 물고기 양식 방법을 이곳에서는 "논 양식"이라고 부른다. 동남아시아 각국 정부와 비정부 기구가 지속가능한 어업을 장려하면서 이 지역에서는 논 양식이 인기를 얻고 있다. 국제 비정부 연구 단체인 월드피시WorldFish는 지속가능한 어업을 통해 개발도상국의 기아와 빈곤을 줄이기 위해 노력한다. 캄보디아를 찾아가 월드피시가 주도하고 있는 논 양식 사업 현장을 답사했다.

논 양식 사업을 추진하는 월드피시 조직가들은 캄보디아의 농촌 마을을 찾아간다. 농부들에게 논을 활용해 벼와 단백질 공급원인 물고기를 동시에 기르는 방법을 알려준다. 대부분의 부락은 논 양식 체계를 설계하고 구축할 자금이 부족하다. 따라서 월드피시는 기부금을 모으고 정부에 자금 지원을 요청하는 활동을 편다. 사실 논 양식 체계를 설계하고 구축하는 비용은 그리 크지 않다. 양어용 연못을 조성하기 위해 땅을 파는 작업에 다 해봐야 보통 수만 달러 정도가 든다. 대부분은 선불로 지급되어야 하는데 재단이나 기부자들을 설득하기 좋은 조건이다.

똔레삽 호수 인근에 있는 콘트나옷Korn Thnot 부락은 2015년 논 양식을 시작했다. 콘트나옷 부락은 가로 61미터, 세로 152미터 정도 되는 공동체 물고기 보호장과 몇 곳의 양어용 연못을 운영하고 있었다. 큰 규모는 아니었지만 놀랍게도 부락 주민에게 큰 도움이 되고 있었다. 저녁 식사로 먹을 물고기를 잡기 위해 주민들이 양어용 연못에 그물을 던졌다(컬러사진 참조). 그 모습을 지켜보던 참Cham 장로는 논 양식이 콘트나옷 부락뿐 아니라 인근의 부락들에도 도움이 된다고 설명했다. 주변 부락에서 농사짓는 논으로 매년 물고기들이 퍼져나가기 때문이다.

고대에도 이미 벼농사와 물고기 양식을 결합한 사례가 있었다. 한때 중국에서는 논에 물을 댄 뒤 잉어를 키우는 일이 일반화되어 있었다. 그 밖에도 중국에서는 다양한 방식의 논 양식이 이루어졌다. 그러나 오랜 세월에 걸쳐 차츰 잊히고 말았다. 오늘날 많은 사람들이 논 양식에 주목하고 있다. 가난한 농촌 주민에게 영양을 공급하고 그들의 재정 상태를 개선할 수 있는 방법이기 때문이다. 개발도상국에서 생활하는 10억 명이 넘는 사람들이 섭취하는 동물성 단백질의 대부분은 물고기에서 나온다. 개발도상국에서 생활하는 25만 명에 달하는 사람들의 생계가 어업과 물고기 양식에 달려 있다. 논 양식은 계절에 따라 자연적으로 발생하는 홍수와 농업을 영리하게 결합한 물고기 양식법이다. 월드피시를 비롯해 지속가능한 물고기 양식을 추구하는 비정부 기구들은 논 양식을 활용해 세계에서 가장 가난한 사람들을 지원하려고 애를 쓰고 있다. 그러기 위해 기금을 모금해 농촌 마을 주민들에게 논 양식 방법을 알려주고 논 양식 체계를 조성하는 데 필요한 토공 장비를 지원한다.

최첨단 기술이 동원되는 연어 양식

캄보디아를 방문하기 9개월 전, 노르웨이 북부 피요르드에 있는 연어 양식장을 방문했다. 이곳의 연어는 고도로 기계화되고 컴퓨터화된 양식장에서 무럭무럭 자란다.

기계화되고 컴퓨터화된 연어 양식장은 강철로 만든 하나의 독립적인 생태계를 이루고 있었다. 중앙에 플랫폼이 있고, 먹이를 공급하는 기나긴 검은색 관이 중앙 플랫폼에서 방사형으로 뻗어 나갔다. 중앙 플랫폼에서 뻗어 나간 먹이 공급관은 10개의 거대한 유동형 고리에 연결되어 있었다. 두 줄로 깔끔하게 정렬되어 있는 각 고리 아래에는 깊은 가두리 그물이 걸려 있었다. 많게는 20만 마리에 달하는 포동포동한 은빛 연어가 가두리 그물 안에서 끊임없이 빙빙 돌면서 먹이를 섭취하고 있었다. 이곳에서 기르는 연어는 육지에 설치된 부화장에서 부화한 뒤 이곳으로 옮겨졌다. 부화장은 차가운 민물 하천의 자연적인 흐름과 바닥에 깔려 있는 자갈을 모방한 특수 시설이다. 육지에서 부화한 연어를 이곳으로 옮기는 이유는 단순하다. 대서양연어의 생활사를 노르웨이에서 이루어지는 물고기 양식 과정에 그대로 이식하기 위해서다. 중앙 플랫폼에는 살균 처리된 커다란 강철 사료통이 볼트로 고정되어 있었다. 사료통은 알고리즘에 따라 사료를 자동으로 공급했다. 갈색의 기름진 사료가 공급될 때마다 먹이 공급관이 덜컹거리면서 이리저리 흔들렸다. 한 층 위에는 선장이 지휘하는 곳처럼 생긴 관제실이 마련되어 있었다. 관제실로 올라가보니 고리 모양의 가두리가 한눈에 들어왔다. 널찍한 제어반에는 밝게 빛나는 LCD 화면이 탑재되어 있었다. LCD 화면을 통해 각각의 가두리에서 소비되는 사료의 양, 각 가두리의 수온, 산성도, 그 밖의 수질 변수를 확인할 수 있었다. 연어 양식장 운영자는 노르웨이 사람으로, 쾌활한 성격이었다. 손에 들린 머그잔에는 갓 내려서 김이 모락모락 피어오르는 따끈한 커피가 담겨 있었다. 푹신한 사무용 회전의자에 앉은 운영자는 나에게 연어 양식장에서 사용하는 소프트웨어에 대해 설명해주었다. 진흙탕 물에서 물고기를 기르는 캄보디아의 양어용 연못과 이곳의 풍경은 전혀 달랐다. 그러나 두 곳의 목표는 동일하다. 바로 물고기를 최대한 포동포동하게 살찌우는 것이다.

연어 양식의 역사는 파란만장하다. 기생충 중 하나인 바닷물이 sea lice 감염, 항생제와 살충제 남용, 남은 사료와 배설물로 인한 대양저 오염 같은 문제가 동반되기 때문이다. 양식 연어가 탈출하면 야생 연어와 경쟁하게 되는데, 야생 연어보다 탈출한 양식 연어의 수가 더 많은 경우도 있다. 연어 사료는 주로 생선가루와 기름을 섞어 만든다. 따라서 연어 양식을 위해 다른 물고기가 사라지게 된다. 그러나 최근 몇 년 사이 노르웨이는 항생제 사용의 대폭 감소, 더 엄격한 관찰, 바닷물이 발생 개체의 더 엄격한 격리, 사료용 생선가루 대체 원료 개발 등에서 성과를 보이고 있다. 따라서 연어 양식이 유발하는 문제를 해결하는 데 한발 더 성큼 다가선 것처럼 보인다. 연어 양식은 빠르게 성장하는 산업이다. 현재 노르웨이에서 이루어지는 연어 양식 규모만 연간 80억 달러를 넘을 정도다. 덕분에 스칸디나비아반도의 작은 국가 노르웨이는 양식 대서양연어를 공급하는 세계 최대 생산국이 되었다. 야생 연어는 노르웨이에서 가장 중요한 수출용 해산물 가운데 하나였다. 그러나 양식 대서양연어가 전 세계로 팔려나가면서 야생 연어의 자리를 양식 대서양연어가 차지하게 되었다.

전 세계에서 물고기 양식이 성행하고 있다. 이미 물고기 양식업은 매년 1억 메트릭톤이 넘는 식량을 생산하면서 2,000억 달러가 넘는 규모의 산업으로 성장했다. 그리고 다른 어떤 식량 생산 부문보다도 더 빠르게 성장하고 있다. 2016년 전 세계의 양식업 규모는 물고기 1,390억 달러, 갑각류 570억 달러, 연체동물 290억 달러에 육박했다. 전 세계 5대 생산국은 중국, 인도, 방글라데시, 미얀마, 캄보디아다. 가장 일반적으로 사육되는 물고기는 다양한 잉어, 틸라피아, 메기, 연어고 가장 일반적으로 사육되는 갑각류는 각종 새우다.

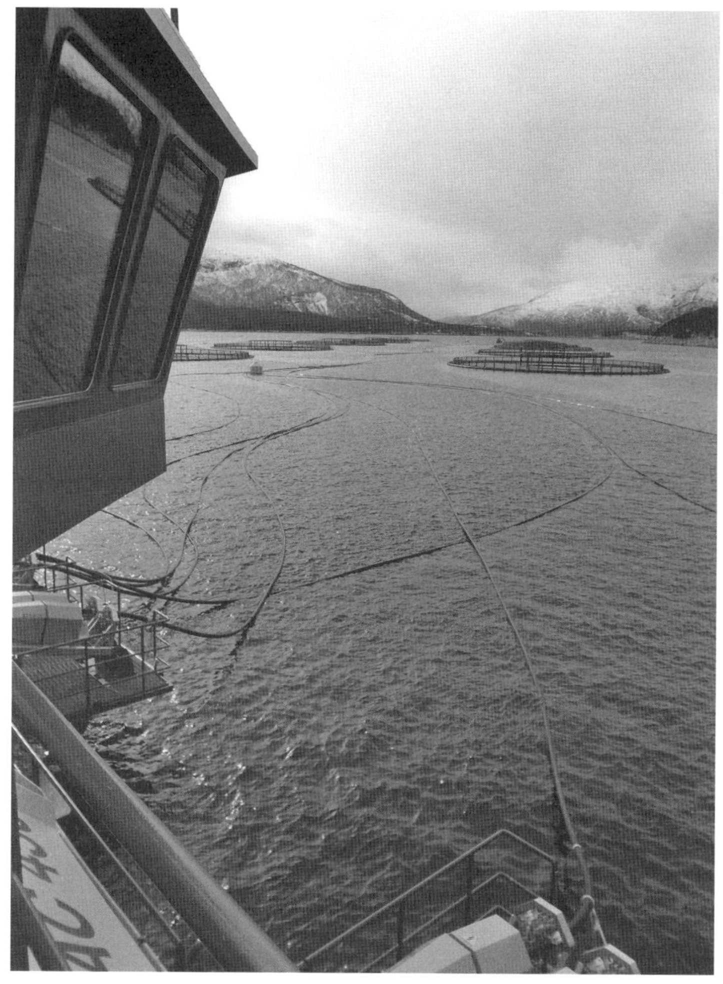

노르웨이에서는 연어 양식이 번성하고 있다. 육지에서 치어를 부화시킨 다음 해상 양식장으로 옮긴다. 사진은 보되 인근에 있는 최첨단 연어 양식 시설이다. 기계화된 중앙 플랫폼(전경)에서 고리 모양의 유동형 가두리로 사료가 공급된다. 최대 20만 마리의 연어를 가둘 수 있는 각각의 가두리에는 수질 센서가 달려 있어 관련 데이터를 컴퓨터로 전송한다. ⓒLaurence C. Smith

2000년 연간 2,000만 톤 미만이던 양식 물고기 생산량은 2019년 연간 약 6,000만 톤으로 세 배 정도로 커졌다. 연간 6,000만 톤이면 결코 적은 양은 아니다. 그러나 이 수치를 전 세계 인구로 나누면 매년 양식되는 물고기의 양은 1인당 평균 7킬로그램에 불과하다. 겨우 1주일 치 식량에 불과한 것이다. 이와 같이 물고기 양식업은 성장 잠재력이 매우 큰 산업이다. 따라서 최근 몇 년 동안 물고기 양식업이 빠르게 성장한 것은 시작에 불과하다.

2050년 세계 인구는 거의 100억 명에 달할 것으로 예상된다. 이와 같은 상황에서 물고기 양식업의 성장이라는 세계적인 추세는 피할 수 없는 것일 뿐 아니라 바람직한 것으로 보인다. 단백질 수요는 빠르게 늘고 있고 인간에게는 해산물을 남획할 수 있는 능력이 있기 때문이다. 물고기는 야생에서 대량으로 얻을 수 있는 마지막 단백질 공급원이다. 그리고 세계는 여전히 거대한 규모로 물고기를 잡아 거래하고 있다. 올바르게 운영할 수만 있다면 양식 물고기, 양식 갑각류, 양식 연체동물, 어쩌면 양식 조류가 식탁의 대부분을 차지하는 날이 올 것이다. 그리고 그러는 것이 바람직해 보인다.

어쩌다 물고기 양식

베를린 중심부에 자리 잡은 체크포인트찰리에서 그리 멀지 않은 곳에 독일에서 가장 크고 가장 사랑받는 도심 공원 중 하나가 있다. 바로 520에이커 규모의 정원, 연못, 개울이 있는 티어가르텐Tiergarten이다. 도심의 오아시스나 다름없는 티어가르텐에는 매년 여름마다 휴식을 취하고 짧게나마 자연을 즐기려는 베를린 시민들의 발길이 끊이지 않는다. 그런데 최근 티어가르텐을 찾은 많은 사람들은 동그란 눈이 달린 갑각류가 물 밖으로 기어 나와 산책로 한복판을 장악하고 맹렬하게 집게를 흔들고 있는 모습에 놀라고 말았다. 현재 티어가르텐은 생태계 교란 생물인 미국가재(또는 붉은늪가재)의 개체 수 급증으로 몸살을 앓고 있다. 미국가재는 미국 토착종으로, 루이지애나주 개울과 습지에 있어야 하는 생물종이다. 티어가르텐에서 발견된 미국가재는 관상용으로 수입한 생물에서 비롯된 것으로 추정된다. 미국가재를 기르던 애호가가 싫증이 나자 티어가르텐의 주요 연못 가운데 하나에 미국가재를 내다 버린 것으로 보인다.

미국가재는 루이지애나가재, 늪가재, 가재아빠, 진흙벌레 등 다양한 이름으로 불린다. 미국가재는 유럽 토종 가재류에게 치명적인 질병을 옮긴다. 또한 포식성, 높은 개체 밀도, 공격적으로 땅을 파는 습성으로 인해 일반적인 수생 생태계에도 위협이 된다. 대부분의 다른 가재와 다르게 미국가재는 가뭄이 들면 땅바닥에 굴을 파고 들어가거나 먼 거리를 육로로 이동해 새로운 서식지에 정착한다.

독일에서는 달갑지 않은 생태계 교란 생물이지만 다른 곳에서는 미국가재가 귀중한 음식으로 대접받는다. 로브스터를 축소해놓은 것 같은 모양으로 맛도 좋다. 쪄 먹기도 하고 매운 잠발라야(미국 남부식 쌀요리)에 넣어 먹기도 한다. 그 밖에도 다양한 방법으로 요리해 먹을 수 있다. 루이지애나주에서는 1,600명이 넘는 가재 양식업자들이 양식장에서 미국가재를 키운다. 거기에 더해 1,000명에 가까운 어부들이 아차팔라야강에서 미국가재를 잡는다. 루이지애나의 가재 산업은 총 1억 5,000만 파운드의 식량을 공급하면서 루이지애나주 경제에 연간 3억 달러 이상의 가치를 더하고 있다.

독일에서는 베를린 당국이 나서서 미국가재를 유통할 수 있는 특별 어업 면허를 신설했다. 더불어 미국가재가 식용 가능한 재료라는 사실을 베를린 지역 식당에 널리 홍보하고 있다. 미국가재를 먹어서 퇴치하려는 전략을 세운 것이다. 그러나 독일에는 진흙벌레, 즉 미국가재를 섭취하는 음식 문화가 없다. 게다가 먹을 때마다 가재의 껍질을 벗겨야 하는데, 그것도 쉬운 일이 아니다. 따라서 베를린 당국이 추진하는 미국가재 퇴치 전략이 언제 효과를 볼지 전혀 알 수 없다. 오히려 생태계 교란 생물인 미국가재가 계속 서식 범위를 넓혀나갈 가능성이 더 높은 것으로 보인다.

사실 생태계 교란 생물인 가재를 섭취해서 퇴치한다는 발상은 독일에서 처음 나온 것이 아니다. 한 세기 전 난징에서 누군가가 개구리에게 먹이로 주려고 미국가재를 수입했다. 그러나 이내 미국가재는 난징 지역의 논으로 흘러들어 갔고, 그 뒤로 수십 년 동안 중국에서 유해 생물로 취급되었다. 1990년대에 들어서면서 난징의 어느 요리사가 미국가재에 향신료를 가미해 요리하기 시작했다. 한때 중국에서 유해 생물로 취급되었던 미국가재는 이제 진미로 대접받으면서 큰 인기를 누리고 있다. 오늘날 중국의 가재 양식업은 연간 20억 달러 규모의 산업으로 성장했다. 중국에서 냉동 가재 꼬리를 저렴한 가격에 수출하면서 루이지애나주 생산자들은 가격 경쟁력을 잃어버릴 처지가 되었다.

* ⌛ *

이와 같은 선례를 보면 새로운 식품 시장을 개척하는 것이 전 세계 강 주변의 생태계를 위협하는 생태계 교란 생물의 확산을 저지하는 데 도움이 되는지 아닌지 고민하지 않을 수 없다. 예를 들어 미국에서 심각한 문제를 일으키고 있는 아시아잉어에 대해 생각해보자. 아시아잉어는 미시시피강 분수계로 퍼져나가 오대호로 유입되기 일보 직전에 있는 생태계 교란 생물이다. 아시아잉어는 1960년대와 1970년대에 연못에서 확산되는 조류를 통제할 목적으로 중국에서 들여왔다. 그러나 대홍수가 일어났을 때 연못에서 빠져나와 미시시피강으로 유입되었다. 그 뒤 아시아잉어는 미주리강과 일리노이강으로 서식 범위를 넓혔다.

아시아잉어에는 수세기에 걸쳐 아시아에서 토착화된 여러 종이 포함된다. 특히 대두어, 백련어, 검정잉어, 초어가 가장 큰 골칫거리다. 아시아잉어는 크기도 엄청나게 클 뿐 아니라 개체 수도 압도적으로 많다. 토착어의 개체 수를 크게 웃도는 수준이다. 아시아잉어 때문에 수질도 변한다. 아시아잉어는 당황하면 높이 뛰어오르는 습성을 지니고 있기 때문에 배를 타는 사람들의 안전에도 위협이 된다. 45킬로그램 넘게 자랄 수 있는 아시아잉어가 뛰어오르는 바람에 강에서 익사 사고가 발생했다는 지적도 있었다. 아시아잉어의 도약 능력은 놀랍기 그지없다. 높이 뛰어오를 수 있는 능력 덕분에 아시아잉어는 이동 경로를 방해하는 보, 갑문, 그 밖의 구조물에도 아랑곳하지 않고 어디든지 헤엄쳐 갈 수 있다.

미 육군 공병대는 시카고의 여러 운하에 일련의 전기 장벽을 설치해놓았다. 이 글을 쓰는 시점에서는 이와 같은 전기 장벽이 아시아잉어가 미시간호로 유입되지 못하도록 저지할 최후의 방어벽이다. 만일 아시아잉어가 미시간호에 유입된다면 그 피해는 상상을 초월할 것이다. 연간 70억 달러 규모의 어업에 지장이 초래되고 오대호의 토착 생태가 극심할 피해를 입게 될 것이며 오대호로 유입되는 여러 강을 모조리 아시아잉어가 차지하게 될 것이다. 아시아잉어가 오대호로 유입될 경우 발생할 위험의 심각성을 인지한 미시간주 천연자원부는 100만 달러의 상금을 내걸고 아시아잉어의 오대호 유입을 저지할 현실적인 계획을 공모했다.

아시아잉어는 미국의 심장부를 강타한 생태계 교란 생물이다. 아시아잉어와 관련된 산업을 발전시키면 아시아잉어의 확산을 막는 데 도움이 될까? 아시아잉어는 가시가 많다. 그러나 흰 살 생선이므로 갈아서 패티로 만든 뒤 튀겨 먹기에 안성맞춤이다. 아시아잉어를 구우면 황새치와 마찬가지로 살이 단단하게 뭉치면서 흩어지지 않는다. 서

던일리노이대학교 카버데일캠퍼스에서는 아시아잉어를 비료로 활용하거나 가축과 양식 물고기의 사료로 활용하는 방안을 연구하고 있다. 일리노이대학교는 구내식당에서 아시아잉어로 만든 요리를 시범 제공하고 있다. 켄터키주에 본사를 둔 신생 기업 핀구르메푸드FIn Gourmet Foods는 아시아잉어의 잔가시 제거 방법을 개발해 특허를 획득했다. 덕분에 아시아잉어의 살을 바른 뒤 뼈 없는 필레, 어묵, 버거 패티, 게맛살로 손쉽게 바꿀 수 있다. 핀구르메푸드 웹사이트에서 71달러를 주고 냉동 아시아잉어 버거, 어묵, 참깨와 생강에 재운 필레를 직접 주문해 맛보았다. 어묵은 고무같이 질긴 느낌이었다. 그러나 필레는 맛있었다. 일반적인 흰 살 생선처럼 살이 단단하면서도 입안에서 부서지는 식감이 가히 일품이었다.

민간 벤처기업인 실버핀그룹Silverfin Group은 미국에서 아시아잉어 시장이 상당한 규모로 성장할 수 있다고 생각한다. 실버핀그룹은 아시아잉어의 명칭을 "실버핀"으로 바꾸자고 제안했다. 기업 이름을 실버핀이라고 지은 이유를 충분히 이해할 수 있는 대목이다. 급기야 2018년에는 시스코푸드서비스Sysco Food Services와 제휴해 실버핀 제품을 전국에 유통시켰다. 실버핀그룹은 다음과 같은 목표를 내걸었다. "아시아잉어와 관련된 산업을 발전시켜 아시아잉어의 개체 수를 줄이고자 합니다. 그럼으로써 아시아잉어가 유발하는 위협을 최소화하고자 합니다. 개체 수가 줄어들면 아시아잉어는 토착 어종과 공생하게 될 것입니다. 아시아잉어가 도약하는 바람에 발생하는 수상 스포츠 사고도 줄어들 것입니다. 아시아잉어 산업이 발전하면 일자리가 생겨나고 어업이 되살아날 것입니다. 그러면 지역 경제가 활성화될 것이고 소비자는 깨끗하고 건강한 해산물을 먹을 수 있게 될 것입니다." 그러나 아시아잉어의 이름을 실버핀으로 바꾸고 아시아잉어에 대한 부정적인 인식을 개선한다고 하더라도 미국에 아시아잉어 소비 시장을 형성하여 아시아잉어 개체 수를 줄이는 일은 쉽게 해결할 수 있는 과제가 아니다. 아시아잉어의 개체 수를 줄이려면 거대한 시장이 필요한데 대부분의 미국인들은 잉어를 맛있는 생선으로 생각하지 않기 때문이다. 암컷 성어 한 마리가 매년 100만 개 넘는 알을 낳을 수 있다. 게다가 산란한 알 대부분이 부화하고 생존한다. 강 1.6킬로미터당 35톤의 아시아잉어가 서식하는 것으로 추정되는데 어획량은 시간당 1,361킬로그램에 불과한 실정이다. 미국이 아시아잉어라는 생태계 교란 생물 문제에서 벗어나려면 이른바 "실버핀"의 맛에 눈을 뜨는 미국인이 적어도 수백만 명은 되어야 할 것이다.

보다 현실적인 시장은 중국이다. 중국에서 아시아잉어는 이미 인기 있는 식재료로 자리 잡았기 때문이다. 게다가 중국 소비자들은 야생에서 잡은 미국산 아시아잉어가 중국에서 양식한 아시아잉어보다 더 안전하다는 인식을 지니고 있다. 물론 중국으로의 수출을 가로막는 장벽도 있다. 양식 아시아잉어의 가격이 더 저렴하다는 것과 중국 소비자들이 활어를 더 선호한다는 점이다. 그러나 이와 같은 과제에도 불구하고 미국의 심장부에서는 이미 아시아잉어라는 새로운 상품의 수출 실험이 시작된 것으로 보인다.

빅리버피시코퍼레이션Big River Fish Corporation이 미국 아시아잉어를 중국으로 수출하겠다고 나서자 일리노이주는 200만 달러의 보조금을 지급했다. 그 밖에도 일리노이주는 아시아잉어 어업을 활성화하기 위한 몇 가지 사업을 추가로 계획하고 있다. 켄터키주에서는 로스앤젤레스 출신의 앤지 유Angie Yu라는 여성 기업가가 투리버스피셔리스Two Rivers Fisheries를 설립했다. 투리버스피셔리스는 아시아잉어 수출 시장을 겨냥하고 있으며, 어부를 고용해 아시아잉어를 잡는다. 그리고 잡은 아시아잉어를 패티, 소시지, 갈비, 만두로 가공한 뒤 급속 냉동해 소비자에게 배송한다. 투리버스피셔리스는 2014년 227톤의 아시아잉어를 가공했고, 2018년에는 907톤을 가공했다. 투리버스피셔리스에서 아시아잉어를 활용해 가공하는 식품의 양은 계속 증가하고 있다. 지금의 추세대로라면 2021년에는 약 4,500톤, 2024년에는 무려 9,000톤이라는 대기록을 달성할 것으로 보인다. 투리버스피셔리스가 아시아잉어로 만드는 식품의 90퍼센트는 해외로 수출된다.

전 세계의 수로가 생태계 교란 생물 확산으로 골머리를 앓고 있다. 그러나 어쩌다 물고기 양식만으로는 이와 같은 문제를 완전히 해결할 수 없다. 미국가재와 아시아잉어의 경우 신뢰할 수 있는 시장이 형성될 가능성이 있지만 오대호에 유입된 얼룩무늬담치나 포토맥강에 유입된 가물치의 경우에는 시장이 형성될 가능성이 거의 없다. 아시아잉어의 경우에도 냉동 창고와 가공 시설 건설, 많은 어부 동원, 새로운 어종에 대한 교육을 비롯해 신뢰할 수 있는 공급망을 처음부터 구축해야 하는 과제를 안고 있다. 게다가 사람들이 아시아잉어를 즐겨 먹게 되어서 아시아잉어의 상업적 가치가 높아지면 아시아잉어가 불법으로 유입될 가능성만 더 높아질 뿐이다.

더욱이, 생태계 교란 생물을 중심으로 새로운 산업을 성장시키는 일은 생태계 교란 생물을 퇴치하는 일과 거리가 멀다. 자고로 사업이 성공하려면 되도록 공급을 늘려야 한다. 아무리 못해도 공급을 유지하긴 해야 한다. 미시시피강 계곡에서 아시아잉어 산업이 새롭게 시작되면 다른 산업과 마찬가지로 협회가 설립될 것이다. 그리고 협회는 로비스트를 동원해 해당 산업의 이익을 도모할 것이다. 생태계 교란 생물을 상업적으로 거래하는 방법은 미국에서는 아시아잉어의 개체 수 증가를 억제하고 독일에서는 미국가재의 개체 수 증가를 억제하는 데 도움이 될 수 있을지 모른다. 그러나 이와 같은 방법으로 생태계 교란 생물들을 완전히 퇴치할 가능성은 거의 없다.

오래된 강, 새로운 역할

지금까지 이 장에서는 강을 이롭게 하는 데 기여할 것으로 여겨지는 몇 가지 유망한 방안을 살펴보았다. 이와 같은 방안은 모두 강을 더 자연적인 상태로 복원하는 방식과 관련되어 있다. 구체적으로는 댐 철거, 물과 퇴적물의 저장을 최소화하는 새로운 댐 설계, 마이크로수력 및 소수력, 지속가능한 물고기 양식, 생태계 교란 생물을 식재료로 활용하는 방법이다. 하천을 물리적으로 복원(예: 콘크리트 포장, 홍수 제어 구조물 철거)하는 일은 토목공학의 하위 분야로서 빠르게 성장하고 있다. 이와 관련된 내용은 9장에서 로스앤젤레스Los Angeles강에 대해 논의하면서 다시 다룰 것이다. 인류는 오랜 세월에 걸쳐 강 환경을 훼손해왔다. 덕분에 강은 병들게 되었다. (6장에서 살펴본) 오염 통제와 더불어 앞서 살펴본 모든 방안을 활용하면 강 환경의 건강을 회복하는 데 기여할 수 있을 것으로 보인다.

이와 같은 방안을 실천하면 대중의 휴식 공간 확보, 지속가능한 수력발전, 물고기 단백질 제공을 비롯한 다양한 사회적 혜택을 누릴 수 있다. 그러나 이와 같은 방안은 규모가 그리 크지 않을뿐더러 과거의 실수를 줄이는 일에 집중하는 경향을 보인다. 강과 관련된 새롭고도 거대한 혁신이 다시 등장할 수 있을까? 아니면 20세기 초 인기를 누렸던 대규모 저수 댐(후버댐, 그랜드쿨리댐, 테네시강 유역 개발 공사가 운영하는 여러 댐)을 마지막으로 더 이상은 강으로부터 대규모의 사회적 이익과 경제적 이익을 이끌어낼 수 없게 된 것일까?

30억 달러짜리 배터리

미국에서는 콜로라도강을 대규모 재생에너지 저장 장치로 전환할 가능성을 타진하는 움직임이 일고 있다. 이런 움직임은 새로운 발상일 뿐만 아니라 규모가 매우 크다는 점에서 논란을 불러일으키고 있다.

재생에너지를 얻을 수 있는 태양광발전과 풍력발전 비용은 계속 하락하고 있다. 이에 따라 전력 회사가 재생에너지 관련 기술을 채택하지 못하도록 저해하는 주요 억제 요인은 가격이 아니라 전력 공급의 연속성이다. 해가 진 뒤와 바람이 안정적으로 불지 않을 때는 태양광발전과 풍력발전이 생성하는 전력이 너무 적다. 반대로 하늘이 맑고 강풍이 불면 전력이 지나치게 많이 생성된다. 잉여 전력을 판매하거나 누군가에게 넘겨줄 수 없다면 가동을 멈춰야 한다. 그렇지 않으면 송배전망으로 전달되는 전력이 송배전망 용량을 넘어설 위험이 있다. 전력 회사도, 소비자도 이와 같은 전력 공급의 변동성을 용납할 수 없다. 그리고 바로 이것이 화력발전소가 에너지 생성에 꼭 필요한 요소로 남아 있는 중요한 이유다.

전국에 분산된 고압 송전망은 전력 공급의 연속성 확보에 크게 기여할 수 있다. 그러나 미국에서는 비용이 많이 소요되는 탓에 전국적인 고압 송전망 설치가 어렵고 정치적인 지원도 받기 어려운 형편이다. 게다가 장거리 전송의 경우 에너지가 손실되는 단점이 있다. 따라서 지역 수준에서 잉여 전력을 저장해두었다가 필요할 때 송배전망으로 되돌려주는 경제적인 방법을 찾아야 한다. 대규모 배터리 창고, 지하 동굴에 압축공기 주입 등 흥미롭고 다양한 기술을 탐구하는 연구와 시범 프로그램이 진행되고 있다. 현재 연구가 진행되고 있는 기술 가운데 하나는 전기가 풍부할 때 콘크리트 블록을 들어 올려 두었다가 전기가 필요할 때 떨어뜨려 전기를 생성하는 기술이다. 지금까지 제안된 대부분의 에너지 저장 계획은 비용이 너무 많이 소요되거나 대규모 활용성을 입증하지 못한 상태이다. 단 하나의 예외가 있다면 유서 깊은 양수 발전 기술이다. 양수 발전 기술은 이미 지난 수십 년 동안 수력발전을 통한 전력 공급의 변동성을 완화하기 위해 사용되어왔다.

양수 발전 기술의 개념은 매우 단순하다. 양수 발전은 보통 이

미 건설된 수력발전용 댐을 활용한다. 잉여 전력을 사용할 수 있게 되면 수력발전용 댐 아래에 저장된 물을 댐 위 저수지로 끌어올려 저장한다. 나중에 전기가 필요해지면 상부 저수지에 저장한 물을 흘려보내 터빈을 돌려 전기를 생산한다. 일부 에너지가 손실되지만 복구 효율은 70퍼센트에서 80퍼센트 정도로 높은 편이다. 물을 끌어올려 저장해야 하기 때문에 양수 발전 기술은 저수 댐을 건설할 때와 동일한 유형의 물리적 지형을 갖춘 곳에서만 활용할 수 있다. 모든 곳에서 활용할 수 있는 기술이 아니라는 한계에도 불구하고 조건만 갖춰진다면 아주 효과적이기 때문에 인기가 높다. 양수 발전 기술은 중국, 캐나다, 미국, 러시아연방, 그 밖의 여러 강에 설치된 수력발전소에서 이미 널리 사용되고 있다.

콜로라도강에 설치된 후버댐은 라스베이거스 인근에 자리 잡은 대규모 인공 저수지인 미드Mead 호수에 콜로라도강물을 가둔다. 6장에서 설명한 것처럼 하천의 배수량 감소와 취수로 인한 구조적 물 부족으로 인해 미드 호수의 수위는 매우 낮은 수준으로 떨어진 상태다. 이 글을 쓰는 시점에서 후버댐은 발전 용량의 20퍼센트만 운영하고 있는 실정이다. 하지만 2018년 로스앤젤레스 수도전력국은 현재 대규모 공학 연구를 진행하고 있다고 발표했다. 연구가 끝나면 30억 달러를 투입하여 조성할 예정인 새로운 양수 발전 체계에 미드 호수를 통합할 수 있을지가 확인될 것이다.

30억 달러라는 금액도 이례적이지만 양수 발전에 사용할 물을 끌어올릴 때 투입되는 에너지가 전통적인 에너지원에서 생산된 에너지가 아니라는 점도 이례적이다. 로스앤젤레스 수도전력국은 풍력발전과 태양광발전으로 생산한 에너지를 저장하는 계획을 제안했다. 구체적인 위치는 아직 밝히지 않았지만 후버댐에서 하류로 약 32킬로미터가량 내려간 지점이 유력하다고 예상된다. 재생에너지를 이용해 생산한 전기에 잉여가 발생하면 잉여 전기를 활용해 양수 발전에 사용된 물을 후버댐 위 저수지로 끌어올리게 될 것이다. 나중에 전기가 필요해지면 상부 저수지에 저장한 물을 흘려보내 터빈을 돌려 전기를 생산하게 될 것이다.

후버댐에 양수 발전 기능을 추가한다는 이 발상은 두 가지 차원에서 획기적이다. 하나는 끌어올릴 물의 양이 대규모라는 점이고 다른 하나는 물을 끌어올릴 때 투입되는 에너지가 탄소를 전혀 배출하지 않으면서 얻은 재생에너지라는 점이다. 양수 발전을 통해 로스앤젤레스 수도전력국이 계획한 수준의 에너지를 저장할 수 있다면 전력 공급의 연속성을 확보할 수 있을 것이다. 그러면 캘리포니아주는 2030년까지 사용하는 에너지 가운데 50퍼센트를 재생에너지로 대체한다는 목표를 충분히 달성할 수 있을 것이다.

로스앤젤레스 수도전력국의 제안은 콜로라도강을 30억 달러짜리 배터리로 바꾼다는 것이다. 이와 같은 대규모 제안이 명목상 내건 일정은 2028년이다. 그러나 공학적, 경제적, 정치적 측면에서 많은 장애물이 남아 있다. 후버댐은 연방 소유 토지에 자리 잡고 있다. 따라서 미국 내무부의 승인을 받아야 한다. 미국 국립공원관리청은 환경영향평가와 문화영향평가를 수행하고 청문회를 진행해 로스앤젤레스 수도전력국의 제안이 환경과 문화에 미치는 영향을 평가할 것이다. 콜로라도강에 자리 잡은 또 다른 인공 저수지인 모하비Mohave 호수는 이미 수위가 상당히 낮아진 상태다. 따라서 애리조나주 불헤드시티 시민들은 로스앤젤레스 수도전력국의 제안이 실현될 경우 모하비 호수에서 더 이상 수상 스포츠를 즐기지 못하게 될 것을 우려하고 있다.

양수 발전 자체가 새롭지는 않지만, 로스앤젤레스 수도전력국이 제안하는 개념은 규모가 매우 크다는 점과 풍력이나 태양에너지 같은 재생에너지를 저장한다는 점에서 기존의 양수 발전 개념과 차별화된다. 이 제안이 승인을 받는다면 21세기 초 강과 관련해 이루어지는 인간의 활동 가운데 매우 이례적이고 새로운 활동으로 기록될 것이다.

우묵한 그릇에서 물 퍼내기

대규모 발상 가운데 두 번째 발상은 너무나도 명백해서 간과하기 쉽다. 4장에서 자세히 설명했듯이 언제든 범람할 수 있는 강은 끊임없이 인류를 위협해왔다. 점점 더 확장되는 도시는 이와 같이 상존하는 위협의 강도를 높인다. 우리 세대보다 신중했던 앞선 세대가 개발하지 않았던 위험한 저지대 지역까지 개발하고 있기 때문이다. 삼각주의 경우 해수면 상승(원인: 기후변화), 지반 침하(원인: 지하수 퍼내기), 해안침식 증가(원안: 댐 뒤에 침전된 강 퇴적물)로 상존하는 홍수의 위협이 더욱 악화된다. 사회가 이와 같은 압력에 직면해 있는 상황이므로, 홍수를 줄이는 새로운 기술이라면 무엇이든 사회에 직접적이고 즉각적인 도움이 될 것이다.

오늘날 전 세계에는 홍수 위험에 직면한 도시가 많이 존재한다. 그 가운데 홍수 위험이 가장 높은 도시에서는 새로운 홍수 방어 기술 및 배수 기술을 동원해 홍수 문제에 정면으로 맞서고 있다.

루이지애나주 뉴올리언스는 강보다 훨씬 낮은 지대에 우묵한 그릇 모양으로 함몰된 지형에 자리 잡고 있다. 100만 명 이상(주 전체 인구의 3분의 1에 가깝다)이 남쪽으로는 미시시피강, 북쪽으로는 폰차트레인Pontchartrain 호수 사이에 있는 좁고 구불구불한 형상의 저지대에 살고 있다. 뉴올리언스 대부분은 이 두 수역보다 고도가 더 낮은 지대에 있다. 강을 항행하는 부선이 떠 있는 수면의 높이가 건물 기초보다 높은 경우도 심심치 않게 목격할 수 있다. 토양이 물에 흠뻑 젖은 탓에 시신도 지면보다 높은 곳에 묘를 짓고 안장한다.

뉴올리언스에서 사람들이 가장 탐을 내는 땅은 높은 땅, 즉 강둑을 따라 나 있는 땅이다. 지금의 강둑은 수 세기에 걸쳐 뉴올리언스에 형성된 자연제방을 바탕으로 형성되었다. 미시시피강이 자유롭게 흐르던 시절에는 강물이 강둑을 넘어와 홍수를 일으키곤 했다. 홍수를 일으킨 물이 빠르게 흘러 강기슭을 넘어가면 흐르는 속도가 느려지면서 가장 무거운 퇴적물 입자가 침전된다. 그러면 자연제방이라고 부르는 강둑을 따라 물결 모양의 마루가 쌓인다. 늪으로 둘러싸인 평평한 삼각주와 저지대 강 계곡에 정착한 사람들은 수천 년 동안 이와 같은 높은 땅을 소중하게 여겼다. 뉴올리언스를 설립한 사람들은 바로 그 소중한 높은 땅 꼭대기에 유서 깊은 프렌치쿼터French Quarter를 지었다. 홍수의 위험이라는 측면에서 볼 때, 뉴올리언스에서 가장 시끌벅적한 지역 가운데 하나가 실제로 가장 안전한 지역인 것이다.

간단히 말해서, 뉴올리언스에서는 자연배수가 이루어질 수 없다. 미시시피강 홍수이든, 폰차트레인 호수의 해일이든, 소규모 폭풍이든, 뉴올리언스에 유입된 물은 거의 모두 인위적으로 퍼내지 않으면 안 된다. 물 퍼내기는 뉴올리언스가 자신의 존망을 걸고 반드시 해내야 하는 일이다.

루이지애나주는 남동부 지역의 배수 관리를 위해 새로운 사업 계획을 수립했다. 바로 "루이지애나주 남동부 도시 홍수 통제 프로젝트Southeast Louisiana Urban Flood Control Project"다. 루이지애나주가 의욕적으로 수립한 남동부 도시 홍수 통제 프로젝트를 관리하는 앤절라 데소토Angela DeSoto는 이렇게 설명했다. "일선에서 일하는 배수장 운영자가 중요합니다. 배수장에 운영자가 없다면 물이 넘치고 말 것입니다." 데소토는 나와 다른 세 사람을 뉴올리언스 시내에서 약 20분 거리에 있는 제퍼슨 패리시로 데리고 갔다. 거기에서 새로 지은 배수장에 설치된 "안전실"을 소개해주었다. 배수장은 5등급 허리케인에도 끄떡없도록 튼튼하게 지어졌다. 안전실에는 강철로 만든 이층 침대, 독립형 발전기, 비상식량과 물, 천장을 통한 탈출구가 마련되어 있었다. 홍수가 발생하면 배수장 운영자는 끝까지 자리를 지켜야 한다.

루이지애나주 남동부 도시 홍수 통제 프로젝트는 미 육군 공병부대, 루이지애나주, 패리시 당국이 새롭게 만든 협력체다. 현재까지 27억 달러를 확보해 강력한 배수장, 도로 밑 박스형 도랑, 도로에 흐르는 물을 미시시피강으로 운반하는 "배수로"를 건설했다. 땅 아래에서 올라온 세 개의 대규모 배수관이 제방으로 연결되어 있었다. 이와 같은 방식으로 배수장을 설계한 이유는 미시시피강을 대규모 빗물 배수구로 바꾸어 도시로 유입된 물을 효과적으로 퍼내기 위해서다.

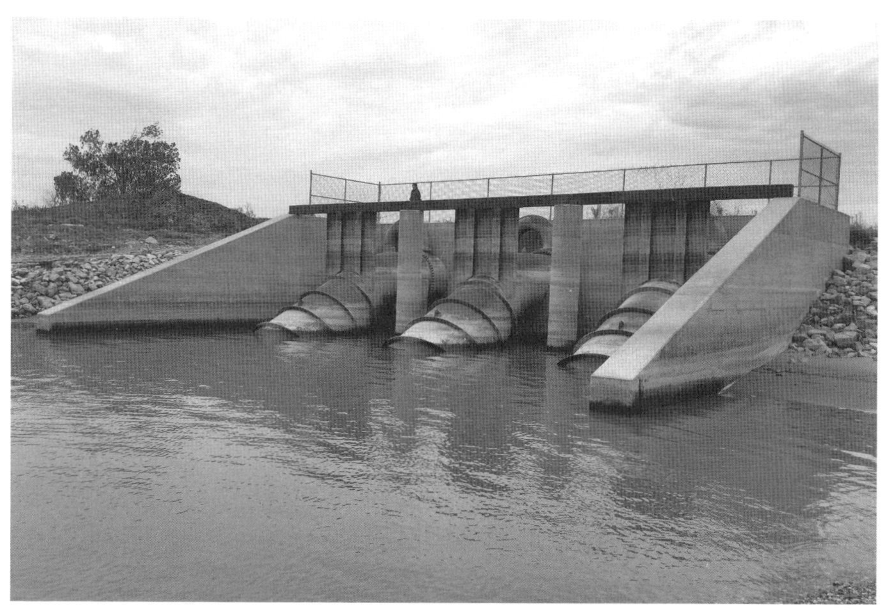

루이지애나주는 남동부 도시 홍수 통제 프로젝트를 의욕적으로 추진하고 있다. 뉴올리언스 대도시권 도로에서 넘친 물을 미시시피강으로 퍼내는 "배수로"는 루이지애나주 남동부 도시 홍수 통제 프로젝트의 중요한 구성 요소다. 배수장 사진에서 강으로 물을 퍼낼 수 있도록 제방에 연결된 배수관을 확인할 수 있다. 배수장 위에 서 있는 사람을 통해 전체 규모를 짐작해볼 수 있다. ⓒLaurence C. Smith

루이지애나주 남동부 도시 홍수 통제 프로젝트는 뉴올리언스 대도시권을 홍수로부터 방어하기 위해 세 번째 빗장을 마련할 계획이다. 첫 번째 빗장은 "허리케인 및 폭풍 피해 위험 감소 시스템Hurricane & Storm Damage Risk Reduction System"이고 두 번째 빗장은 "미시시피강 및 지류 프로젝트Mississippi River & Tributaries Project"다. 허리케인 및 폭풍 피해 위험 감소 시스템은 2005년 시작되었는데, 허리케인 카트리나와 허리케인 리타를 겪은 뒤였다. 홍수 방벽, 제방, 수문, 배수장으로 구성된 이 시스템은 주변 214킬로미터까지 홍수를 방어할 수 있다. 미시시피강 및 지류 프로젝트는 홍수통제법이 제정된 1928년으로 거슬러 올라간다(홍수통제법 제정은 4장에서 언급한 1927년 미시시피강 홍수가 가져온 또 하나의 결과다). 매우 포괄적인 이 법안은 미시시피강과의 끝없는 사투를 미 육군 공병대의 의무로 못 박았다. 오늘날 미시시피강 및 지류 프로젝트는 6,438킬로미터 정도의 인공 제방, 200만 에이커 규모의 홍수로와 역류 시 침수 지역, 저수지와 배수장으로 구성되어 있다. 미시시피강 수로 자체를 수없이 개조하는 사업도 미시시피강 및 지류 프로젝트의 일환으로 이루어지고 있다.

2018년 뉴올리언스는 건립 300주년을 맞았다. 미국의 위대한 도시 뉴올리언스를 구하기 위한 싸움은 오늘도 계속되고 있다. 이 글을 쓰는 시점에서, 제퍼슨 패리시에서 완료된 루이지애나주 남동부 도시 홍수 통제 프로젝트는 30개이고 올리언스 패리시에서 완료되었거나 진행되고 있는 프로젝트는 20개가 넘는다. 루이지애나주 남동부 도시 홍수 통제 프로젝트 협력체를 구성하고 있는 미 육군 공병대, 루이지애나주, 패리시 당국은 이와 유사한 인프라를 주변에도 구축하기 위해 23억 달러를 추가 확보할 생각이다. 만일 추가 자금 확보에 성공한다면, 루이지애나주 남동부 도시 홍수 통제 프로젝트 명목으로 총 50억 달러에 이르는 자금이 투자되는 셈이다. 그리고 이 자금은 전 세계에서 홍수 위험이 가장 높은 대도시 가운데 하나를 보호하는 데 쓰일 것이다.

사막을 달리는 검은 고속도로

뉴올리언스에서 서쪽으로 3,220킬로미터쯤 떨어진 곳에 미국의 또 다른 대도시가 있다. 그리고 이곳에서도 역시 강과 관련된 문제를 해결할 수 있는 기술을 찾고 있다.

5장을 되짚어보면 생각날 것이다. 로스앤젤레스는 멀리 떨어진 강에서 물을 끌어오지 않으면 현대적인 도시의 모습을 유지할 수 없는 도시다. 새크라멘토강, 오언스강, 콜로라도강은 미국 서부의 여섯 개 주(캘리포니아주 제외)와 캘리포니아주 북부를 지난다. 이 세 강이 지나는 지역에서 생활하는 주민들에게는 실망스럽겠지만, 이 세 강은 모두 캘리포니아주 남부 주민들의 복리를 보장하는 데 사용된다. 이 세 강을 흐르는 강물은 캘리포니아 송수로, 로스앤젤레스 송수로, 콜로라도강 송수로를 통해 남쪽과 서쪽으로 전환된다. 지역에 자리 잡은 소규모 강(특히 산타아나Santa Ana강과 샌가브리엘San Gabriel강), 대수층과 더불어 사람의 손에서 탄생한 이 세 개의 강이 로스앤젤레스 카운티, 오렌지 카운티, 리버사이드 카운티, 샌버나디노 카운티, 샌디에이고 카운티, 벤추라 카운티에서 생활하는 1,900만 명의 주민에게 물을 공급하고 있다.

1,900만 명의 주민들이 알고 있는지 모르겠지만, 이들은 모두 캘리포니아주 남부 광역수도국의 고객이다. 캘리포니아주 남부 광역수도국은 각 도시의 수도국과 각 지역의 수도국이 공동으로 설립한 수도 협동조합이다. 캘리포니아주 남부에 공급되는 상수도를 관리하는 관리자이자 최상위 공급자인 것이다. 이 대규모 공공기관은 1928년 설립되었다(5장에서 언급한 바 있다. 그리고 같은 해 미국 의회는 홍수

통제법을 제정했다). 캘리포니아주 남부 광역수도국 설립에는 애너하임, 베벌리힐스, 버뱅크, 콜턴, 글렌데일, 로스앤젤레스, 패서디나, 샌버너디노, 산마리노, 산타아나, 샌타모니카를 비롯한 여러 도시가 참여했다. 현재 조합기관은 26개다. 15개 도시를 비롯해 인랜드엠파이어 카운티, 오렌지 카운티, 샌디에이고 카운티 중앙수도국이 조합기관으로 참여하고 있다. 캘리포니아주 남부 광역수도국은 저수지 9개, 수력발전소 16개, 수처리시설 4개, 거의 1,610킬로미터에 육박하는 관로, 터널, 운하를 소유하고 있다.

* ⌛ *

캘리포니아주 남부 광역수도국 본부는 로스앤젤레스 시내에 있다. 웅장한 본부 건물 중역실에서 캘리포니아주 남부 광역수도국을 이끄는 총괄 관리자 제프리 카이틀린저Jeffrey Kightlinger 국장을 처음 만났다. 건물 입구 양쪽에 설치된 두 개의 거대한 도자기 타일 벽화가 방문객을 맞이한다. 한 벽화에는 사막을 가로질러 멀리 떨어진 마천루로 이어지는 콘크리트 송수로가 묘사되어 있다. 송수로가 지나는 길목마다 채소를 가득 담은 풍요의 뿔이 줄지어 솟아오른다. 다른 벽화에는 거품이 이는 파란색 물줄기를 뿜어내는 우뚝 솟은 댐이 묘사되어 있다. 건물 안 로비로 들어서니 독수리, 황금 곰, 두 명의 건장한 노동자가 등장하는 장식물이 눈에 들어온다. 노동자들은 웃통을 벗은 채 물줄기가 마구 뿜어져 나오는 관로를 들고 있다. 물줄기의 끝은 보는 사람을 향해 있다. 캘리포니아주 남부 광역수도국은 자기가 수행하는 일을 감당할 능력이 충분하다는 자부심을 품고 있다. 그리고 그 자부심은 벽화와 장식품을 통해 보는 사람에게 고스란히 전해진다.

카이틀린저 국장은 캘리포니아주 남부 광역수도국이 지난 세기 동안 극복해온 많은 과제와 다음 세기에 극복해야 할 과제에 대해 설명했다. 설명은 한 시간 넘게 이어졌다. 5장에서 설명한 것처럼 캘리포니아주 남부 광역수도국은 북쪽에 자리 잡은 강의 물길을 남쪽으로 전환하는 대규모 하천 전환 계획인 캘리포니아주 물 프로젝트의 원동력이었다. 캘리포니아주 남부 광역수도국은 콜로라도강 송수로를 건설해 애리조나주 경계에서 390킬로미터 떨어진 로키산맥에서 발원하는 물을 운반하고 있다. 캘리포니아주 남부 광역수도국은 미국의 다른 주뿐만 아니라 멕시코와도 직접 협상할 수 있는 권한을 지니고 있다. 최근에는 애리조나주, 네바다주와 콜로라도강 물 공유 협약을 체결했다. 캘리포니아주 남부 광역수도국 소속 화학 실험실은 매년 25만 건에 가까운 수질 검사를 진행한다. 덕분에 캘리포니아주 남부 광역수도국이 소유한 송수 체계를 통해 물을 공급받는 사람들의 안전이 보장된다. 정규직 직원만 무려 2,000명에 육박하고 매년 20억 달러에 가까운 예산을 집행하는 캘리포니아주 남부 광역수도국은 이 지역의 경제와 이 지역의 생존을 모두 손에 쥐고 있다. 독일 역사가 비트포겔(1장 참조)이 지금 살아 돌아온다면 분명 로스앤젤레스를 현대의 "수력 사회"라고 선언했을 것이다. 그리고 현대의 수력 사회인 로스앤젤레스에 없어서는 안 될 견고한 관료 기구로 캘리포니아주 남부 광역수도국을 지목했을 것이다.

카이틀린저 국장은 미래를 내다보면서 캘리포니아주 남부 광역수도국을 지금까지와는 전혀 다른 새로운 길로 이끌어가고 있다. 바로 한번 끌어들인 물을 끝없이 재활용하는 길이다. 2015년 그는 불현듯 깨달음을 얻었는데, 캘리포니아주 남부 역사상 최악의 물 부족 사태 가운데 하나를 경험하고 있을 때였다. 카이틀린저 국장이 단호하게 말했다. "캘리포니아주 물 프로젝트가 아니었다면 2015년과 같은 가뭄이 찾아왔을 때마다 로스앤젤레스는 무너졌을 것입니다." 가뭄이 초래한 위기를 계기로 그는 자신을 비롯한 여러 사람들이 얻은 깨달음에 더욱 주목하게 되었다. 이 지역은 끊임없이 확장을 거듭하고 있었다. 따라서 항상 더 많은 물이 필요했다. 카이틀린저 국장은 이 지역에 공급할 더 많은 물을 찾아내는 것이야말로 캘리포니아주 남부 광역수도국이 앞장서서 처리해야 하는 임무이자 과제라는 사실을 깨달았다. 그러나 아무리 눈을 씻고 찾아보아도, 아무리 멀리 떨어진 곳을 둘러보아도, 물을 끌어올 만한 자연 하천은 더 이상 남아 있지 않았다. 따라서 인공적인 하천을 찾아내야 했다.

과거 캘리포니아주 남부 광역수도국은 지역 물 계획은 내팽개친 채 오로지 상수도 인프라 구축에만 전념했다. 그러나 1991년 가뭄을 경험한 이후 캘리포니아주 남부 광역수도국은 5년마다 한 번씩 미래를 내다보는 문서를 공개하기 시작했다. 표지에는 "수자원 통합 계획 Integrated Water Resources Plans"이라는 담백한 제목이 적혀 있다. 표지를 넘기면 그동안 제기된 새로운 발상들을 만나볼 수 있다. 이와 같은 새로운 발상을 바탕으로 대규모 공공기관인 캘리포니아주 남부 광역수도국은 이 지역 최고의 물 계획가라는 새로운 역할을 맡게 되었다.

첫째, 캘리포니아주 남부 광역수도국은 측정, 계측, 수자원 보존 프로그램을 표준화했다. 그런 다음 이와 같이 표준화된 규정을 모든 조합기관에 동일하게 적용했다. 그럼으로써 각자의 이익 추구에 급급한 조합기관에 대한 통제력을 강화했다. 그러는 한편 물 관리비라는 명목으로 에이커풋(관개수량의 단위. 넓이 1에이커, 깊이 1피트에 들어가는 물의 양이다-옮긴이)당 약 80달러를 모든 조합기관에 똑같이 부과했다. 물 관리비는 캘리포니아주 남부 광역수도국이 추진하는 수자원 보존 프로그램에 투입되어 이 지역에서 지속가능한 수자원을 새로 발굴하는 데 사용될 것이다. 캘리포니아주 남부 광역수도국은 이 지역에서 늘고 있는 물 수요를 충족시키기 위해 광범위한 전략을 추진하고 있다. 새로운 수자원을 발굴하는 프로그램은 이와 같은 전략의 일환이다.

이 지역의 증가하는 물 수요 충족이라는 목표를 달성하기 위해 현재 캘리포니아주 남부 광역수도국은 폐수를 처리해 새로운 상수도 공급원으로 전환하는 전략을 추진하고 있다. 2017년에는 로스앤젤레스 카운티 위생국과 새로운 협력관계를 구축했다. 두 기관의 협력을 통해 "지역 물 재활용 프로그램Regional Recycled Water Program"이 탄생했다. 하수 및 폐수를 처리하고 정수한 다음 지하로 흘려보내 재사용하는 계획이다. 캘리포니아주 남부 광역수도국은 로스앤젤레스 카운티 위생국이 캘리포니아주 카슨에서 운영하고 있는 대규모 시설에서 폐수를 공급받을 계획이다. 카슨에 자리 잡은 하수처리시설은 미국에서 규모가 가장 큰 위생 시설 가운데 하나다. 현재 카슨 하수처리시설에서 처리하는 폐수는 모두 바다로 배출되고 있다.

2018년 카슨 하수처리 단지 안에 시범 시설이 들어섰다. 앞으로 약 1년 동안 데이터를 수집하면서 경험을 쌓은 뒤 본격적인 시설을 건설할 계획이다. 지역 물 재활용 프로그램이 현재의 계획대로 진행된다면 하루 최대 1억 5,000만 갤런의 정수된 식수를 생산하게 될 것이다. 이와 같은 방식으로 생산된 식수는 카슨 하수처리시설에서 시작해 방사형으로 뻗어나가는 97킬로미터 길이의 새로운 관로를 통해 네 개의 대수층으로 흘러나가게 될 것이다. 그런 다음 상수도를 통해 로스앤젤레스 카운티와 오렌지 카운티에서 생활하는 720만 명의 주민에게 제공될 것이다.

하루 1억 5,000만 갤런의 정수된 식수를 생산하기 위해 현재 카슨 하수처리시설은 하루 약 4억 갤런의 하수를 들여오고 있다. 이 미처리 폐수는 500만 명에게서 나오는 양이다. 그렇게 유입되는 미처리 하수 가운데 3분의 1 이상을 깨끗한 식수로 바꾼 뒤 지하수로 흘려보내게 될 것이다. 카슨 하수처리시설에서 지하수로 유입될 것으로 예상되는 정수된 식수의 양은 로스앤젤레스 송수로 지하에 흐르는 배수량의 절반에 가깝다.

나는 카슨의 하수처리 단지 안에 설립되는 지역 물 재활용 프로그램 시범 시설 기공식에 참석했다. 시설이 들어설 현장에서 기공식이 진행되었다. 로스앤젤레스 카운티 위생국 하수처리시설(대규모 관, 탱크, 소화조)을 배경으로 커다란 천막과 무대가 마련되었다. 무화과 샌드위치, 캘리포니아주에서 생산되는 과일, 폐수를 정수한 식수를 담은 차가운 병 같은 간단한 먹을거리도 제공되었다. 정치인들이 북적였고 많은 사람들이 무대에 올라 연설을 했다.

최고의 연설 가운데 하나는 카이틀린저 국장의 연설이었다. 그는 첫 직장이었던 로스앤젤레스 카운티 위생국에서의 근무 경험을 들려주었다. 그러면서 상수도 공급 기관과 하수처리 기관이 서로 대화하지 않는 이유가 항상 궁금했다고 말했다. 그는 이렇게 외쳤다. "우리는 캘리포니아 남부에 물을 공급하기 위해 최선을 다하고 있습니다. 이토록 어렵게 구한 물을 딱 한 번만 사용하고 바로 하수처리시설로 보내다니, 큰 낭비가 아닐 수 없습니다!" 기공식에 참석한 사람들이 환호성을 지르면서 박수를 보냈다. 그러면서 하수를 정수한 식수를 거리낌 없이 마셨다. 고위급 인사 두 명이 한쪽에 마련된 수도시설로 이동해 금으로 도금된 행사용 수도를 틀었다. 그럼으로써 캘리포니아주 남부 주민들에게 중요한 새로운 수자원의 시대가 열렸음을 널리 알렸다(컬러사진 참조). 그 모습을 보고 있노라니 한 세기도 넘게 전에 열렸던 행사가 떠올랐다. 이번 기공식과 비슷한 행사였다. 그 행사에서는 멀홀랜드 국장이 로스앤젤레스 송수로를 처음 가동했다.

기술자들은 맑은 물을 지하수에 유입시키는 방법을 "지하수 함양"이라고 부른다. 캘리포니아주 남부에서는 오래전부터 지하수 함양 기술을 활용해왔다. 그러나 과거에는 지하수에 유입시킬 물을 하천에서 포집했다는 점에서 오늘날 캘리포니아주 남부 광역수도국이 추진하고 있는 프로그램과 다르다. 오렌지 카운티 수도국의 "지하수 보충 시스템Groundwater Replenishment System" 총책임자인 마이클 웨너Michael Wehner에 따르면 오렌지 카운티는 이미 세계 최대의 지하수 함양 프로그램을 운영하고 있다고 한다. 아울러 오렌지 카운티는 캘리포니아주 남부 광역수도국이 카슨 하수처리 단지 안에 설치할 하수처리시설에서 생산하는 정수된 식수를 대량 구입할 예정이라고 한다.

평소 산타아나강 주변의 자갈밭은 건조하게 말라 있다. 오렌지 카운티 수도국 지하수 보충 시스템은 산타아나강의 마른 자갈밭에 여러 개의 직사각형 우수거雨水渠를 설치하고 있다. 홍수로 물이 넘치면 우수거가 가득 찰 것이고 이후 땅으로 천천히 스며들 것이다. 홍수로 넘친 물을 인근에 자리 잡은 버려진 자갈 채석장 구덩이로 전환한 뒤, 땅으로 천천히 스며들게 하는 계획도 진행되고 있다. 오렌지 카운티는 미개발 토지를 구입한 다음 원하는 크기의 구덩이를 파는 방법도 활용하고 있다. 토지 구입 비용은 구덩이를 파는 과정에서 나온 자갈을 판매해 충당할 수 있다.

오렌지 카운티 수도국이 추진하는 지하수 보충 시스템은 생산성이 떨어진다는 단점이 있음에도 불구하고 시스템 자체가 무척 인상적이어서 여러 차례 수상한 경력이 있다. 산타아나강의 배수량이 감소한 이유는 훨씬 상류에 자리 잡은 다른 수도국이 강물을 가둔 뒤, 땅으로 스며들게 하고 있기 때문이다. 따라서 캘리포니아주 남부 광역수도국이 폐수를 처리해 식수를 생산하면 오렌지 카운티는 그 식수를 기꺼이 구입할 계획이다. 구입한 식수를 지하수에 함양하는 데 필요한 시설도 벌써 준비해두었다. 구입한 식수를 도시의 상수도에 직접 유입시키는 대신 인간이 이미 활용하고 있는 대수층으로 유입하는 이유는 심리적 거부감 때문이다. "폐수를 식수"로 재활용하려는 노력을 기울인 것은 이번이 처음이 아니다. 그러나 기존의 물 재활용 노력은 대부분 실패로 돌아갔다. 그 이유 가운데 하나는 "화장실에 버린 물을 다시 마신다고 생각하는" 사람들의 심리적 거부감이다. 이와 같은 심리적 거부감을 극복하기 위해 오렌지 카운티는 구입한 식수를 대수층으로 유입시킬 계획이다.

캘리포니아주 남부에서 새롭게 사용할 수 있는 자연 하천은 더 이상 남아 있지 않다. 폐수는 캘리포니아주 남부에서 활용할 수 있는 마지막 미개발 물 공급원이다. 지금은 폐수를 처리해 바다로 흘려보내고 있지만 머지않아 상황이 달라질 것이다. 캘리포니아주 남부 광역수도국의 지역 물 재활용 프로그램을 시행하기 위해 필요한 시설을 건설하는 데 소요될 것으로 예상되는 비용은 약 27억 달러다. 로스앤젤레스 수도전력국이 네바다주에 있는 미드 호수와 관련해 의욕적으로 추진하고 있는 양수 발전 체계에 소요될 것으로 예상되는 비용에 필적하는 금액이다.

캘리포니아주 남부 광역수도국이 추진하는 지역 물 재활용 프로그램은 지역에서 유발되는 폐수를 사용한다. 그리고 그 폐수는 오언스강, 새크라멘토강, 콜로라도강에서 가져온 상수도를 사용한 결과다. 따라서 이 지역 물 재활용 프로그램이 승인을 받는다면 한번 오언스강, 새크라멘토강, 콜로라도강을 떠난 물은 로스앤젤레스를 다시는 떠나지 못할 것이다. 이제는 고전이 된 이글스Eagles의 노래 <호텔 캘리포니아Hotel California>에 등장하는 "당신"이 그곳을 떠나지 못하는 것처럼.

8장

데이터가 필요해

나는 종교가 없다. 내가 보고 만질 수 있는 것만 믿는다. 과학만으로 세계와 우주를 완전히 이해할 수 없다는 것은 잘 알고 있다. 그럼에도 불구하고 과학이 세계와 우주를 탐험하는 최고의 도구라고 생각한다. 나와 같은 세계관을 가진 사람들은 측정, 관측, 숫자를 통해 세상을 명확하게 인식함으로써 마음의 평안을 얻는다.

그렇기 때문에 2015년 7월 19일 그린란드 대륙빙하 위에서 경험한 일을 아직까지도 되짚어보게 된다. 내 눈으로 보고도 믿지 못할 이상한 일이 일어났기 때문이다. 헛것을 본 것일까? 아니다. 당시 주변에 있던 동료 연구원들과 학생들도 웅성웅성, 우왕좌왕했기 때문이다. 두 물체는 빠른 속도로 물 위에 떠올라 내 눈앞에 나타났다. 그 두 물체는 내가 발을 딛고 있던 얼음, 내 주위에 쌓여 있던 장비 상자, 시동을 끈 채 근처 대륙빙하에 착륙해 있던 밝은 빨간색의 에어그린란드 소속 헬리콥터만큼이나 현실적이었다.

평범하게 생긴 두 물체는 빙하 표퇴 강을 빠른 속도로 지나갔다. 그럼에도 불구하고 나는 두 물체가 무엇인지 단박에 알아볼 수 있었다. 그 두 물체 모두 고리 모양의 흰색 구명부표 같은 생김새였다. 수영장 벽과 유람선 벽에 걸려 있는 것 같은 종류였다. 가운데 난 구멍에는 밝은 주황색 펠리컨Pelican 케이스가 장착되어 있었다. 고리 모양의 부표 아래에는 몇 센티미터 정도 되는 단단한 폴리카보네이트 지느러미가 붙어 있어 물살을 따라 이리저리 흔들렸다. 펠리컨 케이스 안에는 GPS 수신기, 초음파 음향측심기, 온도 탐침기, 이리듐(위성통신 서비스) 모뎀이 들어 있었다. 두 물체는 대륙빙하의 가장 깊은 곳으로 떨어지기 직전까지도 각 계측 기기들이 수집한 귀중한 측정값을 통신위성에 지속적으로 전송했을 것이다.

물 위에 둥둥 뜬 고리 모양의 물체 하나가 다른 물체를 빠른 속도로 따라잡고 있었다. 현장 연구원들 사이에 소란이 일었다. 그 두 물체는 느슨하게 매어둔 긴 삭도 아래를 지나갔다. 푸른 급류가 흐르는 빙하 표퇴 강을 가로질러 어렵게 설치한 삭도였다. 삭도를 지나는 순간 뒤따르는 물체가 앞서가는 물체를 따라잡았다. 삭도 아래에서 잠시 스치고 지나가는 두 물체의 모습에서 긴장한 경주마들의 모습이 떠올랐다. 그 뒤 두 물체는 우레와 같은 소리를 내는 빙하 구혈로 휩쓸려 들어가 수백 미터를 끌려 내려간 끝에 산산이 부서지고 말았다.

등골이 서늘했다. 온몸에 오스스 소름이 돋았다. 나는 몇 시간 전 똑같은 모양의 장치 두 개를 빙하 표퇴 강 상류에서 흘려보냈다. 2킬로미터 이상 떨어진 위치에서 약 30분의 시간 간격을 두고 각각 흘려보냈다. 각각의 장치는 계획한 대로 구불구불한 지류를 따라 내려갔다. 마지막에는 내 앞에 있는 강에 서로 다른 시간에 각자 모습을 드러낸 뒤 빙하 구혈로 휩쓸려 들어갈 예정이었다. 계획대로라면 두 장치가 마주치는 일은 없어야 했다. 이 두 장치는 전혀 다른 수로를 따라 전혀 다른 속도로 급류를 타고 흘러 내려갔을 것이다. 두 장치는 전혀 다른 소용돌이를 만났을 것이고 서로 전혀 다른 종류의 여러 난관에 부딪혔을 것이다. 따라서 내 눈앞에서 이 두 장치가 동시에 나타난다는 것은 불가능에 가까운 일이었다. 이 두 장치가 삭도 아래에서 서로 만날 확률은 동전 하나를 가지고 카지노에 들어갔다가 백만장자가 되어서 걸어 나올 확률과 비슷했다.

몇 시간 전, 이 자리에서 불과 몇 미터 떨어진 곳에 동료 연구원들과 함께 이 두 장치를 반원 모양으로 에워싸고 서 있었다. 그 자리에서 나와 동료 연구원들은 이 장치를 설계하고 제작한 미국 항공우주국 소속 로봇공학자 앨버토 베하르Alberto Behar 박사를 추모했다. 원래는 베하르 박사가 연구팀에 참여해 대륙빙하 위에 서 있어야 했다. 그러나 그러지 못했다. 세상을 떠났기 때문이다. 6개월 전 베하르 박사를 태운 실험용 단발 엔진 비행기가 로스앤젤레스 밴나이스Van Nuys공항에서 이륙했다. 그리고 붐비는 샌페르난도밸리 거리에 추락했다. 나는 사망한 베하르 박사를 대신해 붉은색 에어그린란드 소속 헬리콥터에 몸을 실었다. 베하르 박사가 설계하고 제작한 선구적인 장치와 함께였다. 그리고 바로 오늘 이 두 개의 장치를 빙하 표퇴 강 상류, 서로 동떨어진 장소에서 각각 흘려보냈다.

베하르 박사는 그날 그 자리에 있었던 나와 여러 동료들에게 좋은 친구였다. 모두가 그의 죽음에 충격을 받았다. 그는 그 자리에 있는 누구보다도 많이 그린란드 대륙빙하를 찾았던 사람이다. 그를 추모하는 자리에서 어느 동료 연구원은 그가 그 자리에 우리와 함께 있는 것 같다고 했다. 나도 그렇게 느끼기를 바랐지만 실제로 그런 느낌을 받지는 못했다. 그런데 방금 전 믿지 못할 일을 직접 경험한 뒤로는 아무것도 확신할 수 없게 되었다.

나중에 캉에를루수아크로 돌아가는 헬리콥터 안에서 조종사에게 이 사건에 대해 털어놓았다. 불가능한 일이 일어났다는 나의 말에 헬리콥터 조종사는 어깨만 으쓱할 뿐이었다. "어쩌면 그 두 개의 장치가 무언가의 도움을 받았을지도 모르죠." "네. 어쩌면요." 조종사의 말에 마지못해 수긍했다. 하지만 불안한 마음을 떨칠 수는 없었다. 나중에 용기가 생기면 분수계 모델을 돌려보기 위해 이 두 장치 안에 설치되어 있던 각종 센서가 전송한 귀중한 데이터를 열어볼 생각이다. 그러면 그날 내 눈으로 목격한 일이 과학으로 설명할 수 있는 일인지 아닌지 확인해볼 수 있을 것이다.

* ⌛ *

베하르 박사는 사랑스러운 아내와 세 명의 어린 자녀에게 무한한 애정을 쏟았다. 그리고 극한의 환경에서 희귀한 과학 데이터를 수집할 수 있는 자율 센서와 원격탐사 체계 구축에도 열정을 쏟았다. 그의 손에서 많은 발명품이 탄생했다. 내가 그린란드 연구에 사용한 각종 계측기기를 탑재한 장치와 무인 자율 선박(컬러사진 참조)도 그의 작품이다. 캘리포니아주 패서디나에 있는 미국 항공우주국 제트추진연구소에서는 마스 큐리오시티Mars Curiosity(로버형 탐사 로봇)와 마스 오디세이Mars Odyssey(궤도선)에 탑재될 계측 기기를 설계했다. 애리조나주립대학 교수였을 때는 극한 환경 로봇공학 및 계측 실험실을 이끌었다. 주로 심해, 꽁꽁 언 극지방 호수, 연기가 피어오르는 분화구 등 미치지 않고서는 쉽사리 도전할 수 없을 것 같은 극한의 현장 연구에 활용할 수 있는 정교한 센서와 영상 장치를 학생들과 함께 만들었다.

과학자들이 자연 세계를 관찰하고 연구하는 방식에 변화가 일고 있다. 베하르 박사는 그 조용한 혁명의 최전선에 서 있었다. 특히 새롭게 부상하고 있는 자율주행 자동차 시장에 힘입어 작고 저렴한 센서가 정신없이 쏟아져 나오고 있다. 이와 같은 구성 요소를 과학적 용도에 맞게 조정한 뒤 수개월 또는 수년 동안 실외에 두거나, 드론에 장착하거나, 무선으로 셀룰러 네트워크에 연결하거나, 내가 그린란드의 빙하 표퇴 강 수로로 흘려보낸 장치처럼 임무를 마친 뒤 장렬하게 생을 마감해야 하는 장소에 투입할 수 있다. 미국 항공우주국을 비롯한 각국의 우주 기관과 그 수가 늘어나고 있는 우주 관련 민간기업은 새로운 위성 원격탐사 기술이 전송하는 영상과 데이터를 온라인에서 무료로 제공하고 있다. 전체적으로 볼 때 이와 같은 기술 덕분에 지구 표면에서 무슨 일이 일어나는지 이해하는 속도가 빨라지고 있다. 새로운 위성 원격탐사 기술은 다양한 용도로 활용될 수 있다. 거기에는 지구상의 대양, 육지, 얼음, 초목, 인간 활동에 대한 관찰이 포함된다. 그리고 강에 대한 관찰도 당연히 포함된다.

데이터가 절실히 필요한 시기에 데이터가 폭발적으로 증가하고 있다. 과학은 강에 대해 아직 모르는 것이 많다. 그래서 앞으로도 계속해서 꾸준히 발전해나갈 것이다. 이 책을 중간에 덮지 않고 아직 읽고 있다면, 지금쯤 전 세계의 수로에 많은 압력이 가해지고 있고 그 압력이 앞으로 더 세질 것이라는 사실을 알게 되었을 것이다. 그런데 지금까지 이 책에서 다룬 이야기는 우리가 어떻게 알게 된 것일까? 누군가가 어딘가에 충분한 기록을 남겼기 때문이다. 그러나 강의 광대함과 중요성, 인간을 비롯한 생명체와의 연결성을 고려한다면 분명 누락되어 역사 속으로 사라진 이야기가 수없이 더 있을 것이다. 현재 세계에는 80억 명에 육박하는 인구와 200개에 달하는 국가가 모여 있고, 인간과 생태계는 하천과 관련해 쉽게 해결할 수 없는 수많은 과제를 안고 있다. 따라서 부족한 정보를 채워 과학의 발전에 기여할 기계가 필요하다. 바로 센서, 위성, 모델이다.

강의 목적

수십억 년 동안 흐르는 물과 지구의 판구조는 대륙의 지배권을 차지하기 위한 싸움을 벌여왔다. 판이 충돌하면 지구의 지각은 더 두꺼워지고 더 높아진다. 그러면 강은 지각을 공격해 다시 평평해지게 만드는 작업을 시작한다. 기후는 강에 물을 공급한다. 강은 물을 사용해 침식된 물질을 바다로 운반한다. 이 과정이 진행되는 과정에서 세부 사항이 달라지면 경관이 달라지고 강의 움직임도 달라진다.

험준한 산에 차를 몰고 올라가본 적이 있는가? 그렇다면 강 계곡을 따라 난 도로를 이용했을 것이다. 더 높은 곳으로 올라갈수록 지나온 계곡의 폭이 좁아지면서 강이 눈앞에 나타났을 것이다. 분명 바위와 표석으로 뒤덮인 자갈밭과 그림 같은 폭포를 지그시 바라보았을 것이다. 자갈밭 주변에는 농장이 없다. 왕자갈로 이루어진 강기슭은 돌무더기나 다름없기 때문에 마르모트 같은 생물이 살기에나 적합하지, 농사짓기에는 적합하지 않다.

차가 더 높이 올라갈수록 자갈밭 계곡이 급격하게 멀어졌을 것이다. 더 이상 봉우리가 높아지는 것을 용납할 수 없다는 듯 계곡은 산 아래로 빠르게 사라졌을 것이다. 산악 지형을 흐르는 강은 산의 경사를 더 완만하게 만들어간다.

더 올라간다면 돌무더기 계곡이 좁아지다가 마침내 사라졌을 것이다. 높아질수록 길은 험해졌을 것이다. 긴장감 넘치는 급커브도 만났을 것이고 예쁜 폭포도 만났을 것이다. 한때 산악빙하가 자리 잡았던 자리에 생겨난 보석 같은 호수도 지나갔을 것이다. 드디어 고갯마루에 이르렀다면 차에서 내려 추위를 참으면서 사진 몇 장을 서둘러 찍었을 것이다. 다시 운전대로 돌아가면 이번에는 가파른 내리막길이 시작되었을 것이다. 새로운 장소에서 표석으로 뒤덮인 또 다른 자갈밭이 눈앞에 펼쳐질 것이다. 산 반대편을 내려가다 보면 마치 거울처럼 똑같은 또 다른 자갈밭 계곡을 만나게 될 것이다. 올라갈 때와 순서는 반대이겠지만 보이는 경관은 똑같을 것이다.

사진 몇 장을 찍었을 그 고갯마루는 지형분수계다. 이곳은 두 개의 강이 산에 대한 패권과 서로에 대한 패권을 걸고 다투는 최전선이다. 두 강은 비, 눈, 중력에 힘입어 각각 산의 측면을 깎아내린다. 강이 발원하는 곳에서는 침식이 일어나 산의 오르막을 잘라낸다. 강은 산을 분쇄하여 바다로 옮긴다. 산이 가진 구조력이 자신의 영역을 더 이상 높이지 못하게 되는 순간 강이 승리할 것이다. 수만 년 또는 수억 년이 걸리겠지만, 결국에는 강이 이길 것이다.

호수와 폭포를 지나면 계곡이 넓어지면서 자갈에 묻힌다. 강은 그 아래를 유유히 흘렀다. 고갯마루 길을 내려오다 보면 보통 이와 같은 지점에서 강 계곡과 만난다. 그다음부터는 강의 완만한 경사를 따라 산 아래의 평평한 평야로 내려가게 된다. 물론 모든 강은 지형 환경과 기본적인 지질의 제약을 받는다. 따라서 이와 같은 제약 내에서 주변 환경을 변화시킨다. 강이 환경을 변화시키는 목적은 산을 침식시켜 입자 단위로 분쇄한 뒤 바다로 실어 나르는 것이다. 강은 퇴적물의 양과 자신이 활용할 수 있는 물의 양을 고려해 최대한 에너지 효율적으로 목적을 달성한다.

퇴적물을 바다로 실어 나르는 과정에서 에너지 효율을 높이기 위해 강은 강바닥의 경사를 조정한다. 폭포 위를 흐르는 물과 매끈하고 단단한 기반암 위를 흐르는 물은 아래로 천천히 흘러내려가지만, 강이나 개울에 흐르는 물에 다양한 물질이 모여 퇴적물을 침전시킬 수 있는 환경이 조성되면 강은 바로 주변 환경을 장악하기 시작한다. 흘러가면서 퇴적물을 내려놓기도 하고 퇴적물을 다시 실어가기도 한다. 모든 활동은 왕자갈, 자갈, 모래를 하류로 실어 나르기 위해 필요한 만큼의 경사를 조성하기 위함이다.

큰 암석 조각이 강으로 미끄러져 떨어지는 곳(예: 돌무더기 산골짜기)에서는 강바닥의 경사가 가팔라진다. 유속과 견인력이 증가해 큰 암석을 굴릴 수 있기 때문이다. 하류로 내려갈수록 더 작은 왕자갈, 자갈, 모래, 토사로 부서진다. 강으로 유입되는 암석 조각이 작아질수록 강바닥의 경사도 점점 더 완만해져 유속이 느려진다. 이에 따라 하류에서는 점점 더 작고 가볍고 옮기기 쉬운 퇴적물 혼합물이 이동하게 된다. 퇴적물이 침전되기 시작함에 따라 강도 굽이쳐 흐르기 시작한다. 구불구불 편자 모양으로 느릿느릿 흐르는 강은 저지대 하곡에서 흔히 볼 수 있는 경관이다. 강이 굽이쳐 흐르는 계곡에서는 계곡의 고도가 동일하더라도 강의 길이가 더 길어지기 때문에 강바닥의 경사도 덩달아 줄어든다.

이와 같은 과정에 관련된 물리학은 매우 복잡하면서 수학적이다. 수십 년 동안 연구가 이루어졌지만 여전히 활발한 연구 분야다. 노벨상을 수상한 이론물리학자 알베르트 아인슈타인Albert Einstein은 이와 같은 연구 분야에 매료되었지만 지나치게 어렵다는 사실을 깨닫고 천문학으로 방향을 바꿨다. 아버지가 못다 한 일은 아들이 물려받았다. 캘리포니아대학교 버클리캠퍼스의 한스 알베르트 아인슈타인Hans Albert Einstein은 강이 퇴적물을 하류로 이동시키는 방법에 대한 수학적 이해를 높이기 위해 평생을 바쳐왔다. 그의 연구는 앞으로도 계속될 것으로 보인다.

가장 이상적인 상태는 이른바 "평형하천"이라고 부르는 평형상태다. 많은 강이 평형상태를 이루기 위해 노력하지만 대부분은 달성하지 못한다. 미국의 지질학자J. 후버 맥킨J. Hoover Mackin은 중요한 논문에서 이렇게 언급했다. "(평형하천에서는) 몇 년에 걸쳐 경사가 미세하게 조정된다. 거기에는 활용 가능한 배수량과 지배적인 수로 특성이 반영된다. 그 결과 상류에서 내려오는 모든 퇴적물을 실어 나를 수 있는 수준에서 유속이 결정된다." 평형하천이라는 개념은 그보다 훨씬 전인 19세기 후반 G. K. 길버트G. K. Gilbert와 윌리엄 모리스 데이비스William Morris Davis의 저술에 최초로 등장했다. 두 사람은 현대 지형학(지형과 지형 생성 방법을 연구하는 학문)을 공동으로 정립한 인물이다.

평형하천의 전형적인 하상종단면은 오목한 모양이다. 그 모양은 하키 스틱의 부드러운 곡선을 연상시킨다. 즉, 발원지에서 강어귀로 내려가면서 강바닥의 경사가 점차 줄어든다. 평형하천의 상류 경사는 가파르고 퇴적물은 거칠다. 평형하천의 하류 경사는 완만하고 퇴적물은 더 곱다. 그 이유는 강의 중력 에너지와 퇴적물을 옮기고 강바닥의 마찰저항을 극복하는 데 필요한 에너지 량 사이의 힘의 균형에서 찾을 수 있다.

하천이 이상적인 평형상태를 이루지 못하도록 방해하는 요인은 다양하다. 구체적으로는 융기, 강의 지류, 해수면 상승, 인간 활동을 꼽을 수 있다. 그러나 이와 같은 방해에도 불구하고 모든 강은 꾸준히 모습을 조정해 퇴적물을 에너지 효율적인 방식으로 하류로 옮긴다. 강이 이루는 이 모든 활동은 무의식적으로 일어나는 물리학적 현상이다. 그러나 이따금 강이 더 높은 목적을 달성하기 위해 의지를 가지고 강 자체와 주변 환경을 수정한다는 생각이 들곤 한다. 그럴 때면 강이 거의 인간이나 다름없는 존재처럼 여겨지고 자연 세계 내부에서 이루어지는 일을 드러내는 계시인 것처럼 느껴진다.

불과 얼음에 맞서 쉬지 않고 이어지는 활동

젊었을 때 나는 캘리포니아대학교 로스앤젤레스캠퍼스에 물리지리학 교수로 있었다. 교수가 되고 나서 처음 수행한 연구 사업들 중 하나에서 원격탐사 기술을 활용하게 되었다. 원격탐사 기술은 맥킨의 중요한 연구에 대해 전혀 알지 못한다. 그러나 그 기술 덕분에 나는 강이 마치 의지를 가진 것 같다는 생각에 더 큰 확신을 가지게 되었다. 1996년 10월 초 약 2주 동안 아이슬란드 남동부 대부분을 뒤덮고 있는 대규모 만년설 바트나 빙하Vatnajökull 아래에서 열극 화산이 분출했다. 이번 분출로 0.5킬로미터가량의 얼음이 녹아내렸고 얼음 표면이 갈라지면서 생긴 틈을 통해 증기와 재가 터져 나왔다. 거의 4세제곱킬로미터의 해빙수가 발생해 얼음 아래 우묵한 그릇 모양으로 함몰된 지형으로 흘러들어 갔다. 얼음 아래에 물이 채워지면서 위를 덮은 얼음에 압력이 가해졌고 결국 얼음이 솟아올랐다. 얼음과 기반암 사이가 벌어지면서 새로 물이 채워진 아빙하호(빙하 아래에 있는 호수-옮긴이)에서 물이 흘러나왔다. 아빙하호에서 흘러나온 물은 빙하 아래에 50킬로미터 길이의 에스커(아빙하강)을 만들었다. 그 물은 11월 5일과 6일, 세계에서 가장 큰 빙하성 유수 퇴적평야인 스카이다라산두르Skeiðarársandur로 터져 나왔다.

즉 대규모 요클훌라우프jökulhlaup(아이슬란드어로 빙하 홍수를 의미)가 일어난 것이었다. 이번 빙하 홍수는 빙설에서 분출한 뒤 두 개의 작은 망류하천(그물 모양의 하천-옮긴이)을 따라 너비 40킬로미터에 달하는 광대한 모래 평원을 질주해 바다로 흘러들어갔다. 흘러나온 물의 양은 15시간 만에 초당 몇 세제곱미터에서 초당 약 5만 3,000세제곱미터로 증가했다. 능숙하게 물과 퇴적물을 운반해온 이 두 개의 작은 강을 통해 거대한 미시시피강 유량의 네 배에 가까운 물이 흘러나간 것이다.

천만다행으로 이번 요클훌라우프는 사람이 살지 않은 지역을 강타했다. 파괴력이 엄청났기 때문에 만일 사람이 사는 곳을 강타했다면 피해가 막심했을 터였다. 빙하에서 떨어져 나온 집채만 한 얼음 덩어리가 마치 장난감인 양 홍수를 타고 굴러갔다. 빙하성 유수 퇴적평야 가운데 일부 지역은 최대 12미터 크기의 표석과 자갈에 묻혔다. 20미터가 넘는 표석과 자갈이 훑고 지나간 지역도 있었다. 아이슬란드 전국을 순환하는 도로이자 유일한 고속도로도 두 개의 다리와 함께 말 그대로 쓸려 나가고 말았다.

대형 사건이었다. 미국 항공우주국 소속의 저명한 행성과학자 제임스 가빈James Garvin 덕분에 현장을 방문해 피해 상황을 확인할 기회를 얻었다. 운이 따랐는지 요클훌라우프가 발생하기 불과 5개월 전, 미국 항공우주국은 새로운 항공기 기반 레이저 원격탐사 기술을 빙하성 유수 퇴적평야 중앙에서 시험한 바 있었다. "공중 지형도 제작Airborne Topographic Mapper"이라고 부르는 이 기술은 오늘날에도 미국 항공우주국에서 사용된다. 이 기술의 목표는 항공기에서 지상으로 나선형 스캐닝 레이저를 쏘아 넓은 영역에 걸쳐 표고標高(지대의 높이-옮긴이)를 매우 정확하게 지도에 표시하는 것이다.

터무니없이 높은 금액을 주고 4륜구동 자동차를 빌렸다. 스카이다라산두르 주변을 돌아보니 요클훌라우프의 엄청난 파괴 규모에 놀라지 않을 수 없었다. 온 사방에 분화구가 패여 있었고 집채만 한 얼음 덩어리가 여기저기 흩어진 채 녹아내리고 있었다. 표석은 무더기로 쌓여 있거나 몇 킬로미터 하류로 굴러 내려갔다. 아이슬란드의 유일한 고속도로는 말 그대로 자취를 감추었다. 표석과 자갈이 훑고 지나간 빙하성 유수 퇴적평야 중간 어딘가에서 그냥 뚝 끊어져버렸다.

가빈은 화성 표면을 연상시키는 초현실적인 경관에 관심을 보였고 나는 아이슬란드의 강이 궁금했다. 요클훌라우프가 발생하기 전 미국 항공우주국이 공중 지형도 제작 기술을 이용해 작성한 지도 덕분에 강이 경관 형성에 미치는 영향에 대해 평가해볼 수 있는 귀중한 기회를 얻게 되었다. 경관 형성에 더 큰 영향을 미치는 요인은 무엇일까? 드물게 일어나 대격변을 일으키는 홍수 같은 이례적인 사건일까? 아니면 흐르는 물이 끊임없이 수행하는 일상적인 활동일까? 아수라장으로 변한 빙하성 유수 퇴적평야를 바라보면서 홍수 같은 이례적인 사건이 정답이라고 확신했다. 가빈과 함께 현장 사진을 촬영하고 필요한 현장 측정을 수행한 다음 아이슬란드를 떠났고, 미국에 돌아와서는 연구 보조금 제안서를 작성했다. 미국 항공우주국의 공중 지형도 제작 기술을 아이슬란드에서 다시 한번 활용해 강이 미친 피해와 요클훌라우프가 발생한 이후의 복구 상황을 조사할 계획이었다. 나는 유례없는 대규모 홍수가 발생하는 바람에 빙하성 유수 퇴적평야를 가로지르는 두 개의 작은 강이 돌이킬 수 없게 변형되었다는 가설을 세웠다.

그 뒤 5년 동안 미국 항공우주국의 항공기 기반 레이저 원격탐사 기술을 두 차례 시행했다. 셀 수 없이 많은 현장 조사도 진행했다. 삶은 양 머리와 삭힌 상어 살 같은 아이슬란드 고유의 별미도 맛보았다. 그러는 사이 내가 처음 세웠던 가설은 보기 좋게 무너졌다. 또 다른 새로운 원격탐사 기술인 위성 레이더 간섭 측정 기술도 활용해보았지만 결과를 바꿀 수는 없었다. 공중 지형도 제작 기술과 위성 레이더 간섭 측정 기술 덕분에 다음과 같은 사실이 확인되었다. 이번에 발

1996년 아이슬란드 바트나 빙하 만년설 아래에서 화산이 폭발했다. 화산 폭발로 인해 치명적인 빙하 홍수가 일어났다. 홍수로 인한 최대 배수량은 미시시피강 유량의 약 네 배에 달했다. 홍수가 인접한 평야를 훑고 지나가면서 일부 지역에는 깊은 상처를 남겼고(사진) 일부 지역은 퇴적물로 뒤덮어버렸다. 그러나 그 후 몇 년도 채 지나지 않아 이와 같은 놀라운 결과는 대부분 사라졌다. 그 주범은 평범한 강의 훨씬 작은 흐름이었다. ⓒLaurence C. Smith

생한 요클훌라우프는 근대 아이슬란드 역사상 가장 큰 규모였다. 요클훌라우프로 인해 강의 물길이 파괴되었다. 그러나 그 파괴의 영향은 그리 오래가지 못했다. 홍수가 강바닥을 훑고 지나가면서 강바닥에 깊은 구멍을 남겼지만 강은 그 구멍을 메웠다. 홍수로 인해 무더기로 쌓이게 된 자갈은 강물을 타고 바다를 향해 조금씩 나아갔다. 요클훌라우프가 지형에 남긴 흔적의 절반가량이 사라지기까지 불과 4년도 채 걸리지 않았다.

아이슬란드의 강들은 본연의 임무를 회복하기 위해 최선을 다했다. 개미가 모래를 옮기는 것처럼 강 본연의 임무는 퇴적물을 실어 나르는 것이다. 아이슬란드의 강은 가장 에너지 효율적인 방법으로 퇴적물을 운반할 수 있도록 강바닥의 경사를 다듬는 데 집중했다. 미국 항공우주국의 공중 지형도 제작 기술은 손상된 두 개의 강이 평형하천으로 되돌아가기 위해 기울인 노력을 센티미터 수준의 정확도로 기록했다. 대격변을 일으킨 홍수의 영향은 심대했지만 불과 몇 년 만에 사라졌다. 그리고 나는 바로 이것이 충적하천沖積河川이 지닌 의지의 힘이라고 생각한다.

지구 다큐멘터리 영화 감독

1957년 10월 4일 소련은 위성 스푸트니크 1호를 성공적으로 발사했다. 소련이 세계 최초로 위성 발사에 성공하면서 우주 시대가 열렸다. 미국은 새로운 연방 기관인 미국 항공우주국을 창설해 소련의 우주 개발에 대응했다. 목표는 세계 최초로 인간을 달에 보내는 것이었다. 찰스 피시맨Charles Fishman은 저서 ≪위대한 도약One Giant Leap≫에서 미국 항공우주국이 추진한 아폴로 계획을 추적한다. 피시맨에 따르면 널리 알려진 아폴로 계획 덕분에 위성, 컴퓨팅, 통신 분야의 기술혁신이 이루어졌고 지금도 꾸준히 발전해나가고 있다.

널리 알려지지 않은 일도 있다. 스푸트니크 1호가 발사되고 불과 2년 만에 미국은 일련의 첩보 위성들을 비밀리에 발사했다. 코로나Corona 프로젝트의 일환이었다. 비밀 첩보 위성들은 우주에서 지구를 촬영하기 시작했다. 고품질 필름 카메라를 활용해 귀중한 영상을 촬영한 뒤 낙하산이 달린 캡슐에 담아 지구로 되돌려 보냈다. 그러면 비행기가 공중에서 캡슐을 낚아채거나 해군 선박이 대양에 떨어진 캡슐을 회수했다. 캡슐에는 소금 마개가 달려 있었다. 따라서 즉시 회수하지 못하면 소금 마개가 용해되어 바다 깊은 곳으로 가라앉고 말 터였다. 이제 코로나 프로젝트를 통해 촬영된 영상은 기밀 해제되었다. 현재 사우스다코타주 수폴스 인근에 자리 잡은 미국 지질조사국 지구자원 관측 및 과학 센터EROS, Earth Resources Observation and Science Center가 온라인에서 무료로 영상을 제공하고 있다.

사람들은 미국 항공우주국이 우주 탐사에만 관여한다고 생각한다. 그러나 이와 같은 생각은 오해에 불과하다. 사실 미국 항공우주국의 영역에는 언제나 지구가 포함되어 있었다. 미국 항공우주국 초창기에 달 탐사 임무를 수행한 우주비행사들은 우주선 창문에 핫셀블라드 카메라 렌즈를 대고 지구의 영상을 촬영했다. 코로나 프로젝트에서 촬영한 기밀 영상과는 다르게 영상이 널리 공개되면서 평범한 대중과 과학자들 사이에 큰 반향을 일으켰다. 1960년대 후반 미국 지질조사국 윌리엄 T. 페코라William T. Pecora 국장의 열렬한 지원을 받은 미국 항공우주국은 널리 알려진 아폴로 계획과 더불어 역사에 길이 남을 지구 관측 프로그램을 시작했다. 안타깝게도 페코라 국장은 미국 항공우주국이 첫 지구 자원 기술 위성을 발사하기 며칠 전 세상을 떠났다. 지구 자원 기술 위성은 나중에 랜드샛 1호로 이름을 바꾸었다.

랜드샛 1호 위성에 탑재된 핵심 구성 요소는 다중 분광 스캐너라는 센서였다. 필름 카메라와 다르게 다중 분광 스캐너는 디지털 영상을 수집한 뒤 위성방송 수신국으로 송출할 수 있었다. 따라서 수집할 수 있는 영상의 수가 기하급수적으로 증가했다. 또한 다중 분광 스캐너 기술은 서로 다른 전자기 스펙트럼 구간(녹색광, 적색광, 서로 다른 적외선 구간 두 개)에서 영상 샘플을 획득한다. 따라서 지구 표면의 영상을 한 개가 아니라 네 개 획득할 수 있다. 디지털 영상처리 소프트웨어를 사용하면 획득한 네 개의 독립적인 영상을 다양한 방식으로 결합할 수 있다. 그럼으로써 지구 표면에 대한 다채롭고 유익한 디지털 지도를 생성할 수 있다.

랜드샛 1호 위성은 6년 동안 활동하면서 큰 성공을 거두었다. 뒤이어 랜드샛 2~5호 위성과 랜드샛 7, 8호 위성이 발사되었다(랜드샛 6호 위성은 발사 직후 인도양에 추락했다). 랜드샛 9호 위성은 2020년 12월 발사될 예정이다(2021년 9월에 발사되었다-옮긴이). 미국 항공우주국의 랜드샛 프로그램은 50년 동안 700만 개 이상의 영상을 수집했다. 오랜 시간 동안 묵묵히 지구 다큐멘터리를 제작해온 최장수 감독이라고 해도 과언이 아니다.

*　⌛　*

끊임없는 위성 감시가 지닌 힘을 잘 보여주는 사례는 2016년 <네이처Nature>에 게재된 논문이다. 논문의 저자는 유럽위원회 공동연구센터Joint Research Center 소속 장-프랑수아 페켈Jean-Francois Pekel, 앤드루 코탐Andrew Cottam, 앨런 벨워드Alan Belward, 구글 스위스Google Switzerland 소속 노엘 고렐릭Noel Gorelick이다. 저자들은 클라우드 기반 디지털 영상처리 플랫폼인 구글 어스 엔진을 사용해 전 세계 랜드샛 위성 영상을 보관한 저장소 전체를 분석했다. 분석을 토대로 1984년부터 2015년 사이 전 세계의 강, 호수 및 습지의 변화를 추적했다. 나를 비롯한 다른 과학자들은 랜드샛 위성 영상이 촬영한 사진 몇 장만 시간대별로 활용해 지표수 상태를 연구했다. 그러나 2016년 연구는 매우 달랐다. 저자들은 클라우드 컴퓨팅을 통해 랜드샛 위성이 지난 32년 동안 지구 전체에서 획득한 모든 사진을 수집했다. 이와 같이 엄청난 양의 데이터 활용은 전례가 없는 것이었다.

<네이처>에 게재된 논문은 샌프란시스코에서 열린 미국 지구물리학회 연례 회의에서 공개되었다. 참석자만 2만 5,000명이 넘는 이 행사는 당시 세계에서 가장 큰 지구과학자와 우주과학자 모임이었다(지금도 그렇다). 논문 발표는 페켈이 맡았다. 대형 스크린에 화려한 세계지도가 펼쳐질 때마다 청중들 사이에서는 감탄사가 쏟아졌다. 9만 제곱킬로미터가량의 지표수가 사라졌다. 이 수치는 바이칼 호수 면적의 세 배에 육박한다. 한때 영구적이고 안정적이었지만 지금은 더 이상 안정적이지 않은 수역은 16만 2,000제곱킬로미터가 넘었다. 특히 중동과 중앙아시아의 피해가 심각했다. 광범위한 강 전환, 취수, 가뭄이 몰고 온 결과였다. 또한 위성 영상을 통해 과거에는 물이 없었지만 지금은 물을 활용할 수 있는 여러 새로운 수역도 확인할 수 있었다. 새로운 수역은 총 18만 4,000제곱킬로미터(독일 면적의 약 절반)에 달했다. 새로운 수역 대부분은 강에 새로운 댐을 조성하면서 형성된 인공 저수지였다. 참석자들 사이에서 소란이 일었다. 단 한 번의 연구에서 이토록 많은 정보를 활용한 경우는 처음이었기 때문이다.

전 세계 지표수에 대한 더 많은 연구가 시작되었다. 노스캐롤라이나대학교 소속의 조지 앨런George Allen과 태믈린 파벨스키Tamlin Pavelsky는 저장소에 보관된 전 세계 랜드샛 위성 영상을 어렵게 얻은 현장 측정 결과에 통합했다. 두 연구자는 일곱 개 강의 최상류로 올라가면서 수로의 폭을 측정했다. 그러자 특이한 점이 발견되었다. 강이 발원하는 최상류에서 개울의 평균 폭은 32센티미터(오차범위 8센티미

터)였다. 그리고 그 수치는 개울의 위치, 지형, 기후 또는 초목과 아무런 관련이 없었다. 이와 같은 사실을 토대로 모든 강 유역은 최상류 개울의 폭이 저녁 식사용 접시만큼 좁아질 때까지 마치 촉수를 뻗듯 상류를 줄기차게 확장해나가는 것으로 추정해볼 수 있다.

강이 이와 같은 움직임을 보이는 물리적 이유는 아직 연구 중이다. 그러나 이 발견은 강이 발원하는 비좁은 유역에서 발생하는 다수의 생물지구화학적 과정 및 퇴적 과정과 관련해 중요한 의미를 지닌다. 특히 개방된 물 표면은 온실가스인 이산화탄소와 메테인을 유발하는 주요 천연 공급원이다. 따라서 물을 공급하는 소규모 흐름이 수십억 개나 새로 발견되었다면 이와 같은 온실가스 배출 수준도 과거에 생각했던 것보다 훨씬 높을 것이라고 생각해야 한다.

강 상류에 자리 잡은 수원지 개울은 폭이 매우 좁고 그 수가 매우 많다. 따라서 우주에서 모두 파악해 지도에 표시하기가 어렵다. 앨런과 파벨스키는 전 세계 강의 표면적을 추정하려 했다. 그래서 전 세계 랜드샛 위성 영상을 보관한 저장소 전체를 다시 한번 활용했다. 먼저 우주에서 볼 수 있는 전 세계 모든 강의 폭을 지도에 표시했다. 그런 다음 과거 연구에서 자신들이 밝혀낸 최대 폭 32센티미터와 여러 통계를 활용해 전 세계 강의 표면적을 추정했다. 이번에는 자신들이 새롭게 밝혀낸 강 상류에 자리 잡은 수원지 개울도 계산에 넣었다. 그 결과 전 세계 강의 표면적은 약 77만 3,000제곱킬로미터(전 세계에서 빙하로 덮이지 않은 지표면의 0.58퍼센트)에 달하는 것으로 추정되었다. 이 수치는 과거에 추정한 것보다 44퍼센트 더 많았다. 따라서 강은 이전에 생각했던 것보다 온실가스 배출에서 더 많은 역할을 수행한다고 볼 수 있다. 상세한 현장 연구, 최첨단 컴퓨팅, 전 세계 위성 영상을 보관한 저장소를 복합적으로 활용하지 않았다면 얻을 수 없었던 결과다.

미국 항공우주국이 추진하는 랜드샛 위성 프로그램에서만 위성 영상을 촬영하는 것은 아니다. 1986년 프랑스는 일련의 SPOT 위성 프로젝트를 추진했다. 1999년과 2002년 미국 항공우주국은 온갖 센서를 탑재한 대규모 위성 테라Terra와 아쿠아Aqua를 각각 발사했다. 2014년 유럽연합은 코페르니쿠스 프로그램을 통해 센티넬Sentinels 위성을 발사했다. 우주 영상을 수집하는 센티넬 위성은 영상을 촬영하는 동시에 지상 측정값까지 수집한다. 지상 측정값 수집에는 현장 네트워크(예: 기상관측소, 대기질 센서, 대양 부표, 관개용수 수요)가 활용된다. 유럽연합은 코페르니쿠스 프로그램을 통해 이미 여섯 개의 위성을 발사했다. 유럽연합은 2030년까지 거의 20개가 넘는 위성을 추가 발사할 계획이다.

이와 같은 프로그램들은 정부 차원에서 장기적으로 진행한다. 하지만 오늘날에는 우주 관련 민간기업(예: 맥사Maxar, 구 디지털글로브DigitalGlobe와 플래닛Planet에도 고해상도 위성 영상을 수집하고 있다. 맥사는 콜로라도주에 본사를 두고 있는 다국적기업이다. 일련의 상업위성을 소유하고 운영하면서 지구 표면을 지도에 정밀하게(공간해상도 30센티미터) 표시한다. 공간해상도 30센티미터라면 자동차, 심지어 사람까지도 선명하게 감지할 수 있는 수준이다. 플래닛은 샌프란시스코에 본사를 두고 있는 기업이다. 작고 저렴한 인공위성인 큐브샛 수백 개를 발사해 엄청난 양의 데이터를 수집하고 있다(큐브샛은 1리터 부피 이내 크기의 위성으로 카메라 이외의 것은 장착할 수 없다). 플래닛은 고해상도 위성 영상을 언제 어디서나 확인할 수 있는 세상을 만들 계획이다. 2018년 플래닛은 큐브샛을 매주 40개씩 생산할 수 있는 새로운 제조 시설을 열었다. 한편 나에게 박사학위 논문을 지도 받은 세라 쿨리Sarah Cooley는 지구 표면의 지표수 변화를 추적하는 데 고해상도 위성 영상을 활용했다. 쿨리는 엄청나게 많이 쏟아지는 고해상도 위성 영상 가운데 필요한 영상을 골라내기 위해 기계 학습 알고리즘을 이용하는 방법을 개척했다.

전 세계를 촬영한 영상이 급격하게 늘어나고 있다. 현재 저장소에 저장된 영상의 양은 페타바이트(1페타바이트는 1,024테라바이트다–옮긴이) 수준인데 곧 엑사바이트(1엑사바이트는 1,024페타바이트다–옮긴이) 수준이 될 것으로 예상된다. 지금까지는 이와 같이 방대한 데이터 전체를 분석하는 일이 현실적으로 가능하지 않았다. 예를 들어 미국 의회도서관이 소장하고 있는 인쇄물 전체를 스캔해 디지털화한다고 가정해보자. 이때 데이터의 양은 0.01페타바이트 정도가 될 것으로 추정된다. 그런데 40년 넘게 800만 개 이상의 영상을 수집한 전 세계 랜드샛 위성 영상을 보관한 저장소에는 무려 1페타바이트의 데이터가 저장되어 있다. 클라우드 기반 컴퓨팅을 사용하면 이와 같이 계속 증가하는 대규모 데이터를 빠르게 분석할 수 있다. 이때 분석의 속도와 분석의 대상이 되는 지리적 규모는 몇 년 전만 해도 상상할 수 없었던 수준이다. 오늘날에는 빠른 속도의 인터넷망을 활용할 수 있고 합리적인 연구를 수행할 수 있는 역량을 가진 사람이라면 누구나 위성 영상이라는 타임머신을 타고 전 세계 아무 곳이나 날아가 그곳의 과거나 현재를 확인할 수 있다.

이와 같이 급증하고 있는 빅데이터는 강 연구에도 크게 이바지한다. 오늘날 홍수로 침수된 지역의 위성 영상은 보험 청구를 판정하는 데 이용될 뿐 아니라 홍수 위험 모델을 개선하는 데도 사용된다. 인구가 집중된 지역을 지나는 강의 상류를 관찰하면 홍수가 발생하기 며칠 전에 미리 경보를 발령할 수 있다. 강 색깔에 나타나는 작은 변화를 통해 부유 퇴적물, 물속에 사는 조류, 기타 다채로운 수질 지표를 추적할 수 있다. 열화상 기술은 수온의 작은 차이를 감지해 지도에 표시하는 데 사용된다. 그러면, 예를 들어 산업 폐수가 흘러나오는 위치나 지하수가 강으로 유입되는 위치를 파악할 수 있다. 매사추세츠대학교 토목공학 및 환경공학 교수인 콜린 글리슨Colin Gleason은 위성 영상 저장소를 활용해 강의 고유한 특성을 발견했다. 글리슨 교수가 찾아낸 이른바 "위성 수력 기하학"을 활용하면 지상에서 측정한 값이 없더라도 우주에서 촬영한 영상만을 활용해 배수량을 합리적으로 추정할 수 있다. 이와 같이 흥미로운 여러 위성 원격탐사 기술 덕분에 강 연구와 관찰에 전례 없는 기회가 열리고 있다. 이제 강과의 거리와 정치적 관할권에 관계없이 전 세계의 강을 연구하고 관찰할 수 있기 때문이다.

3D 안경을 쓰자

빠르게 성장하는 글로벌 빅데이터 저장소는 조만간 2차원 영상뿐 아니라 3차원 영상으로도 구성될 것이다.

비교적 최근까지 고해상도 디지털 지형 데이터는 사람들이 가장 탐을 내는 데이터인 동시에 가장 찾기 어려운 데이터였다. 고해상도 디지털 지형 데이터의 주요 생산자는 군대였다. 군대는 비밀 핵폭탄 실험 탐지 같은 민감한 목적을 위해 데이터를 생산했다. 저공비행하는 순항미사일을 특정 지형을 통과하도록 만들거나 지진파 기록과 교차하는 방법이 사용되었다. 나는 대학원생이었을 때 추수감사절 휴일을 집에서 보내지 못한 적이 있다. 종이 지형도에 그려진 작은 갈색 등고선을 모두 수작업으로 디지털화하는 지루한 작업을 처리해야 했기 때문이다. 같이 공부하는 어느 대학원생은 미국 국립지리정보국(당시 명칭: 국립 영상 및 지도국)에서 우리 대학에 빌려준 기밀 디지털 지형 데이터세트를 몰래 복사해 판매하려고 시도하다가 체포되어 감옥에 갇히는 신세가 되고 말았다.

시계를 빨리 돌려 2020년으로 이동해보자. 오늘날에는 매우 우수한 고해상도 3D 디지털 지형 데이터가 온라인에서 무료로 제공된다. 그 출발점은 2000년으로 거슬러 올라간다. 그해에 미국 항공우주국 소속 우주왕복선인 엔데버Endeavour는 "셔틀 레이더 지형 탐사 Shuttle Radar Topography Mission"라는 특수지도 제작 임무를 수행했다. 레이더는 하나 이상의 안테나를 사용해 마이크로파를 방출하고 수신한다. 마이크로파는 가시광선과 적외선보다 전자기 스펙트럼의 파장 범위가 훨씬 길다. 셔틀 레이더 지형 탐사는 레이더 간섭 측정 기술이라는 놀라운 기술을 사용했다. 레이더 간섭 측정 기술은 한 번에 두 개의 레이더를 발사하고 각각의 반사파를 삼각측량해 지구 표면의 지형과 고도를 지도에 표시하는 기술이다. 그러기 위해 엔데버는 선체를 거꾸로 뒤집은 뒤 화물칸을 열고 안테나 하나를 지구 방향으로 겨냥했다. 두 번째 안테나는 60미터 길이의 접이식 장대 끝에 장착했다. 그런 뒤 엔데버 측면에서 조심스럽게 장대를 펼쳤다. 다행히도 모든 것이 원활하게 작동했다. 그 뒤 10일 동안 한 쌍의 삼각측량 레이더가 지구를 휩쓸었고 엔데버 승무원들은 레이더 데이터를 자기테이프(이제는 진기한 물건이다!)에 열심히 기록했다. 10일간의 임무가 끝날 무렵에는 남위 54도에서 북위 60도 사이를 포괄하는 지형 데이터가 수집되었다. 덕분에 지구 표면에 대한 가장 포괄적인 고해상도 지형도를 제작할 수 있었다.

현재 엔데버는 로스앤젤레스에 있는 캘리포니아 과학 센터 박물관에, 접이식 장대는 버지니아주에 있는 스미소니언 국립 항공우주 박물관의 스티븐 F. 우드바-헤이지 센터Steven F. Udvar-Hazy Center에 전시되어 있다. 그러나 셔틀 레이더 지형 탐사로 확보한 데이터는 그 뒤로도 오랫동안 수많은 개선과 재출시를 거치면서 계속 사용되고 재처리되었다. 이를 통해 확보한 3D 영상은 구글 어스 지도 제작 소프트웨어의 기본 배경으로 사용되고 있다. 또한 과학 연구에서 휴대전화 타워 설치, 비디오 게임 그래픽에 이르는 온갖 작업에도 사용되고 있다.

*　　　⌛　　　*

레이더 지형 탐사의 기반이 되는 기술은 레이더 간섭 측정 기술이다. 레이더 간섭 측정 기술은 안테나를 하나만 사용할 때도 구현할 수 있다. 단, 안테나를 하나만 사용할 경우 지상의 동일한 영역을 영상으로 만들기 위해 반사파가 적어도 한 번 이상 돌아와야 한다. 마이크로파를 시간 간격을 두고 두 번 방출하게 되므로, 지형 자체를 지도에 기록하는 동시에 시간 차이에 따른 지형의 미묘한 변화를 지도에 기록할 수 있는 가능성이 열린다. 더그 알스도르프Doug Alsdorf는 나와 대학원 시절 기숙사 방을 함께 쓴 친구이자 현재 오하이오주립대학교 교수로 재직하고 있다. 그는 또 다른 우주왕복선이 수행한 "SIR-C/X-SAR"라는 임무에서 확보한 레이더 데이터를 강에 적용해 이 기술을 개척했다.

우주왕복선은 범람한 아마존강에 24시간 간격으로 마이크로파를 방출해 반사파를 수집한 뒤 삼각측량 기법을 적용해 레이더 데이터를 수집했다. 알스도르프는 이와 같은 레이더 데이터를 활용해 24시간 동안 낮아진 홍수 수위를 센티미터 단위로 지도에 표시했다. 24시간 사이 아마존강의 수위는 12센티미터 낮아졌다. 아마존강 인근에 있는 강의 수위는 적게는 7센티미터, 많게는 11센티미터 낮아졌다. 그러나 아마존강에서 멀리 떨어진 강의 경우에는 적게는 2센티미터, 많게는 5센티미터만 수위가 떨어졌다.

알스도르프는 욕조에 물을 채울 때와 다르게 홍수가 휩쓸고 간 범람원에는 물이 균일하게 차오르지 않는다는 사실을 발견했다. 홍수 수준(과 흐름의 방향)은 역류 시 침수 지역, 초목, 2차 수로 등의 변수가 만들어낸 복잡한 공간 형태에 따라 달라진다. 일본 지구 자원위성 JERS-1과 그 밖의 레이더 위성을 사용해 후속 연구가 진행되었다. 후속 연구 결과에 따르면 범람원은 놀라울 정도로 복잡했다. 따라서 어느 지역에서는 더 많은 물이 고이고 다른 지역에서는 물이 덜 고였다. 우주에서 수집한 이와 같은 3D 패턴을 지도에 표시하면 습지를 보존하고 큰 강 범람원의 홍수 위험을 정확하게 평가하는 데 유용한 정보를 얻을 수 있다.

이와 같은 유형의 레이더 기술이 주류가 되어가고 있다. 2017년 미국 항공우주국은 아홉 대의 항공기를 파견했다. 파견 지역은 북아메리카 북부에서도 가장 원격지였고, "북극 취약성 실험Arctic-Boreal Vulnerability Experiment"이라는 프로그램의 일환이었다. 10년에 걸쳐 수행되는 북극 취약성 실험 프로그램의 목적은 공중, 지상, 우주에서 새로운 센서 기술을 시험해 변화하는 북극과 아북극에 관한 수많은 과학적 질문에 해답을 찾는 것이다. 이와 같은 신기술 가운데 하나와 관련된 비행 사업에 참여하게 되었다. 나의 임무는 AirSWOT 센서를 약 2만 8,000킬로미터에 걸친 북아메리카 북극과 아북극 지역에 배치하는 것이었다. AirSWOT 센서는 미국 항공우주국 제트추진연구소에서 만든 공중 실험용 레이더 간섭 측정 센서다. AirSWOT 센서 비행기에 탑재된 계측 기기 패키지에는 특별히 설계된 다중 레이더 안테나가 포함되어 있다. 따라서 레이더 간섭 측정 기술을 사용해 강과 호수의 수위를 지도에 표시할 수 있을 것이다.

그해 여름 내내 AirSWOT 센서는 4만 개가 넘는 강과 호수를 영상에 담았다. 그사이 나는 현장에서 연구할 팀을 조직했다. 4개국, 15개 기관 출신의 연구원 약 30명이 모였다. 연구원들은 배, 수상비행기, 헬리콥터를 타고 AirSWOT 센서가 비행하는 원격지로 흩어졌다. 구체적으로는 서스캐처원주, 캐나다 노스웨스트준주, 알래스카주 북부였다. 주요 목표는 측량 장비를 사용해 현장에서 정확한 측정값을 얻은 뒤 레이더 간섭 측정 영상과 비교하는 것이었다. 그러면 레이더 간섭 측정 영상이 연구에 필요한 수준의 민감도를 충족하면서 실제 수위를 정확하게 측정하는지 검증할 수 있을 터였다. 현장 측정 데이터와 레이더 간섭 측정 영상을 비교한 결과 이 새로운 기술이 실제로 매우 넓은 지역의 수위를 정확하고 유용한 방식으로 지도에 표시할 수 있다는 사실을 확인할 수 있었다. 예를 들어, 나에게 박사학위 논문을 지도받은 링컨 피처Lincoln Pitcher는 AirSWOT 센서를 사용해 지하 영구동토층이 유콘평원Yukon Flats 수위에 미치는 영향을 확인했다. 유콘평원은 알래스카주 북부 유콘강을 따라 조성된 광대하고 생태학적으로 중요한 습지다. 나에게 박사학위 논문을 지도받은 다른 두 명의 학생인 제시카 페인Jessica Fayne과 이선 키지바트Ethan Kyzivat는 캐나다 서부와 알래스카주에서 수집한 AirSWOT 센서를 사용해 관련 연구를 수행했다.

미국 항공우주국의 북극 취약성 실험은 이제 막 시작되었다. 현재 수백만 개에 달하는 전 세계 담수 호수 가운데 수위가 관찰되고 있는 호수는 1퍼센트에도 못 미친다. 강과 저수지의 수위는 측정되지 않거나 측정되더라도 세계 대부분의 국가가 기밀로 보호한다. 미국 항공우주국은 AirSWOT 센서를 센서 자체로 사용할 생각이 없었다. AirSWOT 센서는 새로운 종류의 위성을 우주로 발사하기 위한 시범 프로그램이었고, 시제품에 불과하다. AirSWOT 센서를 발판 삼아, 훨씬 더 발전된 위대한 기술이 인류 앞에 한 걸음 더 성큼 다가서게 되었다.

빅데이터, 전 세계의 물과 만나다

그 새로운 기술은 바로 지표수 및 대양 지형SWOT, Surface Water and Ocean Topography이라는 위성이다. 지표수 및 대양 지형 위성은 레이더 간섭 측정 기술을 사용해 세계의 대양, 강, 저수지, 호수의 변화하는 수위와 경사를 지도에 표시한다(컬러사진 참조). 이 기술의 기반은 "고도계"라고 부르는 유서 깊은 해양 레이더 위성이 남긴 유산이다. 그러나 지표수 및 대양 지형 위성은 간섭 측정 기술을 사용하기 때문에 기존의 레이더 고도계보다 공간해상도가 더 높다. 따라서 대양뿐 아니라 소규모 내륙 수역도 지도에 표시할 수 있다. 지표수 및 대양 지형 위성 발사 프로젝트에는 미국(항공우주국), 프랑스(국립우주센터), 캐나다(우주국), 영국(우주국), 과학 단체(수문학회, 해양학회), 여러 국가 정부가 공동으로 참여하고 있다. 지표수 및 대양 지형 위성이라는 발상이 현실로 실현되기까지 20년이 흘렀다. 그사이 수십 차례의 국제 콘퍼런스가 열렸고 수천 개의 일자리가 생겼으며 10억 달러가 넘는 공공 자금이 투자되었다.

2022년 지표수 및 대양 지형 위성이 발사되면 적어도 3주에 한 번씩 지구 표면을 3D로 지도에 표시하기 시작할 것이다. 내륙의 강과 호수에 대해서는 표고와 경사를 측정하게 될 것이다. 측정할 수 있는 강과 호수의 최소 규모는 강의 경우 너비 100미터, 호수의 경우 가로 250미터, 세로 250미터다. 지표수 및 대양 지형 위성의 예비 측정값은 측정 즉시 온라인에 게시될 것이다. 온라인에 게시된 예비 측정값은 재처리되어 품질을 검증한 뒤 적어도 매년 한 차례 이상 전 세계 데이터세트로 게시될 것이다. 이와 같은 모든 데이터는 과학적, 상업적 목적에 관계없이 온라인에서 무료로 사용할 수 있을 것이다.

또한 지표수 및 대양 지형 위성은 하천 배수량을 원격으로 감지하여 추정치를 제공할 것이다. 미국 지질조사국은 미국에서 8,000개가 넘는 하천 측정소를 운영하면서 데이터를 온라인에 게시한다. 그러나 이와 같이 투명하게 데이터를 공개하는 경우는 거의 찾아보기 어렵다. 미국, 캐나다, 브라질, 유럽을 제외한 나머지 지역에서는 하천 수위를 측정한 데이터가 거의 없다시피 하다. 만일 있더라도 기밀로 취급된다. 저수지 수위를 측정한 데이터는 하천 수위 측정 데이터보다도 더 적은 형편이다. 이와 같은 현실로 인해 하천의 흐름을 관찰하고 월경하천 공유 협정(2장 참조)을 준수하기가 어렵거나 불가능하다. 지표수 및 대양 지형 위성이 발사되어 측정값을 온라인으로 실시간 제공하게 되면 물 계획가, 정부, 비정부기구, 민간 부문의 역량이 높아져 전 세계 어디서나 매우 중요한 담수 자원의 상태를 관리할 수 있게 될 것이다.

지표수 및 대양 지형 위성은 아직 실험 단계에 있는 기술이다. 따라서 앞으로 이와 같은 데이터가 어떤 방식으로 사용될 것인지 모두 예측하기는 어렵다. 현재, 전 세계 호수와 습지의 수위는 대부분 측정되지 않고 있다. 측정소에서 수집되는 데이터는 너무나도 부족하다. 지표수 및 대양 지형 위성 발사를 계획한 사람들은 이와 같이 부족한 데이터를 보충하면 범람원에 자리 잡은 공동체와 기업이 홍수 대비를 강화할 수 있을 것으로 내다본다. 그러면 상업적 이점도 덩달아 발생할 것이다. 한편 물 계획가들은 저수지의 물 저장량을 추적함으로써 작물 수확량, 홍수, 가뭄을 예측하는 컴퓨터 모델을 개선할 수 있을 것으로 내다본다. 이와 같은 목표 가운데 일부만이라도 실현된다면 지표수 및 대양 지형 위성 발사 프로젝트는 인류에 실질적인 도움을 제공한, 매우 성공한 사업으로 기억될 것이다.

지표수 및 대양 지형 위성은 2022년 12월 발사를 앞두고 있다. 벌써 20여 년 전에 이 발상의 매력에 푹 빠진 나는 지표수 및 대양 지형 위성을 구상하고 계획하는 초기 단계부터 이 사업에 참여했다. 1990년대 중반 박사학위 논문을 작성하면서 지표수 및 대양 지형 위성 발사 프로젝트의 주요 목표를 언급하기도 했다. 아직 모든 것이 어설픈 박사과정 학생이던 1994년, 샌프란시스코 모스콘 센터Moscone Center에서 열린 미국 지구물리학회에 참석했다. 그곳에서 난생처음으로 발표한 내용이 "우주에서 강의 배수량을 측정할 수 있는가?"였다. 모스콘 센터의 널찍한 회의실에 모인 수많은 청중을 앞에 두고 분위기에 압도당했던 생각이 난다. 바짝 긴장한 상태로 논문을 발표했지만 청중들은 내가 발표한 내용에 회의적인 반응을 보였다. 인공위성을 사용해 하천의 흐름을 측정할 수 있다는 생각을 인정받기에, 1994년은 아직 시기상조였던 것이다.

그러나 흥미진진한 신기술인 지표수 및 대양 지형 위성이 계획한 대로 작동한다면 앞으로 더 많은 인공위성이 발사되어 세계의 담수 자원 관리에 기여하게 될 것이다. 또한 현재 지구에서 순환하는 물과 관련된 그 밖의 다른 요소를 성공적으로 관찰해온 많은 위성과 어깨를 나란히 하게 될 것이다. 몇 가지만 예를 들면 강우를 측정하는 전세계 강수량 측정 위성과 클라우드샛 위성, 토양을 측정하는 토양수분 활성/비활성 위성, 지하수 고갈 영역을 감지하는 중력 회복 및 기후 실험 위성과 앞으로 도입할 예정인 NASA-ISRO 합성 조리개 NISAR 위성을 꼽을 수 있다. 이와 같은 물 감지 기술은 중요한 관측값을 제공할 뿐 아니라 수문학 모델을 생성하고 개선하는 데도 활용된다. 그럼으로써 수자원 계획에서 홍수 위험 평가에 이르는 물에 관련된 모든 것에 대한 예측의 가치를 높이는 데 기여한다.

저렴한 지상 기반 센서 네트워크와 위성에서 관측 데이터가 쏟아져 들어오고 있다. 인공지능 알고리즘을 사용해 이와 같은 데이터를 선별하면 지구의 물순환에 관련된 모든 것을 관찰할 수 있을 것이다. 센서, 위성, 모델 덕분에 인간은 불가능하다고 생각했던 영역에 점점 더 가까이 다가가고 있다. 바로 전 세계의 물과 시공간에 따른 물의 변화를 실시간으로 관찰한 데이터를 지속적으로 축적하는 일이다.

* ⌛ *

세계의 물순환을 올바르게 이해하는 문제는 오래전 성경이 기록된 시대부터 인간을 괴롭혀왔다. 1장에서 살펴본 것처럼, 밀레투스의 탈레스와 그 뒤를 이은 여러 자연철학자들은 매년 사막을 지나가는 나일강 홍수의 원인을 찾기 위해 골머리를 앓았다. 전도서 1장 7절의 저자(솔로몬으로 추정된다)는 다음과 같이 썼다. "모든 강이 바다로 흘러드는데 바다는 넘치는 일이 없구나. 강물은 떠났던 곳으로 돌아가서 다시 흘러내리는 것을." 하지만 어떻게? 바로 그것이 수수께끼였다.

아리스토텔레스는 지하의 동굴 안에서 강이 유래한다고 생각했다. 동굴 안의 공기가 물로 변한다고 생각했던 것이다. 중세 시대에는 강에서 대양으로 흘러간 물이 터널을 통해 육지로 돌아옴으로써 균형을 유지한다고 생각했다. 다만 터널이 숨어 있어서 아무도 그 위치를 알 수 없었다. 이와 같은 발상은 르네상스 시대에도 고스란히 유지되었다. 심지어 레오나르도 다빈치조차 내륙의 샘, 개울, 강으로 바닷물을 운반하는 지하 정맥을 통해 물이 순환한다고 생각했기 때문이다. 동맥을 타고 심장에서 빠져나간 혈액이 정맥을 타고 심장으로 되돌아오는 것과 같은 이치라는 논리였다. 이와 같은 논리는 허점투성이였다(예: 바닷물이 고도가 더 높은 육지로 올라가는 방법은? 소금물이 담수로 바뀌는 방법은?). 그러나 다빈치를 비롯해 이와 같은 견해를 인정하는 많은 사람들에게는 아무런 문제가 되지 않는 것처럼 보였다. 1674년까지도 이 문제에 대한 정답은 나오지 않았다. 이 문제에 정답을 제시한 최초의 인물은 피에르 페로Pierre Perrault라는 프랑스인이었다. 페로는 강에 흐르는 물의 주요 원천이 강수라는 것을 확실하게 증명했다.

교양 있는 집안에서 태어난 페로는 두 남동생 클로드 페로Claude Perrault와 샤를 페로Charles Perrault의 그늘에 가려 빛을 보지 못했다. 클로드 페로는 해부학자 겸 건축가로 성공한 인물이었다. 프랑스 과학아카데미의 공동 창립자였고 역사에 길이 남을 비트루비우스의 저술 ≪건축에 대하여≫(1장 참조)를 번역했으며 루브르박물관 설계에도 참여했다. 샤를 페로는 동화책 ≪옛날이야기와 교훈Histoires ou contes du temps passé, avec des moralités≫으로 명성을 얻었다. 영어권에서는 ≪어미 거위Mother Goose≫ 동화집으로 알려진 책이다.

페로는 세금 징수원으로 일하면서 좀스럽게 살다가 파산하고 말았다. 그 뒤부터 센강에 관심을 가지기 시작했다. 그는 땅에 떨어지는 강수량을 측정한 다음 강에서 측정한 배수량과 비교했다. 그리고 센강의 유량 대부분은 비와 눈에서 유래한다는 사실을 입증했다. 물론 비와 눈이 센강 유량의 전부를 차지하는 것은 아니었다. 일화와 삽화보다 측정과 수학을 선호했던 페로는 문제에 정량적으로 접근하는 방법을 택했다. 이와 같은 태도의 바탕에는 그 당시 광범위하게 발전하고 있던 과학이 자리 잡고 있었다. 페로의 저서 ≪샘의 기원에 관하여De l'origine des fontaines≫는 자연철학자들이 2,000년 넘게 논쟁을 벌였던 질문을 해결했다. 드디어 정량수문학定量水文學의 시대가 열린 것이다.

루브르박물관, 빨간 망토, 신데렐라가 널리 알려져 있는 것에 비해 페로의 유산은 거의 잊히고 말았다. 그럼에도 불구하고 페로의 유산은 강과 물의 순환 전체를 이해하고 통제하는 계기가 되었다. 페로는 경험적 측정을 기반으로 한 새로운 종류의 과학(정량수문학)의 장을 열었다. 그리고 오늘날에도 그 분야는 센서, 위성, 모델을 토대로 계속 발전하고 있다.

페로의 시대 이후 정량수문학은 크게 발전했다. 과학자들은 물 순환의 주요 구성 요소를 모두 규명했다. 구체적으로는 강수, 지중류地中流, 하천 배수량, 증발, 식물을 통한 증발, 응축, (눈과 얼음을 통한) 승화 등이다. 하늘에서 비로 내린 물은 대부분 대양으로 흘러들어간다. 그러나 대규모 저장고(특히 빙하와 대수층)로도 흘러들어간다. 이곳으로 흘러들어간 물은 대양으로 매우 천천히 흘러들어가거나 아예 이곳에 주저앉게 된다. 대양과 육지에서 증발한 물은 며칠 동안 하늘 위로 올라간 뒤 다시 비나 눈으로 내려와 순환을 완성한다.

물은 지구 전역에서 이루어지는 이와 같은 순환 체계를 거친다. 그러는 동안 생성되지도, 파괴되지도 않는다. 다만 한 곳에서 다른 곳으로 이동할 때 상相(예: 고체, 액체, 기체-옮긴이)이 바뀔 뿐이다. 지구는 마치 크기와 속도가 제각각인 회전 관성바퀴가 자리 잡은 공간과 같다. 일부 물순환은 매우 빠르고(예: 대기 중 흐름, 강을 통한 흐름) 일부 물순환은 느리며(예: 지하수, 호수, 눈) 일부 물순환은 매우 느리다(예: 깊은 대수층, 심해, 빙하, 대륙빙하). 대륙에서는 작지만 빠른 관성바퀴(수증기, 강우, 지표수)가 육지와 육지에 서식하는 대부분의 생명체를 지배한다. 특정한 순간에 수증기, 강우, 지표수가 전체 물에서 차지하는 비중은 지극히 작다. 그러나 수증기, 강우, 지표수는 매우 빠르게 순환하기 때문에 살아 있는 유기체가 끊임없이 사용과 재사용을 반복할 수 있다.

물의 상이 변할 때마다 막대한 에너지의 방출과 흡수가 일어난다. 물(액체)이 수증기(기체)로 증발할 때 주변 환경에서 열을 흡수한다(땀이 마르면 피부가 차가워지는 원리). 수증기가 더 높이로 올라가 더 차가운 공기와 만나면 빗방울(액체)로 변한다. 이때 잠열潛熱(저장된 열)이 공기로 다시 방출된다. 방출된 에너지는 폭풍, 기압 체계, 날씨에 영향을 미친다. 허리케인이 해변으로 상륙하면 주요 에너지원(증발된 바닷물이 상승한 뒤 응축되는 과정에서 방출되는 열)을 잃게 된다. 이와 같은 원리로 육지에 상륙한 허리케인은 약화되어 소멸한다.

강은 마치 과도한 공급을 겪는 연료관처럼 이와 같은 순환과정을 관통한다. 절대 저장 용량이라는 관점에서 볼 때, 강이 저장할 수 있는 물은 2,000세제곱킬로미터가량에 불과하다. 빙하, 대륙빙하, 대수층에 저장된 담수의 총 부피가 14억 세제곱킬로미터에 달한다는 점을 감안하면 강이 저장할 수 있는 물의 양은 보잘것없는 수준이다. 그러나 이와 같은 비교는 연료관의 부피와 가스탱크의 부피를 비교하는 것과 마찬가지로 큰 의미를 가지지 못한다. 강이 특별한 이유는 물과 에너지를 빠르고 집중적으로 처리하기 때문이다. 그리고 바로 이와 같은 이유로 인간은 호수 주변이 아니라 강 주변에 정착하는 것이다.

더욱이 강은 담수를 운반한다. 지구에 존재하는 물의 약 98퍼센트는 소금기를 머금고 있어 식수로 이용하거나 작물 재배를 위한 관개에 적합하지 않다. 강수는 광범위한 지역에 흩뿌려지므로 쉽게 이용할 수 없다. 이와 같은 상황을 고려하면 강이야말로 막대한 양의 담수와 에너지가 집적된 물리적 실체다. 덕분에 강은 인류 문명과 생물이 생명을 유지하는 데 중요한 역할을 담당하게 되었다.

수문학 모델의 힘

전 세계 각지에 설치된 센서와 우주에 떠 있는 위성은 전 세계의 물순환을 구성하는 다양한 요소를 관측하고 있다. 여기에서 수집된 데이터를 기반으로 컴퓨터 모델을 만들어 예측할 수 있다.

수문학 모델은 하루도 빠짐없이 사회에 기여하는 강력한 도구다. 수문학 모델을 바탕으로 수도 설비를 운영하고 댐 방류를 계획하며 홍수를 예측할 수 있다. 그 덕분에 농민과 구호 기관은 가뭄에 대비할 수 있고 물 계획가들은 단기적인 날씨와 장기적인 기후변화에 적응하는 데 필요한 계획을 수립할 수 있다.

수문학 모델은 기상 예측 모델과 유사하다. 대기 중 물과 에너지의 움직임을 시뮬레이션하기 때문이다. 다른 점은 시뮬레이션의 대상이 비나 눈이 되어 하늘에서 육지로 떨어진 후의 물(과 에너지)의 움직임이라는 점이다. 기상 예측 모델과 수문학 모델은 한 쌍으로 취급되기도 한다. 이와 같은 경우에는 기상 모델에서 도출된 데이터를 수문학 모델의 입력 데이터로 사용한다.

매우 단순한 모델부터 매우 복잡한 모델까지 다양한 수문학 모델이 존재한다. 각각의 수문학 모델은 다양한 접근 방식을 취하고 다양한 지리적 규모에서 작동한다. "물리 기반" 모델은 기본 원칙들을 바탕으로 (증발과 토양으로의 물 침투 같은) 물 순환과정을 명시적으로 시뮬레이션하려고 시도한다. 경험 기반 모델은 물리 기반 모델보다 더 단순하다. 경험 기반 모델은 실제 세계에서 확인한 측정값을 사용해 물 순환과정을 설명하려고 시도한다. 따라서 물 순환과정에 관련된 물리학과 세부 사항을 피해갈 수 있다. 물리 기반 모델과 경험 기반 모델은 저마다의 장점과 한계를 지니고 있다. 사실상 대부분의 수문학 모델은 이 두 모델을 혼합해서 생성된다.

다른 소프트웨어와 마찬가지로 수문학 모델도 항상 미완성 상태로 존재하면서 끊임없이 진화하는 도구다. (가령 현장 연구를 통해) 실제 세계에서 어떤 현상을 발견하면 과학자들은 발견한 현상을 수문학 모델에 통합한다. 수문학 모델과 실제 세계에서 관측된 현상이 불일치하는 경우 새로운 발견이 촉발되곤 한다. 예를 들어 현실 세계의 측정값을 통해 하천 배수량이 감소했다는 사실을 알게 되었다. 그러나 수문학 모델이 하천 배수량 감소를 재현하지 못한다면 해당 수문학 모델에서 무언가 중요한 것이 누락되었다고 생각할 수 있다. 해당 수문학 모델을 개발한 개발자들은 실망감을 감추지 못한 채 해당 수문학 모델을 개선할 수 있는 방안을 모색할 것이다. 나무는 공기 중으로 물을 배출하는 역할을 한다. 따라서 새로 심은 나무가 배수량 감소에 영향을 미친 것이라고 생각해볼 수 있다. 아니면 물이 지하수로 빠져나가는 바람에 발원지에 자리 잡은 샘물이 말라버린 것일 수도 있다. 이와 같은 생각을 모델에 통합한다. 이 과정을 반복하면 결국 현실 세계에서 이루어지는 물 순환과정 가운데 수문학 모델에는 누락된 과정이 발견될 것이다. 그러면 누락된 과정을 포함한 수문학 모델을 새로 만들어 새로운 버전의 소프트웨어가 나오게 된다. 마지막으로 현장 실험을 진행하여 새로운 수문학 모델이 실제로 개선되었는지 확인한다. 이와 같은 노력의 결과로 탄생한 수문학 모델은 그저 더 나은 모델에 그치는 것이 아니라 자연계가 작동하는 방식에 대한 과학적 이해 향상에 기여한다.

모델을 만드는 사람들과 현장 연구를 수행하는 과학자들은 지난 수십 년 동안 이와 같은 방식으로 옥신각신해왔다. 그 결과 지구에 대한 과학적 이해가 엄청나게 향상되었다. 그리고 수문학 모델의 개발과 시험에서 보정, 시뮬레이션 구동, 누락된 과정 발견, 새로 개선된 수문학 모델 시험에 이르는 작업을 하려면 무엇보다 실제 세계에서 얻은 관측값이 반드시 필요하다.

바로 이와 같은 이유로 자율 센서, 드론, 비행기, 인공위성이 쏟아내는 새로운 데이터가 주목을 받고 있는 것이다. 사촌 격인 기상 예측 모델과 마찬가지로 수문학 모델이 제대로 작동하려면 실제 세계에서 얻은 관측값이 필요하다. 관측값을 활용하는 과정에서 수문학 모델은 더욱 많은 기술을 탑재하게 되어 유용성이 높은 강력한 소프트웨어로 진화한다. 관측값을 활용하면 기계 학습 알고리즘을 훈련할 수 있다. 컴퓨터 과학은 오래전부터 이와 같은 방식으로 발전해왔다. 그리고 오늘날 지구 과학에도 이와 같은 방식이 스며들고 있다. 탈레스, 다빈치, 페로가 오늘날 확산되고 있는 센서, 위성, 모델을 보았다면 그리고 수문학의 황금기가 다가오고 있다는 사실을 알게 된다면 얼마나 놀랄지 무척 궁금하다.

* ⏳ *

베하르 박사는 사망하기 이틀 전 우리 집에 찾아왔다. 다가오는 그린란드 원정에 대비해 최근에 구상한 장치를 보여주었다. 바로 광활한 대륙빙하 상공에서 몇 시간을 비행하면서 매우 너른 영역을 지도에 표시하는 장거리 무인 고정익(날개가 고정된 비행체-옮긴이) 드론이었다.

베하르 박사는 드론이 자율적으로 상공을 비행할 수 있다고 설명했다. 드론이 떠 있는 동안 연구원들은 얼음 위에서 고리 모양의 떠다니는 센서를 푸른 급류에 흘려보내게 될 것이었다. 고리 모양의 떠다니는 센서가 자신이 수집한 측정값을 통신위성에 전송하는 사이, 무인 드론은 GPS 내비게이션과 카메라를 사용해 센서의 이동 경로를 추적할 터였다. 한편 무인 드론은 그와 동시에 우리 주변의 얼음 위로 분출하는 수천 개의 작은 돌발 홍수도 지도에 표시할 수 있었다. 관찰하기 좋은 두 개의 서로 다른 지점에서 드론을 두 차례 날려서 동일한 지역을 두 번 관찰하는 일도 가능했다. 그러면 디지털 실체 사진 측량을 활용해 초고해상도 3D 지형도를 만들고 대륙빙하 표면에서 아래 방향으로 일어나는 해빙을 정량화할 수 있을 터였다.

정말 짜릿했다. 떠다니는 센서가 전송한 데이터를 과학적으로 해석하는 데 큰 도움이 될 것이었기 때문이다. 또한 대륙빙하의 더 너른 영역에서 데이터를 찾아내는 데도 도움이 될 터였다. 베하르 박사가 드론 제작에 필요한 부품과 구성 요소를 구입하는 데 소요한 비용은 5,000달러에 불과했다. 당시로서는 정말 저렴한 비용이 아닐 수 없었다. 현장 연구팀이 대륙빙하로 이동하고 대륙빙하에서 철수하기 위해 필요한 헬리콥터를 빌리는 비용만으로도 그것보다 10배 많은 비용이 소요되는 상황이었기 때문이다.

만족스러운 기분으로 악수를 나누고 헤어졌다. 베하르 박사의 얼굴에는 흥분한 표정이 완연했다. 베하르 박사는 검은색 포르쉐를 몰고 우리 집이 있는 조용한 주택가를 벗어나 공항으로 간 뒤 집으로 향했다.

베하르 박사는 미국 항공우주국이 화성에서 사용할 계측 기기를 만든 로봇공학자였다. 그의 시대를 앞서간 발상은 불과 3년 만에 널리 보편화되었다. 오늘날 대학원생들은 필요한 구성 요소를 각자 주문해서 스스로 자율 센서 패키지와 드론을 만든다. 제작 비용은 계속 낮아지는 반면 하드웨어와 센서의 기능은 계속 높아지고 있다. 각국의 우주 기관과 우주 관련 민간기업은 지금까지 본 적 없던 신기술로 하늘을 가득 채우고 데이터를 무료로 제공하고 있다. 장기간 이어져온 위성 프로그램은 인류의 머리 위에서 묵묵히 반세기 분량의 다큐멘터리 영화를 촬영하고 있다. 기존의 연구자들과 차세대 베하르 박사들은 센서, 위성, 모델을 사용해 자연과학을 발전시키고 있다. 불과 20년 전만 해도 상상할 수 없었던 방식이다.

기술 분야와 정보 분야는 지속적으로 혁신하고 있다. 이와 같이 놀라운 혁신은 지구 위를 흐르는 강과 그 밖의 모든 담수 자원에 대한 이해를 크게 향상시킬 것이다.

9장

☞ 아래에서 무슨 일이 일어나고 있는지 어찌 알겠는가!
이 연못은 당신이나 내가 생각하는 것보다 더 거대할지도
모르는데….
_닥터 수스Dr. Seuss, ≪맥엘리것의 연못McElligot's Pool≫

나만 아는 낚시터가 있다. 그리고 이제 아무도 생각지 못한 일을 하려 한다. 이 비밀 낚시터 위치를 공개할 것이다.

나만의 비밀 낚시터는 사실 커다란 구멍이다. 얼마나 깊은지 아무도 모른다. 혹시 아는 사람이 있을지 모르지만, 적어도 나는 모른다. 활엽수가 무성하게 자라는 숲 한가운데 움푹 파인 구멍이 있다. 구멍에는 타닌을 함유한 맑은 물이 가득하다. 마치 땅에서 홍차가 용솟음치는 것처럼 보인다. 표면이 소리 없이 소용돌이친다. 구멍 아래 깊은 곳에서 수직 흐름이 위로 올라오고 있다는 증거다. 아주 오래전부터 구멍 주변에 자리 잡고 있던 암벽이 물속으로 미끄러지듯 사라진다. 끓어오르는 소용돌이 옆에는 평평하고 납작한 선반 모양의 돌이 자리를 지키고 있다. 마치 무대처럼 보인다. 가로 길이가 12미터쯤 되는 어두컴컴하고 깊은 물웅덩이는 영원히 이어질 것만 같다. 심지어 신성함마저 감돈다. 병을 치료하러 이곳을 찾는 모호크족이나 이곳의 물을 사용해 마법을 부리는 마녀의 모습을 떠올려보게 된다.

사실 나만의 비밀 낚시터는 어느 동굴에서 갈라져 나온 틈이다. 그 동굴은 인디언Indian강에 연결되어 있다. 인디언강은 뉴욕주 북부에 있는 애디론댁Adirondack산맥 기슭을 따라 흐르는 작은 강이다. 인디언강에서 흐르는 물의 약 3분의 1이 나만의 비밀 낚시터가 연결되어 있

는 동굴을 통해 빠져나간다. 동굴의 입구는 이곳에서 수백 미터 떨어진 곳에 있다. 그리고 이곳과는 비교할 수 없을 만큼 거대하다. 바로 그곳에서 인디언강의 일부가 땅 아래로 미끄러져 내려간다. 한때 그곳은 길가에 있는 관광 명소인 내추럴브리지Natural Bridge 동굴로 들어가는 입구였다. 루트 3을 따라 플래시드Placid 호수로 향하는 운전자들이 잠시 차를 멈추고 기지개를 펴면서 쉬어가는 곳이었다.

작은 배를 타고 동굴로 들어가면 이곳의 자연사에 대한 설명을 들을 수 있었다. 나폴레옹의 형이자 나폴리 왕, 스페인 왕이었던 조제프 보나파르트Joseph Bonaparte가 이곳에 있는 비밀 터널을 통해 탈출했다는 소문에 대해서도 들을 수 있었다. 이곳 자연의 아름다움에 매료된 보나파르트는 내추럴브리지 마을 인근에 여름 별장을 지었다고 한다. 동굴 전역에 퍼져 있는 대리석 기반암과 그 아래를 흐르는 인디언강에서 착안해 별장 이름을 지었다.

하지만 그 구멍과 관련된 나의 관심사는 오로지 낚시였다. 1970년대 말과 1980년대 초, 나는 시카고 시내에서 살았다. 그리고 할머니 댁에서 여름방학을 보내곤 했다. 이곳에 와보기 전에는 이와 같은 풍경을 본 적이 없었다. 도시내기 아이에게 깊이를 알 수 없는 구멍의 모습은 신비 그 자체였다. 지역 주민들은 그 구멍을 "싱크홀Sinkhole"이라고 불렀다. 싱크홀은 물고기를 생산하는 공장 같았다. 나는 매일 아침 빌린 자전거를 타고 싱크홀로 향했다. 아무리 못해도 작은입배스 두 마리 정도는 꼭 잡아서 집으로 돌아갔다. 할머니가 잡은 물고기를 요리해주시면 할머니와 함께 맛있게 먹었다. 그러므로 여름방학 동안 내가 싱크홀에서 잡아 올린 물고기가 어림잡아 50마리는 넘을 것이다. 게다가 나만 그곳에서 낚시를 한 것도 아니었다. 자전거가 얼마나 많이 지나갔는지 물웅덩이로 이어지는 오솔길은 움푹 파였고 단단하게 다져져 있었다. 평평하고 납작한 선반 모양의 돌에는 빈 미끼통, 엉켜 있는 단사 낚싯줄, 부주의한 아이들이 남긴 그 밖의 쓰레기가 널려 있었다. 아이들은 하루도 빠짐없이 낚시를 했다. 그리고 싱크홀은 그때마다 어김없이 물고기를 토해냈다. 또래 남자아이가 깊은 물속에서 민물송어를 낚아 올렸을 때는 정말 부러웠다. 그때까지 내가 본 것 중 가장 큰 민물송어였기 때문이다. 40센티미터는 족히 넘을 것 같았으며 턱이 파랗고 배가 붉었다. 달빛색의 반점이 아로새겨진 몸뚱이는 아름답기 그지없었다. 나의 경쟁자였던 그 소년은 낚싯줄 끝에 무거운 강철 추를 매달았다. 그래야 수중 동굴의 깊숙한 곳에 미끼를 내릴 수 있기 때문이었다.

오늘날 그때의 그 오솔길은 수풀이 우거져 있다. 옛날에 이곳에서 누가 낚시를 했었는지조차 알 수 없게 되었다. 숲속의 작은 빈터 주변에는 인간이 다녀간 흔적이 거의 없다. 이곳에 싱크홀이 있다는 것을 아는 사람조차 거의 없는 것 같다. 최근 내추럴브리지를 찾았을 때 마을에서 많은 아이들을 보았다. 그러나 그 아이들은 현관에 앉아 태블릿과 휴대전화만 뚫어지게 쳐다보고 있을 뿐이었다. 싱크홀에 가보고 싶었지만 깜빡 잊고 낚싯대를 챙겨오지 못했다. 많은 것이 변했다. 심지어 나도 변했다. 그래서 이제 지구상 최고의 낚시터 위치를 공유하고자 한다. 나만의 비밀 낚시터 좌표는 북위 44°4′16.29″, 동경 75°29′38.77″이다.

부자연스러운 분리

그토록 인기 있었던 낚시터가 이제는 버려져 사람이 찾지 않는 곳이 되었다는 사실에 놀랐다. 하지만 사실 놀랄 일도 아니다. 그저 더 큰 시류의 일부일 뿐이기 때문이다.

미국 어류 및 야생동물국은 1958년 이후 미국 전역에서 판매된 낚시 면허와 수렵 면허의 수를 추적해왔다. 그 가운데 뉴욕주 낚시 면허 판매 기록을 확보했다. 이와 더불어 뉴욕주를 통해 모피용 동물 덫

사냥 면허 판매 기록도 확보했다. 이번에 확보한 데이터를 통해 낚시, 수렵, 덫사냥 같은 야외 오락용 스포츠에 대한 미국 대중의 관심이 가장 높았던 시기는 1980년대 초였다는 사실을 확인하게 되었다. 그리고 바로 그 시기에 나는 유년시절의 추억으로 남은 애디론댁산맥에서 여름방학을 보냈다.

그 시기에 뉴욕주에는 낚시 면허를 소지한 낚시꾼만 약 90만 명에 달했다. 오늘날 뉴욕주의 낚시 면허 소지 낚시꾼의 총 수는 그때와 비슷하다. 하지만 인구 증가를 고려해보면 뉴욕주 전체 인구에서 낚시꾼이 차지하는 비율은 1980년대 초 18명 중 1명에서 오늘날 22명 중 1명으로 떨어졌다. 수렵 인구는 절대적으로도, 전체 인구에 대비해서도 모두 감소했다. 1980년대 초 80만 명에 육박하던 수렵 면허 사냥꾼은 오늘날 약 55만 명으로 줄어들었다. 인구 증가를 고려해보면 뉴욕주 전체 인구에서 사냥꾼이 차지하는 비중은 내가 어렸던 시절 22명 중 1명에서 오늘날 35명 중 1명으로 낮아졌다. 덫사냥 면허를 소지한 사냥꾼은 예나 지금이나 그 수가 많지 않다. 덫사냥을 하는 고독한 사냥꾼은 1980년 약 3만 명에서 오늘날 1만 5,000명으로 줄어들었다. 거의 절반이 사라진 셈이다. 최근 몇 년간 뉴욕주에서 덫사냥 면허를 구입한 사람은 1,000명 중 1명도 채 되지 않는다.

주 수준의 수치를 통해 확인한 추세는 미국 전체 및 전 세계의 추세와 크게 다르지 않다. 2018년 미국에서 판매된 낚시 면허는 약 2,980만 개였다. 이 수치는 1980년대 초반의 수치와 절대 수치에서 비슷하다. 그러나 인구 증가를 고려해보면 미국 전체 인구에서 낚시꾼이 차지하는 비율은 8명 중 1명에서 11명 중 1명으로 줄어들었다. 사냥꾼 총 수는 1980년 1,630만 명에서 2018년 1,560만 명으로 약간 감소했다. 그러나 미국 전체 인구에서 사냥꾼이 차지하는 비율은 14명 중 1명에서 21명 중 1명으로 낮아졌다.

미국 사람들이 캠핑, 배낭여행, 하이킹 또는 국립공원 방문을 한 일수와 일본 사람과 스페인 사람이 국립공원을 방문한 일수에서도 유사한 경향을 발견할 수 있다. 이와 같은 기록과 그 밖의 과거 이력에 대한 통계 연구가 이루어졌다. 그 결과 다양한 야외 오락 활동에 참여하는 인구가 전체 인구에서 차지하는 비중은 1981년에서 1992년 사이 정점을 찍은 뒤 꾸준히 감소하고 있다.

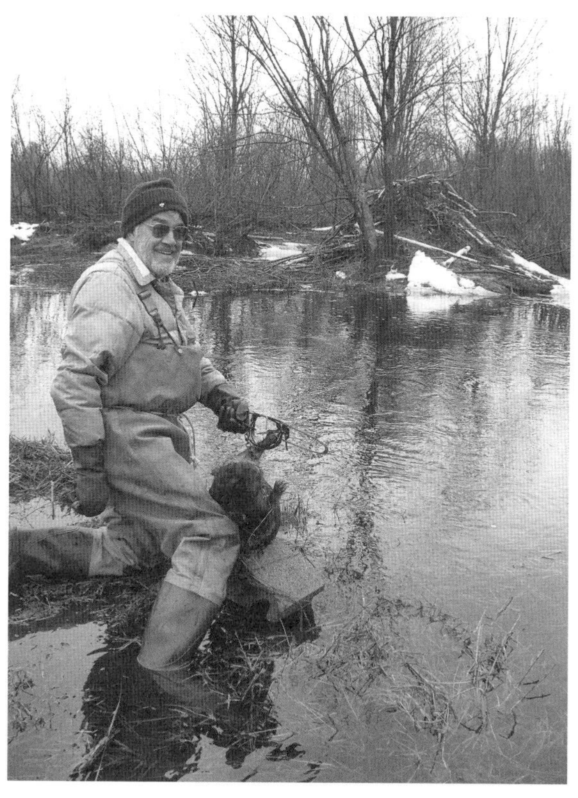

뉴욕주 북부에서 덫사냥을 하는 비버 사냥꾼. 한때 모피용 동물 덫사냥은 북아메리카에서 유럽으로 향하는 무역 개척의 일등공신이었다. 그러나 오늘날 뉴욕주에서는 덫사냥을 하는 사냥꾼을 거의 찾아보기 어렵다. 수렵 면허, 낚시 면허, 덫사냥 면허 판매 기록, 국립공원 방문자 수, 그 밖의 수치 데이터에 따르면 사람들의 야외 활동은 1980년대에 정점에 이르렀고 그 뒤 급격히 감소하고 있다.
ⓒLaurence C. Smith

대부분의 국가에서 여전히 인구가 증가하고 있기 때문에 전체 인구 대비 야외 오락을 즐기는 인구가 감소한다는 사실을 놓치기 쉽다. 예를 들어, 미국 국립공원을 찾는 방문자의 절대 수치는 계속해서 역대 기록을 경신하고 있다. 미국 국립공원의 시설과 직원은 너무 많은 방문객으로 인해 혹사당하고 있는 실정이다. 그러나 인구 증가를 고려해보면 미국 국립공원을 찾은 방문객 수는 1987년 정점에 이른 뒤 하락 추세를 보이고 있다는 사실을 확인할 수 있다.

이와 같은 추세가 나타나는 근본적인 이유에 대해서는 논란의 여지가 있다. 분명한 것은 이와 같은 추세가 앞으로도 계속 강화될 것이라는 점이다. 수많은 연구에 따르면 요즘 사람들은 점점 더 실내 오락 활동에 몰두하고 있다. 이와 같은 추세는 텔레비전과 비디오에서 시작해 인터넷, 소셜 미디어 활동, 온라인 게임으로 발전했다. 이유가 무엇이었든 독립적으로 확보된 여러 증거를 통해 전 세계의 호모 사피엔스가 자연으로부터 멀어지고 있다는 사실을 분명하게 확인할 수 있다.

영화, 언어, 예술이 자연을 묘사하는 방식에서도 흥미로운 추세를 읽을 수 있다. 예를 들어, 지난 70년 동안 세상에 선보인 월트디즈니 장편 애니메이션과 픽사 장편 애니메이션 영화를 분석했다. 그 결과 세계에서 가장 사랑받는 아동 영화에 등장하는 야외 장면에서 자연환경을 묘사한 장면이 급격하게 사라져갔다는 사실이 확인되었다. 1937년 월트디즈니는 <백설공주와 일곱 난쟁이Snow White and the Seven Dwarfs>를 선보였다. 이때 거의 모든 야외 장면에서 풍부한 자연이 배경으로 사용되었다. 그리고 야외 장면을 자연환경으로 채우는 추세는 향후 40년가량 월트디즈니 영화에서 반복되었다. 그러나 1980년대 초 이후 선보인 월트디즈니 애니메이션과 픽사 애니메이션 영화의 절반에서는 야외 장면에서 자연의 흔적을 거의 찾아볼 수 없다. 자연환경을 묘사하더라도 야생동물이 거의 등장하지 않을 뿐 아니라 온순하게 표현된다. 또한 인간이 수정한 풍경을 묘사하는 경우가 많다.

데이터마이닝 알고리즘을 사용해 자연을 참조하는 단어(예: 태양, 꽃, 비 등)의 빈도를 추적한 흥미로운 연구도 진행되었다. 전 세계의 모든 영어 소설, 영어 영화 대본, 지난 세기에 발표된 상위 100위권 안의 노래 가사를 대상으로 연구가 이루어졌다. 연구 결과 대중문화 전반에서 자연을 참조하는 단어의 사용이 급격하게 감소했다는 사실이 밝혀졌다. 이 연구의 저자들은 다음과 같이 기록했다. "3대 문화 부문에서 제작된 상품을 검토한 결과 1950년대 이후의 집단적 상상력과 문화 담론에서 자연이 차지하는 공간이 줄어들고 있다는 증거를 발견했다." 문화 상품에서 자연이 차지하는 영역이 줄어드는 추세가 자연에 대한 사람들의 관심이 줄어든다는 것을 의미하지는 않는다. 대신 깊이 생각해보아야 할 몇 가지 질문을 남긴다. "오늘날의 사람들은 과거의 사람들에 비해 자연의 미학적 측면과 영적 측면을 덜 강조하고 실용적인 측면을 더 강조하는가?" "오늘날의 사람들은 자연을 경험의 대상이 아니라 소비의 대상이자 통제의 대상으로 여기는가?" "과거의 사람들과 오늘날의 사람들이 보이는 자연에 대한 서로 다른 태도는 환경을 보존하려는 노력과 전반적인 인간 복리에 어떤 의미를 지니는가?"

이와 같은 질문 모두 아직까지 해답이 발견되지 않았다. 그러나 저자들은 문화 상품에서 자연이 차지하는 영역이 줄어드는 추세의 근본 원인에 대해 분명하게 밝힌다. 바로 전 세계 인류가 실내 오락 활동을 즐기는 방향으로 이동하는 추세와 무관하지 않다는 것이다. 실내 오락 활동을 즐기는 방향으로 이동하는 추세는 오락, 교육, 사회적 상호작용에 많은 이점을 제공한다. 그러나 이제부터 살펴보게 될 내용처럼 그에 따른 비용도 발생한다.

자연과 두뇌

리처드 루브Richard Louv는 작가이자 아동 옹호가다. 2005년 ≪자연에서 멀어진 아이들Last Child in the Woods≫을 출간했고, 이 책이 베스트셀러가 되었다. ≪자연에서 멀어진 아이들≫에서 루브는 정신과 연구와 생리학 연구를 집대성해 야외에 노출되는 경험이 아동의 건강한 발달에 중요한 요소라는 사실을 보여주었다. 루브는 수많은 과학적 연구를 인용하면서 주의력 장애, 비만, 우울증, 그 밖의 질병을 비롯한 다양한 문제의 원인으로 어린 시절에 자연과 상호작용이 부족했다는 사실을 지목했다. 또한 자연과의 상호작용 부족으로 나타나는 질병을 포괄하는 용어를 만들었다. 바로 "자연 결핍 장애nature-deficit disorder"다. ≪자연에서 멀어진 아이들≫은 국제적인 반향을 불러왔다. "아이들을 야외로 내보내자Leave No Child Inside"라는 국제적인 운동이 일어났고 "아동과 자연 네트워크Children & Nature Network"라는 새로운 조직이 탄생했다(루브가 공동 창립자다). 두 기관 모두 아동의 야외 활동을 촉진할 수 있는 환경을 조성하기 위해 애썼다. 루브의 발상은 무척 설득력이 있었다. 그동안 나와 아내는 우리의 세 아이들에게 로스앤젤레스에서는 나뭇가지와 꽃을 가지고 놀 수 없다고 말하곤 했다. 아이들에게 그렇게 말하게 된 이유를 곰곰이 숙고한 끝에 도시화가 덜 진행된 뉴잉글랜드 지역으로 이사하기로 결정하게 되었다.

성인도 자연 결핍 장애를 겪을 수 있다는 증거가 점점 더 많아지고 있다. 루브는 이와 같은 증거를 모아 후속작 ≪자연의 법칙The Nature Principle≫에 수록했다.

이와 같은 연구 문헌을 살펴보는 일은 매우 흥미롭다. ≪자연에서 멀어진 아이들≫이 출판되고 3년 후, 미시간대학교 소속 연구팀은 앤아버Ann Arbor공원을 50분 동안 혼자 산책한 성인의 경우 인지능력이 눈에 띄게 복원된 반면, 분주한 도시의 시내를 산책한 성인의 경우

인지능력이 저하되었다는 사실을 확인했다. 성인의 뇌 기능은 기분, 날씨, 그 밖의 외부 요인과 관계없이 개선되었다. 연구팀의 결론은 다음과 같다. "자연은 흥미로운 자극으로 가득 차 있다. 대부분은 상향식으로 성인의 주의를 적당히 자극한다. 덕분에 하향식의 통제된 주의를 보충할 기회를 제공한다." 자동차 경적, 상점, 교통 같은 더 날카로운 자극은 인간의 주의를 더 완전하게 사로잡는다. 이와 같은 자극을 극복하거나 무시하려면 통제된 주의가 필요하다. 그로 인해 도시환경에서는 자연환경에서보다 성인의 두뇌 인지 복원이 지연되는 것으로 보인다.

조용한 방처럼 평화로운 환경이라고 해서 무조건 위에서 확인한 인지 기능 강화라는 이점을 재현할 수는 없다는 사실을 기억해야 한다. 즉, 자연환경에서 발견되는 유형의 자극이 필요하다. 이때 시각피질과 관련된 신경이 개입할 가능성이 높은 것으로 보인다. 그 이유는 단순히 야외의 자연환경을 담은 사진을 보는 것만으로 연구에 참여한 성인들의 인지 기능이 강화되었기 때문이다. 이유가 무엇이든 간에, 자연이 제공하는 적당히 흥미로운 자극(심지어 도시공원에서도 제공하는 자극)에는 분명 인간 두뇌의 인지능력을 복원하는 데 도움이 되는 특별한 무언가가 존재한다.

자연은 개인의 기분과 자존감에도 영향을 미친다. 에섹스대학교의 조 바턴Jo Barton은 한 쌍의 메타분석 연구(여러 통계 방법을 다른 여러 연구의 데이터세트에 적용하는 방식)를 수행했다. 그 결과 (자연환경에서 운동하는) "녹색운동"이 정신 건강에 크게 도움이 된다는 사실을 밝혀냈다. 바턴의 연구는 1,200명이 넘는 개인을 대상으로 영국에서 수행된 10건의 연구를 분석한 것이다. 연구 결과 모든 유형의 녹색환경에서 기분과 자존감이 모두 개선되었다는 사실과 그 환경 안에 물이 있으면 효과가 더 높아진다는 사실이 밝혀졌다.

해양과학자 월러스 니콜스Wallace Nichols는 저서 ≪파란 마음Blue Mind≫에서 이와 같은 발상을 더욱 발전시켰다. 이 책에서 니콜스는 인간의 신경은 자연 그 자체에 긍정적으로 반응하는데, 그 가운데에서도 특히 물에 대해 더 긍정적으로 반응한다고 주장했다. 특히 ≪파란 마음≫은 물이 제공하는 수많은 생리적 이점과 사회적 이점을 인지적, 정서적, 심리적 이점에 초점을 맞추어 다채롭게 소개한다. 예를 들어, 흐르는 물소리를 듣는 것만으로 스트레스가 상당히 줄어들었다. 시냇물이 흐르는 소리, 파도가 부서지는 소리는 수면의 질을 높인다. 암 환자가 흐르는 개울과 폭포의 영상을 시청할 경우 에피네프린과 코르티솔 같은 스트레스 호르몬이 크게 감소했다. 2011년부터 니콜스는 신경과학자, 심리학자, 예술가, 수문학자가 참석하는 콘퍼런스를 정기적으로 개최하고 있다. 이 콘퍼런스에서는 인간의 정신이 본능적으로 물에 이끌린다는 발상을 심도 있게 탐구한다.

나는 신경학자가 아니다. 따라서 루브, 바턴, 니콜스가 수집해 종합한 내용을 액면 그대로 받아들이려고 한다. 나는 40여 년을 강에서 보냈다. 나의 개인적인 경험을 바탕으로 생각해볼 때 세 사람의 주장에는 수긍할 만한 측면이 많다. 어린아이일 때든 어른이 되었을 때든 강 주변을 산책하고 나면 30분도 채 지나지 않아 마음이 안정되면서 차분해지고 생각이 정리되는 놀라운 경험을 자주 했기 때문이다.

어린 시절의 나를 매일 싱크홀로 이끌었던 것, 내가 좋아하는 인디언강 곳곳의 낚시터를 자주 찾아가도록 유혹했던 것은 물고기가 아니었다. 적당한 자극과 충분히 짐작할 수 있는 수준의 차분함을 동시에 제공하는 장소에서 보내는 시간 그 자체였다. 그곳에서는 낚싯대를 잠시 내려두고 바위 밑을 샅샅이 뒤져 가재와 헬그라마이트(낚시 미끼로 쓰이는 뱀잠자리 애벌레-옮긴이)를 찾아다니는 여유로운 시간을 보낼 수 있다. 소용돌이치는 물을 응시하거나 실잠자리가 사냥하는 모습을 지켜보거나 강을 따라 흐르는 모래를 바라보면서 시간을 보낼 수 있다. 강에서 보내는 시간은 단순히 도시 밖에서 즐거운 여름날을 보내는 것을 넘어서는 의미로 나에게 다가왔다. 강을 통해 집중하는 법, 혼자 있으면서 만족하는 법, 단순한 일에서 아름다움을 보는 법을 배웠다. 내가 강에서 얻은 것들을 아동이든 성인이든 관계없이 누구나 강, 연못 또는 공원에서 얻을 수 있을 것이라고 생각한다.

심지어는 도시에서도 얻을 수 있을 것이라고 생각한다.

맨해튼에서 얻은 세 가지 경험

최근 아내에게 맨해튼에서 열리는 결혼식 청첩장이 날아왔다. 주말을 끼고 아내와 맨해튼에 다녀오기로 결정했다. 아이들은 부모님께 맡겼다. 맨해튼에서 보낸 3일은 정말 근사했다. 그리고 세 가지 경험을 얻었다. 나는 한동안 도시에 자리 잡은 강과 관련된 오늘날의 추세에 대해 고민하고 있었는데, 이 세 가지 경험 덕분에 나를 괴롭혀온 오랜 고민을 끝내게 되었다.

첫 번째 경험은 결혼식이 열리는 장소로 가는 길에서 얻었다. 나와 아내는 우선 지하철역으로 향했다. 34번가-허드슨야드34th Street-Hudson Yards역이었다. 허드슨강에 인접한 첼시에 새로 지어진 34번가-허드슨야드역은 휘황찬란한 새 역사를 자랑했다. 뉴욕의 지하철역 대부분은 비좁고 더럽다. 그러나 34번가-허드슨야드역은 현대적으로 설계되어 밝고 통풍이 잘되었다. 지하철에서 내려 지상으로 올라가자 대규모 건설 현장이 눈에 들어왔다. 계단통과 층계참으로 이루어진 거대한 벌집 모양의 구조물을 중심에 두고 온통 유리를 두른 고층 건물들이 세워지고 있었다(나중에 구조물의 이름이 "베슬The Vessel"이라는 사실을 알게 되었다. 영국을 중심으로 활동하는 토머스 헤더윅Thomas Heatherwick이 설계했다고 한다). 허드슨강은 건설 현장의 서쪽 경계를 따라 흐르고 있었다. 임시로 세워놓은 합판 벽과 중장비의 소음을 헤치고 나아가면서 놀라지 않을 수 없었다. 새로 건설되는 모든 건물이 허드슨강의 '시선sightline'을 극대화하려는 전략에 따라 설계되어 있었기 때문이다.

서쪽으로는 허드슨강, 동쪽으로는 10번로, 북쪽으로는 34번가, 남쪽으로는 30번가와 만나는 건설 현장 규모는 실로 어마어마했다. 강 옆에 27에이커 면적의 맨해튼 허드슨 철도차량기지가 있었다. 온통 유리를 두른 새 고층 건물들은 그 위에 세워지고 있었다. 철도 차량기지 시설은 철거되는 것이 아니었다. 그 위에 건물이 올라가면서 지하로 바뀔 뿐이었다. 철로 사이에 기둥을 세우고 그 위로 새로 짓는 허드슨야드(컬러사진 참조) 건물들의 골격이 올라갔다. 허드슨야드 재개발 프로젝트는 1930년대 22에이커 규모의 록펠러센터가 건설된 이후 맨해튼에서 벌어지는 가장 큰 규모의 개발 사업이다.

개발업체에 따르면 허드슨야드 재개발 프로젝트는 미국 재개발사업 역사상 비용이 가장 많이 소요되는 사업이다. 예상되는 총 소요 비용은 250억 달러다. 21세기에 이루어지는 대부분의 도시 개발 사업과 마찬가지로 허드슨야드 재개발 프로젝트도 고밀도 주거, 상업, 실외 공간이 혼합된 복합 토지이용을 지향한다. 고층 아파트, 상점, 레스토랑, 사무실, 야외 공용 공간을 갖춘 새로운 복합 단지와 새로운 공연장, 호텔, 공립학교가 건설될 것이다. 허드슨야드는 14에이커 규모의 자체 야외 녹지 공간을 갖추고 있다. 거기에 더해 하이라인High Line과 허드슨리버파크Hudson River Park에 연결될 것이다. 하이라인은 버려진 고가 철로에 초목을 심은 뒤 대중에게 산책로로 개방한 공간이고 허드슨리버파크는 로어 맨해튼에서 허드슨강을 따라 약 6.4킬로미터에 걸쳐 있는 새로운 녹지 공간이다. 허드슨야드 재개발 프로젝트를 통해 1,800만 평방피트의 바닥 공간, 약 4,000채의 주택, 100개 넘는 상점이 생겨날 것이다. 2022년 완공 예정인 허드슨야드는 새로 탄생한 강변 지역에서 매년 약 5만 5,000개의 일자리와 190억 달러의 가치를 창출할 것으로 예상된다. 지금까지 보았던 도시 재개발사업 가운데 가장 압도적임에 틀림없다.

두 번째 경험은 결혼식 그 자체였다. 결혼식과 하객 영접은 피어61에서 열렸다. 피어61은 유서 깊은 첼시 부두의 선적 터미널이었지만 지금은 용도가 변경된 곳이다.

피어61은 허드슨강 하구퇴적지로 돌출되어 있다. 강으로 에워싸인 길쭉한 부두는 특별한 행사를 치르는 장소로서 이상적인 공간이다. 가까이에서 물을 조망할 수 있을 뿐만 아니라 사방에서 풍부한 자연광이 쏟아져 들어오는 아름다운 장소다. "라이트하우스Lighthouse"라고 불리는 행사장은 부두 맨 끝에 있다. 라이트하우스의 벽은 바닥에서 천장까지 통유리로 이루어져 있다. 두 개의 유리벽이 만나는 모서리에는 꽃으로 장식한 후파huppah(유대인 결혼식에 사용하는 캐노피. 신랑과 신부가 그 아래에 선다-옮긴이)가 자리 잡았다. 덕분에 신랑과 신부, 하객 모두 강을 마주볼 수 있게 되었다. 신랑과 신부는 허드슨강, 자유의여신상, 뉴저지주와 로어맨해튼 수변 공간이 자아낸 장관 속으로 걸어 들어갔다. 마치 한 폭의 그림을 보는 듯했다.

결혼식은 해질녘에 시작되었다. 하늘은 주황색과 진홍빛으로 물들었다. 조금씩 사그라지는 빛 속에서 신랑과 신부의 모습이 어슴푸레 보였다. 때마침 약속이라도 한 듯 뉴저지주와 뉴욕의 수변 공간이 일제히 빛을 발하기 시작했다. 반짝이는 양측 수변 공간 사이에 자리 잡은 허드슨강은 검은 심연으로 변했다. 랍비가 모세의 율법을 아람어로 읊조렸다. 일몰, 예로부터 이어져온 의례, 시대를 초월한 강물의 흐름 사이에서 젊은 부부와 모든 연령대를 아우르는 하객들이 체현하고 있는 삶의 순환을 반추해보지 않을 수 없었다. 모름지기 결혼식이란

지하실에서 치르더라도 훌륭한 법이다. 하물며 도시의 불빛으로 에워싸인 검은 물 사이에서 치러지는 결혼식의 웅장함이란 말로 표현할 수 없는 것이었다(컬러사진 참조).

세 번째 경험은 다음 날 일어났다. 오랜 친구가 브루클린에 있는 킹스 카운티 양조장으로 우리를 초대했다. 오래된 2층짜리 붉은 벽돌 건물을 복원한 뒤 이곳에 보금자리를 튼 킹스 카운티 양조장은 설립된 지 얼마 되지 않았지만(2010년 설립), 1933년 금주법이 해제된 이후 뉴욕에 처음으로 문을 연 곳이고 뉴욕에서 가장 오래된 양조장이다. 주력 상품은 옥수수로 만든 버번위스키다. 지역에서 재료를 공급받아 현장에서 증류하는 것이 특징이다. 오크통을 불에 그을린 후, 그 안에 옥수수 증류주를 넣고 2층 판자 바닥에서 숙성시킨다. 불에 그을린 오크통 안에서 숙성 과정을 거친 증류주에는 색과 풍미가 더해진다. 그리고 마침내 향이 아주 우수한 호박색 위스키로 거듭난다. 킹스 카운티 양조장의 여기저기를 구경하면서 즐거운 시간을 보낸 뒤 공개 시음실 겸 바로 사용하는 게이트하우스로 이동했다.

양조장과 마찬가지로 바 역시 옛 모습 그대로였다. 킹스 카운티 양조장은 벽돌로 만든 건물의 원래 모습을 최대한 훼손하지 않으면서 바를 운영하고 있었다. 바가 자리 잡은 건물은 원래 브루클린 해군 공창 입구에서 위병소로 사용되던 건물이었다. 브루클린 해군 공창은 뉴욕 이스트강 하구퇴적지에 형성된 커다란 만입灣入 지형(물이 육지 쪽으로 휘어든 곳)에 있다. 미국에서 가장 오래된 군용 선박 건조 시설 중 하나다.

앞서 설명한 대로 브루클린 해군 공창은 조선소였다. 1801년부터 1966년까지 꾸준히 운영되어 뉴욕주에서 가장 오랫동안 지속적으로 운영된 제조 시설로 자리매김하게 되었다. 이곳에서 많은 전함이 건조되었는데, 그중 유명한 전함으로는 모니터 함(햄튼로드Hampton

Roads 전투에서 버지니아 함과 싸워 무승부를 기록한 철갑함, 3장 참조), 애리조나 함USS Arizona(일본의 진주만 공격을 받고 침몰한 첫 번째 전함) 미주리 함(미주리 함 갑판에서 일본이 공식 항복해 제2차 세계대전이 종결됨, 4장 참조)을 꼽을 수 있다.

165년을 이어온 브루클린 해군 공창은 1966년 모든 임무를 내려놓고 역사 속으로 사라졌다. 수만 명의 노동자가 일자리를 잃었다. 녹슬어 썩어가는 해군 공창은 미국에서 사라진 제조업 일자리의 상징이 되었다. 300에이커에 달하는 해군 공창 토지는 뉴욕에 매각된 후 상업 공원으로 재개장했다. 꽤 오랜 기간 동안 해군 공창 토지는 주로 조선소에 임대되었다. 그러나 1980년대 후반 토지를 임차해 운영하던 조선소마저 문을 닫으면서 이 쇠락한 시설은 최종 폐쇄되었다.

그러자 뉴욕 시 당국은 개발 회사를 설립하고 해군 공창 토지의 용도를 재구상하기 시작했다. 그 후 10년 동안 수많은 대규모 창고와 건물을 세분화하고 개조하여 다양한 중소기업을 유치했다. 2000년대 초 브루클린 해군 공창 토지에 자리 잡은 건물을 빌리는 임차인은 275명으로 증가했다. 거기에는 빠르게 증가하는 녹색 제조업체도 포함되어 있었다. 2004년 텔레비전 콘텐츠와 영화를 제작하는 스타이너스튜디오Steiner Studios가 해군 공창 토지에 문을 열었고 2010년과 2017년 사업 규모를 확대했다. 킹스 카운티 양조장은 위스키 사업장을 해군 공창 토지로 이전했다. 이전한 곳은 과거 해군 공창 은행으로 사용되었던 경리부 건물이다. 바로 이 건물이 앞서 언급한 유서 깊은 벽돌 건물이다. 2018년 해군 공창 토지에서는 2만 3,226제곱미터 규모의 녹색 제조 센터, 3,250제곱미터 규모의 온실, 6,039제곱미터 규모의 옥상 농장이 운영되고 있었다. 사라진 제조업 일자리의 무덤이었던 브루클린 해군 공창은 오늘날 번창하는 다양하고 미래 지향적인 도시 사업의 중심지로 변모했다.

* ⌛ *

언뜻 보면 내가 맨해튼에서 보고 들은 세 가지 경험은 서로 관련이 없어 보인다. 그러나 이 세 번의 경험은 모두 광범위한 경제적 추세와 환경적 추세를 반영한다. 이와 같은 추세 속에서 오늘날 선진국에 자리 잡은 여러 도시의 강변 공간들이 새로운 모습으로 거듭나고 있기 때문이다. 앞선 여러 장에서 설명한 것처럼, 이미 고대부터 인간이 세운 도시는 강과 관계를 맺어왔다. 그리고 도시와 강이 맺은 관계의 본질은 수천 년 동안 계속해서 변화해왔다. 그리고 이제 도시와 강을 연결하는 방식이 다시 한번 바뀌고 있다. 그때그때 달랐지만 애초에 인간은 도시와 강의 관계를 실용적이고 산업적인 관계로 인식해왔다. 그러나 오늘날에는 강을 인간 복리를 창출하는 원천으로 인식하는 경향이 두드러지게 나타나고 있다.

지난 수십 년 동안 선진국의 중공업, 조선업, 제조업은 개발도상국으로 이동했다. 따라서 수변에 자리 잡았던 많은 산업 자산이 쇠퇴하면서 폐쇄되었다. 각종 오염 통제법(6장 참조)도 선진국에서 이와 같은 산업 활동이 소멸하는 데 한몫 거들었다. 덕분에 오늘날 도시의 강변 공간은 과거의 깨끗함을 어느 정도 되찾았다. 이제는 일하고 생활하는 데 부족함이 없는 아름다우면서 매력적인 공간으로 변모하고 있다. 주요 도시의 거의 대부분은 원래 강을 따라 건설되었고(2장 참조) 최근 여러 도시에서 도심이 되살아나고 있다. 따라서 부유한 도시에서 버려졌던 강변 토지는 재개발을 손꼽아 기다리게 되었다.

지난 수십 년 동안 자산 소유자와 도시계획가는 과거 산업 용도로 사용되었지만 지금은 버려진 토지의 용도를 변경하기 위해 고군분투했고 그 결과는 매번 엇갈렸다. 그러나 오늘날 새로운 세대의 도시 설계가와 계획가 들은 이와 같은 토지를 새로운 시각으로 바라본다. 뉴욕을 중심으로 활동하는 리즈 풀버Liz Pulver는 수상 경력에 빛나는 조경건축가다. 풀버는 도저히 찾아보기 어려운 도시의 자투리땅에 지극히 작은 녹색 오아시스를 조성하는 일을 하고 있는데, 산업 용도로 사용되다 버려진 도시의 강변 토지는 도시에서 활용할 수 있는 그 밖의 토지에 비해 대체로 규모가 매우 크다는 사실을 아쉬운 목소리로 지적한다. 규모가 크기 때문에 의욕적으로 추진되는 강변 토지 재개발 사업의 대부분은 주거 공간과 상업 공간을 혼합한 복합 용도, 저렴한 주택 공급, 환경적으로 지속가능한 재료 사용, 많은 공공 야외 녹지 공간 통합을 지향한다.

현대 도시계획은 공공재와 녹지 공간이 전부라고 해도 과언이 아니다. 강변에 자리 잡은 대규모 토지는 공공재와 녹지 공간을 확보할 수 있는 보기 드문 기회를 제공한다. 그 이유는 크게 두 가지다. 하나는 오랜 법규범에서 찾을 수 있다(1장에서 설명한 것처럼 로마 시대로 거슬러 올라간다). 이와 같은 법규범은 강에 접근할 대중의 권리를 보호한다. 다른 하나는 강 자체가 물리적 위협이 된다는 점이다. 범람원은 침수와 침식이 자연스럽게 일어날 수 있는 지역이다. 따라서 영구적인 건물을 짓기에는 위험성이 높다. 그러므로 강변 공간은 야외 휴식 공간으로 사용하는 것이 바람직하다. 나아가 대부분의 지방자치단체는 강변에 엄격한 후퇴 요건을 적용해 강 유역에 공공 산책로를 조성하고 공공 지역권을 보장할 기회를 창출한다.

해안 지역의 경우 해수면 상승으로 인해 해안가 구조물의 장기적인 생존이 위협을 받고 있다. 따라서 도시계획가는 더욱 세밀한 조사를 통해 새로운 개발 사업의 후퇴 요건을 강화해야 한다. 이와 같은 요건은 수변 공간에 건물을 짓는 데 걸림돌로 작용해 건설 비용을 높인다. 반면 넓은 완충 지역을 확보할 수 있으므로, 과거 산업 토지로 사용되었던 대규모 토지 옆에 자리 잡은 수변을 따라 새로운 녹지 공간을 창출할 기회가 된다.

개발업체들은 이와 같은 과제에 잘 대처해나가고 있다. 뉴욕 대도시권에서 계획 중이거나 진행 중인 주요 강변 동간 재개발사업만 꼽아도 족히 수십 개는 되고도 남는다. 그리고 사실상 모든 재개발사업에는 붐비는 도시에 꼭 필요한 공공 공원이 포함되어 있다. 대부분의 재개발사업은 과거 산업 토지로 사용되었지만 지난 수십 년 동안 버려져 있던 토지의 개발을 추진한다. 따라서 이와 같은 토지의 용도를 변경하자는 제안은 지역 주민들과 정치인의 지원을 이끌어낼 가능성이 높다. 특히 수변 공간에 새로운 공공 공원을 제공할 경우에는 지원을 받을 가능성이 더 높아진다. 올바르게 추진된다면 이와 같은 재개발사업은 도시지역과 강을 연결하는 새로운 기회를 창출하는 역할을 수행할 것이다.

브루클린 윌리엄스버그 지역, 이스트강 유역에 있는 도미노Domino제당 공장 토지를 예로 들어보자. 미국 설탕 생산업체인 도미노제당공장은 132년이라는 기나긴 역사를 뒤로하고 2004년 문을 닫았다. 그리고 남겨진 11에이커 규모의 토지에서는 주택과 녹지가 혼합된 도미노제당 공장 프로젝트가 진행되고 있다. 새로 탄생할 지역에 아파트가 들어서서 2,800채의 주택을 공급할 예정이다. 그 가운데 700채는 저렴한 가격에 공급될 예정이다. 수변 공간에는 6에이커 규모의 공원이 조성될 예정이다. 오래된 제당 공장의 구성 요소 가운데 일부 역사적 가치가 높은 요소는 보존될 것이다. 구체적으로는 창고 기둥, 높이 솟은 크레인 트랙, 시럽 탱크를 꼽을 수 있다. 새로 조성될 도미노공원은 윌리엄스버그 지역 주민들에게 공공 공간을 제공할 것이다. 과거 윌리엄스버그 지역 주민들은 이스트강 수변 공간에 접근할 수 없었다. 그러나 도미노공원이 완성되면 주민들은 풀밭, 운동장, 수변 공간을 접할 수 있을 것이다.

도미노제당 공장 토지에서 이스트강 유역을 따라 북쪽으로 3.2킬로미터가량 이동하면 브루클린 그린포인트 지역을 만날 수 있다. 이 지역에서도 재개발사업이 한창이다. 심지어 도미노 제당 공장 프로젝트보다 사업 규모도 더 크다. "그린포인트 랜딩Greenpoint Landing"이라고 이름 붙은 이 재개발사업은 이스트강과 뉴타운크리크 합수머리 인근 토지에서 추진되고 있다. 그린포인트 랜딩 프로젝트가 완료되면 과거 경공업 토지로 사용되었던 22에이커 규모 토지에 10개의 고층 건물과 그 밖의 건물이 들어설 것이다. 주거용 아파트를 지어 1,400채의 저렴한 주택을 포함해 총 5,500채의 주택을 공급할 예정이다. 또한 새로운 공립학교와 4에이커 규모의 공공 공원이 강변 공간에 설치될 것이다.

뉴욕 브루클린에서는 수많은 수변 공간 재개발사업이 한창이다. 거기에는 사진에 보이는 그린포인트 랜딩 프로젝트가 포함된다. 과거 경공업 토지를 재개발하는 그린포인트 랜딩 재개발사업은 이 지역에서 추진되고 있는 재개발사업 가운데서도 주요 사업에 속한다. ⓒLaurence C. Smith

2018년 그린포인트 랜딩 프로젝트 건설 현장을 처음으로 방문했다. 그린포인트 랜딩 프로젝트의 수석 조경 건축가 캐런 타미르Karen Tamir, 홍보 담당자 조배너 리조Jovana Rizzo와 함께 현장을 둘러보았다. 타미르는 제임스코너필드오퍼레이션스James Corner Field Operations의 수석 건축가이자 설계사다. 조경과 도시 설계를 겸하고 있는 회사로, 오래된 산업 현장을 도시공원으로 용도 변경하는 사업을 전문으로 한다. (널리 알려진 대로) 2009년 개장해 맨해튼의 명소로 자리 잡은 하이라인 고가 보도가 제임스코너필드오퍼레이션스의 작품이다. 이 회사가 설계한 수변 공간 재개발사업은 이외에도 많다. 주요 사업으로는 시카고의 네이비피어Navy Pier, 샌프란시스코의 프레시디오공원Presidio Parklands, 시애틀의 센트럴워터프론트Central Waterfront, 마이애미의 나이트플라자Knight Plaza, 필라델피아의 레이스스트리트피어Race Street Pier, 런던 퀸엘리자베스올림픽공원Queen Elizabeth Olympic Park에 있는 사우스파크플라자South Park Plaza, 중국 선전의 첸하이 워터 시티Qianhai Water City를 꼽을 수 있다. 이스트강에서 진행되고 있는 사업 가운데 제임스코너필드오퍼레이션스가 참여하는 사업으로는 그린포인트 랜딩, 도미노공원, 코넬대학교Cornell University의 신기술 캠퍼스를 꼽을 수 있다. 이것은 이스트강 한가운데 있는 루스벨트Roosevelt섬에 건설된다.

대부분의 뉴욕 사람들과 마찬가지로 타미르는 무척 분주하게 움직였다. 성큼성큼 계단을 올라가 빠른 속도로 건축 도면을 훑어보았다. 내가 따라잡을 수 없는 속도였다. 조금만 천천히 설명해달라고 부탁했다. 그래야 내가 필요한 내용을 기록할 수 있을 것 같았다. 타미르가 딱 잘라 말했다. "허리케인 샌디로 인해 수변 공간을 이용하는 방식이 크게 변했습니다. 모든 사업을 보다 탄력적으로 추진하게 되었죠." 그러고 나서 아직 건설 중인 건물 내부를 둘러보기로 했다. 안전모를 쓰고 안내인을 기다리고 있을 때였다. 타미르가 옆에서 작업을 진행하고 있는 굴착기와 바위 더미를 노려보면서 축대 공사가 예정보다 늦었다고 중얼거렸다. 아마 내가 자리를 뜨자마자 누군가에게 그 말을 전했을 것이다.

2012년 허리케인 샌디가 동부 해안을 강타했고 그린포인트 랜딩 재개발 토지는 홍수에 휩쓸렸다. 그린포인트 랜딩 프로젝트를 추진하는 개발업체인 파크타워그룹Park Tower Group Ltd.의 조지 클라인George Klein과 매리언 클라인Marian Klein은 제임스코너필드오퍼레이션스와 녹지 공간 기본 계획 설계 계약을 맺었다. 앞으로 닥칠 폭풍해일과 해수면 상승에도 영향을 받지 않을 수 있는 녹지 공간을 설계하는 것이 목표였다. 당시 대부분의 토지는 해발 1.5~1.7미터에 불과했다. 그러나 일련의 계단식 축대를 쌓고 흙을 추가로 채우는 방식으로 높이를 적게는 1미터가량, 많게는 1.5미터 더 높였다. 새로 쌓은 축대는 이스트강 주변의 내륙지역을 홍수로부터 보호하는 데 도움이 될 것이다. 도미노 제당 공장 프로젝트와 마찬가지로 그린포인트 랜딩 프로젝트도 이스트강에서 최대한 후퇴해 적어도 해발 4.9미터 이상의 토지 높이를 확보한 뒤 새 건물을 지어야 한다.

토지의 규모가 워낙 커서 토지 높이가 높아졌는지 인지하기 어려웠다. 지금 강둑을 따라 쌓고 있는 축대를 토대로 수변을 따라 약 800미터에 이르는 긴 계단식 공원이 조성될 것이다. 도미노공원과 마찬가지로 그린포인트 랜딩 토지에서도 과거 이곳에 자리 잡았던 산업이 남긴 유서 깊은 구성 요소를 보존할 계획이다. 예를 들면 모래 속에 반쯤 묻혀 있는 거대한 강철 부표 같은 것이다. 그린포인트 랜딩 토지에 있던 부두에서 사용한 목재 말뚝도 높이가 고르지 않은 상태 그대로 그 자리에 남을 예정이다. 대신 바로 옆에 새로운 공용 부두가 건설될 것이다.

그린포인트 랜딩 프로젝트에 반대하는 목소리도 높다. 주민들은 10개의 고층 건물을 세우려는 대규모 재개발 계획에 반대한다. 이 지역이 벽돌로 지은 낮은 건물이 대부분을 차지하는 조용한 지역이기 때문이다. 새로운 수변 공원이 들어서는 것은 환영하는 분위기지만, 아파트를 지어 5,000채의 주택이 새로 공급되면 소음과 교통 문제가 발생할 것이라고 우려한다. 주민들은 그린포인트 랜딩 토지의 높이가 낮아 해수면 상승에 따른 피해가 발생할 것을 우려할 뿐 아니라 이스트강의 지류인 뉴타운크리크와도 너무 가깝다고 우려한다. 뉴타운크리크는 환경운동가 스웨인이 수영한 대표적인 강 가운데 하나다(6장 참조). 슈퍼펀드의 정화 대상 토지에서 방출한 유독성 물질이 흘러나가는 통로이기 때문이다.

전 세계의 도시 재생 현황

거대한 개발 프로젝트에 맞서기 위해 조직된 다른 많은 지역단체와 마찬가지로 그린포인트 랜딩 프로젝트를 반대하는 사람들 역시 재개발 사업의 진행을 막지 못했다. 실제로, 뉴욕시 토지이용계획법은 조밀한 강변 공간 개발을 장려하는 방향으로 개정되었다. 뉴욕시 토지이용 계획 정책이 바뀌게 된 계기는 1980년으로 거슬러 올라간다. 그해에 로어맨해튼에 자리 잡은 90에이커 규모의 쇠락한 부두와 창고가 오늘날의 배터리파크시티Battery Park City로 변모하기 시작했다. 배터리파크시티 프로젝트가 압도적인 성공을 거두자 1992년 뉴욕시는 수변 공간 종합 계획을 발표했다. 수변 공간 종합 계획에는 뉴욕시에서 산업 용도로 사용되던 수변 공간의 용도를 변경해 공공 접근, 휴식, 주거 재개발이 가능하게 만든다는 제안이 담겨 있었다. 다음 해 첫 번째 토지이용 계획들이 통과되었다. 2005년 브루클린 그린포인트 지역과 윌리엄스버그 지역의 수변 공간도 비슷한 과정을 거쳐 토지 이용 계획이 변경되었다.

2011년 뉴욕시는 수변 공간 토지이용 계획의 개정안인 "비전 2020"을 발표했다. "비전 2020"에는 변경된 토지이용 계획과 뉴욕시 전역에서 진행되는 수많은 수변 공간 재개발 프로젝트의 구체적인 목록이 수록되어 있었다. "비전 2020"에 수록된 서문에서 마이클 블룸버그Michael Bloomberg 뉴욕시장은 지난 수십 년 동안 대중이 접할 수 없었던 수 킬로미터의 수변 공간이 열리게 되었다면서 찬사를 아끼지 않았다. 블룸버그 시장은 서문에서 다음과 같이 약속했다. "뉴욕의 모든 지역에서 휴식 공간에 접근할 수 있게 만들 것입니다. 휴식 공간은 뉴욕 시민의 삶의 질을 높이는 데 없어서는 안 되는 것이기 때문입니다." "비전 2020"을 구현하기 위한 실행 계획인 "수변 행동 어젠다Waterfront Action Agenda"도 함께 발표되었다. "비전 2020"과 "수변 행동 어젠다"는 뉴욕시의 다섯 개 버러Borough(자치구-옮긴이) 전체에 걸쳐 130개가 넘는 새로운 수변 공간 재개발사업을 우선 처리할 것을 약속하고 있다.

그 가운데 하나가 브루클린다리 아래 자리 잡은 개방형 광장인 브루클린브리지공원이다. 기존의 강변 공원, 용도가 변경된 북쪽 부두, 더 규모가 큰 남쪽의 수변 공원을 서로 연결한다. 9만 3,000제곱미터 규모의 창고가 아파트와 상점으로 바뀌었다. (1800년대 후반 커피 보관 창고로 지어진 뒤) 대부분 1960년대에 버려진 창고 일곱 개도 아파트와 상점으로 바뀌었다. 음식점, 호텔, 행사 공간도 마련되었다. 브루클린브리지공원은 널찍한 야외 공간을 누릴 수 있고 브루클린다리, 이스트강 하구퇴적지, 맨해튼의 풍경을 조망할 수 있는 멋지고 활기찬 수변 공간으로 거듭났다.

북쪽으로 브롱크스의 할렘과 이스트강이 합류하는 합수머리가 보인다. "모트헤이븐-포트모리스 수변 계획Mott Haven-Port Morris Waterfront Plan"은 오랫동안 대중에게 공개되지 않았던 96에이커 규모의 과거 철도차량 기지인 할렘리버야드Harlem River Yards의 용도를 변경할 것이다. 토지는 공공이 소유한다. 대신 자산 관리 회사에 토지를 임대하여 폐기물 임시 보관장, 발전소, 우편집중국, 신문 인쇄 및 유통 센터로 활용하게 될 것이다. 토지이용 계획이 변경되면 새로운 수변 공간 계획에 따라 공공이 접근할 수 있는 개방된 강변 공원이 조성될 것이다. 그 주변에는 오래된 공장과 창고 건물을 개조한 주택 1,300여 채가 들어설 예정이다. 새롭게 조성되는 공공 야외 공간에는 서로 다른 수변 공원 세 곳이 자리 잡을 예정이다. 또한 수변 공원 세 곳을 연결하는 수변 산책로, 선착장, 낚시용 부두도 조성될 예정이다.

앤드루 쿠오모Andrew Cuomo 뉴욕주지사는 2018년 주정연설에서 뉴욕시의 대규모 수변 공간 계획에 찬사를 아끼지 않았다. 뉴욕시 수변 공간 계획은 거버너즈Governors섬 인근에 자리 잡은 브루클린레드훅 지역의 모습을 바꾸어놓을 것이다. 현재 레드훅의 수변 공간에는 선적 컨테이너 터미널, 유람선 터미널, 뉴욕경찰서 견인선박 보관소가 들어서 있다. 뉴욕시 수변 공간 계획은 130에이커가 넘는 레드훅 수변 공간을 재개발할 계획이다. 계획대로라면 아파트를 지어 4만 5,000채의 주택을 공급하고 다양한 상업 공간과 야외 공원이 들어서게 된다. 이스트강 아래에 지하철역을 새로 지어 새로운 수변 지역을 맨해튼으로 연결할 계획이다. 레드훅 프로젝트가 실현된다면 그 규모는 엄청날 것이다. 맨해튼의 결혼식장으로 향하는 길에 깊은 인상을 남긴 250억 달러 규모의 허드슨야드 재개발 프로젝트보다도 거의 여섯 배 더 큰 규모가 될 것이기 때문이다.

* ⌛ *

뉴욕시 수변 공간 혁명은 현재 전 세계적으로 광범위하게 일어나고 있는 현상 가운데 하나에 지나지 않는다. 곳곳에서 도시의 하천을 변모시키려는 노력이 한창이다. 이에 따라 도시의 하천은 쇠락한 산업이 늘어선 회랑 같은 모습에서 매력적인 공공 공간과 주거 공간으로 변신하고 있다. 여기에서는 다섯 개 도시(런던, 상하이, 함부르크, 카이로, 로스앤젤레스)에서 일어나고 있는 변화의 바람에 대해 살펴보고자 한다.

19세기와 20세기 초 런던은 중상주의 무역의 중심지였다. 런던 이스트엔드 템스강변에 런던도크야드London Dockyards가 들어섰고 템스강변을 따라 많은 부두, 조선소, 창고가 지어졌다. 그 밖에도 글래스고의 클라이드Clyde강, 리버풀의 머지강, 뉴캐슬의 타인Tyne강에 수상운송 인프라가 건설되었다. 런던도크야드 같은 항만은 노동집약적산업이었고 오랫동안 여러 차례의 불황을 겪으면서도 살아남았다. 그러나 1970년대와 1980년대 표준화된 컨테이너 선적이 부상하면서 역사의 뒤안길로 사라지게 되었다.

런던시는 이와 같이 버려져 방치된 항만의 용도 변경 계획 작성에 힘을 실어주었다. 런던 시는 런던도크야드 토지 재개발을 추진할 회사를 설립했다. 이후 유사한 사업을 추진하는 여러 도시(예: 브루클린 해군 공창)에서 런던시의 발상을 모방하게 된다. 1991년 카나리워프타워Canary Wharf Tower가 완공되면서 런던도크야드를 되살리려는 기나긴 부흥 사업에 하나의 이정표가 세워졌다. 1999년 카나리워프타워와 가까운 곳에 밀레니엄돔Millennium Dome이 완공되었다. 이 두 건물은 과거 산업 토지로 사용되었던 지역을 새롭게 재개발하는 사업의 일환으로 탄생했다. 오늘날 이 두 건물은 이스트엔드의 스카이라인으로 자리 잡았다. 카나리워프타워 동쪽에서 또 다른 새로운 사업들이 진행되고 있다. 대표적인 사업으로는 런던시티공항 인근에 자리 잡은 새로운 로열워프Royal Wharf 강변 지역을 꼽을 수 있다. 템스강 인근 40에이커 규모의 로열워프 강변 지역 재개발 프로젝트는 과거 산업단지로 사용되었던 토지를 식당, 상점, 학교, 야외 공원, 3,000채가 넘는 주택과 아파트로 바꾸고 있다.

런던 중부와 서부 템스강 상류에서도 대규모 강변 프로젝트가 진행되고 있다. 나인엘름스Nine Elms 지역에 170억 달러 규모의 자금을 투입하는 대규모 개발 사업이다. 그 중심에 런던에서 가장 큰 벽돌 건물이었지만 1983년에 완전히 폐쇄된 배터시 화력발전소Battersea Power Station가 자리 잡고 있다. 약 42에이커 규모의 수변 토지에 이미 수천 채의 새로운 주택, 소매 공간, 공원이 들어섰다. 앞으로 호텔, 사무용 건물, 지하철역 두 곳, 당연하게도 공공 수변 공간이 추가 조성될 예정이다.

과거의 화력발전소는 용도가 완전히 변경된다. 이미 유명해진 벽돌 구조물의 외관은 그대로 보존될 예정이다. 애플Apple은 2021년 영국 본부를 화력발전소에서 보일러실로 사용하던 공간으로 이전할 계획이다. 나인엘름스 복합 단지의 최종 완공은 2025년으로 예정되어 있다(여담으로, 배터시 화력발전소는 몬티 파이튼Monty Python의 작품 <삶의 의미The Mean of Life>, 크리스토퍼 놀란Christopher Nolan 감독의 영화 <다크 나이트The Dark Knight>, 핑크 플로이드Pink Floyd의 음반 <애니멀스Animals> 앨범 표지에 등장한다).

중요한 것은 앞으로 런던에 새로 조성된 강변 지역 주민들이 더 깨끗한 템스강을 즐길 수 있게 될 것이라는 점이다. 런던의 복합 하수도 체계는 150년 전 완성되었다. 즉, 빗물과 하수가 동일한 배수 터널을 이용해 빠져나간다. 폭풍이 몰아쳐 용량을 초과하는 빗물이 유입되면 빗물과 하수가 뒤섞인 물이 템스강으로 흘러나간다. 템스강에서 하수가 희석되는 동안 템스강물은 오염되고 수생생물과 사람의 건강에 해를 입힌다. 오랫동안 숙제로 남아 있던 이 문제는 템스강 아래에 묻고 있는 25킬로미터 길이의 관로(템스 하수 터널)가 해결할 것이다. 이 관로는 특수 설계된 수갱을 이용해 오염된 액체를 잡아둔다.

수갱을 플랫폼으로 덮으면서 부수적인 이점이 발생한다는 점도 흥미롭다. 수갱을 덮은 플랫폼은 런던에서 가장 유명한 지역의 템스강변에 배치될 예정이다. 플랫폼이 강변에 작은 반도 모양의 공간을 만들게 될 것이므로 소규모 공공 공원처럼 사용할 수 있게 될 것이다. 수석 건축가는 이 소규모 공원에 사람들을 강변으로 끌어들이는 효과를 기대하고 있다. 소규모 공원 가운데 일부는 런던 시민들이 도시에서 지친 발을 깨끗하게 정화한 물에 담글 수 있도록 설계되었다. 2024년 완공을 목표로 진행되고 있는 하수도 개선 프로젝트는 예상 소요 비용이 50억 달러가 넘는다. 영국에서 가장 규모가 큰 수자원 인프라 사업 가운데 하나다.

* ⌛ *

나는 2017년 처음으로 상하이를 방문했다. 친구이자 난징대학교 교수인 강 양Kang Yang이 시내 구경을 제안했다. 방문객이 꼭 가보아야 하는 명소를 묻자 양 교수는 1초의 망설임도 없이 와이탄을 지목했다.

와이탄Wai Tan은 상하이 시내에 있는 황푸강 서쪽 둔치를 따라 조성된 유서 깊은 산책로다(컬러사진 참조). 강 건너편으로 반짝이는 동팡밍주타워, 진마오타워, 최근 완공된 상하이타워가 우뚝 서 있다. 상하이 타워는 현재 중국에서 가장 높은 건물이다. 양쯔강에 외국 포함이 떠다니던 시대에 상하이는 아시아에서 중요한 조약항이었고(3장 참조) 와이탄은 국제금융의 중심지였다. 당시 와이탄에는 외국 자본이 웅장한 보자르Beaux Arts 양식(파리의 에콜 드 보자르에서 기원한 건축 양식-옮긴이)으로 지어진 세관, 은행과 함께 나란히 늘어서 있었다. 그리고 그 대부분은 오늘날까지도 보존되어 있다.

1990년대에는 수변 공간을 중요하게 여기는 사람이 없었다. 10차선 고속도로가 지나가면서 황푸강은 도시와 소통할 수 없게 되었다. 2000년대로 접어들면서 분위기가 바뀌었다. 2010년 엑스포를 준비하는 과정에서 와이탄이 새로운 모습으로 재탄생한 것이다. 고속도로 10개 차선 가운데 6개 차선이 지하로 들어갔다. 그 자리에 황푸강 둔치를 따라 넓고 높은 보행자 산책로가 조성되었다. 새로운 보행자 산책로는 도시의 나머지 부분과 안전하게 연결되었다. 나무를 심고 정원을 조성해 새로운 녹지 공간이 탄생했고 야외 광장과 쉼터가 조성되었다.

황푸강 둔치를 따라 사람들이 모여들었다. 사업의 목적이 달성된 것이다. 내가 황푸강 둔치를 찾았을 때 산책로는 걷거나, 대화를 나누거나, 강의 경치를 감상하는 사람들로 넘쳐나고 있었다.

상하이시는 황푸강 양쪽 유역의 토지이용 계획을 새로 수립해 재개발하려는 계획을 수립했다. 와이탄의 부흥은 이와 같이 더 큰 계획의 일부가 되었다. 적어도 45킬로미터의 수변에 산책로가 조성되었다. 쉬후이Xuhui 수변 공간에는 미술관, 박물관, 극장, 음악당, 각종 공원이 자리 잡고 있고 훙커우베이와이탄Hongkou Bei Waitan 수변 공간에는 공원이 조성될 것이다. 상하이 푸둥Pudong 지구(황푸강 동쪽)에도 수많은 수변 공원이 조성될 예정이다. 한때 상하이는 상업 해상운송의 중심지 가운데 하나였다. 상하이의 오래된 부두, 항만, 창고는 이제 주거용 고층 건물, 상점, 음식점, 야외 녹지 공간으로 바뀌고 있다. 뉴욕 시와 마찬가지로 상하이 시 도시계획가들은 황푸강에 자리 잡은 과거 산업 토지의 용도를 변경해 새로운 유형의 도시 생활 방식을 만들 계획이다.

독일 엘베강에는 완전히 새로운 지구가 형성되고 있다. 인근에는 독일에서 두 번째로 큰 도시이자 유럽에서 가장 분주한 항구 가운데 하나인 함부르크가 있다. 과거 항구와 창고가 있던 388에이커 규모의 산업 단지를 재개발하고 있다. 하펜시티HafenCity라고 이름 지은 독일의 도시 재개발사업은 현재 유럽에서 진행 중인 도시 재개발사업 가운데 규모가 가장 크다. 하펜시티 재개발 프로젝트를 실현하기 위해 함부르크 항은 하펜시티 토지에 속한 육지와 수로를 양도했다. 홍수와 해수면 상승으로부터 도시를 보호하기 위해 하펜시티는 성토지반盛土地盤 위에 지어지고 있다. 성토 작업을 통해 지반이 사실상 해발 8미터 이상 높아졌다.

2009년 하펜시티의 첫 번째 건물이 완공되었다. 2012년 첫 번째 지하철, 2014년 새로운 대학교가 완공되었다. 엘베강의 이름을 딴 멋진 음악당인 엘프필하모니Elbphilharmonie는 2017년 새로 문을 열었다. 스위스 건축 회사가 설계한 엘프필하모니 건설에 약 9억 달러에 달하는 비용이 소요되었다. 엘프필하모니 덕분에 함부르크의 문화 및 건축 경관이 새로운 모습으로 탈바꿈했다. 하펜시티는 2030년경 완공을 목표로 사업을 진행하고 있다. 완공되면 230만 제곱미터가 넘는 바닥 공간, 상점, 음식점, 7,000채가 넘는 주택이 새로 공급되어 함부르크 기존 시내가 약 40퍼센트 가까이 확장될 것이다. 엘베강 제방과 과거 부두가 있던 수변 공간을 따라 14킬로미터의 산책로가 조성되면 하펜시티의 사실상 거의 모든 곳에서 물을 조망하거나 물에 접근할 수 있게 될 것이다.

카이로는 세계에서 가장 오래된 도시 가운데 하나이면서 세계에서 가장 빠르게 성장하는 도시 가운데 하나다. 카이로 시내 강변에는 비어 있는 공간이 거의 없기 때문에 주로 외곽을 개발하면서 성장한다. 교외는 부유층이, 시내에는 중산층과 저소득층이 모여드는 구조다. 그러나 카이로 시내와 나일강 사이에 있는 도심을 되살리려는 대대적인 계획이 시작되었다. 호스니 무바라크Hosni Mubarak 전前 이집트 대통령의 지원을 받아 시작된 계획은 이제 압델 파타 엘시시Abdel Fattah al-Sisi 현現 이집트 대통령이 이어받아 진행하고 있다.

카이로시가 추진하는 재개발사업의 중심에는 나일강 유역에 삼각형 모양으로 된 좁은 자투리땅이 있다. 이곳에 나일타워Nile Tower가 우뚝 설 예정이다. 뒤틀린 모양의 나일타워는 온통 유리를 두른

70층 높이의 마천루로 설계되었다. 화려한 수상 경력을 보유한 건축가 자하 하디드Zaha Hadid가 설계한 나일타워는 마스페로 삼각지대Maspero Triangle의 재개발구역(86에이커 규모)을 굽어보게 될 것이다. 최근 철거된 마스페로 삼각지대는 나일강 인근에 자리 잡은 저소득층 지역이다. 지난 몇 년 동안 마스페로 삼각지대 주민들은 재개발사업에 반대하면서 치열하게 저항했다. 그러나 결국 주민들은 쫓겨났고 2018년 철거가 이루어졌다. 이 장에서 설명한 다른 재개발사업과 마찬가지로, 주거 공간과 상업 공간이 혼합된 복합 단지와 야자수가 늘어선 매력적인 수변 산책로가 조성될 예정이다. 고층 건물, 상점이 들어서는 것은 물론이고 나일강에 자리 잡은 조용한 섬인 자말렉Zamalek 지역으로 들어가는 보행자용 다리도 놓을 예정이다.

앞서 설명한 다른 사업들은 주로 저렴한 주택, 대중교통 이용, 역사 유물 보존을 강조했다. 그러나 카이로의 재개발사업의 목적은 카이로의 풍요로운 오늘을 상징하는 공간을 창조하는 것이다. 나일타워 하나만으로도 6억 달러 이상의 비용이 소요될 것이고 고급 아파트는 주변 지역의 다른 자산보다 훨씬 더 비쌀 것이다. 건물의 저층에는 스파, 나이트클럽, 고가 제품 상점, 카지노 같은 고급 편의 시설이 입점할 예정이다. 재개발사업 가운데 주거 부문은 민간투자를 통해 자금을 조달하게 될 것이다. 이 글을 쓰는 시점에 이집트는 재개발사업에 투자할 외국인 투자자 유치에 적극적으로 나서고 있었다.

카이로의 재개발사업은 또 하나의 부동산개발 사업을 넘어서는 의미를 지니는 것으로 보인다. 외국인 투자를 유치하는 것도 중요한 의미를 지닌다. 그러나 무엇보다도 카이로의 재개발사업은 풍요와 권력을 되찾은 이집트가 새로운 시대를 열어간다는 것을 이 지역에 널리 알리려는 의도가 있는 것으로 보인다. 1장에서 설명한 것처럼 이집트는 세계에서 가장 오래되고 가장 찬란하게 빛나는 문명 가운데 하나이다. 카이로는 중동의 중심이자 이집트의 심장부다. 나일타워와 마스페로 삼각지대 프로젝트는 카이로가 강변을 새로운 방식으로 사용하게 되었다는 사실을 상징한다. 카이로시의 재개발사업이 계획대로 진행된다면 (아프리카에서 가장 높은 건축물 가운데 하나이자) 깊은 인상을 남기는 건축물이 나일강 유역에서 다시 한번 솟아오를 것이다.

* ⌛ *

재발견이라는 관점에서 보면 그 어떤 강변 부흥 계획도 로스앤젤레스강을 둘러싼 부흥 계획에 못 미칠 것이다.

대부분의 로스앤젤레스 사람들은 로스앤젤레스강이 어디에 있는지조차 모른다. 내가 20년 넘게 로스앤젤레스에서 거주했기 때문에 자신 있게 말할 수 있다. 대부분의 도시와 다르게 로스앤젤레스는 강기슭을 따라 성장하지 않았다. 한 해의 대부분이 건조한 상태인 로스앤젤레스강에는 선박이 항행할 수 없었다. 따라서 안정적으로 물을 공급할 수 없었고, 오히려 갑작스러운 홍수나 전위가 일어날 가능성이 높았다. 심지어 강둑을 넘어서 새로운 물길을 개척하는 경우도 있었다.

1914년, 1934년, 1938년 파괴적인 홍수가 잇달아 일어났다. 100명이 넘는 사람이 목숨을 잃었고 10억 달러가 넘는 재산 피해가 발생했다. 미 육군 공병대가 나서서 로스앤젤레스강에 강둑을 다시 조성하고 수로를 넓혔다. 커다란 콘크리트 교대橋臺가 수로를 따라 약간 기울어진 채 늘어서게 되었고 82킬로미터에 달하는 강바닥 자체도 포장되었다.

과거 로스앤젤레스강은 초목이 무성한 섬이 늘어서 있고, 나타났다 사라지기를 반복하는 수많은 물웅덩이로 이루어진 생기 넘치는 장소였다. 그러나 미 육군 공병대가 나서서 로스앤젤레스강을 정비한 뒤에는 그저 사다리꼴 모양의 콘크리트 수로로 전락하고 말았다. 생태학적 측면에서의 변화뿐 아니라 사회적인 변화도 일어났다. 커다란 빗물 통로로 전락한 로스앤젤레스강은 익명의 거리 예술 벽화가, 불법 자동차 경주광, <그리스Grease> 및 <다크 나이트 라이즈The Dark Knight Rises>를 비롯한 여러 영화의 촬영 장소 섭외 담당자만이 기억하는 장소가 되었다. 폭풍이 몰아칠 때마다 급류에 휩쓸린 사람들을 구조하러 나서는 모습을 쉽게 볼 수 있다. 배수량이 초당 10만 세제곱피트를 훌쩍 넘는 일이 다반사이기 때문이다.

오늘날 흉물스러운 콘크리트 덩어리로 전락한 로스앤젤레스강의 생태를 복원하려는 움직임이 일고 있다. 로스앤젤레스강을 공공녹지 공간으로 되살리고 경제 부흥의 장으로 만들려는 거대한 계획이 진행되고 있다. 이와 같은 발상은 2002년으로 거슬러 올라간다. 그해에 로스앤젤레스시는 로스앤젤레스강 재건 계획의 개념을 처음으로 정립했다. 이 문서에 정립된 초기 개념은 그 뒤 몇 년에 걸쳐 지속적으로 발전해나갔다. 그 과정에서 로스앤젤레스시, 로스앤젤레스 카운티, 미 육군 공병대가 강력한 협력 관계를 구축했다. 최근 세계적으로 유명한 건축가 프랭크 게리Frank Gehry는 로스앤젤레스강을 복원하고 개발하기 위한 최종 청사진 설계에 도움을 주기로 약속했다. 비영리단체 리버 로스앤젤레스River LA는 게리와 긴밀하게 협력하고 있다. 리버 로스앤젤레스의 사명은 "설계와 인프라를 통합해 사람, 물, 자연을 한데 모아내는 것"이다.

총 82킬로미터에 달하는 콘크리트 수로 전체에 대한 최종 기본계획의 세부 사항은 아직 발표되지 않았다. 2020년이나 2021년에 발표될 것으로 예상된다. 2016년 미국 의회는 전체 사업의 1단계에 해당하는 "로스앤젤레스강 생태계 복원Los Angeles River Ecosystem Restoration" 프로젝트를 승인했다. 로스앤젤레스강 생태계 복원 프로젝트는 로스앤젤레스 시내를 가로지르는 약 18킬로미터 길이의 강 주변 자연 생태계를 복원하는 사업이다. 2017년 로스앤젤레스시는 테일러야드리버 G2 구역을 매입했다. 화물을 교환하는 철도차량 기지였다가 이제는 폐쇄된 토지였다. 이 구역 토지 매입은 로스앤젤레스강 생태계 복원 프로젝트에 또 다른 이정표가 되었다. 과거 유니언퍼시픽철도가 소유했던 42에이커 규모의 강변 토지는 계획 전체에서 중요한 부분을 차지한다. 에릭 가세티Eric Garcetti 로스앤젤레스 시장은 토지 매입을 발표하는 자리에서 다음과 같이 말했다. "이와 같은 광대한 토지는 로스앤젤레스 사람들이 자연 세계와 연결되는 방식을 바꿀 수 있습니다. 그동안 로스앤젤레스강은 너무 오랫동안 지역공동체와 멀어져 있었습니다. 이번에 매입한 토지를 활용하여 서식지를 복원하고 1.6킬로미터 남짓한 거리에 자리 잡은 지역공동체가 로스앤젤레스강에 직접 접근할 수 있도록 할 것입니다."

현재 로스앤젤레스강은 빗물을 배출하는 콘크리트 배수구에 지나지 않는다. 현재 추진되고 있는 대규모 하천 복원과 부흥 계획은 지금까지 방치되었던 수로를 활기찬 오락, 생태, 개발의 장으로 바꿀 방법을 모색하고 있다. ⓒLaurence C. Smith

부동산 개발업체들은 더 큰 경제 부흥 기회를 포착했다. 이제 그들은 그동안 눈길조차 주지 않았던 로스앤젤레스강 수로를 따라 수많은 프로젝트를 시작하고 있다. 이 글을 쓰는 시점에 로스앤젤레스강 유역을 따라 새로 제안된 개발 계획은 20개가 넘는다. 각각의 계획은 진행 단계가 모두 다른 상태이다. 새로 제안된 개발 계획 가운데 하나는 이른바 "보타이 구역Bowtie parcel(폐쇄된 철도차량 기지의 또 다른 구획)" 주변에 제안된 사업이다. 보타이 주변 개발 프로젝트 계획에 따르면 이곳에는 야외 공공 예술 공간, 초현대적 다리, 강변 공원이 조성될 예정이다. 로스앤젤레스 시내에는 새로운 다리가 세워질 예정이다. 새로운 다리는 보행자 겸 자전거도로인 로스앤젤레스강 그린웨이 트레일Greenway Trail, 글렌데일 내로즈 리버워크Glendale Narrows Riverwalk, 로스앤젤레스강 건너편에 조성된 자전거도로를 연결할 예정이다. 더 하류에서는 "로스앤젤레스강 하류 부흥 계획Lower LA River Revitalization Plan"이 추진되고 있다. 로스앤젤레스강 하류 부흥 계획은 공원 설치, 초목 산책로 조성, 버넌에서 롱비치까지 이어지는 자연경관 조망 시설 확충을 비롯한 146개의 강변 프로젝트를 제안해 주위를 놀라게 했다.

로스앤젤레스강 하류 구간은 로스앤젤레스 남부에 자리 잡은 린우드, 컴튼, 노스 롱비치를 통과한다. 이와 같은 지역을 지나는 로스앤젤레스강의 모습은 흉물스럽기 그지없다. 강바닥을 덮은 콘크리트는 군데군데 갈라졌고 생명이라고는 찾아볼 수 없을 것처럼 황량하기 짝이 없다. 주변에 자리 잡은 주택 지역은 햇볕에 그을린 채 먼지가 수북이 쌓여 있다. 몇 킬로미터를 가고 또 가보아도 녹지 공간은 만날 수 없다. 따라서 로스앤젤레스강 하류 부흥 계획 가운데 일부만이라도 제안된다면 루브, 바튼, 니콜스와 "아이들을 야외로 내보내자" 운동을 지지하는 모든 사람들은 분명 두 손을 높이 들고 크게 환영할 것이다.

도시가 대세

지금이야말로 앞서 설명한 도시의 하천 재생 추세가 나타나기 적합한 시기다.

인간은 2008년의 어느 시점에 역사에 길이 남을 문턱을 넘었다. 그 문턱을 정확하게 언제 넘었는지는 영원히 알 수 없을 것이다. 그러나 세계의 어딘가에서 아기가 한 명 태어났고, 바로 그 순간 인간은 낯선 세계로 넘어가게 되었다. 바로 도시 인구가 전 세계 인구의 다수를 차지하게 된 순간이다.

인류 문명의 역사에서 지금까지 단 한 번도 농촌에 사는 사람보다 도시에 사는 사람이 더 많은 적은 없었다. 농사를 짓거나 사냥을 하거나 식량으로 사용하기 위해 가축을 키우는 일에 익숙하지 않은 사람이 지금처럼 많은 적도 단연코 없었다. 야외에서 노는 아이들이 지금처럼 적은 적도 당연히 없었다. 2008년 인류는 도시 생물종으로 공식 등극했다. 스스로 창조한 전 세계 식량 생산 경제의 주인이 된 것이다.

도시 인구를 전 세계 인구에서 다수로 만든 바로 그 아기가 태어난 이후, 인구는 67억에서 77억으로 10억 명 증가했다. 그 사이 전체 인구에서 도시 인구가 차지하는 비중은 50퍼센트에서 55퍼센트로 증가했다. 2050년 그 비중은 거의 70퍼센트에 육박할 것으로 예상된다. 현재 도시 인구는 42억 명이다. 2050년까지 겉으로 보기에는 그럴싸한 도시에 25억 명의 인구가 추가될 것으로 애상된다. 이와 같은 도시의 성장 속도는 향후 32년 동안 상하이 같은 도시를 매년 세 개씩 지구에 추가하는 것과 같다.

이와 같은 도시의 성장은 대부분 아시아와 아프리카에서 일어나고 있다. 그 가운데 3분의 1은 인도, 중국, 나이지리아에서 일어나고 있다. 인구 100만 명이 넘는 도시 수백 개, 인구 1,000만 명이 넘는 "거대도시" 수십 개가 출현한 것은 전례가 없는 일이다. 인구통계학적 모델에 따르면 2015년 28개이던 거대도시의 수는 2035년 거의 50개에 육박해 약 두 배 증가할 것으로 예상된다. 인구통계학적 모델의 예상이 맞는다면 세계에서 가장 큰 도시는 인도의 델리 연방 수도구역(인구 4,300만 명)이 될 것이다. 도쿄, 상하이, 다카, 카이로는 세계에서 가장 큰 다섯 개 도시 안에 들 것이다.

1970년 전 세계에는 인구 100만 명이 넘는 도시가 144개였고 뉴욕 대도시권은 세계에서 두 번째로 큰 도시지역이었다. 도시 인구의 변화의 추이를 감안할 때 2035년 전 세계에는 인구 100만 명이 넘는 도시가 약 759개로 늘어날 것으로 예상되고 뉴욕 대도시권은 세계에서 13번째로 큰 도시가 될 것으로 보인다.

이와 같은 도시의 모습은 어떨까? 물론 미래의 일은 아무도 알 수 없다. 그러나 지난 수십 년간 이어져온 도시로의 인구 집중 추세를 뒤집을 만한 극적인 일이 일어나지 않는다면 오늘날의 대도시 대부분은 지금보다 더 커지게 될 것이다. 지금보다 더 많은 고층 건물이 들어설 것이다. 따라서 대중교통이나 개인 이동수단을 이용할 수 있는 도로 주변에 밀집된, 가뜩이나 희소한 도시 토지의 주택 밀도를 더 높일 것이다. 고령자가 사회에서 차지하는 비중이 더 높아질 것이다. 자율비행 장비가 하늘을 날고 혁신적인 자율주행 자동차가 도로를 달리게 될 것이다. 도시의 토지 가격은 하늘 높은 줄 모르고 치솟을 것이고 개방된 녹지 공간과 자연에 대한 접근성은 절대적으로 귀한 대접을 받게 될 것이다.

앞서 언급한 바와 같이 도시의 하천에서는 수변에 자리 잡은 낡은 산업 토지를 새로운 공공녹지 공간으로 바꾸는 추세가 나타나고 있다. 이와 같은 추세는 도시가 안고 있는 마지막 문제, 즉 녹지 공간과 자연에 대한 접근성 부족 문제를 해결하는 데 도움이 될 것이다. 도시에 사는 아이들은 숲에서 캠핑하지 않는다. 도시에 사는 노년층은 과거 즐기던 암벽등반을 그만둔 지 오래되었을 것이다. 그러나 뇌 인지 연구 결과와 인류가 지닌 상식에 따르면 자연은 사람에게 유익하고, 강에서 산업폐기물을 제거하는 것은 자연에게 유익하다. 기후변화로 인해 해수면이 상승하고 홍수가 발생할 확률이 높아지고 있다. 모든 범람원과 연안 삼각주를 홍수로부터 안전하게 보호하기는 현실적으로 어렵다. 그러나 도시는 비교적 규모가 작으면서 비교적 부유하다. 따라서 홍수 예방에 나서는 기술자의 입장에서는 범람원과 삼각주보다 도시가 홍수 예방 작업을 하기에 더 수월한 공간일 것이다.

2005년 허리케인 카트리나가 멕시코만 연안을 휩쓸고 지나간 뒤 뉴올리언스 대도시권은 광범위한 홍수 방어 시설을 새롭게 구축했고 도시의 인구는 다시 증가했다. 그러나 그 밖의 멕시코만 연안 지역에서는 수 킬로미터에 달하는 해변에 자리 잡았던 공동체들이 영영 사라지고 말았다. 도시는 인구가 많고 재산 가치가 높으며 비교적 규모가 작다. 따라서 도시는 적어도 한두 세기 이상 도시와 관련된 수변을 보호하면서 자신의 존재를 과시할 가능성이 높은 것으로 보인다.

*   ⌛   *

2장에서 내가 포펠카와 함께 전 지구를 대상으로 GSRB 소프트웨어를 적용한 연구를 수행했다고 소개한 바 있다. 그 결과를 바탕으로 오늘날의 도시에서 하천이라는 자연적인 특징이 얼마나 일반적인지 정량화해보려고 한다. 그럼으로써 인간이 도시의 하천과 만날 기회의 규모를 확인할 수 있을 것이다. 기억을 되살려보자. 이 새로운 데이터세트는 (너비가 30미터 이상인) 대규모 하천을 표시한 세계지도를 사용해 정치적 경계로 사용되는 하천을 정량화한 것이다(너비 30미터는 위성 원격탐사를 통해 지도에 표시할 수 있는 가장 작은 단위). 이제 이 새로운 전 지구 하천 데이터베이스가 전 세계 인구의 공간적 분포와 일치하는지 살펴보자(아래 표 참조).

	계	대규모 하천 인근	비율(%)	연안 인근	비율(%)	대규모 하천, 연안 인근	비율(%)	연안 인근 만	비율(%)
도시 (인구1,000만 명 이상)	30	28	93	21	70	19	63	2	7
도시 (인구 100만 명 이상)	429	359	84	181	42	138	32	43	10
모든 도시	75,445	42,946	57	9,073	12	3,773	5	5,300	7
2015년 전 세계 인구	7,349,286,991	4,623,518,316	63	1,397,438,116	19	1,038,787,479	14	358,650,637	5

이와 같은 연구를 통해 인간이 도시 생물종일 뿐 아니라 하천 생물종이라는 사실을 파악하게 되었다. 실제로 전 세계 인구의 거의 3분의 2(63퍼센트)가 대규모 하천에서 20킬로미터 이내에 살고 있다. (인구 1명 이상 1,000만 명 미만으로 정의되는) 전 세계 대도시의 약 84퍼센트, (인구 1,000만 명 이상인) 전 세계 거대도시의 약 93퍼센트가 대규모 하천을 따라 자리 잡고 있다. 이와 같은 분석에는 그 수가 훨씬 많은 소규모 수로가 포함되어 있지 않다(소규모 하천의 규모에 대해서는 지구 표면의 지형 배수 양상을 표시한 세계지도(이 책 맨 앞에 수록) 참고). 따라서 이와 같은 비율은 최소 추정치라는 결론을 내릴 수 있다.

한편 이와 같은 연구를 통해 대부분의 "연안" 도시가 사실상 삼각주에 위치해 있다는 사실도 파악할 수 있다. 많은 사람들, 구체적으로는 전 세계 인구의 5분의 1(19퍼센트)이 연안 인근에 살고 있다는 사실은 이미 널리 알려져 있다. 그러나 연안 인근에 살고 있는 사람 대부분은 사실상 삼각주 인근에서 살고 있다. 강과 아무런 관련이 없는 순수한 연안에 자리 잡은 도시는 전 세계 도시의 10퍼센트에도 못 미치고 그곳에서 생활하는 사람은 전 세계 인구의 5퍼센트에 불과하다. 간단히 말해서, 인간은 도시 문명을 건설할 때 강이라는 자연적 특징을 선호한다. 따라서 오늘날 전 세계의 거의 모든 주요 도시에서는 어떤 방식으로든 강과 상호작용할 수 있는 기회가 있다고 할 수 있다.

* ⌛ *

물론 수변 재개발에는 많은 단점이 따른다. 범람원은 말 그대로 범람하는 지역이다. 따라서 범람원에 건물을 짓는 일에는 항상 위험이 따른다. 기후변화로 인해 홍수 확률을 예측하기가 점점 더 어려워지고 있다. 그리고 많은 영역에서 홍수 발생 위험은 더 높아질 것으로 예상된다. 연안 지역의 경우 폭풍해일과 장기적인 해수면 상승으로 인해 수변에 자리 잡은 자산의 존재 자체가 위협을 받을 것이다. 한편, 부유한 도시를 떠난 중공업은 개발도상국과 전 세계에 마지막으로 남은 오염되지 않은 지역에 정착하고 있다. 그리고 그곳에서 하천 오염, 물길 전환, 생태 파괴라는 새로운 문제를 유발한다.

순수하게 사회적, 경제적인 문제도 있다. 런던, 상하이, 로스앤젤레스 같은 도시는 생활비용이 많이 드는 도시다. 이와 같은 도시에서 쇠락한 산업 토지를 개발해 새롭고 반짝이는 수변 지역을 조성하면 주변 지역의 부동산 가격이 상승할 것이다. 따라서 그곳에 자리 잡고 있던 중산층과 저소득층을 밀어낼 것이다. 생활비가 많이 들지 않는 지역이 사라지면 도시의 사회적, 경제적 다양성이 전반적으로 감소하므로 대도시 자체의 문화와 활력이 떨어질 것이다.

도시의 강변 재생은 강변을 일종의 공공재로 사용하는 다른 집단에게도 피해를 입힌다. 예를 들면 브라질 마나우스의 리오네그로강과 캘리포니아주 오렌지 카운티의 산타아나강을 따라 살고 있는 노숙자들을 꼽을 수 있다. 때에 따라서는 노숙하는 사람들의 규모가 꽤 커지기도 한다. 교량 교대와 시멘트를 덮어씌운 수로를 빈 캔버스 삼아 작품을 남기는 거리 예술가도 피해를 보는 집단 가운데 하나다.

일반적으로 도시 강변은 공공 공간으로서 다양한 목적으로 활용된다. 때로는 허가를 받지 않은 거리 예술이 무단으로 이루어지기도 한다. 사진에서 흥미로운 사례를 확인할 수 있다. 2017년 오스트리아 빈의 다뉴브강을 가로지르는 교각에서 촬영된 것이다. ©Mia Bennett

브루클린 그린포인트에서 카이로 마스페로 삼각지대에 이르는 지역에는 도시의 강변 재개발을 원하지 않는 수많은 지역 주민들이 있다. 그러나 재개발에 반대하는 주민들이 존재하고 재개발에 따라오는 단점들이 존재함에도 불구하고 도시의 강변 재생 열기를 멈추기에는 역부족이다. 대부분의 도시가 꾸준히 성장하면서 도심의 밀도가 점점 높아진다. 더 많은 젊은이들과 직장인들은 교외보다는 시내 거주를 선호한다. 과거의 산업 토지, 항만, 석유화학 공장은 규모가 크고 입지가 좋다. 따라서 이와 같은 공간이 새로운 공원, 주거용 건물, 서비스 부문 일자리로 변모하고 있다. 도시에는 주택과 녹지 공간이 부족하다. 따라서 도시계획가는 강변의 용도를 재발견해 이 두 가지 목적을 한꺼번에 달성하려 한다.

로드아일랜드주 프로비던스에서는 강변 축제가 정기적으로 열린다. 수천 명의 사람들이 축제가 열리는 강변을 찾아 야외 체험을 즐긴다. 블랙스톤Blackstone강 계곡에 흐르는 여러 강은 한때 미국 산업혁명의 중심지이자 미국에서 가장 오염된 수로 가운데 하나였다. 정기적으로 열리는 강변 축제를 통해 블랙스톤강 계곡의 여러 강들이 극적으로 인간의 품으로 돌아왔다는 사실을 확인할 수 있다. ⓒAbbie Tingstad

모든 것을 감안할 때 강변 재개발은 바람직하다. 올바르게 추진된다면 이와 같은 도시의 강변 재생은 조밀하지만 사람을 끌어들이는 지역에 조용한 야외 환경과 알맞게 조성된 자연을 접할 수 있는 드문 기회를 제공할 수 있다. 이미 수백만 명의 도시 사람들이 새로 지어진 강변 공원을 즐기고 있다. 강변에서 산책과 운동을 즐기기도 하고 그저 강변을 스쳐 지나가면서 잠깐 동안 야외가 주는 즐거움을 누리기도 한다. 크고 작은 도시에서 이와 같은 강변 공원은 사람들이 모이는 문화 행사를 개최하는 공공재로 기능한다. 예를 들면 한때 미국에서 가장 오염된 수로 가운데 하나였던 로드아일랜드주 프로비던스의 경우 매년 여름 워터-파이어Water-Fire 축제 같은 문화 행사를 개최한다. 축제를 보기 위해 거의 100만 명의 인파가 모여들었다.

애팔래치아 등산로를 찾아 올라가지 않아도 야외 환경이 인간에게 제공하는 인지적 이점과 건강상의 이점을 누릴 수 있다. 강변 공간을 이용하면 된다. 강변 공간은 빠르게 도시화되는 세계에서 적게는 수백만 명, 많게는 수십억 명의 사람들에게 자연의 이점을 누릴 수 있는 기회를 제공한다.

강의 힘

강이 없는 세상은 무척 낯선 모습일 것이다. 아마 대륙은 지금보다 더 험하고 높고 춥고 작을 것이다. 인간의 정착 형태도 지금과 사뭇 다를 것이다. 마을과 농장은 오아시스와 해안선을 따라 뿔뿔이 흩어져 있을 것이다. 전쟁의 양상도 달라졌을 것이고 각국의 국경도 지금과 같이 않을 것이다. 현재 가장 유명한 도시는 존재하지도 않을 것이다. 오늘날 인간을 규정하는 것은 사람과 무역의 전 세계적인 이동인데, 이와 같은 일 역시 일어나지 않았을 것이다.

역사를 통틀어 강은 자연 자본, 접근성, 영토, 복리, 권력 과시 수단을 제공해 인간을 사로잡았다. 강이 조성한 평평하고 비옥한 계곡 덕분에 인간은 식량과 물을 얻고 생존할 수 있었다. 오늘날 이집트, 이라크, 인도, 파키스탄, 중국에 자리 잡은 토사가 풍부한 계곡에서 최초의 수력 사회가 등장했다. 최초의 수력 사회에서 도시, 무역, 지배계급이 등장했고 국가를 통한 정치의 싹이 텄다. 상수도를 이용하고 하수를 버리는 체계를 만들고자 했던 초기 도시계획가의 실용적인 욕구에서 세계 최초의 기술자가 탄생했다. 하천의 근원과 소유권에 대한 철학적 논쟁은 과학과 법에 중요한 기초를 확립했다.

선사시대 아메리카 대륙에서는 개척자들이 하곡을 따라 퍼져나갔다. 뉴멕시코주의 아나사지, 중앙아메리카의 마야, 미시시피강 계곡의 커호키아 같은 또 다른 수력 사회를 건설했다. 유럽에서 아메리카 대륙으로 건너온 식민지 개척자들은 세계를 지도에 표시하기 시작했다. 유럽인들은 강을 이용해 탐사에 나섰고 강을 지형분수계로 이용해 영토를 규정했다. 오늘날에도 여전히 강은 국가 수준과 지방 수준 모두에서 정치 관할구역을 규정하는 경계로 남아 있다. 강둑을 중심으로 정착 생활이 시작되었다. 정착지는 마을, 도시, 대도시로 발전해나갔다.

그 뒤를 이은 세대들은 강에 의존하는 생활을 당연하게 여겼다. 강은 원래 그 자리에 존재하는 것이었다. 쾌적한 풍경을 제공했고 본질적인 가치를 한정적으로 제공했다. 강은 물고기를 제공했고 수력 사회에서 관개를 책임졌다. 강은 대륙을 탐험할 수 있도록 지원하는 경로이자 산업화의 원동력이었다. 인간은 강을 통해 유독성 물질을 제거할 수 있었고 전기를 만들 수 있었다. 강 덕분에 건조한 땅에서 생활할 수 있었고 발전소의 열기를 식힐 수 있었다. 강은 환경운동과 기술운동에 영감을 불어넣었고 부동산 개발의 기회를 제공했다. 마지막으로 강은 스트레스에 찌든 도시 사람들의 정신을 달래주었다. 어느 한 세대의 관점에서 바라보는 강의 가치는 명확하고 실용적이다. 심지어 진부하기까지 하다. 장기적인 관점에서 강을 바라볼 때만이 인간 문명에 있어 강이 근본적으로 중요한 존재라는 사실을 밝힐 수 있다.

강과 사람은 오랜 역사를 함께해왔다. 이와 같이 기나긴 역사를 요약해 나의 세 아이들에게 들려준다면 다음과 같을 것이다.

옛날 옛적에 비가 내려 땅을 형성했다. 물은 수백만 년 동안 흐르면서 산을 깎고 흙을 실어 날랐다. 강은 땅이 바다 쪽으로 확장되도록 만들었고 풍부한 충적토를 활용해 넓은 곡저평야를 만들었다.

곡저평야를 발견한 유목민들은 서로 협력해 농사를 짓고 한곳에 정착해 생활하는 방법을 알게 되었다. 강은 정착 생활에 필수적인 요소가 되었다. 잉여 식량이 증가하면서 사회계층이 등장해 사회가 더 복잡해졌다. 자연 세계에 대한 궁금증을 품은 사상가들이 나타났고 사회는 이와 같은 사상가를 지원하기 시작했다. 사상 최초로 철학, 법학, 공학, 과학이라는 희미한 빛이 나타났다. 인간은 학습하고 거래했으며 창의력을 발휘했다. 인구는 꾸준히 늘어났다.

인간이 강을 이용하는 방법은 더 다양해졌다. 강은 여행 경로가 되었고 결국에는 대륙을 다시 탐험하는 수단이 되었다. 인간은 새로운 정착지를 세웠고 문화와 언어는 더욱 다양해졌다. 인구가 늘어나면서 사망자 수도 늘어났다. 이따금 홍수가 발생하여 사람의 목숨을 앗아갔고 예측할 수 없는 방식으로 정치 체계를 뒤흔들어 놓았다. 인간 사회의 경쟁이 점점 더 치열해지는 가운데 강은 전쟁의 전략자원이자 편리한 영토 중재자로 기능했다.

기술이 발전함에 따라 인간은 강을 산업으로 변모시키는 법을 터득하게 되었다. 인간은 수차, 가죽 공장, 섬유 공장을 지었다. 강은 자신들의 힘을 빌려주고 유독성 물질을 제거하는 방식으로 인간 경제의 산업화를 지원했다. 강에는 부선과 무역선이 떠다녔다. 강과 강의 연결을 원활하게 만들기 위해 인간이 강을 직접 만들기도 했다. 그것이 바로 운하다.

인간의 기술력이 크게 도약했다. 인간은 강을 대규모로 정복하는 법을 터득했다. 대신 강에서 물리적으로 멀어졌다. 거대한 저수지를 조성한 뒤 강물을 가두는 방법을 터득했다. 덕분에 과거에는 살 수 없다고 생각했던 건조한 땅에 정착할 수 있었다. 마치 풍요의 뿔처럼 대규모 댐은 마을에 물과 전기를 제공했다. 강물은 잃어서는 안 되는 소중한 자원이 되었다. 따라서 월경하천을 공동으로 관리하기 위한 특별하고 새로운 협력 조약이 체결되었다.

인간의 부가 늘어남에 따라 강을 더럽히는 일을 더 이상 두고 볼 수 없게 되었다. 과거에는 경제성장을 앞세우면서 수로를 오염시켰지만 이제는 법이 바뀌어 유독성 물질을 강으로 흘려보내지 못하게 되었다. 강이 되살아나는 모습을 보면서 인간은 강이 높은 회복 능력을 가지고 있다는 사실을 깨달았다. 댐을 제거하자 강은 금세 되살아나 육지에서 바다로 퇴적물을 신속하게 운반했다. 교대가 사라지자 물고기도 강으로 돌아왔다.

이제 이야기는 현재에 도달했다. 인간은 신과 같은 존재가 되었다. 땅을 움직이는 힘과 공학적 지식을 갖추고 강을 대규모로 전환할 수 있다. 세계에서 인구가 가장 많은 두 국가는 해결하기 어려운 물 공급 문제에 직면해 있다. 문제를 해결하기 위해 두 국가는 사상 최대 규모의 유역 간 물 전환 계획을 추진하고 있다. 강의 생태적 건강을 지키는 일은 여전히 우선순위를 차지하고 있다. 그러나 당면한 문제 앞에 강에 가해지는 압력이 조금씩 커지고 있다. 한편 인간은 강에 대한 이해를 높이고 강의 상태를 관찰하기 위해 새로운 센서, 위성, 모델을 구축하고 있다. 신기술을 활용하면 환경에 덜 해로운 방식으로 강 전력을 활용할 수 있을지 모른다.

오늘날 인간은 대도시로 이동하고 있다. 디지털 세계에 흠뻑 빠져서 일상에서는 자연을 경험하지 못하는 처지가 되었다. 그러나 인간의 두뇌와 생리학에는 자연이 꼭 필요하다. 스스로의 복리를 위해서라도 자연과의 접촉을 유지해야 한다. 인류 최초의 도시가 강을 중심으로 세워졌던 것처럼 이번에도 다시 한번 강이 중요한 역할을 할 것이다.

강은 항상 그 자리에 있었다. 모든 단계에서 본질을 유지하면서 진화해갔다. 실버스타인Shel Silverstein의 ≪아낌없이 주는 나무The Giving Tree≫에 등장하는 아이처럼 인간의 요구 사항은 시간이 지남에 따라 바뀌었고 강의 선물도 거기에 맞게 바뀌었다. 인간의 욕구는 진화했지만 의존성은 그대로였다. 강은 수백 세대 동안 우리를 지탱해왔다. 그리고 실버스타인의 시든 사과나무 그루터기와는 다르게 방치할수록 더욱 활력을 되찾을 것이다. 강은 불멸할 수 있다.

나일로미터는 고대 지식의 원천이었다. 이 지식을 바탕으로 파라오는 세금을 부과했고 사회를 유지했다. 오늘날 나일로미터는 나일타워가 들어설 예정지 바로 하류에 있다. 예나 지금이나 나일강은 이집트인들에게 선물을 제공했다. 처음에는 토사가 풍부한 농지와 농지에 관개할 수 있는 홍수를 제공했고 그다음에는 아스완하이댐을 통해 에너지를 제공했다. 그리고 이제는 카이로의 강변을 따라 고급 부동산을 제공하고 있다.

도시국가의 등장에서 대륙 탐험, 영토 경쟁에서 도시 탄생, 에너지 확보에서 경제 산업화, 협력 촉진, 환경주의 촉진, 기술 촉진에서 도시에서 생활하는 수십억 명의 사람들에게 알맞게 조성된 자연 제공에 이르기까지, 어디에나 강이 있다.

인간 주변 어디에나 광대한 수로가 소리 없이 흐르고 있다. 평소에는 눈에 잘 띄지 않게 숨어 있을 뿐이다. 인류의 문명을 형성한 것은 도로도, 기술도, 정치 지도자도 아니다. 인류의 문명을 형성한 것은 바로 강이다. 강은 국경을 열었고, 도시를 건설했으며, 국경을 규정했고, 수십억 명의 사람들을 먹여 살렸다. 강은 생명을 촉진하고, 평화를 이룩하며, 권력을 제공하고, 갑작스레 심술을 부려 자신이 가는 길 앞에 놓인 모든 것을 파괴한다. 인간이 강을 다스리는 법을 점점 더 많이 터득해 심지어 족쇄까지 채웠지만, 강은 고대의 힘으로서 여전히 인간을 지배한다.

감사의 말

부모님께 깊이 감사드린다. 두 분이 계시지 않았다면 이 책은 세상의 빛을 보지 못했을 것이다. 처음에는 도시내기 아이의 부모로서, 나중에는 저명한 하천퇴적학자이자 캐나다 서스캐처원강 권위자로서, 내 인생의 단계마다 강에 대해 알려주신 아버지 노먼 D. 스미스께 감사드린다.

브록먼의 문학 대리인 러셀 와인버거가 아니었다면 이 책이 나오지 못했을 것이다. 처음부터 내 곁에 있으면서 내가 아는 것만 쓰면 된다고 격려해주었다. 와인버거의 높은 기준 덕분에 책의 품격도 한결 더 높아졌다.

리틀, 브라운 출판사 관계자에게도 감사드린다. 이언 스트라우스 부편집자는 원고 전체를 여러 차례 공들여 검토하고 편집했고, 트레이시 베하르 부사장 겸 편집장은 이 책의 출판에 흔쾌히 동의했다. 제작 편집, 카피 편집, 마케팅, 홍보를 주도한 벳시 우리히, 캐스린 로

저스, 제시카 천, 줄리아나 호르바체프스키에게도 감사한다. 양장본(원서)의 멋진 표지는 로런 함스의 작품이다.

브라운대학교의 내털리 펄, 캘리포니아대학교 로스앤젤레스캠퍼스의 세라 포펠카에게도 감사한다. 두 사람은 학부생이었을 때 귀중한 시간을 내어 연구를 지원했다. 모든 지도와 삽화는 로스앤젤레스대학교 캘리포니아캠퍼스 지리학과의 뛰어난 지도 작성 전문가 매슈 제브로프스키와의 협업으로 탄생한 것이다.

브라운대학교 환경 및 사회 연구소 존 앳워터 및 다이애나 넬슨, 미국 항공우주국 지구과학 부문에서 이 책의 일부 재정을 지원했다.

대담, 문헌 검토, 연구 지원, 조언 또는 그 밖의 여러 형태로 도움을 준 사람들이 많다. 프레드 아자리언, 존 애그뉴, 테즈페이 알렘세게드, 더그 알스도르프, 코스타스 앤드리아디스, 로레나 아포다카, 게디온 아스파우, 폴 베이츠, 앨버토 베하르, 제이슨 박스, 레이철 캘리코, 케이틀린 캠벨, 주디 카니, 윌리엄 A. V. 클라크, 에이드리언 클레이튼, 카일리 코스퍼, 존 크릴리, 앤절라 데소토, 재레드 다이아몬드, 마이크 듀랜드, 코리 에이드, 재러드 엔틴, 제이 파밀리에티, 우베일럼 페커드, 제임스 가빈, 메코넌 제브러마이클, 팸 지셀, 톰 길레스피, 피터 그리피스, 콜린 해프크, 타일러 할란, 라인 호그, 제시 젠킨스, 크리스 존슨, 야라 코시노, 제프리 카이틀린저, 윌리엄 크러빌, 유미코 쿠라, 스콧 르페이버, 칼 레글레이터, 데니스 레텐마이어, 애덤 르원터, 에릭 린드스트롬, 리처드 로먼, 룰라 루, 어맨다 린치, 글렌 맥도널드, 프랭크 맥길리건, 행크 마골리스, 톨스튼 마커스, 케이시 맥머리, 프로드 멜럼빅, 릴 메르테스, 찰스 밀러, 코리 밀론, 토비 미니어, 니콜 모럴레스, 폴 모린, 아이린 모텐슨, 베키 머드, 페카메드 네거시, 페터 노레, 래리 널티, 그렉 오킨, 브랜든 오버스트릿, 프레드 피어스, 알 피에트로니로, 에리카 피에트로니로, 트라이 파이시, 밥 프라이스, 리즈 풀버, 웨슬리

라이서, 조배너 리조, 어네스토 로드리게즈, 소크 소배너리, 조앤 스톡스, 캐런 타미르, 마르코 테데스코, 아르야 팅스태드, 제리 팅스태드, 더크 밴 아스, 소피런 벤, 토머스 바그너, 자이다 왕, 마이클 웨너, 신디 예, 캐시 영에게 감사한다.

본인들은 알고 있는지 모르겠지만 이 책은 많은 대학원생과 박사후 연구원들의 영향을 받았다. 미아 베넷, 베너 추, 세라 쿨리, 매슈 쿠퍼, 제시카 페인, 캐런 프레이, 콜린 글리슨, 신시아 홀, 이선 키지바트, 에카테리나 레진, 매슈 머셀, 태믈린 파벨스키, 링컨 피처, 오사 레네르 말름, 존 라이언, 용웨이 솅, 스콧 스티븐슨, 강 양이 바로 그들이다.

이 책에 삽입된 사진들 중 내가 촬영하지 않은 것은 제디온 애스포, 미아 베넷, 존 거스먼, 타일러 할란, 미하엘 후니위츠, 리처드 로먼, 만파워 하이드로/데이비드 만, 미국 항공우주국, 미국 의회도서관, 리처드 닉슨 대통령 도서관 및 박물관, 존 라이언, 애비 팅스태드, 켈빈 트로트먼, 국제연합 난민기구가 제공해주었다.

이 책의 초안은 캘리포니아대학교 로스앤젤레스캠퍼스가 지원하는 1년의 안식년 기간 동안 브라운대학교에서 작성되었다. 태믈린 파벨스키, 제리 팅스태드, 강 양이 이 책의 주요 장을, 더그 알스도르프, 노먼 스미스, 이언 스트라우스, 애비 팅스태드가 이 책 전체를 비판적으로 검토해준 덕분에 책 내용이 크게 개선되었다. 전문적인 사실 확인은 세라 리핀코트가 도맡아주었다. 그럼에도 불구하고 아직 남아 있을지 모르는 오류, 부정확한 내용 또는 누락에 대한 책임은 당연하게도 나의 것이다.

2019년 12월 2일

미국 로드아일랜드주 프로비던스에서

로런스 C. 스미스

참고문헌 및 더 읽을거리

서문

Holden, Peter, et al. "Mass-spectrometric mining of Hadean zircons by automated SHRIMP multi-collector and single-collector U/Pb zircon age dating: The first 100,000 grains," *International Journal of Mass Spectrometry* 286.2–3(2009): 53–63. doi.org/10.1016/j.ijms.2009.06.007

Kite, Edwin S., et al. "Persistence of intense, climate-driven runoff late in Mars history," *Science Advances* 5.3 (2019). doi.org/10.1126/sciadv.aav7710

Lyons, Timothy W., et al. "The rise of oxygen in Earth's early ocean and atmosphere," *Nature* 506 (2014): 307–315. doi.org/10.1038/nature13068

O'Malley-James, Jack T., et al. "Swansong Biospheres: Refuges for Life and Novel Microbial Biospheres on Terrestrial Planets near the End of Their Habitable Lifetimes," *International Journal of Astrobiology* 12.2 (2012): 99–112. doi.org/10.1017/S147355041200047X

Valley, John W., et al. "Hadean age for a post-magma-ocean zircon confirmed by atom-probe tomography," *Nature Geoscience* 7 (2014): 219–223. doi.org/10.1038/ngeo2075

1장 팔레르모 석

강 사이에 자리 잡은 땅

Fagan, Brian. *Elixir: A History of Water and Humankind* (New York: Bloomsbury Press, 2011).

Hurst, H. E. "The Roda Nilometer." (Book Review of Le Mikyas ou Nilometre de l'Ile de Rodah, Par Kamel Osman Ghaleb Pasha.) *Nature* 170 (1952): 132–133. doi.org/10.1038/170132a0

Morozova, Galina S. "A review of Holocene avulsions of the Tigris and Euphrates rivers and possible effects on the evolution of civilizations in lower Mesopotamia," *Geoarchaeology* 20.4 (2005): Wiley Online Library. doi.org/10.1002/gea.20057

Shaw, Ian, ed. *The Oxford History of Ancient Egypt* (New York: Oxford University Press, 2000).

Tainter, Joseph A. *The Collapse of Complex Societies* (Cambridge: Cambridge University Press, 1990).

티그리스-유프라테스강에도 방주가?

Davila, James R. "The Flood Hero as King and Priest," *Journal of Near Eastern Studies* 54.3 (1995): 199–214.

Kennett, D.J., and J. P. Kennett. "Early State Formation in Southern Mesopotamia: Sea Levels, Shorelines, and Climate Change," *Journal of Island and Coastal Archaeology* 1.1 (2006): 67–99. doi.org/10.1080/15564890600586283

Lambeck, K. "Shoreline reconstructions for the Persian Gulf since the last glacial maximum," *Earth and Planetary Science Letters* 142.1–2 (1996): 43–57. doi.org/10.1016/0012-821X(96)00069-6

Lambeck, K., and J. Chappell. "Sea Level Change Through the Last Glacial Cycle," *Science* 292.5517 (2001): 679–686. doi.org/10.1126/science.1059549

Ryan, W. B. F., et al. "Catastrophic Flooding of the Black Sea," *Annual Review of Earth and Planetary Sciences* 31 (2003): 525–554. doi.org/10.1146/annurev.earth.31.100901.141249

Teller, J. T., et al. "Calcareous dunes of the United Arab Emirates and Noah's Flood: the postglacial reflooding of the Persian (Arabian) Gulf," *Quaternary International* 68–71 (2000): 297–308. doi.org/10.1016/S1040-6182(00)00052-5

Tigay, Jeffrey H. *The Evolution of the Gilgamesh Epic* (Philadelphia: University of Pennsylvania Press, 1982).

사라스바티강의 비밀

Gangal, K., et al. "Spatio-temporal analysis of the Indus urbanization," *Current Science* 98.6 (2010): 846–852. www.jstor.org/stable/24109857

Giosan, L., et al. "Fluvial landscapes of the Harappan civilization," *PNAS* 109.26(2012): 1688–1694. doi.org/10.1073/pnas.1112743109

Sarkar, A., et al. "Oxygen isotope in archaeological bioapatites from India: Implications to climate change and decline of Bronze Age Harappan civilization," *Scientific Reports* 6 (2016). doi.org/10.1038/srep26555

Tripathi, J. K., et al. "Is River Ghaggar, Saraswati? Geochemical Constraints," *Current Science* 87.8 (2004): 1141–1145. www.jstor.org/stable/24108988

성군 우의 귀환

비트포겔의 물의 왕국

하피 신의 가슴에서 얻은 지식

Biswas, A. K. *History of Hydrology* (London: North-Holland Publishing Company, 1970).

Loewe, Michael, and Edward L. Shaughnessy, eds. *The Cambridge History of Ancient China: From the Origins of Civilization to 221 BC* (Cambridge: Cambridge University Press, 1999).

Makibayashi, K., "The Transformation of Farming Cultural Landscapes in the Neolithic Yangtze Area, China," *Journal of World Prehistory* 27.3–4 (2014): 295–307. doi.org/10.1007/s10963-014-9082-0

Mays, Larry W. "Water Technology in Ancient Egypt," *Ancient Water Technologies* (Dordrecht, Netherlands: Springer, 2010).

Truesdell, W. A. "The First Engineer," *Journal of the Association of Engineering Societies* 19 (1897): 1–9.

Wittfogel, Karl A. *Oriental Despotism: A Comparative Study of Total Power* (New Haven: Yale University Press, 1957). [국역: ≪동양적 전제주의≫, 구종서 옮김, 법문사, 1991]

Wu, Q., et al. "Outburst flood at 1920 BCE supports historicity of China's Great Flood and the Xia dynasty," *Science* 353.6299 (2016): 579–582. doi.org/10.1126/science.aaf0842

Zong, Y., et al. "Fire and flood management of coastal swamp enabled first rice paddy cultivation in east China," *Nature* 449.7161 (2007): 459–462. doi.org/10.1038/nature06135

함무라비 법전

강은 모두의 소유물

Bannon, Cynthia. "Fresh Water in Roman Law: Rights and Policy," *Journal of Roman Studies* 107 (2017): 60–89. doi.org/10.1017/S007543581700079X

Campbell, Brian. *Rivers and the Power of Ancient Rome* (Chapel Hill: University of North Carolina Press, 2012).

Finkelstein, J. J. "The laws of Ur-ammu," *Journal of Cuneiform Studies* 22.3–4 (1968): 66–82. doi.org/10.2307/1359121

"Sex Offenses in Sumerian Laws," *Journal of the American Oriental Society* 86.4 (1966): 355–372. doi.org/10.2307/596493

Frymer, T. S. "The Nungal-Hymn and the Ekur-Prison," *Journal of the Economic and Social History of the Orient* 20.1 (1977): 78–89. doi.org/10.2307/3632051

Gomila, M. "Ancient Legal Traditions," *The Encyclopedia of Criminology and Criminal Justice* (2014): 1–4. Wiley Online Library. doi.org/10.1002/9781118517383.wbeccj252

Husain, M. Z., and S. E. Costanza. "Code of Hammurabi," *The Encyclopedia of Corrections*

(2017): 1–4. Wiley Online Library. doi.org/10.1002/9781118845387.wbeoc034

Teclaff, Ludwik A. "Evolution of the River Basin Concept in National and International Water Law," *Natural Resources Journal* 36.2 (1996): 359–391. digitalrepository.unm.edu/nrj/vol36/iss2/7

Yildiz, F. "A Tablet of Codex Ur-ammu from Sippar," *Orientalia* 50.1 (1981): 87–97. www.jstor.org/stable/43075013

바퀴의 힘

신세계의 계곡

조지 워싱턴의 꿈, 거대한 아메리카

Arnold, Jeanne E. "Credit Where Credit Is Due: The History of the Chumash Oceangoing Plank Canoe," *American Antiquity* 72.2 (2007): 196–209. doi.org/10.2307/40035811

Canuto, Marcello A., et al. "Ancient lowland Maya complexity as revealed by airborne laser scanning of northern Guatemala," *Science* 361.6409 (2018): doi.org/10.1126/science.aau0137

Cleland, Hugh. *George Washington in the Ohio Valley* (Pittsburgh: University of Pittsburgh Press, 1955).

"The Founders and the Pursuit of Land," The Lehrman Institute, lehrmaninstitute.org/history/founders-land.html#washington

Davis, Loren G., et al. "Late Upper Paleolithic occupation at Cooper's Ferry, Idaho, USA, ~16,000 years ago," *Science* 365.6456 (2019): 891–897. doi: 10.1126/science.aax9830

Liu, Li, and Leping Jiang. "The discovery of an 8000-year-old dugout canoe at Kuahuqiao in the Lower Yangzi River, China," *Antiquity* 79.305 (2005): www.antiquity.ac.uk/projgall/liu305/

Pauketat, T. R. *Ancient Cahokia and the Mississippians* (New York: Cambridge University Press, 2004).

Pepperell, Caitlin S., et al. "Dispersal of Mycobacterium tuberculosis via the Canadian fur trade," *Proceedings of the National Academy of Sciences* (PNAS) 108.16 (2011): 6526–6531. doi.org/10.1073/pnas.1016708108

Van de Noort, R., et al. "The 'Kilnsea-boat,' and some implications from the discovery of England's oldest plank boat remains," *Antiquity* 73.279 (1999): 131–135. doi.org/10.1017/S0003598X00087913

Wade, L. "Ancient site in Idaho implies first Americans came by sea," *Science* 365.6456 (2019): 848–849. doi: 10.1126/science.365.6456.848

2장 국경에서

파란색 국경

편의에 따른 활용

로레나 아포다카Lorena Apodaca(미국 국경순찰대원 겸 미국 세관 및 국경보호국 국경공동체 연락 담당관), 아이린 모텐슨Irine Mortenson(미국 세관 및 국경보호국 공동체 관계 담당관). 개별 대담. 2017년 8월 14일. 텍사스 엘파소.

Carter, Claire, et al. *David Taylor: Monuments* (Radius Books/Nevada Museum of Art, 2015).

Popelka, Sarah J., and Laurence C. Smith. "Rivers as Political Borders: A New Subnational Geospatial Dataset," *Water Policy*, 심사 중.

Reisser, Wesley J. *The Black Book: Woodrow Wilson's Secret Plan for Peace* (Lanham, MD: Lexington Books, 2012).

Sahlins, Peter. "Natural Frontiers Revisited: France's Boundaries since the Seventeenth Century," *The American Historical Review* 95.5 (1990): 1423–1451. doi.org/10.2307/2162692

Ullah, Akm Ahsan. "Rohingya Refugees to Bangladesh: Historical Exclusions and Contemporary Marginalization," *Journal of Immigrant & Refugee Studies* 9.2 (2011): 139–161. doi.org/10.1080/15562948.2011.567149

국가의 규모와 형태를 결정하는 요인

물 전쟁에 대한 우려

폭격기 만델라

물 저장고와 물 권력

Alesina, Alberto, and Enrico Spolaore. *The Size of Nations* (Cambridge: MIT Press, 2005).

Likoti, Fako Johnson. "The 1998 Military Intervention in Lesotho: SADC Peace Mission or Resource War?" International Peacekeeping 14.2 (2007): 251–263. doi.org/10.1080/13533310601150875

Makoa, Francis K. "Foreign military intervention in Lesotho's election dispute: Whose Project?" *Strategic Review for Southern Africa* 21.1 (1999).

Viviroli, Daniel, et al. "Mountains of the world, water towers for humanity: Typology, mapping, and global significance," *Water Resources Research* 43.7 (2007): 1–13. doi.org/10.1029/2006WR005653

저드슨 하몬: 하나만 알고 둘은 모르는 메콩강에 쏠린 시선

Convention between the United States of America and Mexico: Equitable Distribution of the Waters of the Rio Grande. 1907년 1월 16일 미국과 멕시코가 선언. www.ibwc.gov/Files/1906Conv.pdf

Convention on the Law of the Non-Navigational Use of International Watercourses, United Nations. 1997년 채택. legal.un.org/avl/ha/clnuiw/clnuiw.html

Cosslett, Tuyet L., and Patrick D. Cosslett. *Sustainable Development of Rice and Water Resources in Mainland Southeast Asia and Mekong River Basin* (Singapore: Springer Nature, 2018).

Harris, Maureen. "Can regional cooperation secure the Mekong's future?" *Bangkok Post*, 10 January 2018. www.bangkokpost.com/opinion/opinion/1393266/can-regional-cooperation-secure-the-mekongs-future

McCaffery, Stephen C. "The Harmon Doctrine One Hundred Years Later: Buried, Not Praised," *Natural Resources Journal* 36.3 (1996): 549–590. digitalrepository.unm.edu/nrj/vol36/iss3/5

Middleton, Carl, and Jeremy Allouche. "Watershed or Powershed? Critical Hydropolitics, China and the Lancang-Mekong Cooperation Framework," *The International Spectator* 51.3 (2016): 100–117. doi.org/10.1080/03932729.2016.1209385

Salman, Salman M. A. "Entry into force of the UN Watercourses Convention: Why should it matter?" *International Journal of Water Resources Development* 31.1 (2015): 4–6. doi.org/10.1080/07900627.2014.952072

Schiff, Jennifer S. "The evolution of Rhine river governance: historical lessons for modern transboundary water management," *Water History* 9.3 (2017): 279–294. doi.org/10.1007/s12685-017-0192-3

Sosland, Jeffrey K. *Cooperating Rivals: The Riparian Politics of the Jordan River Basin* (Albany: State University of New York Press, 2007).

Teclaff, Ludwik A. "Fiat or Custom: The Checkered Development of International Water Law," *Natural Resources Journal* 31.1 (1991): 45–73. digitalrepository.unm.edu/nrj/vol31/iss1/4

Wolf, Aaron T. "Conflict and cooperation along international waterways," *Water Policy* 1.2 (1998): 251–k265.doi.org/10.1016/S1366-7017(98)00019-1

Ziv, Guy, et al. "Trading-off fish biodiversity, food security, and hydropower in the Mekong River Basin," *PNAS* 109.15 (2012): 5609–5614. doi.org/10.1073/pnas.1201423109

3장 전쟁 비화: 치욕의 시대

강을 건넌다는 것

Brockell, Gillian. "How a painting of George Washington crossing the Delaware on Christmas went 19th-century viral," *The Washington Post*, 25 Dec. 2017. www.washingtonpost.com/news/retropolis/wp/2017/12/24/how-a-painting-of-george-washington-crossing-the-delaware-on-christmas-went-19th-century-viral/?utm_term=.05b8375ce759

Groseclose, Barbara S. "'Washington Crossing the Delaware': The Political Context," *The American Art Journal* 7.2 (1975): 70 – 78. www.jstor.org/stable/1594000

"Islamic State and the crisis in Iraq and Syria in maps," *BBC News*, 28 Mar. 2018. www.bbc.com/news/world-middle-east-27838034

Jones, Seth G., et al. *Rolling Back the Islamic State* (Santa Monica, CA: RAND Corporation, 2017). www.rand.org/pubs/research_reports/RR1912.html

미국의 분열

Bearss, Edwin C., with J. Parker Hills. *Receding Tide: Vicksburg and Gettysburg: The Campaigns That Changed the Civil War* (Washington, DC: National Geographic Books, 2010).

Joiner, Gary D. *Mr. Lincoln's Brown Water Navy: The Mississippi Squadron* (Lanham, MD: Rowman & Littlefield Publishers, 2007).

Tomblin, Barbara Brooks. *The Civil War on the Mississippi: Union Sailors, Gunboat Captains, and the Campaign to Control the River* (Lexington: University Press of Kentucky, 2016).

Van Tilburg, Hans Konrad. *A Civil War Gunboat in Pacific Waters: Life on Board USS Saginaw* (Gainesville: University Press of Florida, 2010).

치욕의 시대

Chang, Iris. The Rape of Nanking: *The Forgotten Holocaust of World War II* (New York: Basic Books, Reprint Edition, 2012).

Cole, Bernard D. "The Real Sand Pebbles," *Naval History Magazine* 14.1 (2000): U.S. Naval Institute. www.usni.org/magazines/naval-history-magazine/2000/february

Feige, Chris, and Jeffrey A. Miron. "The opium wars, opium legalization and opium consumption in China," *Applied Economics Letters* 15.12 (2008): 911 – 913. doi.org/10.1080/13504850600972295

"A Japanese Attack Before Pearl Harbor," NPR Morning Edition, 13 Dec. 2007. 듣기: www.npr.org/templates/story/story.php?storyId=17110447

Kaufman, Alison A. *The "Century of Humiliation" and China's National Narratives* (2011). www.uscc.gov/sites/default/files/3.10.11Kaufman.pdf

Konstam, Angus. *Yangtze River Gunboats* 1900 – 49 (Oxford, U.K.: Osprey Publishing, 2011).

Melancon, Glenn. "Honour in Opium? The British Declaration of War on China, 1839 – 1840," *The International History Review* 21.4 (1999): 855 – 874. doi.org/10.1080/07075332.1999.9640880

"The Opening to China Part 1: the First Opium War, the United States, and the Treaty of Wangxia, 1839 – 1844." Office of the Historian, U.S. Department of State. history.state.gov/milestones/1830-1860/china-1

"The Opening to China Part 2: the Second Opium War, the United States, and the Treaty of Tianjin, 1857 – 1859." Office of the Historian, U.S. Department of State. history.state.gov/milestones/1830-1860/china-2

"USS Saginaw," military.wikia.com/wiki/USS_Saginaw

금속을 실어 나르는 강

영국 공군의 댐 폭파 작전

투우사의 망토

Builder, Carl H., et al. "The Technician: Guderian's Breakthrough at Sedan," *Command Concepts*, 43 – 54 (Santa Monica, CA: RAND Corporation, 1999). www.rand.org/content/dam/rand/pubs/monograph_reports/MR775/MR775.chap4.pdf

Cole, Hugh M. "The Battle Before the Meuse," *The Ardennes: Battle of the Bulge*. U.S. Army Center of Military History. history.army.mil/books/wwii/7-8/7-8_22.HTM

"The Dam Raids," The Dambusters. http://www.dambusters.org.uk/

Evenden, Matthew. "Aluminum, Commodity Chains, and the Environmental History of the Second World War," *Environmental History* 16.1 (2011): 69 – 93. doi.org/10.1093/envhis/emq145

Hall, Allan. "Revealed: The priest who changed the course of history ... by rescuing a drowning four-year-old Hitler from death in an icy river," *Mailonline*, 5 Jan. 2012. www.dailymail.co.uk/news/article-2082640/How-year-old-Adolf-Hitler-saved-certain-death—drowning-icy-river-rescued.html

King, W. L. Mackenzie. "The Hyde Park Declaration," *Canada and the War*. 28 Apr. 1941. wartimecanada.ca/sites/default/files/documents/WLMK.HydePark.1941.pdf

Massell, David. "'As Though There Was No Boundary': the Shipshaw Project and Continental

Integration," *American Review of Canadian Studies* 34.2 (2004): 187–222. doi.org/10.1080/02722010409481198

Royal Air Force Benevolent Fund. "The story of the Dambusters." www.rafbf.org/dambusters/the-story-of-the-dambusters

Webster, T. M. "The Dam Busters Raid: Success or Sideshow?" *Air Power History* 52.2 (2005): 12–25. www.questia.com/library/journal/1G1-133367811/the-dam-busters-raid-success-or-sideshow

Willis, Amy. "Adolf Hitler 'Nearly Drowned as a Child,'" *The Telegraph*, 6 Jan. 2012. www.telegraph.co.uk/history/world-war-two/8996576/Adolf-Hitler-nearly-drowned-as-a-child.html

Zahniser, Marvin R. "Rethinking the Significance of Disaster: The United States and the Fall of France in 1940," *International History Review* 14.2 (1992): 252–276. www.jstor.org/stable/40792747

베트남 적지운항

Carrico, John M. *Vietnam Ironclads: A Pictorial History of U.S. Navy River Assault Craft, 1966–1970* (John M. Carrico, 2008).

Dunigan, Molly, et al. *Characterizing and exploring the implications of maritime irregular warfare.* RAND Document Number MG-1127-NAVY (Santa Monica, CA: RAND, 2012) www.rand.org/pubs/monographs/MG1127.html

Helm, Glenn E. "Surprised at TET: U.S. Naval Forces—1968," Mobile Riverine Force Association. www.mrfa.org/us-avy/surprised-t-et---aval-forces-1968/

Lorman, Richard E. "The Milk Run," *River Currents* 23.4 (2014): 2–3. Mobile Riverine Force Association. www.mrfa.org/wp-ontent/uploads/2016/06/RiverCurrentsWinter2014WEB.pdf

리처드 E. 로먼, 개별 대담. 2018년 4월 22일. 매사추세츠주 헐에서.

Qiang, Zhai. "China and the Geneva Conference of 1954," *China Quarterly* 129 (1992): 103–122. www.jstor.org/stable/654599

4장 소멸과 재생

대홍수가 휩쓸고 지나간 자리

"Billion-Dollar Weather and Climate Disasters: Overview." NOAA National Centers for

Environmental Information. www.ncdc.noaa.gov/billions/

Blake, Eric S., and David A. Zelinsky. *National Hurricane Center Tropical Cyclone Report: Hurricane Harvey* (NOAA, 2018). www.nhc.noaa.gov/data/tcr/AL092017_Harvey.pdf

Elliott, James R. "Natural Hazards and Residential Mobility: General Patterns and Racially Unequal Outcomes in the United States," *Social Forces* 93.4 (2015): 1723–1747.doi.org/10.1093/sf/sou120

Fussell, Elizabeth, et al. "Race, Socioeconomic Status, and Return Migration to New Orleans after Hurricane Katrina," *Population and Environment* 31.1–3(2010): 20–42. doi.org/10.1007/s11111-009-0092-2

Haider-Markel, Donald P., et al. "Media Framing and Racial Attitudes in the Aftermath of Katrina," *Policy Studies Journal* 35.4 (2007): 587–605.doi.org/10.1111/j.1541-0072.2007.00238.x

"Hurricane Costs." NOAA Office for Coastal Management. www.coast.noaa.gov/states/fast-facts/hurricane-costs.html

Jonkman, Sebastian N., et al. "Brief communication: Loss of life due to Hurricane Harvey," *Natural Hazards and Earth System Sciences* 18.4 (2018): 1073–1078.doi.org/10.5194/nhess-18-1073-2018

Leeson, Peter T., and Russell S. Sobel. "Weathering Corruption," *Journal of Law and Economics* 51.4 (2008): 667–681. doi.org/10.1086/590129

Schultz, Jessica, and James R. Elliott. "Natural disasters and local demographic change in the United States," *Population and Environment* 34.3 (2013): 293–312 www.jstor.org/stable/42636673

SHELDUS (Spatial Hazard Events and Losses Database for the United States), University of South Carolina. cemhs.asu.edu/sheldus/

팀 루비콘의 여러 자원봉사자. 개별 대담. 2017년 9월 29일, 30일. Houston and Conroe, Texas.

Zaninetti, Jean-Marc, and Craig E. Colten. "Shrinking New Orleans: Post-Katrina Population Adjustments," *Urban Geography* 33.5 (2012): 675–699.doi.org/10.2747/0272-3638.33.5.675

제방이 무너지면 발생하는 일

Barry, John S. *Rising Tide: The Great Mississippi Flood of 1927 and How It Changed America* (New

York : Simon & Schuster, 1998).

Rivera, Jason David, and DeMond Shondell Miller. "Continually Neglected : Situating Natural Disasters in the African American Experience," *Journal of Black Studies* 37.4 (2007): 502–522. www.jstor.org/stable/40034320

Walton Jr., Hanes, and C. Vernon Gray. "Black Politics at the National Republican and Democratic Conventions, 1868–1972," *Phylon* 36.3 (1975) : 269–278. www.jstor.org/stable/274392

중국의 슬픔을 무기로 활용하다

Alexander, Bevin. *The Triumph of China*. www.bevinalexander.com/china/

Edgerton-Tarpley, Kathryn. "A River Runs through It : The Yellow River and The Chinese Civil War, 1946–1947," *Social Science History* 41.2 (2017) : 141–173.doi.org/10.1017/ssh.2017.2

"'Nourish the People' to 'Sacrifice for the Nation' : Changing Responses to Disaster in Late Imperial and Modern China," *Journal of Asian Studies* 73.2 (2014) : 447–469. www.jstor.com/sta ble/43553296

Lary, Diana. "Drowned Earth : The Strategic Breaching of the Yellow River Dyke, 1938," *War in History* 8.2 (2001) : 191–207.doi.org/10.1177/0968344501008 00204

Muscolino, Micah S. "Refugees, Land Reclamation, and Militarized Landscapes in Wartime China : Huanglongshan, Shaanxi, 1937–45," *Journal of Asian Studies* 69.2 (2010) : 453–478. www.jstor.org/stable20721849

"Violence Against People and the Land : The Environment and Refugee Migration from China's Henan Province, 1938–1945," *Environment and History* 17.2 (2011) : 291–311. www.jstor.org/stable/41303510

Muscolino, Micah. "War, Water, Power : An Environmental History of Henan's Yellow River Flood Area, 1938–1952," *CEAS Colloquium Series*. 9 Apr. 2012. Yale Macmillan Center.

Phillips, Steven E. *Between Assimilation and Independence : the Taiwanese Encounter Nationalist China , 1945–1950* (Redwood City, CA : Stanford University Press, 2003).

Rubinstein, Murray A., ed. *Taiwan : A New History* (Armonk, NY : M.E. Sharpe, 1999).

Selden, Mark, and Alvin Y. So. *War & State Terrorism : The United States , Japan , and the Asia-Pacific in the Long Twentieth Century* (Lanham, MD : Rowman & Littlefield, 2004).

Shu, Li, and Brian Finlayson. "Flood management on the lower Yellow River: hydrological and geomorphological perspectives," *Sedimentary Geology* 85.1–4 (1993): 285–296. doi.org/10.1016/0037-0738(93)90089-N

시작은 사우스포크 클럽에서

Connelly, Frank, and George C. Jenks. *Official History of the Johnstown Flood* (1889), (Pittsburgh: Journalist Publishing Company, 1889).

Eaton, Lucien, et al. *The American Law Review, Volume 23* (St. Louis, MO: Review Publishing Co., 1889), 647.

Shugerman, Jed H. "The Floodgates of Strict Liability: Bursting Reservoirs and the Adoption of Fletcher v. Rylands in the Gilded Age," *Yale Law Journal*, 110.2 (2000). digitalcommons. law.yale.edu/ylj/vol110/iss2/6

Simpson, A. W. B. "Legal Liability for Bursting Reservoirs: The Historical Context of 'Rylands v. Fletcher,'" *Journal of Legal Studies*, 13.2 (1984): 209–264. www.jstor.org/stable/724235

5장 물의 흐름을 잡아라

그랜드에티오피아르네상스댐

대규모 댐 전성시대

Abdalla, I. H. "The 1959 Nile Waters Agreement in Sudanese-Egyptian Relations," *Middle Eastern Studies* 7.3 (1971): 329–341. www.jstor.org/stable/4282387

Bochove, Danielle, et al. "Barrick to Buy Randgold to Expand World's Largest Gold Miner," *Bloomberg*, 24 Sept. 2018. www.bloomberg.com/news/articles/2018-09-24/barrick-gold-agrees-to-buy-rival-randgold-in-all-share-deal

"Grand Inga Dam, DR Congo," *International Rivers*. www.internationalrivers.org/campaigns/grand-inga-dam-dr-congo

Hammond, M. "The Grand Ethiopian Renaissance Dam and the Blue Nile: Implications for transboundary water governance," *GWF Discussion Paper 1306*, Global Water Forum (2013). www.globalwaterforum.org/2013/01/25/the-grand-ethiopian-renaissance-dam-and-the-blue-nile-implications-for-transboundary-water-governance/

페카메드 네가시(동나일 지역기술사무소 소장). 개별 대담. 2018년 4월 28일. 매사추세츠주 캠브리지.

Pearce, Fred. "On the River Nile, a Move to Avert a Conflict Over Water," *Yale Environment 360*. Yale School of Forestry & Environmental Studies. 12 Mar. 2015. e360.yale. edu/features/on_the_river_nile_a_move_to_avert_a_conflict_over_water

Stokstad, Erik. "Power play on the Nile," *Science* 351.6276 (2016) : 904 – 907.doi.org/10.1126/science.351.6276.904

Taye, Meron Teferi, et al. "The Grand Ethiopian Renaissance Dam : Source of Cooperation or Contention?" *Journal of Water Resources Planning and Management* 142.11 (2016). doi.org/10.1061/(ASCE)WR.1943 – 5452.0000708

세상을 바꾼 세 가지 발명품

사람의 손에서 탄생한 강

로스앤젤레스를 건설한 아일랜드인

Bagwell, Philip, and Peter Lyth. *Transport in Britain, 1750–2000: From Canal Lock to Gridlock* (London : Hambledon and London, 2002).

Davis, Mike. *City of Quartz: Excavating the Future in Los Angeles* (New York : Vintage Books, 2006).

Doyle, Martin. *The Source: How Rivers Made America and America Remade Its Rivers* (New York/London : W. W. Norton, 2018).

History of Canals in Britain–Routes of the Industrial Revolution. London Canal Museum. www.canalmuseum.org.uk/history/ukcanals.htm

Johnson, Ben. "The Bridgewater Canal," Historic UK. www.historic-uk.com/HistoryMagazine/DestinationsUK/The-Bridgewater-Canal/

Karas, Slawomir, and Maciej Roman Kowal. "The Mycenaean Bridges — Technical Evaluation Trial," *Roads and Bridges* 14.4 (2015) : 285 – 302.doi.org/10.7409/rabdim.015.019

Redmount, Carol A. "The Wadi Tumilat and the 'Canal of the Pharaohs,'" *Journal of Near Eastern Studies* 54.2 (1995) : 127 – 135. www.jstor.org/stable/545471

Wang, Serenitie, and Andrea Lo. "How the Nanjing Yangtze River Bridge Changed China Forever," *CNN Style: Architecture*, 2 Aug. 2017. www.cnn.com/style/article/nanjing-yangtze-river-bridge-revival

Wiseman, Ed. "Beipanjiang Bridge, the World's Highest, Opens to Traffic in Rural China," *The Telegraph*, 30 Dec. 2016. www.telegraph.co.uk/cars/news/beipanjiang-bridge-worlds-tallest-opens-traffic-rural-china/

거대한 전환

거대한 손익계산

Bagla, Pallava. "India plans the grandest of canal networks," *Science* 345.6193 (2014): 128. doi.org/10.1126/science.345.6193.128

Bhardwaj, Mayank. "Modi's $87 billion river-linking gamble set to take off as floods hit India," *Environment*, *Reuters*, 31 Aug. 2017. www.reuters.com/article/us-india-rivers/modis-87-billion-river-linking-gamble-set-to-take-off-as-floods-hit-india-idUSKCN1BC3HD

Bo, Xiang. "Water Diversion Project Success in First Year," *News*, English.news.cn.12 Dec. 2015. www.xinhuanet.com/english/2015-12/12/c_134910168.htm

"From Congo Basin to Lake Chad: Transaqua, A Dream Is Becoming Reality," *Top News*. Sudanese Media Center. 29 Dec. 2016. smc.sd/en/from-congo-basin-to-lake-chad-transaqua-a-dream-is-becoming-reality/

Mekonnen, Mesfin M., and Arjen Y. Hoekstra. "Four billion people facing severe water scarcity," *Science Advances* 2.2 (2016). doi.org/10.1126/sciadv.1500323

Mengjie, ed. "South-to-north water diversion benefits 50 mln Chinese," *Xinhuanet*, 14 Sept. 2017. www.xinhuanet.com/english/2017-09/14/c_136609886.htm

"Metropolitan Board approves additional funding for full-scale, two-tunnel California WaterFix," *The Metropolitan Water District of Southern California*. 2 April 2018. www.mwdh2o.com/PDF_NewsRoom/WaterFix_April_board_decision.pdf

Mirza, Monirul M. Q., et al., eds. *Interlinking of Rivers in India: Issues and Concerns* (Leiden, Netherlands: CRC Press/Balkema, 2008).

Pateriya, Anupam. "Madhya Pradesh: Ken-Betwa river linking project runs into troubled waters," *Hindustan Times*, 8 July 2017. www.hindustantimes.com/india-news/madhya-pradesh-ken-betwa-river-linking-project-runs-into-troubled-waters/story-Sngb6U8mq2OeTM1B57KGsL.html

"Saving Lake Chad." *African Business Magazine*, 18 Apr. 2018. africanbusinessmagazine.com/sectors/development/saving-lake-chad

Whitehead, P. G., et al. "Dynamic modeling of the Ganga river system: impacts of future climate and socio-economic change on flows and nitrogen fluxes in India and Bangladesh," *Environmental Science: Processes & Impacts 17* (2015): 1082–109.doi.org/10.1039/C4EM00616J

Zhao, Zhen-yu, et al. "Transformation of water resource management: a case study of the

South-to-North Water Diversion project," *Journal of Cleaner Production* 163.1 (2017): 136 – 145.doi.org/10.1016/j.jclepro.2015.08.066

6장 돼지고기 육수

슈퍼펀드

Beck, Eckardt C. "The Love Canal Tragedy," *EPA Journal*, Jan. 1979. archive.epa.gov/epa/aboutepa/love-canal-tragedy.html

Bedard, Paul. "Success: EPA set to reduce staff 50% in Trump's first term," *Washington Examiner*, 9 Jan. 2018. www.washingtonexaminer.com/success-epa-set-to-reduce-staff-50-in-trumps-first-term

Darland, Gary, et al. "A Thermophilic, Acidophilic Mycoplasma Isolated from a Coal Refuse Pile," *Science* 170.3965 (1970): 1416 – 1418. www.jstor.org/stable/1730880?seq=1/subjects

Davenport, Coral. "Scott Pruitt, Trump's Rule-Cutting E.P.A. Chief, Plots His Political Future," *New York Times*, 17 Mar. 2018. www.nytimes.com/2018 /03/17/climate/scott-pruitt-political-ambitions.html

Deakin, Roger. *Waterlog: A Swimmer's Journey Through Britain* (New York: Vintage, 2000).

Guli, Mina. "The 6 River Run," www.minaguli.com/projectsoverview

"What I Learned from Running 40 Marathons in 40 Days for Water," *Huff post*, 3 May 2017. www.huffpost.com/entry/what-i-learned-from-running-40-marathons-in-40-days_b_591acc92e4b03e1c81b008a1

Johnson, D. Barrie, and Kevin B. Hallberg. "Acid mine drainage remediation options: a review," *Science of the Total Environment* 338.1 – 2 (2005): 3 – 14. doi .org/10.1016/j.scitotenv.2004.09.002

Mallet, Victor. *River of Life, River of Death: The Ganges and India's Future* (New York: Oxford University Press, 2017).

Marsh, Rene. "Leaked memo: Pruitt taking control of Clean Water Act determinations," *CNN: Politics*, 4 April 2018. www.cnn.com/2018/04/04/politics/clean-water-act-epa-memo/index.html

O'Grady, John. "The $79 million plan to gut EPA staff," *The Hill*, 16 Feb. 2018. thehill.com/opinion/energy-environment/374167-the-79-million-plan-to-gut-epa-staff

Smith, L. C., and G. A. Olyphant. "Within-storm variations in runoff and sediment export from a rapidly eroding coal-refuse deposit," *Earth Surface Processes and Landforms 19* (1994) : 369 – 375. doi.org/10.1002/esp.3290190407

Swain, Christopher. "Swim with Swain." www.swimwithswain.org

중국의 하장제
온갖 병폐로 신음하는 강

"China appoints 200,000 'river chiefs,'" *Xinhuanet*, 23 Aug. 2017. www.xinhuanet.com/english/2017-08/23/c_136549637.htm

Diaz, Robert J., and Rutger Rosenberg. "Spreading dead zones and consequences for marine ecosystems," *Science* 321.5891 (2008) : 926 – 929. doi.org/10.1126/science.1156401

Eerkes-Medrano, Dafne, et al. "Microplastics in drinking water : A review and assessment," *Current Opinion in Environmental Science & Health* 7 (2019) : 69 – 75. doi.org/10.1016/j.coesh.2018.12.001

Jensen-Cormier, Stephanie. "China Commits to Protecting the Yangtze River," *International Rivers*, 26 Feb. 2018. www.internationalrivers.org/blogs/435/china-commits-to-protecting-the-yangtze-river

Jones, Christopher S., et al. "Iowa stream nitrate and the Gulf of Mexico," *PLoS ONE* 13.4 (2018). doi.org/10.1371/journal.pone.0195930

Leung, Anna, et al. "Environmental contamination from electronic waste recycling at Guiyu, southeast China," *Journal of Material Cycles and Waste Management* 8.1 (2006) : 21 – 33. doi.org/10.1007/s10163-005-0141-6

U.S. Fish and Wildlife Service, "Intersex fish : Endocrine disruption in smallmouth bass." www.fws.gov/chesapeakebay/pdf/endocrine.pdf

Williams, R.J., et al. "A national risk assessment for intersex in fish arising from steroid estrogens," *Environmental Toxicology and Chemistry* 28.1 (2009) : 220 – 230. doi.org/10.1897/08-047.1

그린란드의 리비에라

Davenport, Coral, et al. "Greenland is melting away," *New York Times*, 27 Oct. 2015. www.nytimes.com/interactive/2015/10/27/world/greenland-is-melting-away.html

Fountain, H., and D. Watkins. "As Greenland Melts, Where Is the Water Going?" *New York Times*, 5 December 2017. www.nytimes.com/interactive/2017/12/05/climate/greenlandice-melting.html

Kolbert, Elizabeth. "Greenland Is Melting," *New Yorker*, 24 October 2016. www.newyorker.com/magazine/2016/10/24/greenland-is-melting

Smith, L. C., et al. "Direct measurements of meltwater runoff on the Greenland Ice Sheet surface," *Proceedings of the National Academy of Sciences* (PNAS) 114.50 (2017): E10622-E10631. doi.org/10.1073/pnas.1707743114

피크 워터

Bolch, T., et al. "The State and Fate of Himalayan Glaciers," *Science* 336.6079 (2012): 310–314. science.sciencemag.org/content/336/6079/310

Dottori, Francesco, et al. "Increased human and economic losses from river flooding with anthropogenic warming," *Nature Climate Change 8* (2018): 781–786. www.nature.com/articles/s41558-018-0257-z

Green, Fergus, and Richard Denniss. "Cutting with both arms of the scissors: the economic and political case for restrictive supply-side climate policies," *Climatic Change* 150.1–2 (2018): 73–87. doi.org/10.1007/s10584-018-2162-x

Hirabayashi, Yukiko, et al. "Global flood risk under climate change," *Nature Climate Change* 3 (2013): 816–821. www.nature.com/articles/nclimate1911

Huss, Matthias, and Regine Hock. "Global-scale hydrological response to future glacier mass loss," *Nature Climate Change* 8 (2018): 135–140. www.nature.com/articles/s41558-017-0049-x

Immerzeel, Walter W., et al. "Climate change will affect the Asian water towers," *Science* 328.5984 (2010): 1382–1385. science.sciencemag.org/content/328/5984/1382

Mallakpour, Iman, and Gabriele Villarini. "The changing nature of flooding across the central United States," *Nature Climate Change* 5 (2015): 250–254. www.nature.com/articles/nclimate2516

Milliman, J. D., et al. "Climatic and anthropogenic factors affecting river discharge to the global ocean, 1951–2000," *Global and Planetary Change* 62.3–4 (2008): 187–194. doi.org/10.1016/j.gloplacha.2008.03.001

Smith, Laurence C. "Trends in Russian Arctic river-ice formation and breakup: 1917 to 1994," *Physical Geography* 21.1 (2000): 46–56. doi.org/10.1080/02723646.2000.10642698

Udall, Bradley, and Jonathan Overpeck. "The twenty-first century Colorado River hot drought and implications for the future," *Water Resources Research* 53.3 : 2404 – 2418. agupubs.onlinelibrary.wiley.com/doi/pdf/10.1002/2016WR019638

Woodhouse, Connie A., et al. "Increasing influence of air temperature on upper Colorado River streamflow," *Geophysical Research Letters* 43.5 (2016) : 2174 – 2181. agupubs.onlinelibrary.wiley.com/doi/full/10.1002/2015GL067613

Xiao, Mu, et al. "On the causes of declining Colorado River streamflows," *Water Resources Research* 54.9 (2018) : 6739 – 6756. agupubs.onlinelibrary.wiley.com/doi/abs/10.1029/2018WR023153

7장 흘러가는 대로

댐 철거 운동의 등장

American Rivers (2019) : American River Dam Removal Database. Dataset www.americanrivers.org/2018/02/dam-removal-in-2017/

Foley, M. M., et al. "Dam removal : Listening in," *Water Resources Research* 53.7 (2017) : 5229 – 5246. doi.org/10.1002/2017WR020457

Monterey Peninsula Water Management District, *San Clemente Dam Fish Counts*. www.mpwmd.net/environmental-stewardship/carmel-river-steelhead-resources/san-clemente-dam-fish-counts/

Schiermeier, Quirin. "Europe is demolishing its dams to restore ecosystems," *Nature* 557 (2018) : 290 – 291. doi.org/10.1038/d41586-018-05182-1

Steinbeck, John. *Cannery Row* (New York : Penguin Group, Reprint Edition, 2002). [국역 : 정영목 옮김, 문학동네, 2008]

Williams, Thomas H., et al. "Removal of San Clemente Dam did more than restore fish passage," *The Osprey* 89 (2018) : 1, 4 – 9. USGS Steelhead Committee Fly Fishers International. pubs.er.usgs.gov/publication/70195992

하류의 퇴적물 부족

Smith, Norman D., et al. "Anatomy of an avulsion," *Sedimentology* 36.1 (1989) : 1 – 23. doi.org/10.1111/j.1365-3091.1989.tb00817.x

"Dam-induced and natural channel changes in the Saskatchewan River below the E. B. Campbell Dam, Canada," *Geomorphology* 260 (2016) : 186 – 202. doi.org/10.1016/j.geomorph.2016.06.041

Smith, Norman D., and Marta Pérez-Arlucea. "Natural levee deposition during the 2005 flood of the Saskatchewan River," *Geomorphology* 101.4 (2008): 583–594. doi.org/10.1016/j.geomorph.2008.02.009

Smith, Norman D. et al. "Channel enlargement by avulsion-induced sediment starvation in the Saskatchewan River," *Geology* 42 (2014): 355–358. https://doi.org/10.1130/G35258.1.

피해 최소화

Chen, W., and J. D. Olden. "Designing flows to resolve human and environmental water needs in a dam-regulated river," *Nature Communications* 8.2158 (2017). doi.org/10.1038/s41467-017-02226-4

Holtgrieve, G. W., et al. "Response to Comments on "Designing river flows…," *Science* 13.6398 (2018). doi.org/10.1126/science.aat1477

Kondolf, G. Mathias, et al. "Dams on the Mekong: Cumulative sediment starvation," *Water Resource Research* 50.6 (2014): 5158–5169. doi.org/10.1002/2013WR014651 "Sustainable sediment management in reservoirs and regulated rivers: Experiences from five continents," *Earth's Future* 2 (2014): 256–280. doi.org/10.1002/2013EF000184

Sabo, J. L., et al. "Designing river flows to improve food security futures in the Lower Mekong Basin," *Science* 358.6368 (2017). doi.org/10.1126/science.aao1053

Schmitt, R. J. P., et al. "Improved trade-offs of hydropower and sand connectivity by strategic dam planning in the Mekong," *Nature Sustainability* 1 (2018): 96–104. www.nature.com/articles/s41893-018-0022-3

Zarfl, C., et al. "A global boom in hydropower dam construction," *Aquatic Sciences* 77.1 (2015): 161–170. doi.org/10.1007/s00027-014-0377-0

미래의 바퀴

대중국, 소수력

Harlan, Tyler. "Rural utility to low-carbon industry: Small hydropower and the industrialization of renewable energy in China," *Geoforum* 95 (2018): 59–69. doi.org/10.1016/j.geoforum.2018.06.025

Hennig, Thomas, and Tyler Harlan. "Shades of green energy: Geographies of small hydropower in Yunnan, China and the challenges of over-development," *Global*

Environmental Change 49 (2018) : 116 – 128. doi.org/10.1016/j.gloenvcha.2017.10.010

Khennas, Smail, and Andrew Barnett. *Best practices for sustainable development of micro hydro power in developing countries* (Department for International Development, UK : 2000). openknowledge.worldbank.org/handle/10986/20314

Low Impact Hydropower Institute, 2018. lowimpacthydro.org/wp-content/uploads/2018/05/2018LIHIFactSheet.pdf

Low Impact Hydropower Institute, "Pending Applications." lowimpacthydro.org/pending-applications-2/

가물치탕

최첨단 기술이 동원되는 연어 양식

어쩌다 물고기 양식

Brooks, A., et al. *A characterization of community fish refuge typologies in rice field fisheries ecosystems* (Penang, Malaysia : WorldFish, 2015).

Brown, David A. "Stop Asian Carp, Earn $1 Million," 2 Feb. 2017. www.outdoorlife.com/stop-asian-carp-earn-1-million/

Food and Agriculture Organization of the United Nations. 2018 *The State of World Fisheries and Aquaculture* (2018). www.fao.org/state-of-fisheries-aquaculture/en/

Ge, Celine. "China's Craving for Crayfish Creates US$2 Billion Business," *South China Morning Post*, 26 June 2017. www.scmp.com/business/companies/article/2100001/chinas-craving-crayfish-creates-us2-billion-business

Love, Joseph W., and Joshua J. Newhard. "Expansion of Northern Snakehead in the Chesapeake Bay Watershed," *Transactions of the American Fisheries Society* 147.2 (2018) : 342 – 349. doi.org/10.1002/tafs.10033

룰라 루, 존 크라일리(핀구르메푸드 공동 창업자, 공동 소유자). 개별 대담. 화상 통화. 2018년 8월 29일. 켄터키주 파두카.

Penn, Ivan. "The $3 Billion Plan to Turn Hoover Dam into a Giant Battery," *New York Times*, 24 July 2018. www.nytimes.com/interactive/2018/07/24/business/energy-environment/hoover-dam-renewable-energy.html

Rehman, Shafiqur, et al. "Pumped hydro energy storage system : A technological review," *Renewable and Sustainable Energy Reviews* 44 (2015) : 586 – 598. doi.org/10.1016/j.rser.2014.12.040

Souty-Grosset, Catherine, et al. "The red swamp crayfish Procambarus clarkii in Europe :

Impacts on aquatic ecosystems and human well-being," *Limnologica* 58 (2016): 78–93. doi.org/10.1016/j.limno.2016.03.003

오래된 강, 새로운 역할

30억 달러짜리 배터리

우묵한 그릇에서 물 퍼내기

사막을 달리는 검은 고속도로

레이철 캘리코(USACE), 케이틀린 캠벨(USACE), 앤절라 데소토(제퍼슨 패리시), 래리 널티Larry Nulty(배수장 운영자). 개별 대담. 2017년 12월 14일. 루이지애나주 남동부 도시 홍수 통제 프로젝트 배수장 "배수로". 1088 Dickory, 로스앤젤레스 주 제퍼슨.

Maloney, Peter. "Los Angeles Considers $3B Pumped Storage Project at Hoover Dam," *Utility Dive*, 26 July 2018. www.utilitydive.com/news/los-angeles-considers-3b-pumped-storage-project-at-hoover-dam/528699/

Metropolitan Water District of Southern California. "Metropolitan study demonstrates feasibility of large-scale regional recycling water program," 9 January 2017. www.mwdh2o.com/PDF_NewsRoom/RRWP_FeasibilityStudyRelease.pdf

제프리 카이틀린저. 개별 대담. 2017년 9월 16일. 캘리포니아주 남부 광역수도국 본부. 캘리포니아주 로스앤젤레스. 공동 수질오염 통제 설비 내 지역 물 재활용 첨단 정수 센터에서 열린 기공식 연설. 2017년 9월 18일. 캘리포니아주 카슨.

"Southeast Louisiana Urban Flood Control Project — SELA," *U.S. Army Corps of Engineers*, Feb. 2018. www.mvn.usace.army.mil/Portals/56/docs/SELA/SELA Fact Sheet Feb 2018.pdf. rsc.usace.army.mil/sites/default/files/MR&T_17Jun15_Final.pdf

마이클 웨너, 개별 대담. 2019년 9월 20일. 오렌지 카운티 수도국 지하수 보충 시스템. 캘리포니아주 파운틴밸리.

8장 데이터가 필요해

강의 목적

Blom, A., et al. "The graded alluvial river: Profile concavity and downstream fining," *Geophysical Research Letters* 43.12 (2016): 6285–6293. doi.org/10.1002/2016GL068898

Cassis, N. "Alberto Behar (1967–2015)," Eos 96 (2015). doi.org/10.1029/2015EO032047

Mackin, J. H. "Concept of the Graded River," *Bulletin of the Geological Society of America* 59 (1948) : 463 – 512. doi.org/10.1177/030913330002400405

불과 얼음에 맞서 쉬지 않고 이어지는 활동

Magilligan, F.J., et al. "Geomorphic effectiveness, sandur development and the pattern of landscape response during jökulhlaups : Skeiðarársandur, southeastern Iceland," *Geomorphology* 44.1 – 2 (2002) : 95 – 113. doi.org/10.1016/S0169- 555X(01)00147-7

Smith, L. C., et al. "Estimation of erosion, deposition, and net volumetric change caused by the 1996 Skeiðarársandur jökulhlaup, Iceland, from Synthetic Aperture Radar Interferometry," *Water Resources Research* 36.6 (2000) : 1583 – 1594. doi.org/10.1029/1999WR900335

"Geomorphic impact and rapid subsequent recovery from the 1996 Skeiðarársandur jökulhlaup, Iceland, assessed with multi-year airborne lidar," *Geomorphology* 75 (2006) : 65 – 75. doi.org/10.1016/j.geomorph.2004.01.012

지구 다큐멘터리 영화 감독

Allen, G. H., et al. "Similarity of stream width distributions across headwater systems," *Nature Communications* 9.610 (2018). doi.org/10.1038/s41467-018- 02991-w

Allen, G. H., and T. M. Pavelsky. "Global extent of rivers and streams," *Science* 361.6402 (2018) : 585 – 588. doi.org/10.1126/science.aat0636

Cooley, S. W., et al. "Tracking Dynamic Northern Surface Water Changes with High-Frequency Planet CubeSat Imagery," *Remote Sensing* 9.12 (2017) : 1306.doi.org/10.3390/rs9121306

Fishman, Charles. *One Giant Leap* (New York : Simon & Schuster, 2019).

Gleason, Colin J., and Laurence C. Smith. "Toward global mapping of river discharge using satellite images and at-many-stations hydraulic geometry," Proceedings of the *National Academy of Sciences (PNAS)* 111.13 (2014) : 4788 – 4791. doi.org/10.1073/pnas.1317606111

Gleason, C.J., et al. "Retrieval of river discharge solely from satellite imagery and at-many-stations hydraulic geometry : Sensitivity to river form and optimization parameters," *Water Resources Research* 50 (2014) : 9604 – 9619. doi.org/10.1002/2014WR016109

Pekel, J.-F., et al. "High-resolution mapping of global surface water and its long-term changes," *Nature* 540 (2016) : 418 – 422. doi.org/10.1038/nature20584

Smith, L. C., and T. M. Pavelsky. "Estimation of river discharge, propagation speed, and hydraulic geometry from space : Lena River, Siberia," *Water Resources Research* 44.3 (2008) : W03427.doi.org/10.1029/2007WR006133

3D 안경을 쓰자

빅데이터, 전 세계의 물과 만나다

수문학 모델의 힘

Alsdorf, D. E., et al. "Amazon water level changes measured with interferometric SIR-C radar," *IEEE Transactions on Geoscience and Remote Sensing* 39.2 (2001) : 423 – 431. doi.org/10.1109/36.905250

"Interferometric radar measurements of water level change on the Amazon flood plain," *Nature* 404 (2000) : 174 – 177. doi.org/10.1038 /35004560

"Spatial and temporal complexity of the Amazon flood measured from space," *Geophysical Research Letters* 34 (2007) : L080402. doi.org/10.1029/2007GL029447

Altenau, Elizabeth H., et al. "AirSWOT measurements of river water surface elevation and slope : Tanana River, AK," *Geophysical Research Letters* 44 (2017) : 181 – 189. doi.org/10.1002/2016GL071577

Biancamaria, S., et al. "The SWOT Mission and Its Capabilities for Land Hydrology," *Surveys in Geophysics* 37.2 (2016) : 307 – 337. doi.org/10.1007/s10712-015- 9346-y

Deming, D. "Pierre Perrault, the Hydrologic Cycle and the Scientific Revolution," *Groundwater* 152.1 (2014) : 156 – 162. doi.org/10.1111/gwat.12138

Pavelsky, Tamlin M., et al. "Assessing the potential global extent of SWOT river discharge observations," *Journal of Hydrology* 519, Part B (2014) : 1516 – 1525. doi.org/10.1016/j.jhydrol.2014.08.044

Pitcher, Lincoln H., et al. "AirSWOT InSAR Mapping of Surface Water Elevations and Hydraulic Gradients Across the Yukon Flats Basin, Alaska," *Water Resources Research* 55.2 (2019) : 937 – 953. doi.org/10.1029/2018WR023274

Rodríguez, Ernesto, et al. "A Global Assessment of the SRTM Performance," *Photogrammetric Engineering & Remote Sensing* 3 (2006) : 249 – 260. doi.org/10.14358/PERS.72.3.249

Shiklomanov, I. A. "World Fresh Water Resources," in P. H. Gleick, ed., *Water in Crisis* (New York : Oxford University Press, 1993), 13 – 24.

9장 강의 재발견

부자연스러운 분리

Kesebir, S., and Pelin Kesebir. "A Growing Disconnection from Nature Is Evident in Cultural Products," *Perspectives on Psychological Science* 12.2 (2017) : 258–269. doi.org/10.1177/1745691616662473

New York State Department of Environmental Conservation, Fish and Wildlife, 625 Broadway, Albany, NY 12233-4754.

Pergams, Oliver R. W., and Patricia Zaradic. "Evidence for a fundamental and pervasive shift away from nature-based recreation," *Proceedings of the National Academy of Sciences (PNAS)* 105.7 (2008) : 2295–2300. doi.org/10.1073/pnas.0709893105

Prévot-Julliard, A.-C., et al. "Historical evidence for nature disconnection in a 70-year time series of Disney animated films," *Public Understanding of Science* 24.6 (2015) : 672–680. doi.org/10.1177/0963662513519042

Price Tack, Jennifer L., et al. "Managing the vanishing North American hunter : a novel framework to address declines in hunters and hunter-generated conservation funds," *Human Dimensions of Wildlife* 23.6 (2018) : 515–532. doi.org/10.1080/10871209.2018.1499155

U.S. Fish and Wildlife Service, "Historical License Data." wsfrprograms.fws.gov/Subpages/LicenseInfo/LicenseIndex.htm

Zaradic, Patricia, and Oliver R. W. Pergams, "Trends in Nature Recreation : Causes and Consequences," *Encyclopedia of Biodiversity* 7 (2013) : 241–257. doi.org/10.1016/B978-0-12-384719-5.00321-X

자연과 두뇌

Barton, Jo, and Jules Pretty. "What is the best dose of nature and green exercise for improving mental health? A multi-study analysis," *Environmental Science and Technology* 44.10 (2010) : 3947–3955. doi.org/10.1021/es903183r

Barton, Jo, Murray Griffin, and Jules Pretty. "Exercise-, nature- and socially interactive-based initiatives improve mood and self-esteem in the clinical population," *Perspectives in Public Health* 132.2 (2012) : 89–96. doi.org/10.1177/1757913910393862

Berman, M. G., et al. "The Cognitive Benefits of Interacting with Nature," *Psychological Science* 19.12 (2008) : 1207–1212. doi.org/10.1111/j.1467-9280.2008.02225.x

Brown, Adam, Natalie Djohari, and Paul Stolk. *Fishing for Answers : The Final Report of the*

Social and Community Benefits of Angling Project (Manchester, UK : Substance, 2012). resources.anglingresearch.org.uk/project_reports/final_report_2012

Freeman, Claire, and Yolanda Van Heezik. *Children, Nature and Cities* (London : Routledge, 2018).

Kuo, M. "How might contact with nature promote human health? Promising mechanisms and a possible central pathway," *Frontiers in Psychology* 25 (2015) : 1 – 8. doi.org/10.3389/fpsyg.2015.01093

Louv, Richard. *Last Child in the Woods* (Chapel Hill, NC : Algonquin Books of Chapel Hill, 2008). [국역 : 김주희, 이종인 옮김, 즐거운상상, 2017]

The Nature Principle : Reconnecting with Life in a Virtual Age (Chapel Hill, NC : Algonquin Books of Chapel Hill, Reprint Edition, 2012).

Nichols, Wallace J. *Blue Mind* (New York : Little, Brown and Company, 2015).

맨해튼에서 얻은 세 가지 경험

Beauregard, Natalie. "High Line Architects Turn Historic Brooklyn Sugar Factory into Sweet Riverside Park," *AFAR*, 6 June 2018. www.afar.com/magazine/a-riverfront-park-grows-in-brooklyn

"History of the Yard." *A Place to Build Your History, Brooklyn Navy Yard*. brooklynnavyyard.org/about/history

Kimball, A. H., and D. Romano. "Reinventing the Brooklyn Navy Yard : a national model for sustainable urban industrial job creation," *WIT Transaction on the Built Environment* 123 (2012) : 199 – 206. doi.org/10.2495/DSHF120161

리즈 풀버(리즈 풀버 디자인 조경건축가). 개별 대담. 2018년 3월 25일. 뉴욕주 브루클린.

캐런 타미르(제임스 코너 필드 오퍼레이션스), 조배너 리조(베를린 로젠). 개별 대담. 2018년 5월 11일. 뉴욕주 브루클린, 그린포인트 랜딩.

전 세계의 도시 재생 현황

도시가 대세

Barragan, Bianca. "Mapped : 21 Projects Rising along the LA River," *Curbed Los Angeles*, 3 May 2018. la.curbed.com/maps/los-angeles-river-development-map-sixth-street-bridge

"Battersea Power Station." Battersea Power Station Iconic Living. batterseapowersta tion.co.uk

"Brooklyn Bridge Plaza." Brooklyn Bridge Park. www.brooklynbridgepark.org/pages/futurepark

Chiland, Elijah. "New Plans Could Reshape 19 Miles of the LA River, from Vernon to Long Beach," *Curbed Los Angeles*, 14 Dec. 2017. la.curbed.com/2017/12/14/16776934/la-river-plans-revitalization-vernon-long-beach

Cusack, Brennan. "Egypt Is Building Africa's Tallest Building," *Forbes*, 28 Aug. 2018. www.forbes.com/sites/brennancusack/2018/08/28/egypt-is-building-africas-tallest-building/#3ead57512912

da Fonseca-Wollheim, Corinna, "Finally, a Debut for the Elbphilharmonie Hall in Hamburg," *New York Times*, 10 Jan. 2017. www.nytimes.com/2017/01/10/arts/music/elbphilharmonie-an-architectural-gift-to-gritty-hamburg-germany.html

Garcetti, Eric. "Mayor Garcetti Celebrates Final Acquisition of Land Considered 'Crown Jewel' in Vision to Revitalize L.A. River," *Mayor Eric Garcetti, City of Los Angeles*, 3 Mar. 2017. www.lamayor.org/mayor-garcetti-celebrates-final-acquisition-land-considered-%e2%80%98crown-jewel%e2%80%99-vision-revitalize-la-river

Garfield, Leanna. "6 Billion-Dollar Projects That Will Transform London by 2025," *Business Insider*, 22 Aug. 2017. www.businessinsider.com/london-megaprojects-that-will-transform-the-city-2017-8

"Mott Haven – Port Morris Waterfront Plan." South Bronx Unite. southbronxunite.org/a-waterfront-re-envisioned

"New York City Comprehensive Waterfront Plan," *Vision 2020*, NYC Department of City Planning. www1.nyc.gov/site/planning/plans/vision-2020-cwp/vision-2020-cwp.page

United Nations Department of Economic and Social Affairs. "2018 Revision of World Urbanization Prospects," Publications, www.un.org/development/desa/publications/2018-revision-of-world-urbanization-prospects.html

White, Anna, "Exclusive First Look : London's 4.2bn Pound Thames Tideway Super Sewer Is an Unprecedented Planning Victory to Build into the River," *Homes & Property*, 4 Sept. 2018. www.homesandproperty.co.uk/property-news/buying/new-homes/londons-new-super-sewer-to-open-up-the-thames-with-acres-of-public-space-for-watersports-arts-and-a123641.html

리버

초판 1쇄 인쇄일 2022년 11월 18일
초판 1쇄 발행일 2022년 11월 25일

지은이 로런스 C. 스미스
옮긴이 추선영

발행인 윤호권
사업총괄 정유한

편집 최안나 **디자인** 박정원 **마케팅** 윤아림
발행처 ㈜시공사 **주소** 서울시 성동구 상원1길 22, 6-8층(우편번호 04779)
대표전화 02 - 3486 - 6877 **팩스**(주문) 02 - 585 - 1755
홈페이지 www.sigongsa.com / www.sigongjunior.com

ISBN 979-11-6925-416-8 03900